LES

RUES DE PARIS

BIOGRAPHIES

PORTRAITS, RÉCITS ET LÉGENDES

PAR

M. BATHILD BOUNIOL

TOME TROISIÈME

PARIS

BRAY ET RETAUX, LIBRAIRES-ÉDITEURS

82, RUE BONAPARTE, 82

—

1872

LES

RUES DE PARIS

TOME TROISIÈME.

OUVRAGES DU MÊME AUTEUR.

La France héroïque, vies et récits dramatiques d'après les chroniques et les documents originaux, 3e éd. 4 vol. in-12. 10 fr. »»

Les Marins Français, suite et complément de la France héroïque, 2 fort vol. in-12. . . . . 6 fr. »»

Les Combats de la vie, 2e édit. 4 vol. . . . . . . 8 fr. »»

A l'Ombre du Drapeau, 3e édit. 4 vol. in-12 . . . . 2 fr. »»

Le Soldat, chants et récits, 3e édit. 1 vol. in-18. . . . » fr. 60

La filleule d'Alfred, 2e édit. 1 vol. in-12 . . . . . 2 fr. »»

La Caverne de Vaugirard, 1 vol. . . . . 2 fr. »»

Quand les Pommiers sont en fleurs, 1 vol. . . . 2 fr. »»

La joie du Foyer, (3e édit.) 1 vol. in-18. . . . . . 1 fr. 50

Les soirées du dimanche, (2e éd.) 1 Vol, ... 1 fr. 50

La Femme, ses vertus et ses défauts, (Tiré des écrits du P. Caussin), 1 fort vol. in-12. . . . . 3 fr. 50

Je Politique, (Récits et portraits). 1 vol in-12. . . . 3 fr. 50

CAMBRAI. — IMP. DE RÉGNIER-FAREZ, PLACE-AU-BOIS, 28.

LES

RUES DE PARIS

BIOGRAPHIES,

PORTRAITS, RÉCITS ET LÉGENDES,

PAR

M. BATHILD BOUNIOL

TOME TROISIÈME

PARIS

BRAY ET RETAUX, LIBRAIRES-ÉDITEURS

82, RUE BONAPARTE, 82.

—

1872

LES

RUES DE PARIS

L'ABBÉ DE LA SALLE

I

Jean-Baptiste de la Salle, né à Reims en 1651, était fils d'un conseiller au présidial de cette ville et de mademoiselle Moit de Brouillet. Il reçut au baptême le nom de Jean-Baptiste. « On aura lieu de juger dans la suite, dit le père Garreau qui écrit d'après des mémoires originaux et authentiques, qu'il méritait bien de porter ce nom puisqu'on le verra joindre la vie la plus pénitente à une innocence qui ne s'est jamais démentie. »

Après avoir fait ses humanités au collége de Reims, il déclara à ses parents qu'il se croyait appelé à l'état ecclésiastique, et reçut, à l'âge de dix-sept ans, la tonsure des mains de son archevêque. Puis, quoique pourvu immédiatement selon l'usage du temps d'un canonicat dans l'église métropolitaine, il se rendit à Paris pour y faire ses études théologiques au séminaire de St-Sulpice. C'était le désir de ses parents, désir auquel il était heureux de se conformer. Moins de deux années après, une double et douloureuse catastrophe vint l'arracher à sa studieuse retraite. Il perdit, à quelques mois de distance, son père et sa mère qu'il aimait tendrement, et, quoique âgé de vingt et un ans à peine, devenu chef de famille comme l'aîné de tous, il dut revenir à Reims pour veiller sur ses frères et sœurs plus jeunes. « Il se mit au fait des affaires domestiques et pourvut à tout par sa prudence. Les conseils qu'il sut demander suppléèrent à son peu d'expérience, de sorte qu'on n'eut point de fautes à lui reprocher. » Du reste, il restait fidèle à sa vocation ; mais, sa profonde humilité, dit son historien, lui fit prolonger beaucoup le temps des interstices prescrits par l'Église. Ordonné diacre en 1676, il ne reçut la prêtrise que deux années après, la veille de Pâques.

Un de ses amis, l'abbé Roland, chanoine et théologal de l'église de Reims, lui avait, en mourant, recommandé la communauté des Filles ou sœurs de *l'Enfant Jésus*, établie par ses soins dans cette ville et à laquelle se montraient peu favorables le maire et les échevins. Cependant on avait peine à s'expliquer ces préventions, car les pieuses filles « s'acquittaient avec toute la fidélité possible des fonctions de zèle propres à leur institut. Depuis qu'elles instruisaient les orphelines et les autres enfants de leur sexe, on remarquait le changement le plus consolant dans cette jeunesse qui donnait auparavant de justes craintes pour l'avenir. »

L'abbé de la Salle, avec un grand zèle, s'employa pour les sœurs et, grâce à ses efforts, la communauté fut approuvée définitivement par l'ordinaire et confirmée par lettres patentes du roi. Il s'applaudissait de cet heureux résultat lorsque, par une suite de circonstances dans lesquelles pour lui se montrait le doigt de la Providence, il fut amené à s'occuper d'une œuvre bien autrement importante, la fondation de l'Institut, dit des Frères de la Doctrine chrétienne. Un certain Adrien Niel, natif de Laon, était venu à Reims pour y fonder une école dont une pieuse dame, du nom de Maillefer, s'offrait à faire les frais. L'école s'ouvrit en effet sur la paroisse Saint-Maurice et le résultat fut tel qu'une autre dame, appelée de Croyères, « veuve sans enfants et fort riche » piquée d'une sainte émulation, voulut qu'une école semblable fût établie sur la paroisse Saint-Jacques. Dans ce but, elle donna une première somme de 500 livres, et, tombée gravement malade, elle légua par son testament, à la même intention, une somme de 10,000 livres. L'abbé de la Salle, ayant servi d'intermédiaire pour ces diverses bonnes œuvres, devint tout naturellement le protecteur des nouvelles écoles et dut s'occuper aussi de la direction et surveillance des maîtres; car M. Niel « plein de piété dans le fond, dit le P. Garreau, ne savait ce que c'était que se tenir dans les bornes d'une juste modération; il roulait dans sa tête mille projets d'établissements. Il ne vit pas plutôt l'école Saint-Jacques ouverte qu'il pensa aux moyens d'en faire ouvrir plusieurs autres, et pour cela il se donna des mouvements infinis. Ce n'était que visites continuelles qu'il se croyait obligé de rendre; par conséquent point d'assiduité à ses devoirs; nulle attention à veiller sur la conduite des maîtres à l'égard de leurs écoliers; chacun faisait à sa guise.... Non-seulement il n'y avait point d'ordre dans les classes, mais les maîtres n'étaient encore assujettis à aucune discipline extérieure. »

L'abbé de la Salle tâcha de remédier à ce désordre en les réunissant dans le même local et les soumettant de leur propre consentement à un règlement dont profitèrent les élèves comme les maîtres. L'épreuve ayant paru suffisante au bout de quelques mois, M. de la Salle loua pour la petite communauté une maison plus grande qu'il vint lui-même habiter accompagné d'un de ses frères. Mais dès lors pour lui commencèrent les tribulations par lesquelles Dieu a coutume d'éprouver les siens. D'abord la famille de l'abbé de la Salle blâma vivement ce genre de vie qu'on trouvait, pour un homme de sa condition, extraordinaire et sauvage. Puis M. Niel, avec l'inconstance de son caractère, voulut se rendre à Rouen pour y fonder de nouvelles écoles. L'abbé de la Salle, ayant vainement insisté pour le retenir à Reims, se vit dans le plus grand embarras ; « car n'ayant jamais prétendu que favoriser de son pouvoir l'établissement des écoles, il se trouvait réduit à en soutenir tout le poids s'il ne voulait pas les voir tomber entièrement.... Après bien des réflexions, sans se proposer de devenir fondateur d'ordre, il se détermina à ajouter les soins fatigants de la conduite des écoles aux peines incroyables qu'il prenait à former des maîtres. »

La tâche en effet était laborieuse « et dit son historien, on ne peut exprimer les dégoûts qu'il eut d'abord à essuyer en vivant avec des hommes si peu disposés par l'éducation qu'ils avaient reçue pour la plupart à la perfection du christianisme. Des inquiétudes sur l'avenir agitèrent ces hommes attachés encore à la terre. « A quoi nous servira la vie dure que nous » menons, se dirent-ils, les uns aux autres? Il n'y a » rien de solide dans l'état que nous avons pris. Nous » perdons notre jeunesse dans cette maison. Ne ferions-» nous pas mieux d'apprendre des métiers qui fourni-» raient sûrement à notre subsistance ? Que devien-» drons-nous si notre père nous abandonne ou si la » mort nous l'enlève ? »

Ces réflexions, on les faisait même devant M. de la Salle qui reprit vivement ses disciples en leur reprochant leur manque de confiance en la Providence. « Il » vous est bien facile de parler ainsi, lui fut-il répondu, » vous qui, en outre de votre canonicat, possédez un » riche patrimoine dont les revenus, quoi qu'il arrive, » vous mettent à l'abri du besoin. » M. de la Salle ne put se défendre de quelque sensibilité en entendant cette objection plus spécieuse cependant que réelle, car tous ses revenus passaient en bonnes œuvres. Toutefois, il comprenait que, pour parler à ses disciples avec toute l'autorité nécessaire, il devait prêcher d'exemple et, après avoir pris conseil d'hommes éclairés et pieux, il se démit de son canonicat en faveur d'un autre ecclésiastique. Il fit plus, il se dépouilla de tous ses biens et par une conduite qui semble extraordinaire selon la prudence humaine, mais qui lui était dictée par une inspiration supérieure, « il se sentit invinciblement porté à ne rien donner même à ses disciples et à ne rien réserver pour lui-même. Il trouva un goût infini à penser au bonheur de ceux qui se confient uniquement dans les soins de la Providence. L'idée de tout tenir chaque jour de sa pure libéralité le ravit et il se détermina à faire aux pauvres la distribution de tout ce qu'il possédait. »

On était alors dans l'année 1684, où sévissait, en Champagne comme par toute la France, une cruelle disette. M. de la Salle par son généreux abandon put venir en aide à un grand nombre de malheureux et donner du pain à beaucoup de ceux qui en manquaient. Aussi sa famille qu'avait vivement mécontentée la cession du canonicat en faveur d'un étranger, n'osa blâmer l'emploi qu'il faisait de ses biens. Il n'en fut pas de même de ses disciples qui murmurèrent vivement de n'avoir point été compris dans la répartition et disaient bien haut qu'une partie de ces richesses aurait pu être utilisée pour la fondation des écoles. Mais par réflexion ils se calmèrent et le sentiment égoïste fit place à l'admiration, à la vénération pour celui que dès lors ils se plurent à nommer leur père et qui devint tout naturellement leur supérieur quand la communauté, sous son influence, avisa à se constituer en congrégation.

II

Dans cette grave circonstance, M. de la Salle ne voulut pas s'en rapporter à lui seul ; douze des maîtres les plus vertueux furent par lui appelés à Reims et, après une retraite faite en commun avec la plus grande ferveur, les principaux règlements relatifs à la nouvelle congrégation furent proposés et adoptés. Le choix de l'habillement fut laissé à M. de la Salle qui, après avoir longtemps réfléchi, se décida pour celui que les frères portent aujourd'hui encore et dans lequel le fondateur avait eu en vue surtout la simplicité jointe à la solidité. Mais cette simplicité parut de la rusticité et de la bizarrerie à de certains esprits chagrins qui surent faire partager leurs préventions à beaucoup d'autres. « On ne saurait croire combien cette sorte de vêtement, dit le P. Garreau, attira d'outrages à M. de la Salle et à ses enfants. Dès que les frères parurent avec leur nouvel habit, la populace s'attroupa autour d'eux. On les hua, on en vint jusqu'à leur jeter de la boue au visage, sans que personne s'avisât de prendre leur défense. Les magistrats, qui auraient dû arrêter ce désordre, se tinrent tranquilles et virent de sang-froid les insultes qu'on faisait à tout moment à des hommes que leurs services devaient rendre précieux à la ville.»

M. de la Salle eut sa large part des affronts. Comme il se rendait, couvert de la soutane de bure et de la capote, à l'école Saint-Jacques pour faire la classe, en remplacement d'un maître malade, il ne put éviter de passer devant la demeure de quelques-uns de ses plus proches parents : « Ceux-ci, animés plus que jamais contre lui plus parce qu'ils le regardaient comme un homme qui les déshonorait absolument et qui ne gardait plus aucune mesure, témoignèrent ouvertement le mépris qu'ils faisaient de sa personne. La populace, n'étant plus retenue par aucune considération, se laissa aller à tout ce que lui inspira sa grossièreté ordinaire. On osa lui donner des soufflets dans les rues ; et l'humble disciple d'un Dieu outragé par les hommes montra toujours une patience inaltérable. »

Qui peut comprendre ces entraînements irréfléchis des multitudes si promptes à l'ingratitude contre leurs plus zélés bienfaiteurs ? Car que voulaient M. de la Salle et ses généreux disciples en se condamnant eux-mêmes à toute une vie de privations et de fatigues, sinon arracher les enfants du peuple à la grossière ignorance, au vagabondage source de tous les vices, et leur assurer gratuitement, avec l'instruction élémentaire suffisante, une solide éducation chrétienne ?

Au mois de février 1688, M. de la Salle se rendit, avec deux frères à Paris, où l'appelait le curé de la paroisse Saint-Sulpice, M. de la Barmondière, pour lui confier la direction d'une partie des écoles. Il trouva celles-ci dans un affreux désordre auquel il se hâta de remédier et, dès la première visite que le curé rendit à l'école, frappé du changement en ce qui concernait les enfants placés sous la direction des frères, il en témoigna vivement sa satisfaction à M. de la Salle. Cet éloge irrita, comme un blâme indirect, le maître qui s'occupait des autres enfants ; il s'en vengea par des calomnies qui un moment firent impression sur le curé même tout prêt à retirer l'école aux Frères et à les renvoyer à Reims. Mais prompt à reconnaître son erreur, il se plut à leur faire réparation. M. C*** ayant échoué de ce côté eut recours à une autre machination dans le but de ruiner le nouvel Institut. Il ameuta contre les Frères la corporation des maîtres d'école de Paris qui se crurent menacés par la concurrence des écoles chrétiennes et gratuites. Ils intentèrent procès à M. de la Salle pardevant le grand chantre de l'église de Paris. Celui-ci rendit une sentence que supprimait les écoles *chrétiennes gra* *tuites* comme *contraires aux priviléges des maîtres d'école.*

Malgré son horreur des procès, l'abbé de la Salle, estimant avec raison la décision inique, en appela au juge mieux informé. Après une journée passée avec ses frères dans le jeune et la prière « plein d'une sainte confiance, le lendemain, il alla plaider pour les pauvres. Il parla avec tant d'onction et de force tout ensemble qu'il fit changer l'arrêt prononcé contre lui. Les maîtres de Paris perdirent à leur tour et le père des pauvres fut maintenu dans ses fonctions de charité. »

C'est ainsi que la consolation succédait à l'épreuve et il en devait être de même jusqu'à la fin. Alors que M. de la Salle avait la joie de voir sa pensée tous les jours mieux comprise et des écoles chrétiennes et gratuites s'ouvrir sur tous les points de la France, à Calais, à Troyes, à Avignon, (etc.), il lui fallait lutter contre des obstacles, des contradictions de la part de ceux-là même qui semblaient désignés comme les protecteurs naturels de son œuvre ! Des hommes excellents, zélés et pieux, des supérieurs ecclésiastiques, tout en applaudissant au bien qui se faisait et heureux qu'il se fît, auraient voulu qu'il s'accomplît chacun suivant ses vues particulières. Plusieurs, et des plus haut placés, se laissaient ainsi prévenir contre le fondateur que sa profonde humilité ne sauvait pas toujours du reproche d'obstination dans son propre sens. Parfois la tribulation se changea en véritable persécution comme il advint à propos de l'achat de la maison de Saint-Denis, où par la mauvaise foi des intermédiaires, M. de la Salle, non-seulement perdit une somme de 6,000 livres, mais se vit exposé à des accusations injustes autant qu'odieuses.

Dans une autre circonstance, la sévérité outrée du maître des novices de Vaugirard et celle du directeur des écoles de Saint-Sulpice excitèrent des plaintes dont l'écho retentit jusqu'à l'archevêché ; l'on rendit, des torts des deux frères, responsable leur supérieur, non point sans quelque apparence de raison, car, disait-on, il n'avait pu les ignorer, ce qui était vrai. Mais l'abbé de la Salle avait jugé ces plaintes exagérées ; « il croyait aussi que le bon gouvernement demandait qu'il ne parût jamais donner gain de cause aux inférieurs de peur d'affaiblir l'autorité. Ainsi, d'un côté, il exhortait à l'obéissance, à l'humilité, à la patience, à l'observation des règles ; de l'autre, il avertissait le frère directeur d'avoir plus de douceur et de condescendance, de dissimuler à propos ; il lui faisait voir les inconvénients funestes d'une sévérité qui ne connaît point d'égards, qui s'en tient toujours rigoureusement à la lettre. Ces avertissements avaient leur effet ; mais il n'était pas de longue durée. »

Dans cette circonstance, M. de la Salle reçut une grande consolation de l'affection toute filiale que lui témoignèrent ses disciples inébranlables dans leur résolution de le conserver comme supérieur général quoique lui-même insistât pour se démettre de ses fonctions. Ce ne fut que plusieurs années après, dans les derniers temps de sa vie que, se sentant trop âgé et infirme, l'abbé de la Salle obtint de se voir remplacé par un des frères du nom de Barthélemy.

Dès lors, avec cette humilité singulière qui lui était comme naturelle, « l'abbé de la Salle, dans l'état d'inférieur, n'était occupé qu'à donner tous les jours de nouveaux exemples de vertu ; il était surtout un modèle d'obéissance ; il ne faisait rien sans permission encore que le Frère supérieur, à qui une si grande exactitude était à charge autant qu'elle l'édifiait, voulût lui donner des dispenses générales en lui disant qu'il trouverait toujours bien fait ce qu'il aurait fait. »

Ce fut dans l'exercice de ces vertus et la pratique des austérités dont il faisait ses délices, que l'abbé de la Salle se vit atteint de la maladie à laquelle il succomba. Lorsqu'on lui apporta le saint Viatique, « confus d'être assis devant son créateur et son juge, il se laissa emporter par un mouvement impétueux de ferveur, sans faire attention à l'état d'épuisement où il était : il se jeta à genoux pour l'adorer et s'anéantir devant sa souveraine majesté. Il n'y eut que l'ardeur de sa charité qui le soutint ; aussi son visage parut tout enflammé en ce moment : on eût cru, à le voir, qu'il jouissait d'une parfaite santé ; et quelques-uns des assistants marquèrent leur étonnement qu'on eût communié en Viatique un homme qui semblait si bien se porter. »

Le surlendemain, dans la nuit (7 avril 1719), il expirait à l'âge de soixante-dix-huit ans. « J'espère, dit le P. Garreau, que, sur le récit fidèle que je viens de faire des principales actions de sa vie, tout lecteur judicieux et non prévenu s'en formera l'idée qu'on doit en avoir.

« Il conviendra que ce fut une âme vraiment généreuse, qui fit les sacrifices les plus héroïques ; qu'il fut d'une humilité profonde qui le rendit comme insensible aux outrages et aux affronts les plus sanglants ; d'une mortification continuelle dont on ne trouve d'exemples que dans les plus grands saints ; d'une confiance en Dieu sans bornes, d'un abandon total à la Providence. « Il jugera que les défauts qu'on a prétendu trouver en lui n'étaient rien moins que des défauts, mais des qualités excellentes ; que l'entêtement et l'imprudence, dont on l'a accusé téméfairement, n'étaient qu'une fermeté digne de tous les éloges parce qu'elle ne savait point trahir la cause de Dieu, et une participation de cette sagesse toute céleste qui confond les vues de la prudence humaine. En un mot, il connaîtra que M. de la Salle fut un modèle des plus sublimes vertus, un homme précieux à l'Église par ses travaux et par ceux d'un nouvel Institut dont il l'a enrichi ; et que, semblant se reproduire dans ses enfants, il acquiert chaque jour de nouveaux droits à la reconnaissance publique. »

Six ans après la mort du fondateur des Frères des Écoles chrétiennes, son ordre fut approuvé par le Saint-Siége. Plus tard, lui-même était déclaré vénérable par un illustre pontife, heureux de rendre ce solennel hommage à la vertu du grand serviteur de Dieu, dont un contemporain nous a laissé ce portrait quant à l'extérieur : « Il avait le front large, le nez bien tiré, des yeux grands et beaux, presque bleus ; les traits du visage doux et agréables, la voix forte, l'extérieur gai, serein, modeste ; le teint un peu basané à cause de ses fréquents voyages, et animé pour l'ordinaire par un peu de feu et de vermeil. Ses cheveux crépus et châtains dans sa jeunesse, devenus blancs avec les années, le rendaient vénérable. Ses manières étaient gracieuses et honnêtes sans affectation ; enfin, tout paraissait aimable dans sa personne et inspirait la piété. »

EUSTACHE LESUEUR

OU LE SUEUR.

I

« Soyez sûr qu'un peintre se montre dans son ouvrage autant et plus qu'un littérateur dans le sien » disait à ses élèves David, qui ne faisait que répéter ce qu'avait écrit Diderot. C'est là une vérité (quoiqu'on puisse et doive admettre des exceptions) qui ne saurait mieux s'appliquer qu'à notre Lesueur par ce que nous savons de sa vie, encore que sur celle-ci on souhaiterait plus de détails, de ces détails intimes qui révèlent l'homme et que, pour les obtenir, nous n'ayons cependant plaint aucune fatigue, négligé nulle recherche. Il s'en faut peu que nous ayons lu tout ce qui a été écrit et publié depuis deux siècles sur Lesueur et qui formerait bien des volumes, mais sans pouvoir connaître autrement que dans ses grandes lignes la vie du grand artiste, « cette vie si courte et si remplie, dit un écrivain contemporain, et qui est presque un mystère. »

Eustache Lesueur était né à Paris, rue de la Grande-Truanderie, le 18 ou 19 novembre 1616, 1617 et même 1619 suivant d'autres. Il eut pour père Cathelin Lesueur, d'une famille plébéïenne, originaire de Montdidier, pour mère Elisabeth Torroude. Quoique simple tourneur en bois et non sculpteur, comme l'ont dit des biographes, Cathelin Lesueur, appréciant de bonne heure les dispositions remarquables de son fils pour le dessin, le fit entrer dans l'atelier de Simon Vouet, premier peintre du roi, où il se rencontra avec Ch. Lebrun, son futur rival. « Il commença à peindre sous M. Vouet, (dit Guillet de Saint-Georges, le premier en date comme biographe et dont le témoignage est d'autant plus précieux) et en retint quelque temps la manière, mais ensuite il la changea avantageusement, et étant secouru de nouvelles études, de la force de son génie et de ses dispositions naturelles, il peignit enfin d'une correction et d'une grâce qui l'ont fait entièrement admirer [1]. »

Mais ce qui fut plus précieux à Lesueur que les conseils de Vouet, ce furent ceux du Poussin à qui il avait été présenté ou se présenta, lors du séjour en France de l'illustre artiste ; et, dit-on, celui-ci garda si bon souvenir du jeune homme que, retourné en Italie, il prenait la peine de dessiner à son intention les plus belles statues antiques et lui envoyait ces études, trésor inappréciable aujourd'hui supposé qu'on pût le retrouver. Le procédé d'ailleurs n'a rien qui puisse surprendre de la part de Poussin ; et il faut louer M. Vitet d'avoir maintenu, contre M. Dussieux [2], dans sa nouvelle édition de

[1] *Notice sur Lesueur*, lue à l'Académie, le 5 avril 1690, l'année de la mort de Lebrun.

[2] *Archives de l'Art français*, t. III.

l'*étude sur Lesueur*[1], cette tradition ancienne des relations de maître à disciple entre Poussin et Lesueur, car, à défaut de preuves matérielles, elle a pour elle non pas seulement la vraisemblance, mais une sorte de certitude morale. Lesueur, en outre, s'aidait de tous les renseignements qui pouvaient servir à l'éclairer et le mettre dans la voie la meilleure, au point de vue de l'art : « Son goût, écrit Ch. Perrault, lui avait fait prendre, dans l'étude des figures et des bas-reliefs antiques, ce qu'ils ont de grand, de noble et de majestueux, sans en imiter ce qu'ils peuvent avoir de sec, de dur et d'immobile, et lui faisait tirer des ouvrages modernes ce qu'ils ont de gracieux, de naturel, d'aisé, sans tomber dans le faible et le mesquin. »

D'après un biographe, une circonstance particulière acheva de lui ouvrir les yeux et lui fut comme une sorte d'illumination : « La Couronne possédait quelques-uns de ces tableaux-diamants d'où jaillit le feu créateur, trésors trop cachés alors, peut-être aujourd'hui trop montrés aux regards ; Raphaël apparaît enfin à Lesueur. La poésie du peintre d'Urbin fit sur ses organes délicats la même impression que l'harmonie de Malherbe sur ceux de la Fontaine : l'artiste s'éveilla complètement. Il comprit que l'imitation des formes et des couleurs doit avoir pour but celle du mouvement et du sentiment ; la peinture ne lui sembla un art que lorsqu'elle est l'image poétique et l'expression accentuée de la vie. De ce moment, il fut peintre de l'âme plus que de la matière, c'est-à-dire que la représentation maté-

[1] *Etudes sur l'Art*, t. III.

rielle ne fut pour lui qu'un moyen de peindre les passions[1]. »

Combien Lesueur n'enviait-il pas l'heureux sort de son camarade Lebrun qui, grâce à la générosité du chancelier Seguier, prodigue pour lui de ses bienfaits et lui ouvrant si largement sa bourse, avait pu suivre Poussin en Italie. Pourtant ce fut peut-être pour notre artiste un bonheur de n'avoir pu réaliser ce rêve et quitter la France. Qui sait s'il ne dut pas à ce contretemps, cause pour lui de si vifs regrets, de rester lui-même et de ne pas exposer son talent à perdre quelque chose de sa sincérité, de sa candeur, de son originalité? M. Vitet est de cet avis et il le dit en meilleurs termes que nous : « Il ne savait pas que c'était sa bonne étoile qui le retenait loin de cette Italie si belle et si dangereuse. Sans doute il perdit l'occasion de fortes et savantes études ; mais que de piéges, que de contagieux exemples n'évita-t-il pas ! Aurait-il su, comme le Poussin en fut capable, résister aux séductions du présent pour ne lier commerce qu'avec l'austère pureté du passé ? Son âme tendre était-elle trempée pour cette lutte persévérante, pour cet effort solitaire ? N'aurait-il pas cédé? Et alors que seraient devenues cette candeur, cette virginité de talent, qui font sa gloire et la nôtre, et qui, par un privilége unique, lui ont fait retrouver dans un âge de décadence quelques-unes de ces inspirations simples et naïves qui n'appartiennent qu'aux plus beaux temps de l'art. »

Doué d'une âme tendre, porté même à la mélancolie,

[1] Miel. *Encyclopédie des gens du monde.*

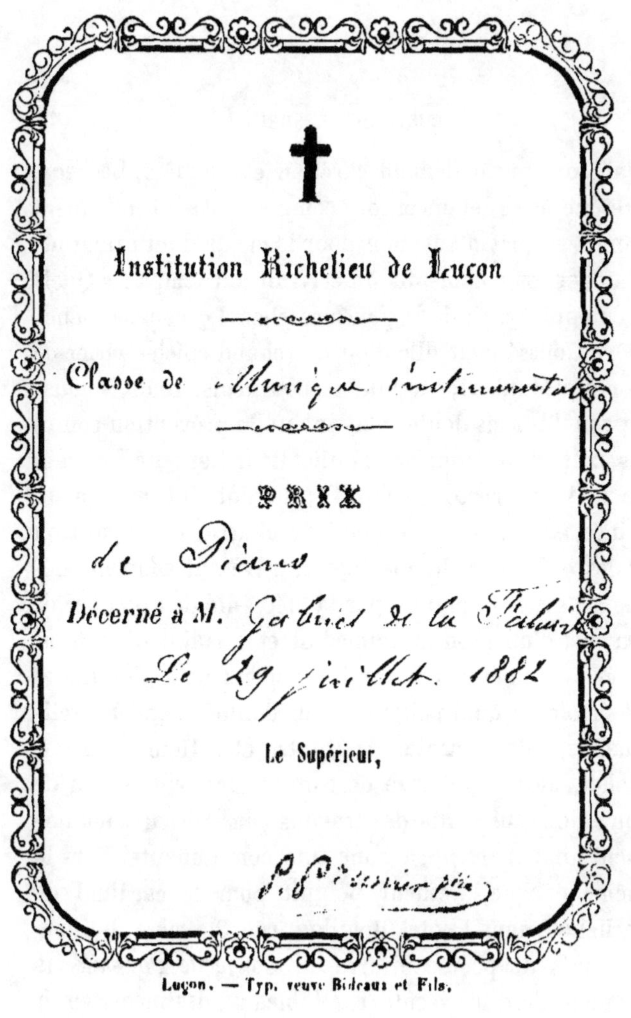

Institution Richelieu de Luçon

Classe de Musique instrumentale

PRIX

de Piano

Décerné à M. Gabriel de la [illegible]

Le 29 juillet 1882

Le Supérieur,

[illegible]

Luçon. — Typ. veuve Bideaux et Fils.

d'ailleurs profondément chrétien et honnête, Lesueur, presque à ses débuts encore comme artiste et nullement connu, se prit d'affection pour la sœur d'un camarade d'atelier, ou comme dit un écrivain du temps : « Quelqu'un qui faisait de la peinture chez Lesueur. » Geneviève Goussé était fille d'un marchand épicier-cirier de la place Maubert, un notable bourgeois, mais, à cause de son fils sans doute, n'ayant nulle prévention contre les artistes. Il donna sans difficulté à Lesueur la main de la jeune personne (1644) ; la dot dut être assez mince, car nous voyons que les embarras de sa position et les exigences du ménage entravèrent momentanément l'essor du peintre par la nécessité de s'occuper de travaux d'un produit immédiat et certain. C'est ainsi qu'il dessina et grava des frontispices pour des thèses de théologie, qu'il peignit des médaillons pour des religieuses, des portraits de saints, etc. Heureusement, Vouet, alors surchargé de commandes, eut besoin de son aide et lui confia des travaux plus sérieux, notamment une *Assomption* pour une communauté. Vers la même époque, Lesueur peignit pour le cardinal de Richelieu, dans l'hôtel Bouillon, rue Platrière, huit sujets tirés du poème bizarre du *Songe de Poliphile;* la manière dont il exécuta ces tableaux, destinés à servir de modèles de tapisseries, commença à le faire connaître, mais bien plus encore le *Saint Paul guérissant les malades par l'imposition des mains*, une toile remarquable et qui ne trahissait plus en rien l'élève de Vouet.

Il fit ensuite divers autres tableaux et enfin s'occupa de la décoration du *Cloître des Chartreux* qui lui avait été commandée par le prieur et suivant d'autres par

Anne d'Autriche « la sérényssime reyne qui était si légitimement prévenue du mérite de M. Lesueur, » dit Guillet de Saint-Georges. Il n'y a donc rien de fondé dans cette imagination, chère même à des biographes sérieux, et dont la *Nouvelle Biographie* de Didot, par exemple, se faisait tout récemment l'écho après l'*Encyclopédie des gens du monde*, qui l'avait empruntée à la *Galerie Française* : « Au dix-septième siècle, on récompensait les savants et les artistes par des emplois; Lesueur fut nommé inspecteur des recettes à la barrière de l'Ourcine. Dans l'exercice de cet emploi, il eut une discussion avec un gentilhomme qui ne voulait pas se soumettre aux exigences légales. Un duel s'ensuivit et fut vidé sous les murs des Chartreux du Luxembourg. Lesueur, ayant tué son adversaire, se réfugia dans le couvent et attendit que sa famille calmât celle de la victime. Ce fut là que, pour occuper ses loisirs e récompenser l'hospitalité des frères, il peignit cette belle série de tableaux de la *Vie de saint Bruno*. »

M. Vitet répond péremptoirement à M. Miel qui, le premier [1], avait raconté cette anecdote : « C'est là un fait dont avant lui personne n'avait dit un mot, et comme il n'indique aucune preuve à l'appui de son allégation, comme nous savons au contraire par d'infaillibles indices que Lesueur, à l'époque où il le gratifie de cet emploi de *commis*, était entièrement absorbé par l'étude de son art, on doit tenir pour aussi peu sérieux l'emploi d'inspecteur des octrois que le fait d'armes de la barrière de l'Ourcine. Qu'on fasse bon marché de

[1] Galerie française, 1821.

semblables sornettes, qu'on en démontre le ridicule, rien de mieux. Il ne faut pour cela ni documents nouveaux, ni preuves inédites : le simple bon sens suffit ; et c'est sans aucun secours, sans autorité que nous-même, il y a plus de vingt ans, nous en avons fait justice. » Et en effet, quoi de plus ridiculement inventé que ce duel fantastique qui nous montre le sage et religieux Lesueur transformé en ferrailleur émérite et couchant, du premier coup, sur le pré son adversaire ?

D'ailleurs, ainsi que nous l'avons dit, les tableaux de la Vie de saint Bruno, ayant été tout probablement commandés par la reine, il n'y a pas plus de vérité, quoique plus de vraisemblance, dans l'autre version qui assigne pour cause à la retraite de Lesueur chez les Chartreux le chagrin profond qu'il ressentit de la mort de sa femme. Or, quand il commença son travail (1645), marié depuis une année à peine, il venait d'être père de son premier enfant qui ne devait pas être le dernier. La *Galerie des chartreux*, exécutée en trois ans, fut terminée en 1648 ou 1649 ; mais Lesueur, pour répondre à l'impatience des bons pères, pressés de jouir de leur cloître, avait dû se faire aider par son beau-frère, Thomas Goussé, et par ses frères, Pierre, Philippe et Antoine, qui peignirent, d'après ses dessins et compositions, plusieurs panneaux ou parties de panneaux. Cette collaboration, forcée en quelque sorte, explique l'infériorité de certains morceaux, et elle eut aussi l'inconvénient d'enlever à l'artiste une partie du prix convenu, qui fut plus que modeste ; on le comprend, même alors que la reine en eût fait les frais, l'état des finances ne lui permettant guère d'être généreuse. Pour les vingt-deux tableaux, à ce qu'on assure, l'artiste ne reçut pas plus que tel peintre médiocre d'Italie pour un seul tableau commandé par des religieux de Bologne.

A cette époque (1649), fut créée l'Académie royale de peinture dont Lesueur fut un des douze premiers membres. Cette même année, chargé par la Confrérie des orfèvres de Paris de peindre le tableau de Mai à Notre-Dame, il fit le *Saint Paul prêchant à Ephèse*, une œuvre magistrale, remarquable par la composition, l'animation des figures et la richesse du coloris. Ce chef-d'œuvre lui fut payé 400 livres, je dis, 400 livres.

L'artiste exécuta, en 1650 et 1651, pour le monastère de Marmoutiers et d'autres communautés, divers tableaux dont ceux qui nous restent sont empreints, en outre du mérite artistique, de ce caractère profondément religieux, qui, par la sublimité de l'expression, ne laisse rien à envier aux vieux maîtres de l'Ombrie. C'est que comme eux Lesueur n'était pas seulement un peintre, mais un chrétien fervent, et qu'il ne faisait que traduire sur la toile les sentiments dont son cœur était rempli. « Pour faire pareille peinture il ne faut pas être sceptique », a dit M. Ch. Blanc qui n'est pas suspect. Quoi de plus admirable, de plus émouvant, par exemple, que le beau tableau des *Martyrs saint Gervais et saint Protais*, entraînés pour sacrifier aux idoles, et peint pour l'église Saint-Gervais ?

II

Avec le caractère réservé de Lesueur, avec sa piété sincère, on aurait peine à comprendre qu'il eût accepté de peindre à l'hôtel Lambert, appartenant au président de Thorigny « les sujets les moins graves de la mythologie, les amours, les nymphes et les muses », dit M. de Gence, si l'on ne se rappelait la toute-puissance du préjugé régnant alors en faveur de l'antiquité, qui faisait dire si étrangement à Boileau :

> De la foi d'un chrétien les mystères terribles
> D'ornements égayés ne sont point susceptibles, etc.

Bien plus, un évêque, l'un des plus illustres comme des plus pieux de l'époque, Fénelon, c'est tout dire, n'écrivait-il pas, à l'usage de son royal élève, le *Télémaque*, en déguisant, ou parant, comme on disait alors, des riantes fictions de la Fable ses utiles et précieuses leçons, qui auraient gagné beaucoup à être présentées, sans tous ces enjolivements d'emprunt, sous une forme attrayante, sans doute, mais franchement chrétienne. Avec ce préjugé dominant, souverain alors, il est facile de comprendre que Lesueur n'ait pas eu l'ombre d'une hésitation à la lecture de ce programme, quoique assez nouveau pour lui, et qu'il ne se soit pas effarouché du choix de pareils sujets qu'il avait vu traiter maintes fois par ses contemporains, voire par le plus illustre d'entre eux, le Poussin. Mais il est juste de dire qu'aucun d'eux, y compris le dernier même, ne fit preuve de plus de réserve « en peignant avec autant d'amabilité que de décence » ces sujets mythologiques. Il fallait que, chez le noble artiste ce sentiment de l'honnête fût bien profond pour que, dans des peintures où le nu tient une si large place, son pinceau ne se permît aucun écart, et, conduit par une main discrète obéissant au cœur le plus droit, demeurât d'habitude tellement chaste, que ces toiles, dont l'idée est toute païenne, ne choquent pas même vis-à-vis des grandes et saintes pages de la *Vie de saint Bruno.*

Lesueur d'ailleurs eût préféré traiter toujours des sujets plus en harmonie avec son caractère ; mais apprécié surtout, ou plutôt uniquement, par des amateurs d'élite, il n'avait pas, tant s'en faut, le choix des commandes, et ne jouissait pas pour les contemporains de la renommée et de la considération de Ch. Lebrun, quoique la postérité ait élevé sur un bien autre piédestal celui qu'elle a surnommé le *Raphaël français.* Ainsi, dans cet hôtel Lambert même, Lebrun avait obtenu la commande des travaux les plus importants en laissant à son émule la décoration des pièces moindres, cabinets, salle de bains etc. Pourtant, même alors, les connaisseurs ne se trompaient pas sur leur mérite relatif. On raconte que, certain jour, le Nonce vint à l'hôtel Lambert pour visiter les peintures nouvelles dont il était fort parlé dans le monde, celles de Lebrun bien entendu, et en particulier la galerie de *l'Apothéose d'Hercule.* Après une longue station devant ce tableau, on passa dans le salon voisin, où se trouvaient, peints au plafond, l'*Apollon* et le *Phaëton* de Lesueur. Comme Lebrun doublait le pas, le prélat moins pressé le retint en disant : « Doucement, arrêtons-nous, monsieur ! car voilà de bien belles peintures ! »

Suivant des auteurs mêmes, le Nonce aurait exprimé son admiration en termes bien autrement énergiques, mais très-peu flatteurs pour Lebrun : « A la bonne heure, voici des tableaux dignes d'un maître italien, le reste est *una coglioneria* (sottise, niaiserie). »

Cette seconde version n'est peut-être pas très-vraisemblable ; mais la première, qui paraît plus fondée, suffit pour expliquer ces sentiments de rivalité, d'ardente émulation, sinon de jalousie, qu'on attribue à Lebrun, artiste trop éminent lui-même pour ne pas reconnaître, dans son for intérieur, la supériorité de son ancien camarade et peut-être s'en inquiéter. « Ne se croyait-il pas, sans ce rival, assuré de la faveur du public comme de celle du roi prodigue pour lui de ses récompenses, dont pas une, on a regret à le dire, n'alla chercher Lesueur ? » Ainsi s'expriment à tour de rôle et assez étourdiment les biographes qui oublient que Louis XIV avait dix-sept ans à peine quand mourut Lesueur. La *Biographie universelle*, après d'autres, n'en fait pas moins d'un air contrit écho à ces doléances : « Lebrun cherchait à s'attirer exclusivement par l'allégorie de ses louanges les bienfaits de Louis XIV, auxquels on sait qu'en effet Lesueur comme le bon la Fontaine n'eut point de part. »

D'ailleurs, il faut reconnaître que notre artiste ignorait l'art de se produire « modeste, inoffensif, incapable d'adulation », il disait en parlant de ses rivaux : « J'ai toujours tout fait et toujours je ferai tout pour être aimé d'eux. » Il ajoutait : « Est-ce donc un crime d'être studieux, de chérir son art et de faire tous ses efforts pour y réussir ? » Ce langage, conforme à son caractère comme à ses principes, nous ferait un peu douter de l'idée que lui ont prêtée sans doute certains biographes. D'après eux, il se serait peint, dans une allégorie, pas précisément modeste, triomphant comme le Poussin de tous ses rivaux.

Nous avons dit plus haut ce qu'il fallait penser de la retraite de Lesueur chez les Chartreux et de la sotte invention du duel dont le sieur Miel est seul coupable. Les biographes, presque jusqu'à ces derniers temps, ne semblent pas avoir été mieux renseignés sur d'autres circonstances et des plus importantes de la vie du Maître. M. Ch. Blanc, d'ordinaire plus exact, nous dit rondement : « Il ne fut point marié et n'a laissé que des neveux. » Or, on a la date non-seulement de son mariage, mais celle aussi de la naissance de ses six enfants dont quatre lui survécurent : Eustache Lesueur, 11 juillet 1645 — Geneviève Marguerite, 9 novembre 1648 — Louise, 23 février 1651 — Michelle 1655 — et deux autres dont A. Jal donne les noms. Voilà qui est décisif.

L'Encyclopédie des gens du monde n'est pas mieux informée quand elle écrit : « La perte de sa femme qu'il aimait tendrement l'ayant plongé dans un chagrin profond, il tomba dans une maladie de langueur et se retira chez les Chartreux, dont le prieur reçut son dernier soupir. » La nouvelle édition de la *Biographie de Michaud,* dit également : « Persécuté, resté veuf et seul, une maladie de langueur détermina sa retraite chez les Chartreux, où la reconnaissance l'avait souvent accueilli. » « Plus tard, répète la *Nouvelle Biographie* de Didot qui fait si volontiers écho à l'autre, lorsque Lesueur eut perdu sa femme et que, découragé, il lui sembla que sa vie était accomplie, il vint mourir aux Chartreux ! »

Autant d'erreurs que de mots, si incroyable que cela paraisse ! Autant d'erreurs grossières et que n'autorise aucunement le langage des premiers biographes quoique « d'un laconisme extrême, ainsi que le fait observer M. Vitet, en ce qui concerne la personne et la vie de l'artiste et ne s'occupant que de ses tableaux. » Guillet, l'académicien, qui parlait devant des confrères dont plusieurs avaient connu Lesueur, se borne à dire : « Il était naturellement officieux, sociable, d'une humeur gaie et d'une sage conduite. Il se maria et laissa deux enfants [1] qui sont pourvus à leur avantage. »

Donc, malgré le côté poétique de cette légende établie, qui sait comment ? et passée si généralement à l'état de tradition historique, il ne faut pas hésiter à reconnaître, à déclarer que ce n'était qu'une *légende* (qu'on le regrette ou non). Cela résulte jusqu'à l'évidence de l'examen des documents et en particulier des pièces publiées dans les tomes III et V des *Archives de l'Art Français*.

Lesueur, dont la femme relevait de couches depuis quelques semaines seulement, étant tombée malade, sans doute par suite d'un excès de travail, fut forcé de s'aliter, et au bout de quelques jours, il expirait dans les bras de Geneviève Goussé. Hélas ! le grand artiste, peu de temps avant, à ce qu'on raconte, ne se croyant pas si gravement atteint : « se flattait encore de vivre de » longs jours dans l'espoir d'exécuter plus de vingt ta-

[1] Erreur, comme on l'a vu.

» bleaux déjà conçus, qui effaceraient ce qu'il avait déjà » fait et lui procureraient peut-être la réputation à la- » quelle il aspirait. » Tant, dans sa modeste opinion de lui-même, il se croyait encore loin du but que pour la postérité il a, non pas atteint, mais presque dépassé.

Lebrun lui-même en jugeait ainsi, s'il est vrai qu'étant venu voir son confrère mourant, après lui avoir fermé les yeux, il n'ait pu s'empêcher de murmurer en sortant : « *que la mort lui tirait une grosse épine du pied* » [1]. Le mot a été rapporté par un chartreux même, Bonaventure d'Argonne, qu'on en peut croire, malgré la contradiction d'A. Jal qui s'appuie, pour innocenter Lebrun, « cet ennemi prétendu de Lesueur » de cette circonstance qu'en 1649, celui-ci « fut choisi par Mme Lebrun, pour être son compère au baptême de Suzanne Lebrun, fille de Nicolas Lebrun, le paysagiste. » Il ne semble pas qu'il y ait là un motif suffisant pour invalider le témoignage du bon chartreux, alors qu'au contraire la visite de Lebrun au malade prouve ces relations d'intimité et de camaraderie qui n'avaient cessé d'exister entre eux et n'empêchaient pas, fût-ce à son insu et comme malgré lui, chez Lebrun, les appréhensions que l'on sait.

Landon [2], avant Jal, avait contesté l'exactitude de l'assertion de Bonaventure d'Argonne, mais par un autre motif et en s'appuyant aussi de faits qui tendraient plutôt à la confirmer : « De pareils sentiments et un

[1] *Mélanges de littérature et d'histoire*, publiés sous le pseudonyme de Vigneul de Marville, t. 1er, p. 184.

[2] *Galerie des artistes célèbres*, in-4, 1807-1809.

pareil langage ne s'accorderaient point avec le caractère bien connu d'un homme tel que Lebrun, et sont encore démentis par le témoignage d'un artiste digne de foi. Simonneau, graveur, raconte que, se trouvant un jour dans le cloître des Chartreux, il vit arriver Lebrun ; et que s'étant mis à l'écart pour entendre ce que dirait ce rival de Lesueur, Lebrun, *qui se croyait seul,* s'écriait à chaque tableau :

« Que cela est beau ! que cela est bien peint ! que cela » est admirable ! »

Il n'en faut pas savoir moins gré à feu A. Jal des renseignements précieux et précis qu'il nous a donnés d'après examen des pièces officielles (actes de naissance, de décès, etc.), et desquels il résulte que Geneviève Goussé survécut de longues années encore à son mari puisqu'elle mourut seulement « le 24 décembre 1669, place Maubert, au coin de la rue de Bièvre, au logis même où elle était née... Par prudence, par amour pour le métier de son père, peut-être par respect pour la mémoire de son mari, au lieu d'élever Eustache II, son fils, pour la peinture, où il aurait pu compromettre un beau nom, elle lui fit prendre le tablier de l'épicier. Ainsi, le grand Lesueur, allié à l'épicerie par sa femme, eut un fils épicier ; et comme si ce n'était point assez, il eut une fille épicière... car sa veuve avait marié, treize mois avant sa mort (9 octobre 1668), Marie-Geneviève, sa fille, à François Violaine, épicier-cirier qui demeurait aussi sur la place Maubert [1]. »

Ces détails, tels étranges qu'ils nous paraissent, ne

[1] A. Jal. *Notice sur Lesueur. — Archives de l'Art français.*

permettent pas le doute; ils tendent à confirmer ce qu'on soupçonnait par la tradition, à savoir la position modeste et peut-être même gênée dans laquelle a vécu trop longtemps l'illustre artiste, aussi bien que l'injustice ou plutôt l'incroyable indifférence de ses contemporains qui semblent avoir eu si peu conscience de la sublimité de son génie. « Il mourut honoré, regretté, comme homme de bien, dit avec trop de vérité M. Vitet, estimé comme artiste, mais à peu près au même titre que ses onze confrères de l'Académie et le jour où son génie fut enlevé aux arts personne, dans tout le royaume, ne mesura la perte que venait de faire la France. »

Aussi combien douloureuse, combien désolante, cette mort prématurée pour le grand artiste si, comme tant d'autres, il n'eût travaillé que dans un but humain et en vue de ce qu'on appelle la gloire ! Quoi ! au moment peut-être d'atteindre au but rêvé, quand tout lui souriait dans la vie, entouré des chers objets de ces affections qui la rendent plus douce et plus aimable, une tendre épouse, des enfants adorés, des frères, des parents, des amis dévoués, jouissant enfin de l'aisance acquise au prix de tant d'efforts, voilà qu'il faut entendre prononcer l'arrêt de la suprême séparation, dire à tout ce qu'on aimait l'éternel adieu ! Avec quelles angoisses, avec quel déchirement ! si Lesueur n'avait pas été fortement chrétien, s'il n'eût pas trouvé le courage de la résignation dans la pensée que la providence de Dieu le voulait ainsi pour le plus grand bien de tous et qu'il était sûr de trouver ailleurs la récompense de ses vertus comme celle de ses talents dont il avait su faire un si noble usage.

Disons, pour terminer, que Lesueur, habitant, lors de sa mort, sur la paroisse *Saint-Louis en l'Ile*, fut porté cependant, pour y être inhumé, à l'église Saint-Étienne du Mont ainsi que le constate le registre de cette paroisse : « Le samedi, 1er mai 1655, fut inhumé dans » l'église défunt M. Lesueur, vivant peintre sculpteur » (sic) ordinaire du Roy, apporté dans un carrosse de la » paroisse Saint-Louis en l'Ile. »

« Mais pourquoi, dit A. Jal, Lesueur désira-t-il être enterré dans cette église ? Maintenant que vous savez que c'est là qu'il se maria ne devinez-vous pas que ce fut un dernier témoignage de tendresse qu'il voulut donner à sa chère et bien-aimée Geneviève ? »

L'épitaphe de Lesueur gravée sur la pierre tumulaire à Saint-Étienne du Mont s'est effacée par le laps de temps ou par d'autres causes. On se demande comment elle n'a pas été rétablie ainsi qu'on a fait pour celles de Racine et Pascal.

III

Un critique à qui l'on peut faire des reproches sérieux au point de vue historique et biographique, parce que, sans les appuyer des preuves décisives qui seules pourraient les faire accepter, il a raconté sur Lesueur des faits nouveaux, singuliers, contraires à toute vraisemblance, le rédacteur de l'*Encyclopédie des gens du monde* et de la *Galerie française*, Miel enfin, ne semble point avoir fait ainsi fausse route quand il s'est agi de juger l'artiste. Bien au contraire, son appréciation sympathique et motivée prouve qu'il ne parlait point au hasard ni de ce qu'il connaissait mal ou peu, mais en Aristarque éclairé, consciencieux et d'autant de sens que de goût. On sent qu'il s'était recueilli de longues heures devant les chefs-d'œuvre du maître illustre qu'il a su comprendre et louer dignement comme peintre si, par une regrettable méprise ou le désir exagéré d'ajouter un élément nouveau d'intérêt à cette vie trop courte, il a su moins heureusement nous parler de l'homme. Aussi, pour que le lecteur n'incline point à le juger trop sévèrement, semble-t-il juste de citer cette excellente page entre autres dans laquelle l'œuvre de Lesueur nous paraît dans l'ensemble excellemment apprécié :

« Lesueur n'éblouit pas, mais il attache, sa peinture est douce, persuasive, pénétrante ; elle tient le spectateur sous le charme et ce charme est celui de la vertu. Rien de théâtral, ni de recherché, ni d'ambitieux dans son talent ; point d'accessoires parasites ni de mensonges pompeux dans ses œuvres ; partout la mesure unie à l'enthousiasme et cette sagesse de jugement qui, conduisant au beau par le vrai, s'arrête là où il convient au sujet plutôt que là où il pourrait convenir au peintre ; partout cette fécondité d'imagination qui produit facilement, abondamment comme la nature même, et ce pouvoir d'exécution qui ne demeure jamais au-dessous de ce que l'esprit conçoit et de ce que l'âme sent... Quelle variété, quelle aptitude à prendre tous les tons ! Quelle puissance de talent ! Qu'on ne s'y trompe point, c'est à la rigidité même de ses principes modifiée par une âme tendre, une imagination vive, et un génie original que le peintre doit la flexibilité de son style. »

Tout cela est aussi bien pensé que bien dit. Un autre biographe antérieur à Miel et à qui l'on peut, sous le rapport historique, faire également quelques reproches mais moins graves, Landon, a su aussi en quelques lignes admirablement caractériser Lesueur : « L'influence de Vouet est sensible dans les premiers ouvrages de son élève et lui nuisit beaucoup sous le rapport du coloris et du clair-obscur ; toutefois il ne laissa pas d'y faire des progrès dans la suite et ses dernières productions laissent sous ce rapport beaucoup moins à désirer. Mais par quelles beautés éminentes ce grand peintre ne rachète-t-il pas ce qui peut lui manquer dans les parties les plus essentielles de l'art ! Un génie élevé, la sagesse dans la composition et dans l'ordonnance, l'élégance du dessin, le naturel et la simplicité dans les attitudes et dans les airs de tête, un goût parfait dans l'ajustement des draperies, la noblesse, la grâce et la douceur de l'expression ; enfin la franchise et la liberté de la touche dans ses peintures exécutées au premier coup ; telles sont les qualités qui distinguent le talent de Lesueur et l'ont fait nommer à juste titre le *Raphaël de la France.*»

MICHEL-ANGE ET TITIEN

I

« Oui, Monsieur, que l'ignorance rabaisse tant qu'elle voudra l'éloquence et la poésie, et traite les habiles écrivains de gens inutiles dans les états : nous ne craindrons point de le dire à l'avantage des lettres, du moment que des esprits sublimes, passant de bien loin les bornes communes, se distinguent, s'immortalisent par des chefs-d'œuvre, comme ceux de Monsieur votre frère (Pierre Corneille), quelque étrange inégalité que, durant leur vie, la fortune mette entre eux et les plus grands héros, après leur mort cette différence cesse. La postérité qui se plaît, qui s'instruit dans les ouvrages qu'ils lui ont laissés, ne fait point difficulté de les égaler à tout ce qu'il y a de plus considérable parmi les hommes, fait marcher de pair l'excellent poète et le grand capitaine. Le même siècle qui se glorifie aujourd'hui d'avoir produit Auguste, ne se glorifie guère moins d'avoir produit Horace et Virgile. Ainsi lorsque, dans les âges suivants, on parlera avec étonnement des victoires prodigieuses et de toutes les grandes choses qui rendront notre siècle l'admiration de tous les siècles à venir, Corneille prendra sa place parmi toutes merveilles[1]. »

Ce que Racine disait des poètes à propos de Corneille, ne peut-on pas, ne doit-on pas le dire, des grands artistes, de ceux-là surtout qu'on nomme des maîtres et dont les chefs-d'œuvre,sujet d'éternelle admiration pour la postérité, nous ravissent non pas seulement par les merveilles de l'exécution, mais par la grandeur de la conception, la majesté du sujet, la noblesse et la sublimité des pensées ! Michel-Ange et Titien, pour le plus grand nombre de leurs œuvres, et, sauf quelques réserves que nous indiquerons avec sincérité, méritent entre tous cette louange et sont au rang des plus illustres.

La vie du Titien (Tiziano-Vecelli) né à Cador, dans le Frioul, en 1477, offre peu d'évènements ; elle est surtout dans ses œuvres. On raconte que, tout enfant encore, sa vocation se révéla par une figure de la Vierge qu'il peignit sur une muraille, avec du jus d'herbes, à défaut de couleurs. Son père le surprit au milieu de ce travail dont l'exécution l'étonna et dit à l'enfant :

— Voudrais-tu donc être peintre par hasard ? Il n'est pas besoin de dire la réponse du bambin, envoyé, dès l'âge de dix ans, à Venise où demeurait un de ses oncles qui le plaça d'abord chez Gentil Bellin, et ensuite chez Jean Bellin, plus célèbre que son frère. Titien étudia assez longtemps dans l'atelier de ce maître. Mais un jour, ayant vu certains tableaux de Giorgione remar-

[1] Jean Racine. — *Discours prononcé à l'Académie française* pour la réception de MM. Thomas Corneille et Bergeret.

quables par la liberté de la touche et surtout la magie du coloris, il voulut connaître cet artiste et se mit sous sa direction. Dès l'âge de dix-huit ans, Titien était devenu si habile que le Giorgione, craignant en lui un rival, par suite des préférences marquées d'un amateur, prit de l'ombrage, et ils durent se séparer.

Un *Jugement de Salomon*, peint à Vicence, et plusieurs tableaux exécutés pour l'église de Padoue, commencèrent à faire connaître Titien ; aussi le Sénat, lors de son retour à Venise, n'hésita pas à lui confier l'achèvement, dans la grande salle du conseil, du travail commencé par Jean Bellin qui venait de mourir. Titien s'acquitta de cette tâche difficile avec un tel succès que le Sénat, outre le prix convenu, « lui donna, dit d'Argenville, un office de trois cents écus de revenu. »

Bientôt après, il fut appelé à Ferrare par le duc pour y terminer également les peintures commencées par Jean Bellin dans le palais, et le prince, prompt à apprécier son talent, lui fit faire, en outre, son portrait, celui de la duchesse sa femme, et d'autres tableaux. A la cour de Ferrare, Titien connut plusieurs personnages célèbres de l'Italie, entre autres l'Arioste, qui composa, à la louange du jeune peintre, des vers répétés bientôt par tous les échos de la Péninsule et dont Titien voulut le remercier en faisant son portrait.

Être peint par cette main déjà merveilleusement habile, c'était un honneur et un bonheur dont les souverains mêmes se montraient jaloux ; successivement Titien fit les portraits du pape Paul III, pendant son séjour à Ferrare, du duc et de la duchesse d'Urbin, de François 1er, à son retour en France, de Soliman II empereur des Turcs; plus tard, ceux de l'empereur Charles Quint, en 1530, et de beaucoup de princes, cardinaux, seigneurs. Le portrait ne lui faisait pas négliger la partie la plus élevée de l'art. Il exécuta alors, entre autres grandes compositions, son fameux tableaux de *saint Pierre martyr*, pour l'église Saint-Jean Saint-Paul des Dominicains. Après la mort du Giorgione, son ancien ami, il fut chargé de terminer plusieurs de ses tableaux, et l'on n'eut pas à le regretter : « Le Titien, dit d'Argenville, avait plus de finesse que ce peintre, et une plus grande recherche dans tous les accompagnements de ses ouvrages. Ses portraits sont inimitables.... On pouvait regarder ses tableaux de près comme de loin. Son grand travail était caché par quelques touches hardies qu'il répandait partout ce qui trompe ceux qui veulent copier ses tableaux. Enfin, il ne travaillait que pour dissimuler les efforts du travail. »

Titien avait dans le caractère de la grandeur et de la générosité. Il se trouvait non loin de Parme, lorsqu'il apprit qu'il était question, pour je ne sais quels projets imaginés par certains architectes d'accord avec d'autres ignorants, de détruire la coupole peinte à l'intérieur par le Corrége. A cette nouvelle, plein d'indignation, il accourt, et par l'autorité de son talent et de sa position, empêche cet acte inouï de vandalisme en conservant à la postérité ce chef-d'œuvre que le temps par malheur n'a pas assez respecté.

Lors du séjour de Titien à Rome en 1543, Paul III, dont il fit de nouveau le portrait, voulut qu'il logeât au Belvédère ; le pape fut très-satisfait de ce portrait, mais bien plus encore d'un *Ecce Homo*, et ne pouvant se lasser de le contempler, il le fit placer dans la chambre où il se tenait habituellement. Dans son admiration pour l'artiste, l'illustre Mécène eut la pensée d'élever son fils Pomponio à quelque haute dignité ecclesiastique, mais Titien s'y refusa :

« Non, très Saint-Père, je ne crois pas que telle soit la vocation de mon fils ; et sa vertu ne serait point à la hauteur de ces graves fonctions. »

L'artiste refusa pareillement pour lui-même d'autres faveurs, préférant retourner à Venise au milieu de ses amis. A quelque temps de là, il reçut, dans son atelier, la visite de Henri III, nommé roi de Pologne, qui lui demanda le prix de tableaux qu'il avait fort admirés.

— Sire, ils sont à vous ! dit l'artiste, veuillez les accepter comme un petit présent du peintre.

Le roi remercia et fit emporter les toiles, mais, comme on le pense bien, sut dédommager l'artiste.

Titien, auquel son talent avait donné tout à la fois la gloire et la fortune, ne cessa de travailler même lorsque l'âge semblait lui conseiller le repos. On rapporte que, soit que sa vue ou son intelligence eut faibli, à cette époque, il eut la malheureuse idée de retoucher plusieurs tableaux de son meilleur temps et qu'il jugeait, bien à tort, peu dignes de son génie. Quelques-uns en souffrirent ; par bonheur, ses élèves, avertis par cette expérience, mêlèrent aux couleurs de l'huile d'olive qui ne sèche point. Puis, le maître sorti, ils effaçaient avec une éponge toute trace du nouveau et malencontreux travail.

Titien, qui pendant de longues années avait eu ce rare bonheur d'une santé presque parfaite, avait atteint l'âge de 99 ans lorsque la peste éclata à Venise, et il fut une des victimes. Quoique, à cause du fléau qui sévissait cruellement, on eût interdit toutes les cérémonies funèbres, le Sénat ordonna qu'il serait fait une exception pour l'illustre artiste, honoré de magnifiques funérailles dans l'église *Dei Frari* (1575).

« Le Titien n'a été étranger à aucun genre : son talent varié les embrassa tous, et il brilla tour à tour dans les sujets sacrés, profanes, mythologiques et champêtres. Sévère dans le choix des figures, il ne le fut pas moins pour les détails ; dans ses compositions rien n'est inutile et tout paraît nécessaire. On n'oserait supprimer les moindres accessoires sans craindre de détruire l'harmonie de l'ensemble. Peintre inimitable de la nature, il a excellé surtout à exprimer les nuances les plus délicates, les sentiments les plus opposés. C'est le même pinceau qui a imprimé l'horreur de la mort sur le visage de saint Pierre martyr, la résignation sur le front du Sauveur, la pudeur dans la Vierge, la honte dans Caliste, l'innocence dans les anges, la volupté dans Venus, la douleur dans Marie, l'ivresse dans les bacchanales. Il ne se bornait pas à bien saisir le caractère d'une passion ; il la nuançait de plusieurs manières en marquant, pour ainsi dire, les degrés de souffrance de chacun des principaux acteurs. Dans la *Déposition du Christ au tombeau*, par exemple, tout le monde est frappé de douleur ; mais l'on voit la Vierge souffrir plus que la Madeleine et saint Jean, qui sont à leur tour plus accablés que Joseph et Nicodème. »

Ce jugement, porté sur le Titien par un critique

distingué[1] qui n'est que l'écho de beaucoup d'autres, ne saurait être adopté sans restriction, et malgré notre admiration enthousiaste pour le génie du grand artiste, au premier rang dans l'École Vénitienne, nous oserons dire qu'il y a peut-être ici exagération dans la louange. Le talent du Titien n'est point aussi complet et surtout aussi constamment égal que l'affirme le critique. La composition chez lui parfois se sent de la hâte du travail, et n'en déplaise au panégyriste, on pourrait ajouter ou retrancher saus inconvénient. Si les expressions parfois sont heureuses, sont admirables, d'autres fois aussi elles semblent banales, et certains personnages, venus au hasard du pinceau, ne sont guère que des comparses et n'ont point été assurément étudiés d'après nature. Le relief laisse peu à désirer de même que le modelé pour lequel Titien, si merveilleux dans la fonte des couleurs et le maniement du pinceau, se montre souvent incomparable. Le dessin parfois pourrait être plus sévère encore qu'on doive trouver exorbitante cette parole prêtée peut-être à Michel-Ange à la vue de la *Danaé :*

— Quel dommage qu'à Venise on n'apprenne pas à bien dessiner ! Si le Titien était secondé par l'art comme il a été favorisé par la nature, personne au monde ne ferait si vite ni mieux.

Ce jugement excessif est d'un homme de parti pris qui ne voyait l'art qu'à un point de vue restreint sinon personnel. Le fait est que Titien, auquel on peut reprocher des négligences, des lacunes, par suite de la rapidité du travail, n'est pas, tant s'en faut, un médiocre

[1] Taillasson. *Observations sur quelques grands peintres.* 1807.

dessinateur. Il a, quand son pinceau se surveille, la suprême élégance des formes, la pureté de la ligne, la grâce et la vérité des attitudes, la morbidesse des chairs, la finesse et la délicatesse extrême du modelé unies à une fermeté de contours et à une franchise de tons qu'on trouverait difficilement ailleurs. Il jette magnifiquement ses draperies témoin sa descente au *Tombeau,* pour moi son chef-d'œuvre parmi les tableaux du maître que nous possédons au Louvre. La composition est superbe, unissant grandeur et simplicité. Quelle noblesse dans les personnages, le saint Jean, la Madeleine, le saint Pierre, dont les figures pathétiques nous remuent si profondément, nous saisissent si fortement que l'émotion ne permet pas de s'apercevoir que la tête du Christ, perdue dans l'ombre, est la moins belle de toutes et ne rayonne point de ce grand et divin caractère qui devrait la transfigurer. Ce n'est pas impunément, quoiqu'on ait dit, que, par une erreur qui fut trop celle de son temps et d'autres temps, Titien traita, tour à tour et souvent à la fois, des sujets divers et opposés, sacrés et profanes.

Il ne me paraît pas du tout prouvé d'ailleurs qu'en général l'artiste réussît aussi bien les sujets tirés des Évangiles ou de l'Ancien Testament que ceux empruntés à la mythologie, j'entends au point de vue des expressions et de l'impression produite par le tableau. Que l'on compare par exemple, au Louvre, sa *sainte Famille* avec la *Nymphe et le Satyre,* et l'on verra combien celui-ci l'emporte sous le rapport de l'art, j'entends d'un art qui brille surtout par la perfection extérieure. Mais où peut-être Titien est supérieur encore, du moins pour les toiles que nous possédons au Louvre, c'est dans ses portraits qui le disputent aux plus admirables toiles de Van Dyck même, par la noblesse, la fierté des attitudes, le relief puissant, le modelé merveilleux, et surpassent peut-être le peintre de Charles Ier pour la solidité des tons. Aussi je suis tout à fait de l'avis de M. des Angelis quand il dit : « C'est beaucoup sans doute de retracer fidèlement la physionomie d'un homme ; mais c'est bien un autre mérite de laisser sur ses traits l'empreinte ineffaçable de ses vertus et de ses vices. A toutes ces qualités plus que suffisantes pour constituer le grand peintre, Titien réunit celle d'être le premier coloriste de l'Italie. C'est en vain qu'on a examiné, qu'on a sacrifié même quelques-uns de ses tableaux pour surprendre son secret ; il demeure caché sous l'éclat des couleurs et l'œil le plus exercé se flatterait en vain de suivre les traces d'un pinceau dont on ne peut assez admirer les prodiges. »

On comprend, en contemplant tel de ces chefs-d'œuvre, l'admiration des contemporains et en particulier de l'empereur Charles-Quint pour le grand artiste. En vérité je me sens de l'estime et presque de la sympathie pour cet illustre ambitieux, l'opiniâtre ennemi de la France, mais qui, glorieux Mécène, savait si magnifiquement honorer, récompenser le génie. On sait que, non content de prodiguer au Titien l'or et les pensions, en public, à la promenade, à cheval, il lui cédait toujours la droite, et comme certains courtisans paraissaient s'en étonner, il leur dit :

— Je puis bien créer un duc; mais où trouverai-je un second Titien ?

Et un autre jour, l'artiste, grimpé sur son échelle, ayant laissé échapper son pinceau, le prince le ramassa et le lui rendit en disant :

— Titien mérite d'être servi par un Empereur.

D'Argenville, selon son habitude, dans son étude sur Titien mêle à sa prose quelques rimes, je n'ose dire, de la poésie en l'honneur du maître. Or, la pièce se termine par ces deux vers :

Heureux si son pinceau plus sage
N'eût blessé la pudeur par trop de liberté.

Et ce reproche qui fait honneur à la sincérité de d'Argenville, Titien l'a mérité. Pendant son séjour à la cour de Ferrare, l'artiste, connut, avec l'Arioste, le trop fameux Arétin dont le nom seul est une injure, et pour lequel déjà, Jules Romain, entraîné à illustrer, je ne sais quel poème immonde, avait souillé ses crayons. Sa liaison, quoique passagère avec ce détestable génie, fut-elle aussi fatale au Vénitien, en poussant son pinceau à de fâcheux écarts ? Ou Titien, par une illusion, qui alors comme aujourd'hui trompa trop d'artistes, crut-il, par l'habitude de vivre dans un certain milieu, que les témérités du pinceau s'emportant jusqu'à la licence, n'étaient que l'exercice légitime de la liberté de l'art ? Je ne saurais le dire, mais ce qui n'est pas douteux, c'est que dans son œuvre, à côté de tant de pages de l'ordre le plus élevé, s'en trouvent d'autres d'une inspiration bien différente, toute païenne, et qu'un peintre d'Athènes ou de Corinthe, au temps où fleurissait le culte de Venus d'Amathonte, n'eut pas désavouées ! Fussent-elles de cette époque de la vie de l'artiste qu'un moraliste a appelées « la fièvre de la raison», il ne faut pas songer à les excuser, et lui-même sans doute, dans le recueillement des dernières années, les aura regrettées.

II

Mais voici qui semble plus extraordinaire et qui prouve que les princes de l'art, ces autres demi-dieux de la terre, auxquels la toute puissance du génie conquiert une royauté plus enviable sans doute que l'autre, eux aussi sont exposés à de formidables tentations dans cette atmosphère enivrante où ils vivent, fatigués d'hommages, de louanges, d'adulations incessantes. Ce reproche, que l'honnête d'Argenville ne peut s'empêcher d'adresser au Titien, son illustre contemporain, Michel-Ange pouvait en prendre sa part, Michel-Ange qui cependant, par la gravité de son caractère et la sévérité de ses mœurs, semblait devoir rester étranger toujours à ces écarts. D'après le témoignage de Milizia, critique peu sympathique au grand Florentin : « Michel-Ange n'était pas seulement désintéressé, dédaigneux des vains honneurs comme de l'argent, mais aussi frugal, austère, dur à lui-même comme aux autres et, s'il eût vécu dans les temps antiques, on l'eût glorifié comme un stoïcien modèle.... Il vivait solitaire, fuyant la société des grands d'autant plus empressés à le rechercher, comme celle des artistes. »

Tous les contemporains, biographes et autres, rendent hommage, et en termes bien plus accentués, au caractère sérieux de Michel-Ange que l'art seul préoccupait dès la première jeunesse et qui répondait plus tard à un ami s'étonnant qu'il ne se fût pas marié : « J'ai une femme de trop qui m'a toujours persécuté, c'est mon art et mes ouvrages sont mes enfants. »

« J'ai souvent entendu Michel-Ange raisonner et discourir sur l'amour, dit Condivi [1] et j'ai appris des personnes présentes qu'il n'en parlait pas autrement que d'après ce qu'on en lit dans Platon. Je ne sais pas ce qu'en dit Platon (ignorant le grec), mais je sais bien que j'ai beaucoup connu Michel-Ange et je n'ai jamais entendu sortir de sa bouche que des paroles très-honnêtes et capables de contenir les désirs déréglés qui naissent chez les jeunes gens. » Michel-Ange, ce qui est certain, n'oublia jamais l'éducation forte et saine de sa jeunesse et les principes que, dès le berceau, lui avait inculqués une famille chrétienne.

Né le 6 mars 1475, près d'Arezzo, dans le Valentino, il eut pour père Léonardo Buonarroti Simoni, alors podestat de Castello di Chiusi et Caprese. Bien différent du père de Vecelli, Léonardo, destinant son fils aux sciences et aux lettres, l'envoya tout enfant à l'école de grammaire que tenait à Florence Francisco de Urbino, et il ne voyait pas sans un profond déplaisir le peu de progrès que faisait dans cette étude Michel-Ange moins paresseux pour le dessin ; car, toujours armé d'un crayon, il employait tout le temps des récréations à illustrer ses livres ou les murs de la maison paternelle. « Ses premiers essais, dit M. Ch. Clément, existaient

[1] Vita de Michel-Angelo Buonarroti.

encore au milieu du XVIIIe siècle, et Gori raconte que le cavalier Buonarroti, descendant de l'oncle de Michel-Ange, lui montra une de ces esquisses entre autres, dessinée au crayon noir sur le mur d'un escalier de la Villa de Seltignano, représentant un homme, le bras droit élevé, la tête renversée, d'un dessin ferme et vivant, qui dénotait toute la précocité du génie de l'enfant [1]. »

Le père ne s'obstinait pas moins à contrarier cette vocation et pour cela ne s'abstenait ni des remontrances, ni des reproches, ni même des coups : « Plus d'une fois, dit Condivi, à cette époque il fut grondé et terriblement battu. » Mais l'enfant avait déjà ce vouloir indomptable, et cette ténacité dont plus tard l'homme fait donnera tant d'exemples, et le père, vaincu par sa persévérance, se résigna. Il plaça Michel-Ange dans l'atelier de Ghirlandajo, chargé de la décoration de Santa-Maria Novella, et les progrès de l'élève furent si rapides qu'adolescent encore, il exécuta deux tableaux, l'un original et l'autre copie, qui attirèrent l'attention de Laurent de Médicis, dit le Magnifique. Celui-ci, par la protection généreuse et intelligente qu'il accordait aux arts, aux lettres et aux sciences, par sa libéralité, ses bienfaits en tout genre, faisait oublier aux Florentins que la république n'existait plus que de nom. Devinant, avec son goût passionné pour les arts, le génie de Michel-Ange, il l'admit à sa table et le donna pour compagnon à ses fils en lui laissant d'ailleurs toute facilité pour le travail. Michel-Ange en profita, car dès lors, prenant goût à la sculpure, il exécuta le bas-relief des *Centaures* et la *Ma-*

[1] Ch. Clément : *Michel-Ange, Léonard de Vinci et Raphaël.*

done qu'on voit à Florence. Dans le même temps, il copiait les fresques de Masaccio, dans l'église *del Carmine*, et étudiait avec passion l'anatomie dans l'hôpital de Santo-Spiritu dont le prieur lui avait ouvert l'entrée. Par ces continuels efforts, ses progrès furent tels qu'ils excitèrent la jalousie de ses camarades, et l'un d'eux, le brutal Torrigiano, dans une discussion, lui asséna sur la figure un coup de poing dont Michel-Ange eut le nez presque écrasé et garda la marque toute sa vie.

La protection de Laurent de Médicis n'en fut que plus empressée pour le jeune artiste ; par malheur, au bout de trois années, une brusque mort priva de son Mécène Buonarroti attaché sincèrement, profondément au prince « et qui resta plusieurs jours sans pouvoir travailler tant il était affligé », dit Condivi. Pour faire diversion à son chagrin, Michel-Ange alla passer quelques mois dans sa famille, d'où il se rendit à Venise et à Boulogne et dans ces deux villes il séjourna un certain temps aussi. Il revint au bout d'une année à Florence gouvernée par Pierre François de Médicis, fils aîné de Laurent, qui lui fit le meilleur accueil. C'est alors que l'artiste exécuta le *Cupidon dormant* qui fit tant de bruit et dont l'histoire singulière a été bien des fois racontée. Laurent, fils de Pierre-François de Médicis, ayant vu cette statue, la trouva si parfaite qu'il donna le conseil à Michel-Ange de l'envoyer à Rome et de la faire enterrer dans une vigne qu'on devait fouiller, et où, la découvrant, on la prendrait certainement pour un antique, ce qui lui donnerait une tout autre valeur. La chose arriva comme il l'avait prévu ; la statue, après quelques mois, fut déterrée ; les connaisseurs avertis s'empressèrent d'accourir et proclamèrent à l'envi, dans leur admiration, ce morceau, une œuvre des plus remarquables, un chef-d'œuvre de Phidias peut-être. Le cardinal de saint Georges, un des plus animés, l'acheta au prix de deux cents écus romains.

On doutait d'autant moins de l'origine ancienne de la statue qu'il lui manquait un bras, cassé adroitement naguère par Michel-Ange. Celui-ci, instruit de ce qui se passait à Rome, s'y rendit et se fit reconnaître pour le véritable auteur de *Cupidon dormant* au moyen du bras qu'il apportait et qui s'adaptait parfaitement à la fracture. Cette aventure accrut beaucoup sa réputation et le cardinal de Saint-Georges lui-même, loin de lui garder rancune, voulut lui donner l'hospitalité dans son palais où Michel-Ange demeura toute une année. Il resta quatre autres années (de 1496 à 1501) dans la ville pour l'exécution de diverses commandes. On cite de lui à cette époque le *Bacchus*, *l'Amour* du musée de Kemington, l'*Adonis* des Offices de Florence et surtout la fameuse *Pietà* aujourd'hui dans l'église Saint-Pierre.

Après cette longue absence, Michel-Ange revint à Florence, où il ne retrouva plus les Médicis qu'une révolution en avait chassés. L'artiste n'en était pas moins sûr d'un favorable accueil de la part de ses concitoyens ; car il venait, d'après l'invitation de quelques-uns des plus notables d'entre eux, pour l'exécution du colossal *David* qu'on voit sur une des places de Florence. Le gonfalonier Soderini, un bourgeois gonflé de son importance, « étant venu le voir travailler pendant qu'il faisait quelques retouches, et s'étant avisé de critiquer le nez du David qu'il trouvait trop gros, l'artiste se permit de le railler cruellement. Il monta sur son échafaud, après avoir ramassé un peu de poussière de marbre, qu'il laissa tomber sur son critique pendant qu'il faisait semblant de corriger le nez avec son ciseau ; puis se tournant vers le gonfalonier, il lui dit :

« Eh bien ? qu'en pensez-vous maintenant ?

« — Admirable ! répondit Soderini, vous lui avez donné la vie.

« Michel-Ange descendit de l'échafaud en riant de ce magistrat « semblable à tant d'autres doctes connais- » seurs qui parlent sans savoir ce qu'ils disent [1]. »

A cette même époque, il exécuta, dans la salle du Grand-Conseil, en concurrence avec Léonard de Vinci, le grand carton de la *Guerre de Pise*, admiré de tous les amateurs et artistes et en particulier de Raphaël.

Bientôt après, Jules II, élu pape en 1503, le fit venir à Rome pour l'exécution de grands travaux, son tombeau d'abord, qui ne devait pas se composer, d'après le dessin original de Michel-Ange, de moins de quarante figures. Mais l'artiste dut interrompre l'exécution de ce monument, d'abord à cause d'une absence, puis pour s'occuper des peintures de la chapelle Sixtine pour lesquelles Jules II montrait une singulière impatience. « Michel-Ange, dit d'Argenville [2] remplit dignement cette grande carrière, en vingt mois de temps. Neuf sujets de l'Ancien Testament parurent dans la partie plate du plafond ; et, dans ce qui est voûté, les *Prophètes* et les *Sibylles* dans des attitudes savantes et hardies. »

[1] Ch. Clément, d'après Condivi.

[2] *Vies des Peintres Italiens.*

Ce ne fut que plusieurs années après, sous le pontificat de Paul III, que Michel-Ange compléta les peintures de la Chapelle par l'exécution de son fameux *Jugement dernier*, qui éveilla tant d'admiration, mais auquel n'ont pas manqué les critiques. D'Argenville, plus enclin à la louange qu'au blâme, dit cependant : « Un nombre infini de figures, dans des attitudes très-extraordinaires, mais peu convenable à la sainteté du lieu, forment une composition aussi grande que terrible.... Sa peinture est fière et terrible ; comme il a cherché le difficile et le surprenant, elle étonne plus qu'elle ne plaît. Son goût austère fait souvent fuir les Grâces ; ses têtes sont trop fières et dénuées d'expression ; ses couleurs sont tranchantes et tirent un peu sur la brique. Grand anatomiste, il affectait de charger trop les muscles de ses figures et d'en outrer les attitudes. S'il n'a pas été le premier peintre de l'univers, il a été du moins le plus grand dessinateur, et le premier artiste qui ait fait paraître ce qu'il y avait de plus grand dans cet art. »

Mariette, le célèbre amateur du XVIIIe siècle, est plus sévère. On lit dans les Observations sur la vie de Michel-Ange : « Quant au premier reproche, il est plus difficile d'excuser Michel-Ange. En tous pays, en tous temps, pour quelque motif que ce soit, *il n'est pas permis de rien faire qui puisse nuire aux mœurs, ni qui soit contraire à la religion*. Par conséquent, Michel-Ange est fort répréhensible d'avoir exposé tant de nudités à découvert, et surtout dans un lieu destiné au culte divin. Il voulait montrer son savoir, mais à quelles conditions ? Aussi délibéra-t-on dans la suite de faire effacer la peinture sous le pontificat de Paul IV ; si on la laissa subsister, ce ne fut qu'au moyen de quelques draperies dont on fit couvrir (*habiller*, dit un peu ironiquement M. Ch. Clément) les figures qui semblaient les moins convenables, par un peintre du temps. »

Dominé soit par l'orgueil comme le prétend Milizia, soit par l'esprit de système au point de vue de l'art, ce qui paraît plus probable, Michel-Ange jugeait que c'étaient là de vains scrupules. Car quelqu'un lui parlant du mécontentement du pontife au sujet de ces peintures, il répondit : « Dites au pape qu'il ne s'inquiète point de cette misère, mais un peu plus de réformer les hommes ce qui est beaucoup moins facile que de corriger des peintures. »

On aurait peine à comprendre ce langage si l'on ne savait, hélas ! quelle est chez les artistes la force de certains préjugés qui, par l'habitude, arrivent à fausser la conscience la plus droite et nous expliquent cette grande énigme des plus prodigieuses contradictions. M. Ch. Clément lui-même, si partial pour Michel-Ange, est contraint d'avouer que dans cette œuvre qu'il exalte « comme un de ces actes inouis de l'esprit humain qui, malgré toutes les critiques qu'on en peut faire, épouvantent et subjugent, jamais Michel-Ange n'est autant tombé du côté où il penchait ; jamais il ne s'est moins soucié de plaire et de séduire ; jamais il n'a entassé plus de difficultés, de poses violentes, de pantomimes, ni autant abusé de ces formes, de ces mouvements, de ces postures, sorte de rhétorique de son art qui devait précipiter ses élèves dans de si monstrueux excès. »

Les éloges les plus passionnés font difficilement contrepoids à de pareils aveux.

III

Michel-Ange au reste était plus sculpteur que peintre et les immortelles figures de *Moyse*, de la *Nuit*, du *Pensiero* ne laissent pas de doute à cet égard. Ce qui ne paraît pas moins certain, malgré les écarts signalés plus haut, c'est qu'il avait sur l'art en général, sur son but, sa mission, les idées les plus sublimes. Un document d'une haute importance puisqu'il émane d'un témoin oculaire, document découvert récemment, confirme de la façon la plus explicite cette opinion qui résulte pour tout judicieux critique de l'œuvre de Buonarroti pris dans son ensemble. Un contemporain de Michel-Ange, maître François de Hollande, architecte et enlumineur, avait été envoyé en Italie par le gouvernement portugais pour y étudier l'état des arts. A son retour, il écrivit la relation de son voyage ayant pour titre : *Dialogue de la Peinture dans la ville de Rome*. Cet ouvrage dont l'authenticité ne paraît point douteuse, quoiqu'il soit resté manuscrit jusqu'à ces derniers temps [1], fut écrit vers 1549. Il renferme, dans sa narration un peu diffuse, quelques pages relatives à Michel-Ange d'un intérêt singulier et qui donnent un caractère tout nouveau, admirable et puissamment sympathique à cette étonnante figure qui nous apparaissait, dans son lointain, non pas seulement austère,

[1] Retrouvé par le comte Razynski dans la bibliothèque du Jésus à Lisbonne, il a été publié par ce savant amateur dans son livre : *Les arts en Portugal*. 1846.

mais rébarbative et farouche. La narration si naïvement sincère de maître François de Hollande nous la montre sous un jour tout différent.

« Dans le nombre de jours que je passai ainsi dans cette capitale, il y en eut un, ce fut un dimanche, où j'allai voir, selon mon habitude, messire Lactance Tolomée qui m'avait procuré l'amitié de Michel-Ange par l'entremise de messire Blosio, secrétaire du pape. Ce messire Lactance était un grave personnage, respectable autant par la noblesse de ses sentiments et de sa naissance que par son âge et par ses mœurs. On me dit chez lui qu'il avait laissé commission de me faire savoir qu'il se trouvait à Monte-Cavallo, dans l'église Saint-Silvestre, avec madame la marquise de Pescara, pour entendre une lecture des épîtres de saint Paul ; je me transportai donc à Monte-Cavallo. Or, madame Vittoria Colonna, marquise de Pescara, sœur du Seigneur Ascanio Colonna, est une des plus illustres et des plus célèbres dames qu'il y ait en Italie et en Europe, c'est-à-dire dans le monde. Chaste et belle, instruite en latinité et spirituelle, elle possède toutes les qualités qu'on peut louer chez une femme. Depuis la mort de son illustre mari[1], elle mène une vie modeste et retirée; rassasiée de l'éclat et de la grandeur de son passé, elle ne chérit maintenant que Jésus-Christ et les bonnes études, faisant beaucoup de bien à des femmes pauvres et donnant l'exemple d'une véritable piété.

[1] Le marquis de Pescara, qui commandait l'armée espagnole à Pavie, et mourut par suite des blessures qu'il avait reçues dans la bataille.

« .... M'ayant fait asseoir, et la lecture se trouvant terminée, elle se tourna vers moi et dit : « Il faut savoir donner à qui sait être reconnaissant, d'autant plus que j'aurai une part aussi grande après avoir donné que François de Hollande après avoir reçu. Holà ! un Tel, va chez Michel-Ange, dis-lui que messire Lactance et moi nous sommes dans cette salle bien fraîche, qui est fermée et agréable, demande-lui s'il veut bien venir perdre une partie de la journée avec nous, pour que nous ayons l'avantage de la gagner avec lui. »

Quelques instants après, on frappait à la porte qui fut ouverte, et Michel-Ange, que le serviteur par fortune avait rencontré à peu de distance, entra. La marquise se leva pour le recevoir, puis le fit asseoir entre elle et messire Lactance. « Après un court silence, la marquise, suivant sa coutume d'ennoblir toujours ceux à qui elle parlait ainsi que les lieux où elle se trouvait, commença avec un art que je ne pourrais imiter ni décrire, et parla de choses et d'autres avec beaucoup d'esprit et de grâce sans jamais toucher le sujet de la peinture, pour mieux s'assurer du grand artiste. On voyait la marquise se conduire comme celui qui veut s'emparer d'une place inexpugnable par ruse et par tactique, et le peintre se tenir sur ses gardes, vigilant comme s'il eût été l'assiégé.

« Vous avez, dit-elle entre autres choses à Michel-Ange, vous avez le mérite de vous montrer libéral avec sagesse, et non pas prodigue avec ignorance ; c'est pourquoi vos amis placent votre caractère au-dessus de vos ouvrages, et les personnes qui ne vous connaissent pas estiment de vous ce qu'il y a de moins parfait, c'est-à-dire les ouvrages de vos mains. Pour moi certes, je ne vous considère pas comme moins digne d'éloges pour la manière dont vous savez vous isoler, fuir nos inutiles conversations, et refuser de peindre pour tous les princes qui vous le demandent.

« — Madame, dit Michel-Ange, peut-être m'accordez-vous plus que je ne mérite... mais les oisifs ont tort d'exiger qu'un artiste, absorbé par ses travaux, se mette en frais de compliments pour leur être agréable, car bien peu de gens s'occupent de leur métier en conscience, et certes ceux-là ne font pas leur devoir qui accusent l'honnête homme désireux de remplir soigneusement le sien... Je puis assurer à Votre Excellence que même Sa Sainteté me cause quelquefois ennui et chagrin en me demandant pourquoi je ne me laisse pas voir plus souvent.... Alors je réponds à Sa Sainteté que j'aime mieux travailler pour elle à ma façon que de rester un jour entier en sa présence, comme tant d'autres.

« — Heureux Michel-Ange ! m'écriai-je à ces mots, parmi tous les princes il n'y a que les papes qui sachent pardonner un tel péché. »

La conversation continua très intéressante sur ce sujet, mais la rapporter nous entraînerait trop loin. La marquise cependant ne perdait point de vue son but qui était d'amener la peintre à parler de son art : « Demanderai-je à Michel-Ange, dit-elle enfin à Lactance, qu'il éclaircisse mes doutes sur la peinture ?

» — Que Votre Excellence, répondit Michel-Ange, me demande quelque chose qui soit digne de lui être offert, elle sera obéie.

» — Je désire beaucoup savoir, reprit en souriant la marquise, ce que vous pensez de la peinture de Flandre ?

» — Cette peinture, reprit Michel-Ange, semblera belle surtout à ceux qui sont sourds à la véritable harmonie. En Flandre, on peint de préférence, pour tromper la vue extérieure, soit des objets qui vous charment, soit des objets dont vous ne puissiez dire du mal, tels que des saints et des prophètes. D'ordinaire, ce sont des chiffons, des masures, des champs très verts ombragés d'arbres, des rivières et des ponts, ce que l'on appelle paysages et beaucoup de figures par-ci par-là ; quoique cela fasse bon effet à certains yeux, en vérité, il n'y a là ni raison ni art, point de symétrie, point de proportions, nul soin dans le choix, nulle grandeur ; enfin cette peinture est sans corps et sans vigueur, et pourtant on peint plus mal ailleurs qu'en Flandre. Si je dis tant de mal de la peinture flamande (celle de l'époque) ce n'est pas qu'elle soit entièrement mauvaise, mais elle veut rendre avec perfection tant de choses, dont une seule suffirait par son importance, qu'elle n'en fait aucune d'une manière satisfaisante. C'est seulement aux ouvrages qui se font en Italie que l'on peut donner le nom de vraie peinture. Et c'est pour cela que la bonne peinture est appelée italienne. La bonne peinture est noble et dévote par elle-même, car chez les sages rien n'élève plus l'âme et ne la porte davantage à la dévotion que la difficulté de la perfection qui s'approche de Dieu et qui s'unit à lui : Or, *la bonne peinture n'est qu'une copie de ses perfections, une ombre de son pinceau*, enfin une musique, une mélodie, et il n'y a qu'une intelligence très vive qui en puisse sentir la grande difficulté; c'est pourquoi elle est si rare que peu de gens y peuvent atteindre et savent le produire.»

A ces paroles si vraies, les dernières surtout, de Michel-Ange, on ne peut qu'applaudir, comme firent ses auditeurs, maître François de Hollande et le docte Lactance qui dit entre autres choses : « Sachez, maître François, que celui qui ne comprend et qui n'estime pas la très noble peinture, agit ainsi par son propre défaut: la faute n'en est pas à l'art si illustre et si grand. Il agit ainsi parce qu'il est barbare et privé du jugement de la plus noble partie de l'intelligence humaine. »

« — Quel homme vertueux et sage en effet, ajouta la marquise, n'accordera toute sa vénération aux contemplations spirituelles et dévotes de la sainte peinture? Le temps manquerait, je crois, plutôt que la matière pour les louanges de cette vertu. Elle rappelle la gaîté chez le mélancolique, la connaissance de la misère humaine chez le dissipé et l'exalté; elle réveille la componction chez l'obstiné, guide le mondain à la pénitence, le contemplatif à la méditation, à la crainte et au repentir. Elle nous représente les tourments et les dangers de l'enfer, et autant qu'il est possible, la gloire et la paix des bienheureux et l'incompréhensible image du Seigneur Dieu. Elle nous fait voir bien mieux que de toute autre manière la modestie des saints, la constance des martyrs, la pureté des vierges, la beauté des anges et l'amour de charité dont brûlent les séraphins. Elle élève et transporte notre esprit et notre âme audelà des étoiles et nous fait contempler l'éternel empire. Elle nous rend présents les hommes célèbres qui depuis longtemps n'existent plus et dont les ossements même ont disparu de la face de la terre. Elle nous invite à les imiter dans leurs hauts faits en même temps qu'elle offre à la vue leurs pensées, leurs plaisirs et leurs dangers dans les batailles, ainsi que leur piété, leurs mœurs et leurs grandes actions.... La peinture ne s'arrête point là : si nous désirons voir et connaître l'homme que ses actions ont rendu célèbre, elle nous en montre l'image. Elle nous présente celle de la beauté dont un grand nombre de lieues nous séparent, chose que Pline tient pour très-grande. La veuve affligée retrouve des consolations dans la vue journalière de l'image de son mari ; les jeunes orphelins sont satisfaits, une fois devenus hommes, de connaître les traits d'un père chéri et son image leur inspire le respect et les bons sentiments. »

La marquise se tut alors émue jusqu'aux larmes, et Michel-Ange s'inclina en signe d'assentiment, car ce langage d'une femme pour laquelle sa vénération était profonde, exprimait admirablement sa propre pensée. Dans le troisième entretien, Michel-Ange dit entre autres choses : « La gravité et la décence sont d'une grande importance dans la peinture. Bien peu de peintres s'efforcent de s'approprier ces qualités; aussi parmi eux y en a-t-il beaucoup qui n'ont d'artiste que le nom. Ceux qui estiment ces qualités sont seuls vraiment grands. »

Parlant ensuite des sujets religieux, il dit : « Cette entreprise est si grande qu'il ne suffit pas pour imiter en quelque partie l'image vénérable de Notre-Seigneur qu'un maître soit grand et habile, je soutiens qu'il lui est nécessaire d'avoir de bonnes mœurs ou même, s'il était possible, d'être saint afin que le Saint-Esprit puisse inspirer son entendement.... Si Dieu voulut que l'arche de la sainte loi fût bien décorée et bien peinte, avec combien plus de réflexion et d'étude doit-on chercher à imiter sa divine figure et celle de son fils Notre-Seigneur, ou la résignation, la chasteté, la beauté de la glorieuse Vierge-Marie retracée par saint Luc l'Évangéliste... Souvent les images mal peintes causent de la distraction et font perdre la dévotion. Celles au contraire qui sont peintes parfaitement excitent à la contemplation et aux larmes jusqu'aux moins dévots en leur inspirant la vénération et la crainte par la gravité de leur aspect. »

IV

Après avoir lu ces admirables pages, on s'étonnera davantage sans doute des étrangetés du *jugement dernier*, mais bien plus encore que Michel-Ange ait pu peindre cette *Léda*, destinée d'abord au duc de Ferrare, mais qui, donnée par l'artiste à son élève Memmi, passa en France et fut achetée par François Ier. « Elle fut transportée à Fontainebleau sous Louis XIII, dit d'Argenville ; M. du Noyer, ministre d'état, fit brûler dans la suite cette peinture à cause de son caractère trop libre. Un cardinal en a fait autant en jetant au feu des peintures un peu lascives : « *Pereant tabulæ,* dit-il, *ne pereant animæ* ! Périssent les tableaux plutôt que les âmes. » D'une note de Mariette il résulterait que cette œuvre n'avait point été détruite, mais qu'elle subit des retranchements.

Quoique d'ailleurs prétendent messieurs les biographes et les critiques, prompts à railler M. du Noyer de ses scrupules, il est impossible qu'avec un tel sujet Michel-Ange pût faire un tableau exempt de tout blâme au point de vue de la morale, et dont plus tard l'artiste, éclairé par la réflexion, n'ait pas ressenti quelques remords. Quand plusieurs années après l'époque dont nous parlions plus haut (celle des entretiens avec Maître François de Hollande), il fut éprouvé par de si cruelles douleurs, ne dut-il pas voir là une expiation?

Vittoria Colonna, « si belle et honnête dame, dit Brantôme dans la *vie du marquis de Pescara*, qu'elle fut de son temps estimée une perle en toutes vertus et beautés », n'était pas moins remarquable par la distinction de son esprit dont témoignent ses poésies. Michel-Ange, quoiqu'il l'eût connue tardivement, l'aima d'une affection profonde, qui s'exaltait par le respect même et la vénération.

L'illustre artiste, comme on l'a vu, avait toujours vécu « seul comme le bourreau », disait un peu durement Raphaël. Déjà presque sexagénaire, célèbre entre tous et rassasié de gloire pour ainsi dire, il n'était plus autant tourmenté de cette fièvre de produire qui le dévorait autrefois. Il semble même qu'à cette époque il ait jeté un regard mélancolique sur la carrière parcourue, et que la solitude pour lui perdit de son attrait. Peut-être souffrit-il un peu tardivement de ce regret si fatal de nos jours à l'infortuné Léopold Robert ? Peut-être, par cette illusion ordinaire qui abuse les plus expérimentés dans la science de la vie, en leur faisant croire que le bonheur, en ce monde, se trouve précisément dans ce qui leur manque, peut-être Michel-Ange, un beau jour, se dit que l'homme ne vit pas seulement par l'intelligence et qu'à son cœur aussi il faut un aliment ? Qui sait si, dupe de ce mirage, il ne rêva pas ou mieux ne regretta pas la douceur du foyer domestique dont il ne voyait que les côtés riants, n'ayant pu connaître ses épreuves ou ses chagrins, et ne sentit pas son âme se remplir d'une morne tristesse et des larmes monter à ses yeux par la pensée qu'il avait sacrifié toutes ces joies à la jalouse Muse qui maintenant, dans sa vieillesse, le délaissait ?

C'est alors qu'il se rencontra avec la marquise de Pescara, cette autre Béatrice, qui réalisait merveilleusement son idéal et « dont l'esprit divin l'avait séduit » selon l'expression de Condivi. Michel-Ange eut tout-à-coup, dans sa vie, un intérêt nouveau, puissant, d'autant plus que l'illustre veuve témoignait pour lui de la plus haute estime et d'une amitié sincère. D'après certains sonnets de Michel-Ange (car l'artiste était poète aussi), on peut croire qu'il espéra davantage et que la marquise, libre d'elle-même, ne refuserait pas sa main à celui qui l'aimait d'une affection si sérieuse et dont le front, s'il s'ombrageait de cheveux gris, rayonnait pour tous de cette magnifique auréole du génie et de la gloire.

S'il se berça de cet espoir (chose probable), Michel-Ange se vit cruellement déçu ; la marquise voulut rester fidèle à la mémoire de son premier mari, à cette chère ombre qui semblait l'appeler de loin, et qu'elle ne devait pas tarder, malgré les nobles amitiés qui voulaient la retenir sur la terre, à rejoindre dans la tombe. Buonarroti connaissait, admirait, vénérait cette illustre amie depuis quatre années à peine quand il eut la douleur de la perdre.

Vittoria Colonna, dont la santé avait toujours été délicate, au commencement de l'année 1547, tomba malade. Se sentant gravement atteinte, elle se fit transporter dans la maison de sa parente, Guilia Colonna, qui lui était tendrement dévouée et se montra pour elle garde-malade des plus zélées.

Michel-Ange, prévenu, accourut au chevet de la malade qu'il ne quitta pas jusqu'à ce qu'elle eût rendu le dernier soupir. Quand Vittoria Colonna ne fut plus qu'un cadavre, il prit dans ses mains tremblantes sa main déjà glacée qu'il approcha respectueusement de ses lèvres, puis il s'éloigna et « sa douleur fut si violente, Condivi nous l'atteste, qu'elle le rendait comme privé de sens. »

On n'en doute pas quand on lit ces vers où le regret de l'artiste se trahit si poignant : « O sort fatal à mes désirs, ô esprit pur, où es-tu maintenant ? La terre couvre ton corps et le ciel a reçu ton âme divine.

« ... Je reste glacé comme un corps défaillant qu'un reste de vie abandonne.

« Ah ! mort cruelle ! combien tes coups auraient été doux si, quand tu as frappé l'un de nous deux, l'autre eût été atteint de la même blessure.

« Je ne traînerais point maintenant ma vie dans les larmes et, libre de la douleur qui me tourmente, je ne remplirais pas l'air de tant de soupirs [1]. »

[1] Traduction de M. Lanneau-Rolland.

On ne peut douter, d'après tous ces témoignages, que Michel-Ange éprouva de cette mort un grand vide et que le travail, pour lequel il n'avait plus d'autre aiguillon que le devoir, ne suffit pas toujours à le combler. Dans les seize années qu'il vécut encore, il eut des jours d'amère tristesse, alors surtout qu'un nouveau deuil fût venu attrister son logis déjà si solitaire. Vers 1556, il perdit Urbino, son fidèle serviteur, qu'après tant d'années de vie commune et de dévouement, il regardait plus comme un ami que comme un domestique, et qui jeune encore semblait, selon le cours de la nature, devoir lui fermer les yeux. Une anecdote racontée par Condivi prouve, avec la générosité de l'artiste, sa vive affection pour Urbino.

« Si je venais à mourir, que ferais-tu ? dit un jour Michel-Ange à son serviteur.

— Je serais obligé de servir un autre maître.

— Oh ! mon pauvre Urbino, je ne veux pas que tu sois malheureux après moi ! et il lui donna à l'instant 2,000 écus.

Durant toute la maladie d'Urbino, il ne le quitta pas, le soigna comme il eût fait d'un parent et le pleura comme un frère. Mais si douloureuse qui lui fût cette mort, on est heureux de voir que, par une grâce spéciale de la Providence, il y vit un motif pour raviver sa foi plutôt que pour se décourager, témoin cette lettre en réponse à Vasari qui lui avait écrit pour le consoler :

« Messer Giorgio, mon cher ami, j'écrirai mal; ce-
» pendant il faut que je vous dise quelque chose en
» réponse à votre lettre. Vous savez comment Urbino
» est mort ; ça été pour moi une très-grande faveur de

» Dieu et un chagrin bien cruel. Je dis que ce fut une » faveur de Dieu, parce que Urbino, après avoir été le » soutien de ma vie, m'a appris non-seulement à mourir » sans regret, mais même à désirer la mort. Je l'ai » gardé vingt-six ans avec moi et je l'ai toujours trouvé » parfait et fidèle. Je l'avais enrichi, je le regardais » comme le bâton et l'appui de ma vieillesse, et il m'é- » chappe en ne me laissant que l'espérance de le revoir » en paradis. J'ai un gage de son bonheur dans la ma- » nière dont il est mort. Il ne regrettait pas la vie, il » s'affligeait seulement en pensant qu'il me laissait » accablé de maux, au milieu de ce monde trompeur » et méchant. Il est vrai que la majeure partie de moi- » même l'a suivi et tout ce qui me reste n'est plus que » misères et que peines. Je me recommande à vous. »

Je ne sais rien de plus admirablement touchant que cette lettre qui atteste tout à la fois une sensibilité si vraie et une résignation si courageuse. Michel-Ange survécut six années à Urbino. Pendant l'année 1562, à plusieurs reprises, il souffrit de graves indispositions. Puis, au commencement de l'année 1563, sa santé s'altéra de plus en plus ; la fièvre le força de s'aliter et, le 17 février, il expira, à l'âge de 89 ans, après avoir dicté ce testament où l'homme tout entier se retrouve : « Je » laisse mon âme à Dieu, mon corps à la terre, et mes » biens à mes plus proches parents. »

Le poète, d'ailleurs si vraiment poète d'*Il Pianto*, a-t-il donc tout à fait raison quand il dit, dans son sonnet sur Michel-Ange ?

Hélas ! d'un lait trop fort la Muse t'a nourri,
L'art fut ton seul amour et prit ta vie entière;
Soixante ans tu courus une triple carrière,
Sans reposer ton cœur sur un cœur attendri.

Pauvre Buonarroti ! ton seul bonheur au monde
Fut d'imprimer au marbre une grandeur profonde,
Et, puissant comme Dieu, d'*effrayer comme lui.*

Aussi, quand tu parvins à ta saison dernière,
Vieux lion fatigué, sous ta blanche crinière,
Tu mourus longuement *plein de gloire et d'ennui.*

Dieu ne veut effrayer que les méchants et même pour eux, dès qu'ils se repentent, il a dans sa miséricorde des trésors de bonté. Michel-Ange mourut *plein de gloire* sans doute, mais non pas *plein d'ennui*, témoin cet admirable sonnet qu'il écrivait trois ans avant sa mort, et qu'on lit avec plusieurs autres dans une lettre adressée à Vasari;

« Porté sur une barque fragile, au milieu d'une mer orageuse, j'arrive au port commun où tout homme vient rendre compte du bien et du mal qu'il a faits.

« Maintenant je reconnais combien mon âme fut sujette à l'erreur en faisant de l'art son idole et son souverain maître.

« Pensers amoureux, imaginations vaines et douces, que deviendrez-vous maintenant que j'approche de deux morts, l'une certaine, l'autre menaçante?

« Ni la peinture ni la sculpture ne peuvent suffire pour calmer une âme qui s'est tournée vers toi, ô mon Dieu, qui as ouvert pour nous tes bras sur la croix. »

Ne sent-on pas ici le calme d'une grande âme battue

naguère par les orages, mais pour laquelle la lumière s'est faite de plus en plus, et qui, dans la sérénité de sa foi, dans la certitude de son espérance, n'aspire qu'à dire à la terre son dernier adieu attirée qu'elle est vers la céleste patrie ?

Michel-Ange étant mort à Rome, par l'ordre du pape, son corps fut déposé dans l'église de *Santo-Apostolo*, en attendant le tombeau qu'on devait lui élever à Saint-Pierre. Mais Léonardo, le neveu de Buonarroti, instruit, par des amis présents à ses derniers moments, que son oncle avait témoigné de son désir d'être enterré à Florence, fit, pendant la nuit, en grand secret, par crainte de la jalousie des Romains, enlever le corps transporté rapidement à Florence. Dans cette ville, dès que la nouvelle s'en répandit, il y eut une émotion profonde mêlée de joie et de tristesse qui mit toute la population en rumeur. Après des funérailles magnifiques, dont les préparatifs avaient duré plusieurs mois, le corps fut déposé dans l'église de *Santa-Croce*, où se voit encore aujourd'hui le tombeau de Michel-Ange. Il fut exécuté par Lorenzo d'après les dessins de Vasari empressé de donner ce dernier témoignage d'affection à son maître, « le plus grand artiste qui eût jamais été », suivant ses expressions excessives sans doute, mais qui dans sa bouche ne peuvent étonner.

TOUSTAIN

Il y eut en France deux personnages de ce nom tous deux distingués dans des carrières fort différentes encore que leur mérite ne fût point tel qu'il pût donner à leur nom la grande célébrité. Le premier de ces deux hommes éminents, bénédictin de la congrégation de saint Maur (Toustain, dom Charles François), était né au Repos, diocèse de Séez, le 13 octobre 17.. d'une ancienne famille du pays de Caux. Ses études terminées au collége de l'abbaye de Jumièges, il fit profession dans cette même abbaye. Avec la vocation religieuse, il avait celle de la science. Sachant le grec et l'hébreu, il voulut avoir aussi des notions sur les langues orientales, et en même temps, il étudiait les langues modernes, l'italien, l'anglais, l'allemand et le hollandais. Mais sa passion pour la science et son amour de l'étude ne refroidirent jamais sa piété. Ordonné prêtre en 1729, il ne disait jamais la messe sans un tremblement causé par le respect et l'amour, et son action de grâces, d'après ce qu'on raconte, était souvent accompagnée de larmes abondantes. En 1747, le général de son ordre l'appela dans le couvent de St-Germain d'où il passa dans celui des Blancs-Manteaux. Les austérités du régime en même temps que les excès de travail avaient fort affaibli sa santé ; pourtant il ne pouvait se résigner à quitter ses livres et ses pieuses pratiques. Ce ne fut que dans l'année 1754 que, par obéissance, il consentit à se rendre à St-Denis pour y prendre le laitage. Il mourut dans cette résidence, la même année, laissant plusieurs savants ouvrages imprimés ou manuscrits. Le plus important a pour titre *La Nouvelle Diplomatique*.

Dans le 18e siècle également, vécut un personnage du même nom et de la même famille. Toustain (Gaspard François) né à Richebourg, le 23 février 1716, ayant embrassé l'état militaire, s'éleva jusqu'au grade de lieutenant des maréchaux. Il avait fait avec distinction les campagnes de 1733, 1741, 1756, blessé deux fois à la bataille de Dettingen en 1743. La Révolution, en dépit de ses loyaux services, lui supprima (1792) la pension de retraite dont il jouissait depuis une année à peine. Bien plus, emprisonné comme suspect sous la Terreur, et menacé de perdre la vie, le vétéran ne recouvra sa liberté qu'après le 9 thermidor. Il mourut en avril 1799. Cet homme de guerre était aussi un homme d'étude : il cultivait les lettres avec zèle ; on a de lui plusieurs dissertations qui prouvent de l'érudition, entre autres deux *Mémoires sur Jeanne d'Arc*.

LA TRÉMOUILLE OU LA TRÉMOILLE

(LOUIS, SIRE DE)

Louis XI qui, d'après Commines, était doué d'une sagacité si rare pour juger des hommes dès leurs premières années, avait deviné ce que serait un jour le jeune La Trémouille, venu à la cour pour être l'un de ses pages.

« Ce jeune Louis, dit Bouchet, historien contemporain, fut amiablement reçu par le roi (à qui son père n'avait pas osé le refuser, quoiqu'il en eût bonne envie), et mis au nombre des enfants d'honneur. Et si les surmonta bientôt tous en hardiesse, finesse, cautelles et ruses, comme à lutter, chasser, lancer la barre, chevaucher et tous autres jeux honnêtes et laborieux, en sorte qu'on ne parlait en cour que du petit Trémoille : dont le roi fut fort joyeux. Et lui voyant parfois faire ces bons tours, disait aux princes et seigneurs de sa compagnie :

« — Ce petit Trémoille sera quelquefois le soutènement (soutien) et la défense de mon royaume : je le » veux garder pour un fort écu (bouclier) contre Bourgogne[1]. »

[1] *Vie de la Trémouille.*

Un autre jour, montrant le jeune page « qui avait si bonne grâce, beau comme un semi-dieu, son corps étant de moyenne stature, ni trop grand ni trop petit, bien organisé de tous ses membres, la tête élevée, le front haut et clair, les yeux pers, le nez moyen et un peu aquilin, petite bouche, son teint net et brun, plus tirant sur vermeille blancheur que sur le noir, et les cheveux crêpelés et reluisant comme fin or, » Louis XI dit aux ambassadeurs du duc de Bourgogne :

« La maison de Bourgogne a nourri et entretenu » longtemps ceux de la Trémoille, dont j'ai retiré ce » rejeton, espérant qu'il tiendra barbe aux Bourgui- » gnons. »

La Trémouille ne trompa point ces espérances, arrivé promptement aux premiers grades de l'armée, surtout après la mort de Louis XI, dont Jean de Troyes, dans sa chronique, dit admirablement : « Ce prince fut si craint et redouté qu'il n'y avait si grand en son royaume et mêmement ceux de son sang qui dormît ni reposât sûrement en sa maison... Et avant son dit trépas, fut moult (beaucoup) molesté de plusieurs maladies pour la guérison desquelles furent faites par les médecins qui avaient la cure de sa personne de terribles et merveilleuses médecines. »

La régente Anne de Beaujeu, sœur et tutrice du jeune roi Charles VIII, connaissait dès longtemps La Trémouille, et confiante en sa loyauté comme en ses talents, elle lui donna le commandement des troupes royales qui défirent à Saint-Aubin-du-Cormier (Ile-et-Vilaine) l'armée des grands seigneurs et des princes révoltés, dont le duc d'Orléans, depuis Louis XII, était le chef. Celui-ci se trouvait au nombre des prisonniers.

Lors de l'expédition d'Italie par Charles VIII, La Trémouille avait également sous le roi le commandement en chef, et toujours il se montra à la hauteur de sa position, tour à tour capitaine et soldat, et payant au besoin de sa personne comme au passage de l'Apennin.

« Lui-même, dit Jean Bouchet, ses vêtements laissés, fors chausses et pourpoints, se mit à pousser aux charrois et porter gros boulets de fer, en si grand labeur et diligence qu'à son exemple la plupart de ceux de l'armée, mêmement les Allemands, de son grand et bon vouloir ébahis, se rangèrent à cette œuvre, et par ce moyen fut toute l'artillerie passée par monts et vallées avec les munitions.

» ... Et l'œuvre mise à louable fin, le seigneur de La Trémoille, noir comme un Maure, pour l'exténuante chaleur qu'il avait supportée, en fit rapport au roi qui lui dit :

« — Par le jourd'hui, mon cousin, vous avez fait » plus que purent faire oncques Annibal de Carthage, » ni Jules César, au danger de votre personne que ne » voulûtes oncques épargner, dont vous sais à toujours » gré. »

La victoire de Fornoue (1495), le seul fait éclatant de cette campagne, fut due aux habiles dispositions de La Trémouille au moins autant qu'au vaillant exemple donné par le monarque. Il en fut de même de la bataille d'Agnadel (1509), livrée et gagnée plus tard par Louis XII dans les mêmes conditions. C'est à propos de La

Trémouille que ce prince, en montant sur le trône, dit cette mémorable parole que l'histoire s'est plu à enregistrer :

« Le roi de France ne venge pas les querelles du duc » d'Orléans. Si La Trémoille a bien servi son maître » contre moi, il me servira de même contre ceux qui » seraient tentés de troubler l'État. »

Le *Chevalier sans Reproche*, comme l'appelle Jean Bouchet, ne trompa point ces espérances. Chargé de nouveau par Louis XII (en 1500) du commandement en chef de l'armée d'Italie, il conquit rapidement le Milanais en faisant prisonniers Louis Sforce et son frère. En 1509, repassant les monts avec le roi, il prit, comme nous l'avons dit, une part glorieuse à la victoire d'Agnadel. Marignan, la *Journée des Géants*, fut pour lui encore une illustre journée, mais aussi douloureuse, car son fils unique, le prince de Talmont, s'étant lancé trop avant, « fut retiré de la presse, navré de soixante-deux blessures, » dont plusieurs mortelles, et le lendemain il succomba. Le duc, malgré son chagrin profond, sut ne point se laisser abattre ; mais la mère du jeune homme, Gabrielle de Bourbon, fut inconsolable : « dont en son cœur s'engendra une mortelle aposthume non curable aux remèdes... Une fièvre lente accompagnée de langueur, en decevant les médecins, la conduisit jusqu'au tombeau... Je n'oublierai, ajoute Jean Bouchet, sa très-louable mort, portant témoignage de sa sainte vie... Quant au bon seigneur de La Trémoille, fut son deuil si grand qu'il ne prenait repos assuré ni consolation pour laquelle il pût l'excès de ses soupirs modérer. »

Néanmoins, trois ans après, il épousa « par honneur, » c'est-à-dire dans l'espoir de laisser un héritier, la fille du duc de Valentinois dont le chroniqueur ne parle pas avec moins de complaisance que de la première épouse. « La jeune demoiselle était humble sans rusticité, grave sans orgueil, bénigne sans sottise, affable sans trop grande familiarité, dévote sans hypocrisie, joyeuse sans folie et bien parlante sans fard de langage, libérale sans prodigalité et prudente sans présomption. » Une merveille pour tout dire, et la perfection incarnée si le portrait n'est point flatté.

Pourtant le vieux guerrier n'hésita point à la quitter pour suivre le roi François Ier en Italie. Il se trouvait près du prince à la bataille de Pavie (1525) et « là fut abattu mort d'un coup d'arquebuse. » « Et en la bataille de Pavie, dit à son tour Brantôme, après avoir combattu vaillamment et plus que son vieil âge ne lui concédait, il mourut au champ de bataille et lit d'honneur, montrant par sa mort au monde que si quelquefois les grands capitaines sont défavorisés de la fortune en quelques exploits, pourtant il ne les en faut blâmer ni eux ni leurs courages, ni leurs valeurs, mais que la fortune qui tient toutes choses mondaines en sa main et se plaît en faveur, en disgrâce, en gloire et déshonneur, les donne en abondance et en épargne, ainsi que porte sa volonté, aux uns et aux autres. »

Or, le fidèle Bouchet (qui sans doute se mêlait de rimer) fit à La Trémouille cette épitaphe :

Au lit d'honneur il a perdu la vie,
Le bon Louis Trémoille ci-gisant,

Au dur conflit qui fut devant Pavie,
Entre Espagnols et Français par envie ;
Dont son renom en tous lieux est luisant.
Il n'eut voulu mourir en languissant
En sa maison, ni sous obscure roche,
De lâcheté, comme il allait disant ;
Pour ce est nommé : *Chevalier sans Reproche*.

Molière dirait :

La rime n'est pas riche et le style en est vieux.

Mais, au point de vue de l'histoire, ce documeut contemporain est précieux, et Clio s'accommode volontiers de ce qui ne suffirait pas à sa sœur.

VAUCANSON

Il est des vocations innées, des natures heureuses, privilégiées chez lesquelles les aptitudes se trahissent par une facilité merveilleuse pour le genre de travail qui éveille leur génie. Aussi l'effort ne leur coûte point et l'obstacle est pour eux un aiguillon. Ils produisent des chefs-d'œuvre comme l'arbre tout naturellement porte des fleurs et des fruits, comme l'abeille dans ses courses matinales, fait le miel en pompant le suc des fleurs. Tel un Giotto dessinant sur le sable les chèvres de son troupeau, avant de savoir même ce que c'est que le dessin; tel Pascal inventant, en quelque sorte, les mathématiques; tel enfin, Vaucanson devinant l'art de la mécanique, témoin ce trait de sa première enfance, qu'à l'envi nous racontent les biographes.

Né à Grenoble, 24 février 1690, d'une famille d'artisans, ou mieux de petits bourgeois, il eut pour père Jacques *Vocanson* (car, d'après l'acte de baptême relevé sur les registres de la ville par M. Pilot, telle serait la vraie orthographe du nom), pour mère Dorothée Lacroix. Celle-ci, « femme d'une piété sévère, dit la *Biographie universelle*, ne permettait à l'enfant d'autre distraction que celle de venir avec elle le dimanche chez des dames d'une dévotion égale à la sienne. Pendant leurs pieuses conversations, le jeune Vaucanson s'amusait à examiner, à travers les fentes d'une cloison, une horloge placée dans la chambre voisine. Il en étudiait le mouvement, s'occupait à en dessiner la structure et à découvrir le jeu des pièces dont il ne voyait qu'une partie. Cette idée le poursuivait partout. Enfin, il saisit tout d'un coup le mécanisme de l'échappement qu'il cherchait depuis plusieurs mois. Dès ce moment, toutes ses idées se tournèrent vers la mécanique. Il fit en bois, et avec des instruments grossiers, une horloge qui marquait les heures assez exactement. Il composa pour une chapelle d'enfant des petits anges qui agitaient leurs ailes, des prêtres automates qui imitaient quelques fonctions ecclésiastiques. »

Ces premiers et étonnants résultats étaient faits pour l'encourager ; mais il dut, pour un temps, interrompre ses travaux pour d'autres études, placé par ses parents dans le collége des Jésuites, où se fit son éducation. On ne peut douter, d'ailleurs, que, pendant ses heures de loisir, il ne continuât ses travaux de prédilection. Il était au collége encore peut-être, ou l'avait quitté récemment, lorsqu'il entendit parler d'une machine hydraulique projetée par la ville de Lyon. Sa tête aussitôt s'enflamme ; pendant plusieurs jours il s'absorbe dans une préoccupation profonde, il réfléchit, il combine et, enfin, il exécute un modèle de machine, qu'il n'osa présenter crainte d'être accusé de présomption et de vanité. Mais venu à Paris quelque temps après, quelle ne fut pas sa joie quand il constata que la fameuse *Samaritaine*, aujourd'hui détruite et que longtemps les Parisiens virent fonctionner sur le Pont-Neuf, était précisément la machine qu'il avait imaginée et que, dans son mécanisme simple et ingénieux, elle amenait l'eau par les mêmes moyens.

Le jeune homme ne put se défendre d'un mouvement de vive satisfaction, mais exempt d'orgueil ; comprenant que ses connaissances en anatomie, en mécanique, etc., ne pouvaient lui suffire et qu'il avait beaucoup à apprendre encore, « car savoir sert beaucoup pour inventer », ainsi que l'a dit Mme Staël ; il se mit de nouveau et courageusement aux études spéciales. Il n'eut pas à le regretter ; car son horizon s'agrandit et une connaissance plus sérieuse, plus complète de l'organisme humain, comme des diverses sciences se rattachant de près ou de loin à la mécanique, donnèrent une singulière lucidité à son esprit d'investigation comme d'imitation ; en voici la preuve !

Un jour qu'il se promenait dans le jardin des Tuileries, s'étant arrêté devant le *Flûteur*, l'idée lui vint d'exécuter une statue qui jouerait des airs et, à l'aide d'un mécanisme intérieur, ferait ce que fait un musicien vivant. Tout plein de ce projet, en rentrant à la maison, chez un oncle qui lui donnait l'hospitalité, il en parla avec un enthousiasme qui, par malheur, trouva peu d'échos. L'oncle, en homme positif, lui dit :

— Tu es fou, mon neveu, de rêver de telles chimères ! Si c'est là tout le fruit de tes lectures et de tes expériences, en vérité, je ne t'en fais point compliment, et je ne puis m'empêcher de dire qu'il est fâcheux de te voir ainsi perdre un temps que tu pourrais mieux employer. En ce qui me concerne, je m'opposerai très-fermement à la mise à exécution de ce projet extravagant, qui ne pourrait qu'entraîner inutilement des sacrifices considérables. Tu n'as donc pas à compter sur moi, au contraire.

Tout confus de ces reproches assez rudement formulés, Vaucanson, quoique à regret, n'insista point ; mais, toutefois, il n'abandonna pas son idée, et trois ans après, pendant une maladie qui le retint de longs jours, soit au lit, soit dans sa chambre, il revint à son projet, qu'il réalisa. Telle était la netteté de sa conception et la lucidité de sa pensée, que la machine put être exécutée sur ses dessins par divers ouvriers qui ne se connaissaient point entre eux, et dont chacun exécuta telle ou telle partie du mécanisme. Or, toutes ces parties réunies s'emboîtèrent, se soudèrent si parfaitement, après avoir été mises chacune en sa place, qu'au premier ordre de l'inventeur, elles fonctionnèrent avec une merveilleuse régularité. On vit les mains et les doigts du *Flûteur* remuer en cadence comme ceux d'un musicien ordinaire et la flûte fit entendre des sons harmonieux et non différents de ceux d'une flûte réelle. Le domestique de Vaucanson, seul présent à cette première expérience, et que la curiosité avait porté à se cacher dans l'appartement derrière un rideau de lit, saisi d'une sorte de terreur semblable à celle qui pétrifia Sganarelle quand il vit la statue du commandeur incliner la tête, ne put retenir un cri et vint éperdu se jeter aux pieds de son maître, qu'il jugeait un vrai sorcier. Vaucanson, tout à la joie de sa découverte, et avec des larmes dans les yeux, l'embrassa en murmurant comme Archimède: *Eureka! Eureka!* Je l'ai trouvé ! je l'ai trouvé !

Après cette machine, l'inventeur fit un automate qui

jouait à la fois du tambourin et du galoubet ; puis deux canards si parfaitement imités qu'on les voyait agiter les ailes, la queue, les pattes, en un mot barboter dans la mare, prendre ensuite dans l'auge le grain et, en remuant le col, l'avaler. Ce grain subissait dans leur estomac une espèce de trituration et passait ensuite dans les intestins, suivant ainsi tous les degrés de la digestion animale.

Ces curieuses inventions firent connaître au loin le nom de l'habile mécanicien, et le roi de Prusse, Frédéric II, qui cherchait à attirer dans ses états les hommes célèbres en tout genre, lui fit faire, en 1740, des offres magnifiques que Vaucanson, par l'inspiration d'un patriotisme que tous n'imitèrent pas, déclina noblement ; il refusa de quitter la France. Il en fut récompensé ; car, peu de temps après, le cardinal de Fleury, qui sans doute avait été instruit de ce généreux refus, nomma Vaucanson inspecteur en chef des manufactures de soie. Cette position permit au savant d'appliquer son génie d'invention à des résultats utiles, pratiques. « Il imagina, d'après ce qu'on nous apprend, des machines propres à donner à volonté de l'apprêt aux diverses espèces de soie, à rendre cet apprêt égal pour toutes les bobines ou tous les écheveaux d'un même travail, et pour toute la longueur du fil qui formait chaque bobine ou chaque écheveau. Il imagina de plus les instruments nécessaires pour exécuter avec régularité et d'une manière uniforme les différentes parties de ces machines. Ainsi une *chaîne* sans fin donnait le mouvement à son moulin à organsiner ; il inventa une machine pour fermer la chaîne de mailles toujours égales : elle est regardée comme un chef-d'œuvre. »

Mais des intérêts menacés, ou du moins qui croyaient l'être par ces inventions, s'inquiétèrent, s'irritèrent et peu s'en fallut qu'il n'en coûtât cher à l'inventeur. Vaucanson étant venu à Lyon pour les besoins de son inspection, les ouvriers en soie furent prévenus de son arrivée. Aussitôt la fermentation commence dans les ateliers que bientôt on déserte.

— Cet homme, murmurent les meneurs, ou plutôt ce diable, par ses inventions maudites qui tendent à rendre les métiers inutiles, veut nous ôter notre pain et nous réduire à l'aumône, le souffrirons-nous, le souffrirons-nous ?

— Non, non, vengeance, vengeance !

Sur ces entrefaites, Vaucanson arrive au milieu des groupes, soit par un effet du hasard, soit par un dessein prémédité, afin de les éclairer et de démontrer aux ouvriers que leurs alarmes n'étaient nullement fondées et qu'ils se méprenaient sur la nature de ses inventions. Il se voit accueilli par des injures et des huées, puis les pierres commencent à pleuvoir. Contraint à la retraite par cette grêle de projectiles dont plus d'un l'atteint, il lance en fuyant, comme le Parthe, sa flèche, c'est-à-dire cette menace aux assaillants :

— Vous prétendez que vous seuls êtes capables d'exécuter un dessin ; eh bien ! je prouverai le contraire, car j'en chargerai un âne.

En effet, bientôt après, il fit construire une machine avec laquelle un âne exécutait un dessin à fleurs et par là coupa court aux intrigues dont le gouvernement se voyait assiégé et qui avaient pour but d'obtenir de nouveaux priviléges pour les fabriques, dont les ouvriers, disait-on, pour exécuter leurs travaux, devaient être doués d'une intelligence peu commune.

Vaucanson s'occupa ensuite d'un automate des plus curieux et dans l'intérieur duquel on devait voir s'opérer tous les phénomènes de la circulation du sang, cette récente et admirable découverte d'Harvey. Le roi Louis XV avait fort encouragé l'artiste (on peut certes lui donner ce nom), dans l'exécution de ce travail qui inspirait à Voltaire ces vers qui ne sont point des pires qu'il ait faits :

> Le hardi Vaucanson, rival de Prométhée,
> Semblait, de la nature imitant les ressorts,
> Prendre le feu des cieux pour animer les corps.

Comme poésie c'est pauvre sans doute, mais il y a du vrai dans la pensée. Vaucanson cependant n'acheva pas cette machine, dégoûté, dit-on, par les lenteurs qu'éprouvaient les ordres du roi : c'est-à-dire qu'il ne touchait pas l'argent qui lui avait été promis. Cette bureaucratie est toujours et en tout temps la même.

Attaqué par une cruelle maladie, dont il souffrit pendant plusieurs années, Vaucanson, presque jusqu'au dernier jour, s'occupa de ses travaux et en particulier de l'exécution d'une machine inventée pour composer la chaîne sans fin. De son lit de douleur, où il languit pendant dix-huit mois, il surveillait le travail des ouvriers, répétant incessamment : — Hâtez-vous, hâtez-vous ! pas de temps à perdre ; je ne vivrai pas assez peut-être pour expliquer toute mon idée.

Enfin son état s'aggravant de plus en plus, il prêta

l'oreille aux exhortations de parents chrétiens qui, avec le courage et la sincérité de la vraie affection, lui rappelaient ces croyances et ces devoirs qu'il avait un peu trop négligés, soit par l'entraînement de la science, soit par l'influence de certaines et fatales amitiés. Docile à leurs conseils, il accueillit avec reconnaissance la visite du prêtre auquel il se confessa et mérita que sur sa tombe, placée dans l'église Sainte-Marguerite, on inscrivît cette épitaphe :

Bonis omnibus, pietate, caritate, verecundiâ, flebilis.

Vaucanson, par son testament avait légué son cabinet à la reine Marie-Antoinette. Par suite de regrettables malentendus, le legs n'ayant point été accepté, le cabinet fut dispersé et les merveilles qui le composaient se trouvent aujourd'hui dans les divers musées de l'Europe.

Une jolie anecdote pour terminer. Vaucanson, à la demande de Marmontel, avait fait pour la *Cléopâtre* de celui-ci, tragédie plus que médiocre, un aspic qui sifflait en mordant le sein de la reine.

— Que pensez-vous de cette pièce ? demanda un spectateur à son voisin.

— Moi, je suis de l'avis de l'aspic ! fut-il répondu.

Ce mot inspira-t-il à Lebrun son épigramme ?

Au beau drame de Cléopâtre
Où fut l'aspic de Vaucanson,
Tant fut sifflé qu'à l'unisson
Sifflaient et parterre et théâtre ;
Et le souffleur, oyant cela,
Croyant encor souffler, siffla.

SAINT VICTOR

Peu après le massacre de la légion thébaine, le césar Maximien vint à Marseille où, comme la bête féroce plus terrible quand elle a goûté du sang, il déclara avec une fureur nouvelle la guerre aux chrétiens, aux *Christocoles*, comme il les appelait par dérision. Dès le lendemain de son arrivée, il fait annoncer que tous ceux qui refuseront de sacrifier aux idoles périront par les plus cruels supplices. Au milieu de la consternation que ces menaces répandent dans la ville, Victor, soldat chrétien que la foi rend intrépide, court de maison en maison, pour raffermir et consoler ses frères. Arrêté dans ce pieux office, il est traîné devant le tribunal militaire où d'un visage assuré, d'une voix ferme, il se déclare hautement, hardiment chrétien. Alors du milieu de la multitude païenne qui se pressait autour du tribunal, s'élèvent des cris et des murmures qui bientôt sont des malédictions et des outrages. Le préfet militaire ordonne que la cause, la première sans doute depuis l'entrée du César, soit renvoyée à celui-ci. Victor en effet comparaît devant Maximien qui, tour à tour employant les promesses et les menaces, le presse de sacrifier aux idoles ; mais le martyr ne répond à ces sollicitations que par une généreuse profession de foi :

— Je suis le soldat du Christ, dit-il, de Jésus, Seigneur et Sauveur, qui par amour pour nous s'est fait homme ! Mort parce que lui-même l'a voulu de la main des impies, et ressuscité le troisième jour par la toute puissance de sa vertu divine, il est remonté au ciel où il règne et règnera éternellement. Lui seul est Dieu, lui seul mérite nos adorations et nos hommages !

Maximien, plein de colère, ordonne que le brave soldat soit à l'instant dépouillé de ses vêtements et qu'on lui ôte ses armes. Après cette espèce de dégradation, le légionnaire, les mains liées derrière le dos, devra être promené par toute la ville pour y être livré aux risées et aux insultes de la populace. Mais Victor, le front serein, souriait aux insulteurs dont plusieurs aux outrages joignaient les coups, et s'applaudissait de souffrir pour Jésus-Christ.

Après qu'il eût été ainsi quelque temps le jouet de cette sauvage multitude, le Martyr, souillé de boue et de crachats, tout déchiré et tout sanglant, est ramené au tribunal du préfet militaire. Là de nouveau on le presse de sacrifier aux idoles :

« Après avoir appris par une première expérience, lui dit le président, ce qu'il en coûte de désobéir en oubliant ce que tu dois à César et à la République, oseras-tu bien t'obstiner encore ? Seras-tu assez aveugle pour dédaigner la faveur des Dieux et celle de notre invincible prince, assez insensé pour sacrifier toutes les joies du monde, la gloire, l'honneur et la vie même qui est d'un si grand prix, à je ne sais quel Jésus, obscur malfaiteur que les Juifs eux-mêmes, ses compatriotes, ont crucifié ? Voudras-tu de gaîté de cœur attirer sur toi la colère des Dieux et des hommes ; et, en désespérant tous ceux qui te sont chers, te condamner toi-même à la plus cruelle des morts? Va, crois-moi plutôt, renonce à cette chimère d'un Dieu que tu n'as jamais vu, qui toujours d'ailleurs a vécu pauvre et misérable, et par sa triste fin a prouvé combien faible était sa puissance. Si tu obéis, non-seulement par cet acte de sagesse tu évites l'horreur des supplices, mais tu t'acquiers la bienveillance de César et tu peux espérer de te voir un jour porté aux plus hauts honneurs. Que si follement au contraire tu t'obstines, malheur à toi, malheur ! Pour cette gloire chimérique que tu rêves, il faut t'attendre au sort du Crucifié et même à une destinée pire.

Victor inébranlable, et le cœur plein de l'esprit divin qui se reflète sur son visage intrépide, répond :

« Pourquoi ces injustes reproches au sujet de César et de la République ; jamais je n'oubliai, le ciel m'en est témoin, ce que je dois à l'une et l'autre. Chaque jour, je prie, matin et soir, pour le salut de notre prince et la conservation de tout l'empire ; chaque jour, devant Dieu j'immole ces hosties spirituelles pour la prospérité de l'état. »

Après avoir montré ce qu'étaient les faux dieux, tous abominables et infâmes non moins qu'impuissants, le Martyr repousse éloquemment les attaques dirigées contre Jésus-Christ qu'il glorifie en ces termes :

« Oui, ce doux Sauveur s'est fait homme, mais, en se revêtant de notre chair mortelle, il n'a rien perdu de sa divinité ; car, dans les merveilles de sa vie, il nous a laissé un modèle accompli de toutes les vertus, un immortel exemple à imiter. S'il a voulu être ici bas le plus pauvre de tous, lui si riche, c'est afin d'enrichir les indigents. Par sa mort glorieuse et toute volontaire, il a acquitté pour toujours notre dette envers son père. Oh ! qu'elle est riche cette pauvreté qui, quand il lui a plu, sut nourrir tout un peuple avec quelques poissons ! Qu'elle est forte cette faiblesse qui a guéri tant de langueurs et tant d'infirmités ! Qu'elle est vivante cette mort qui nous ressuscite, nous tous qui croyons !

» Et, pour que vous ne puissiez douter de la vérité de toutes ces choses, elles ont été prédites dès le commencement et appuyées par un grand nombre de miracles. Puis, si vous savez en bien juger, combien il est grand celui à qui tout l'univers obéit ! celui dans lequel il n'y a ni ombre ni défaut, dont la charité accueille tous ceux qui le veulent et dont nul ne peut tromper l'infaillible justice.

» Lequel de vos dieux lui est semblable ? Lequel peut lui être comparé ? Lui qui a fait les cieux et la terre et tout ce qu'ils renferment selon la parole du prophète. Les dieux des nations au contraire ne sont que des démons et ils brûlent et brûleront éternellement dans les flammes inextinguibles avec leurs adorateurs.

» C'est pourquoi, vous tous, hommes prudents, hommes doctes, dans la plénitude de votre raison et le calme de votre esprit (afin de ne pas vous perdre à jamais), examinez la vérité de ce que je vous déclare et dont vous serez bientôt, Dieu aidant, convaincus. Et alors obéissez à votre très saint, très clément, très juste Créateur et Sauveur, dont l'humilité, si vous adhérez de cœur à sa loi, vous élèvera, dont la pauvreté vous enrichira, dont la mort vous fera vivre de la vraie vie en attendant la gloire de la bienheureuse immortalité. »

Ce discours du nouvel Etienne ne fit qu'irriter davantage les juges et l'auditoire. Astérius, le juge principal, ordonne que Victor soit mis à la torture. Pendant que les bourreaux déchiraient ses membres sanglants, le saint Martyr, les yeux levés au ciel, remerciait Jésus de l'éprouver par ces souffrances qu'il bénissait comme une grâce. Alors le divin Sauveur, attendri par ce zèle sublime, apparut à son vaillant athlète, et, lui montrant le signe de la victoire, la croix qui rayonnait entre ses mains divines, il dit :

— Paix à toi, Victor, je suis Jésus qui souffre dans mes saints les tourments et les injures. Continue et sois ferme ; moi qui suis ta force dans le combat, je serai ta récompense après la victoire.

A la voix du Sauveur, les souffrances du Martyr cessèrent soudain. Son cœur fut inondé d'une joie céleste qui faisait resplendir son visage et s'exhalait en actions de grâces pour son divin Visiteur.

Les licteurs, épuisés de fatigue autant qu'étonnés de voir la merveilleuse constance du Martyr, durent s'arrêter. Victor fut conduit à la prison et jeté dans un cachot, lieu horrible où le jour n'arrivait pas, où l'air manquait. Mais là encore, il se vit fortifié par les consolations divines; des anges, envoyés par le Sauveur, vinrent le visiter, et, au milieu de la nuit la plus profonde, la prison s'illumina soudain d'une clarté céleste. Trois soldats préposés à la garde de Victor, éblouis de cette lumière miraculeuse, tombent aux pieds du martyr, et se frappant à l'envi la poitrine, en confessant Jésus crucifié, ils demandent le baptême. Victor, délivré déjà de ses chaînes, après avoir instruit en quelques mots, comme les circonstances le permettaient, les nouveaux convertis, les conduit à une fontaine voisine et répand tour à tour sur leurs têtes, pieusement inclinées, l'eau qui, par la vertu des paroles saintes, fait les païens enfants de l'Église ; puis tous reviennent à la prison. Le matin venu, la nouvelle de cette prodigieuse conversion se répandit dans toute la ville. Maximien, l'un des premiers, en est instruit ; transporté d'une rage nouvelle, forcené de colère, surtout contre Victor qu'il accuse de ce qu'il appelle la trahison des autres, il fait venir le Martyr et les soldats convertis en sa présence et leur ordonne de sacrifier immédiatement, montrant tout prêts les bourreaux armés du glaive en cas de refus.

— Nous sommes chrétiens, répondent avec Victor les nouveaux convertis, Alexandre, Félicien, Longin ; nous ne manquerons pas aux promesses de notre récent baptême ! Nous ne pouvons offrir l'encens aux idoles.

Les trois soldats à l'instant sont égorgés ; mais Victor est réservé à de plus cruelles épreuves. On le livre aux licteurs qui, armés de nerfs de bœufs et de bâtons, le frappent furieusement et sans relâche. Mais le sang coule en vain, les instruments du supplice tombent par la fatigue des mains des bourreaux sans qu'ils aient pu triompher de la constance du Martyr. On le reconduit dans sa prison. Trois jours après, Maximien le fait amener de nouveau devant lui, puis il ordonne qu'un autel de Jupiter soit apporté. Alors s'adressant à Victor.

— Offre l'encens au grand Jupiter, et, par cet honneur rendu au Souverain des Dieux, rachète ton crime et rentre en grâce auprès de nous.

Victor garde le silence, mais tout bouillant au dedans d'une généreuse colère, il s'avance comme pour obéir vers l'autel que portait le prêtre et d'un coup de pied il le jette à quelques pas. Maximien, par la violence de sa colère, reste quelques instants muet et comme interdit, puis avec un geste terrible, il crie aux licteurs :

— Qu'on coupe le pied du sacrilége !

L'ordre est exécuté. Pendant la cruelle opération, le Martyr, joignant les mains, le visage radieux, s'applaudit de pouvoir offrir au Seigneur Jésus ce sanglant débris comme les prémices de son corps.

Le César cependant regardait d'un œil farouche le Martyr, et paraissait hésiter, sans doute incertain sur le choix du supplice qui pourrait rendre la mort plus douloureuse. Enfin, comme fixé, il sourit d'une façon sinistre et dit aux licteurs :

— A la Boulangerie publique cet impie et qu'il soit broyé sous les meules. Allez !

Les licteurs s'éloignent entraînant ou plutôt portant Victor, toujours calme et souriant, et qu'on peut suivre à la trace du sang qui coule à flots de l'horrible blessure. Le Martyr n'a pas l'air de s'en apercevoir. On arrive à la Boulangerie publique où de lourdes meules, mises en mouvement par une machine et par des esclaves, servaient à broyer le grain qu'on versait par monceaux sur l'arène. A la place du grain, c'est Victor qu'on étend sur la dalle où la meule passe et repasse ;

bientôt on entend crier les os du Martyr et son sang jaillit de tous les membres et du tronc, comme le jus sort des raisins mûrs quand on les foule. Et le Martyr, les mains jointes, autant qu'il le peut, continue à prier. Mais soudain on entend un affreux craquement ; les meules s'arrêtent et les esclaves font de vains efforts pour les ébranler. Ils y renoncent bientôt en reconnaissant que la machine, par un miracle à ce que crurent les chrétiens, s'était brisée soudainement. Cependant le Martyr respirait encore et ses regards toujours aussi sereins disaient assez que dans ce corps, qui n'était plus que tronçons et débris, l'âme, comme dans une forteresse ruinée la sentinelle héroïque, l'âme restait invaincue. Le Martyr n'eut pas besoin de ranimer son courage pour le dernier combat que devait couronner la victoire. Un licteur s'étant approché :

— Par Jupiter, s'écria-t-il, il vit encore ; mais ses membres sont donc d'airain ou de fer ! Nous allons voir pourtant.

Et d'un coup de hache, il sépara la tête du saint de son corps, si l'on pouvait appeler encore de ce nom cette masse informe et sanglante aplatie par la meule. Au même instant, on entendit une voix céleste qui disait :

— Heureux Victor, tu as vaincu, tu as vaincu !

Maximien cependant n'était point satisfait encore ; car il lui fallait bien confesser sa défaite. Espérant au moins triompher des morts puisqu'il n'avait pu vaincre les vivants, il ne permit pas qu'on ensevelît les corps des Martyrs.

— Non, dit-il, on sait la folie des Christocoles qui en

feraient des reliques et des dieux à leur mode. Que les corps des rebelles soient jetés à la mer pour être la pâture des poissons, digne sépulture de ces impies.

L'ordre fut exécuté ; mais les anges du Seigneur veillaient sur les saintes dépouilles et, protégées par eux, elles furent portées rapidement vers le rivage opposé où de pieux chrétiens s'empressèrent de les recueillir. On les déposa avec les cérémonies accoutumées au fond d'une crypte creusée dans le rocher ; et là Dieu glorifia ses héros par de nombreux miracles dus à leur intercession [1].

[1] *Acta Sanctorum.*

VILLE-HARDOUIN

La famille de Ville-Hardouin, une des plus illustres de la Champagne, habitait le château de ce nom, à une demi-lieue de l'Aube, entre Arcis et Bar. C'est là que naquit Geoffroy vers 1164, d'autres disent 1167. Lorsque Foulques, curé de Neuilly, prêcha la quatrième croisade, Geoffroy, chef de la famille, remplissait les fonctions de maréchal de Champagne et son noble caractère lui avait conquis l'estime universelle. L'un des premiers, il prit la croix à l'exemple du jeune et brillant Thibaut, comte de Champagne, son suzerain et chef désigné de la croisade. Mais Thibaut ne devait pas voir la Terre Sainte. Pendant qu'il faisait ses préparatifs de départ, tombé malade, il se mit au lit et, peu de temps après, il serrait pour la dernière fois la main au maréchal de Champagne qui nous a raconté cette mort prématurée en quelques lignes émues.

La croisade perdait ainsi son chef et plusieurs semblaient découragés ; mais Ville-Hardouin, non moins éloquent et insinuant que brave, diplomate autant que guerrier, sut réunir en faisceau toutes les volontés déjà détournées de leur but. Envoyé en ambassade à Venise, il se concilia la sympathie du doge et des sénateurs, et obtint, avec les navires de transport nécessaires aux croisés, des secours considérables en hommes et chevaux. Le doge Dandolo lui-même, vieillard presque octogénaire, voulut commander les troupes de la République, et prit en grande affection le maréchal ce qui aplanit bien des difficultés. On sait que, par un concours inattendu de circonstances et certaines ambitions aidant, la croisade, détournée de son premier but, aboutit à la prise de Constantinople et à la fondation d'un empire latin dans cette ville en faveur de Baudouin, comte de Flandre. Après un règne fort court, celui-ci eut pour successeur son frère Henri, gendre du marquis de Montferrat, Boniface, qui avait été le chef de la croisade en remplacement de Thibaut, et au lendemain de la victoire, avait obtenu pour sa part la royauté ou principauté de Thessalonique. Il tenait Ville-Hardouin en très haute estime, et l'appelant dans son royaume, il lui fit don de plusieurs cités formant ensemble un domaine considérable où le maréchal de Champagne mourut en 1213.

« Ce serait ici le lieu, dit excellemment Du Cange dans son *Eloge de Ville-Hardouin* [1], d'étaler les belles qualités qui le firent admirer et le rendirent recommandable même parmi les étrangers : sa piété envers Dieu, sa prudence et sa dextérité dans les affaires qui le firent réputer, en plusieurs occasions où il porta la parole, comme le mieux disant, le plus éloquent et le plus judicieux de son temps, son courage et son adresse dans la conduite des armées, sa fidélité inviolable envers ses princes, et tant d'autres vertus qui éclatent dans toute

[1] En tête de son édition de la *Chronique de Ville-Hardouin*.

la suite de l'*Histoire* qu'il a dressée non tant de cette fameuse conquête, comme de ses belles actions, lesquelles toutefois il a décrites avec tant de retenue et de candeur qu'il est aisé de juger qu'il en a plus passé sous silence qu'il n'en a mis au jour. Mais il suffit que lui-même ait dressé matière à ses louanges et qu'à l'exemple de ces grands capitaines des siècles passés qui ont mieux aimé rédiger eux-mêmes les principales actions de leur vie que d'en laisser la charge à des écrivains ignorants, il ait laissé à la postérité de quoi relever sa mémoire par ce monument qui durera plus que le marbre et le bronze. »

Citons, comme un spécimen du langage de Ville-Hardouin, ce passage relatif à la prise de Constantinople. Il suffira de modifier non le style, mais l'orthographe, pour qu'il soit intelligible à la plupart des lecteurs. « .... Et les autres gens, qui furent espandus parmi la ville, gagnèrent. Et fut si grand le gain fait que nul ne vous en saurait dire la fin, et d'or et d'argent, et vaisselemente, et de pierres précieuses, et de corps saints (reliques), et de draps de soie, et de robes vaires (multicolores), grises et hermines, et tous les chers avoirs qui oncques furent trouvés en terre. Et bien témoigne Geoffroy de Ville-Hardouin, le maréchal de Champagne, à son escient et pour vérité, que, puis que le monde fut estoré (créé), ne fut tant gagné en une ville. Chacun prit hôtel tant comme lui plut, car il y en avait assez.

« Ainsi se hébergèrent les pèlerins (croisés) et les Vénitiens. Et fut grande la joie de l'honneur et de la victoire que Dieu leur avait donnée. Et bien en durent Notre-Seigneur louer, car ils n'avaient pas plus de *vingt mille* hommes d'armes, et par l'aide de Dieu, en avaient pris plus de *trois cent* mille, et en la plus forte ville du monde qui grande ville fut et la mieux fermée.

« Lors fut crié par tout l'ost, de par le marquis de Montferrat, qui sire (chef) était de l'armée et des autres barons : que tous les avoirs qu'ils avaient gagnés fussent apportés ensemble, si comme ils l'avaient assuré et juré et fait sous peine d'escommuniement. Et furent nommés le lieu en trois églises ; et le mit-on en la garde des Français et des Vénitiens et des plus loyaux qu'on put trouver. Lors commencèrent à apporter le gain et mettre ensemble. Les uns apportèrent bien, les autres mauvaisement ; car convoitise, qui est racine de tous maux, ne leur laissa (permit). Ainsi commencèrent d'ici en avant les convoiteux à retenir des choses et Notre Sire les commença moins à aimer qu'il n'avait devant fait. Ha ! comme ils s'étaient loyalement maintenus jusqu'à ce point ! Et Notre Sire leur avait bien montré, car de toutes leurs affaires les avait Dieu exaucés et honorés sur toutes les autres gens. Et maintes fois ont mal les bons pour les mauvais. »

Au fond, ce qui ressort le plus clairement de ce récit, c'est que la grande cité prise par les croisés fut entièrement pillée. C'était le droit de la guerre à cette époque. Il faut se féliciter que le progrès des mœurs condamne de plus en plus aujourd'hui ces façons d'agir, et que les nations civilisées soient unanimes à considérer le pillage d'une ville, d'une capitale en particulier, comme un procédé sauvage, un abus odieux de la victoire qui ferait honte à Attila lui-même. Revenons au Chroniqueur.

Voici, pour terminer, le dramatique récit de la mort du marquis du Montferrat, tué malheureusement dans une rencontre : « Et quand le marquis fut à Messinople (Mosynopolis) ne tarda plus que six jours qu'il fit une chevauchée par le conseil des Grecs de la terre, en la montagne de Messinople, plus d'une grande journée loin. Et comme il eut été en la terre et vint au partir, les Bougres (Bulgares) se furent assemblés de la terre ; et virent que le marquis était avec peu de gens ; et vinrent de toutes parts et l'assaillirent à l'arrière-garde. Et quand le marquis ouït le cri, si sali (sauta) en un cheval tout désarmé une glave [1] en sa main. Et quand il vint là où ils étaient assemblés, à l'arrière-garde, si leur courut sus et les cacha (rejeta) une grande pièce arrière. Là fut féru d'une sagette (*flèche*) parmi le gros du bras et sous l'épaule mortellement, si qu'il commença moult à répandre de sang. Et quand sa gent virent ce si se commencèrent fort à esmayer (effrayer) et à déconfire et mauvaisement maintenir. Et cil (ceux) qui furent entour le marquis le soutinrent. Et il perdit moult de sang. Si commença à pâmer. Et quand ses gens virent qu'ils n'avaient nulle aide de lui si se commencèrent à déconfire (débander) et à lui laisser. Ainsi furent déconfits par cette mésaventure et cils qui restèrent avec lui furent morts. Et le marquis eut la tête coupée ; et la gent du pays envoyèrent à Johannis (roi des Bulgares) la tête et ce fut une des plus grandes joies qu'il eut oncques. Hélas ! quel dommage en eut l'Empereur et tous les latins de la terre de Roumanie, de tel homme perdre

[1] Espèce d'épieu à bout ferré.

par telle mésaventure, un des meilleurs chevaliers et des plus vaillants et des plus larges (généreux) qui fut au remanant (reste) du monde. Et cette mésaventure si advint en l'an de l'Incarnation mil deux cent sept. »

Ce récit termine l'*Histoire de la Conquête de Constantinople*, par Ville-Hardouin. La première édition imprimée parut à Venise en 1573 ; la seconde, faite d'après celle-ci sans doute, fut publiée à Paris en 1585.

SAINT VINCENT DE PAUL

I

Cet homme de Dieu qu'on pourrait appeler, si l'expression ne semblait hasardée, un saint surtout moderne, naquit, le 24 avril 1576, à Ranquine, petit hameau du canton de Pouy, près de Dax (Landes). Son père se nommait Guillaume de Paul et sa mère Bertrande de Moras. « Ses premières années, dit Godescard, se passèrent à garder le troupeau de son père qui, apercevant en cet enfant de bénédiction les dispositions les plus rares, se détermina à le faire étudier et le mit en pension chez les cordeliers d'Acqs. » Abelly, le bon évêque, de Rodez, contemporain et ami de Vincent de Paul, et auteur d'une vie du Saint qui passe pour un des chefs-d'œuvre du genre, Abelly dit mieux encore : « Quoique les perles naissent dans une nacre mal polie et souvent toute fangeuse, elles ne laissent pas que de faire éclater leur vive blancheur au milieu de cette bourbe qui ne sert qu'à en relever le lustre et faire mieux connaître leur valeur. La vivacité d'esprit dont Dieu avait doué notre jeune Vincent, commençant à paraître parmi ces bas emplois où il était occupé, elle en fut d'autant plus remarquée ; et son père reconnut bien que cet enfant pouvait faire quelque chose de meilleur que de mener paître les bestiaux! »

Ses progrès furent tels qu'au bout de quatre années, il entrait comme précepteur chez M. de Commet, avocat de la ville. Son séjour dans cette maison fut assez court malgré la grande estime qu'on lui témoignait ; il en sortit à l'âge de vingt ans pour se rendre à Toulouse où il fit son cours de théologie. Sous-diacre et diacre en 1598, il fut ordonné prêtre deux ans après.

En 1605, il dut faire un voyage à Marseille pour y recevoir une somme de 1500 livres qu'un ami lui avait léguée. Or, voici ce qui au retour lui arriva et ce qu'il nous a raconté lui-même avec une singulière vivacité de style et un rare bonheur d'expressions :

« Je m'embarquai, dit-il, pour Narbonne, pour y être plutôt et pour épargner, ou pour mieux dire, pour n'y jamais être et pour tout perdre. Le vent nous fut autant favorable qu'il fallait pour nous rendre ce jour-là à Narbonne, qui était faire cinquante lieues, si Dieu n'eût permis que trois brigantins turcs, qui côtoyaient le golfe de Lyon pour attraper les barques qui venaient de Beaucaire, ne nous eussent donné la chasse et attaqués si vivement que, deux ou trois des nôtres étant tués et le reste blessé, et même moi qui eus un coup de flèche qui me servira d'horloge tout le reste de ma vie, n'eussions été contraints de nous rendre à ces félons. Les premiers éclats de leur rage furent de hacher notre pilote en mille pièces, pour avoir perdu un des principaux des leurs, outre quatre ou cinq forçats que les nôtres tuèrent; cela fait, ils nous enchaînèrent, et après nous avoir grossièrement pansés, ils poursuivirent leur pointe faisant mille voleries, donnant néanmoins liberté à ceux qui se rendaient sans combattre, après les avoir volés ; et enfin chargés de marchandises, au bout de sept ou huit jours, ils prirent la route de Barbarie, tanière et spélonque de voleurs sans aveu du Grand-Turc, où étant arrivés il nous exposèrent en vente avec un procès-verbal de notre capture, qu'ils disaient avoir été faite dans un navire espagnol, parce que sans ce mensonge nous aurions été délivrés par le consul que le roi tient dans ce lieu là, pour rendre libre le commerce aux Français.... Les marchands nous vinrent, sur la place, visiter tout de même qu'on fait à l'achat d'un cheval ou d'un bœuf, nous faisant ouvrir la bouche pour voir nos dents, palpant nos côtes, sondant nos plaies, et nous faisant cheminer le pas, trotter et courir, puis lever des fardeaux, et puis lutter pour voir la force d'un chacun et mille autres sortes de brutalités.

« Je fus vendu à un pêcheur qui fut contraint de se défaire bientôt de moi, pour n'avoir rien de si contraire que la mer ; et depuis, par le pêcheur à un vieillard, médecin spagirique, souverain tireur de quintessences, homme fort humain et traitable lequel, à ce qu'il me disait, avait travaillé l'espace de cinquante ans à la pierre philosophale. Il m'aimait fort et se plaisait à me discourir de l'alchimie, et puis de sa loi, à laquelle il faisait tous ses efforts pour m'attirer, me promettant force richesses et tout son savoir. Dieu opéra toujours en moi une croyance de délivrance par les assidues prières que je lui faisais, et à la Vierge-Marie, par la seule intercession de laquelle je crois fermement avoir été délivré. L'espérance donc et la ferme croyance que j'avais de vous revoir, Monsieur, me fit être plus attentif à m'instruire du moyen de guérir la gravelle, en quoi je lui voyais journellement faire des merveilles ; ce qu'il m'enseigna et même me fit préparer et administrer les ingrédiens.

« Je fus donc avec ce vieillard depuis le mois de septembre 1605 jusqu'au mois d'août 1606, qu'il fut pris et mené au Grand-Sultan, pour travailler pour lui, mais en vain ; car il mourut de regret par les chemins. Il me laissa à un sien neveu, vrai anthropomorphite, qui me revendit bientôt après la mort de son oncle... Un renégat de Nice, en Savoie, ennemi de nature, m'acheta et m'emmena en son temar (lisez timar), ainsi s'appelle le bien que l'on tient comme métayer du Grand-Seigneur, car là le peuple n'a rien, tout est au Sultan : le temar de celui-ci était dans la montagne, où le pays est extrêmement chaud et désert. L'une des trois femmes qu'il avait était Grecque chrétienne, mais schismatique ; une autre était Turque, qui servit d'instrument à l'immense miséricorde de Dieu pour retirer son mari de l'apostasie, et le remettre au giron de l'Église, et me délivrer de mon esclavage. Curieuse qu'elle était de savoir notre façon de vivre, elle me venait voir tous les jours aux champs, où je fossoyais ; et un jour elle me commanda de chanter les louanges de mon Dieu. Le ressouvenir du *Quomodò cantabimus in terrâ alienâ* des enfants d'Israël, captifs en Babylone, me fit commencer, la larme à l'œil, le psaume *Super flumina Babylonis*, et puis, le *Salve Regina* et plusieurs autres choses, en quoi elle prenait tant de plaisir que c'était merveille. Elle ne manqua pas de dire à son mari, le soir, qu'il avait eu tort de quitter sa religion, qu'elle estimait extrêmement bonne, pour un récit que je lui avais fait de notre Dieu, et quelques louanges que j'avais chantées en sa présence : en quoi elle disait avoir ressenti un tel plaisir qu'elle ne croyait point que le paradis de ses pères et celui qu'elle espérait fût si glorieux, ni accompagné de tant de joie, que le contentement qu'elle avait ressenti pendant que je louais mon Dieu ; concluant qu'il y avait en cela quelque merveille. Cette femme, comme un autre Caïphe, ou comme l'ânesse de Balaam, fit tant par ses discours que son mari me dit dès le lendemain qu'il ne tenait qu'à une commodité que nous nous sauvassions en France ; mais qu'il y donnerait tel remède que dans peu de jours Dieu en serait loué. Ce peu de jours dura dix mois qu'il m'entretint en cette espérance, au bout desquels nous nous sauvâmes avec un petit esquif, et nous rendîmes, le 28 juin 1607, à Aigues-Mortes, et tôt après en Avignon, où M. le vice-légat reçut publiquement le renégat, avec la larme à l'œil et le sanglot au cœur, dans l'église de St-Pierre, à l'honneur de Dieu et édification des assistants[1]. »

Cette narration est parfaite à tous égards. Nous y regrettons cependant une lacune, relative à la bonne créature qui fut l'instrument de la délivrance de saint Vincent de Paul. On aimerait à savoir ce qu'elle devint, heureux d'apprendre qu'elle ne demeura point sur la terre infidèle et fut récompensée de sa charité par la grâce de la conversion.

Vincent, après un voyage fait à Rome, sa dévotion satisfaite, revint en France. Arrivé à Paris, il se logea

[1] Lettre écrite à M. de Commet (24 juillet 1607).

dans le faubourg St-Germain, non loin de l'hôpital de la Charité dont il allait souvent servir et consoler les malades. Dans le même hôtel, habitait un juge du village de Sore, dans le district de Bordeaux. Certain jour que ce juge était sorti, une somme de 400 écus lui fut dérobée. On ne découvrit l'auteur du vol que cinq ou six années après, parce qu'arrêté pour un autre méfait, il avoua son premier crime, en proclamant l'innocence de Vincent de Paul trop injustement accusé. En effet, le juge, exaspéré de sa perte, n'avait pas craint d'accuser le saint prêtre qu'il décriait, par cette calomnie, auprès de toutes ses connaissances et amis. « Le Saint, dit l'hagiographe, se contenta de nier le fait, en ajoutant : « Dieu sait bien la vérité. » Mais, d'ailleurs, il ne lui échappa aucune plainte contre son accusateur.

Après avoir été quelque temps curé de Clichy, Vincent quitta cette paroisse pour se charger de l'éducation des enfants de M. de Gondi, comte de Joigny, général des galères de France. Il était depuis peu dans cette maison quand il fut averti que ce seigneur devait provoquer en duel un de ses ennemis. Suivant l'usage des temps chevaleresques, M. de Gondi voulut entendre la messe avant d'aller se battre. Vincent, ayant quitté l'autel, aborde le comte à la sortie de la chapelle, et lui dit : « Souffrez, monsieur, souffrez que je vous dise un » mot en toute humilité. Je sais de bonne part que vous » avez dessein d'aller vous battre en duel. Mais je vous » dis, de la part de mon Sauveur, que je vous ai montré » maintenant et que vous venez d'adorer, que si vous » ne quittez ce mauvais dessein, il exercera sa justice » sur vous et sur votre postérité. »

Etonné d'abord de ce langage qui ménageait si peu son orgueil, le comte, qui dans le fond du cœur était chrétien, se sentit touché, et en remerciant l'homme de Dieu, déclara renoncer à son coupable projet. Quelque temps après, Vincent donna la mission à Folleville, sur les terres de la famille de Gondi, dans le diocèse d'Amiens, et les résultats furent admirables. Cette même année, de l'aveu de son guide, Bérulle, il quitta la maison du comte de Joigny pour aller desservir la cure de Châtillon-les-Dombes, dans la Bresse. « On ne saurait croire tout le bien que fit cet homme apostolique pendant le court espace de temps (cinq mois) qu'il resta chargé de cette paroisse où, dans l'intérêt des pauvres et des infirmes, il institua *une confrérie de charité* devenue le modèle de toutes celles qui s'établirent par la suite en France. » Cédant aux instances de la comtesse de Joigny, Vincent de Paul revint dans cette maison vers la fin de 1617 ; mais à la condition que, chargé seulement de la haute surveillance de l'éducation des enfants, il aurait toute liberté de se livrer à son goût pour les missions, ce qu'il fit dans les diocèses de Sens, Soissons, Beauvais. Pendant les loisirs que lui laissait l'intervalle entre les missions, il eut la pensée de visiter les prisons où les forçats étaient détenus avant de partir pour les ports de mer et fut grandement contristé de ce qu'il trouva : « Il vit, dit un biographe, des malheureux renfermés dans d'obscures et profondes cavernes, mangés de vermine, atténués de langueur et de pauvreté et entièrement négligés pour le corps et pour l'âme. »

Vincent s'occupa avec zèle de l'une et de l'autre. Par

les aumônes qu'il recueillit, il améliora fort la situation matérielle des pauvres prisonniers, et, par ses instructions pleines de simplicité et d'onction, il n'aida pas moins au soulagement de leurs maux spirituels. Le changement qui s'opéra chez ces malheureux fut tel qu'il frappa tous les yeux ; le comte de Joigny en entretint le roi Louis XIII qui voulut que Vincent de Paul fût établi aumônier général des galères (8 février 1619). Deux années après, Vincent partit *incognito* pour Marseille afin de s'assurer par lui-même de l'état des forçats sur les galères, et se dérober en même temps aux honneurs qu'on ne pouvait manquer de rendre à sa dignité.

II

En 1623, à la suite d'une mission, il établit à Mâcon *deux Confréries de Charité* pour l'assistance des pauvres et des malades, mais non sans grande difficulté d'abord comme on voit par une lettre écrite à mademoiselle Legras qui fut sa principale et zélée auxiliaire dans ses œuvres : « Quand j'établis la *Charité* à Mâcon, dit-il, » chacun se moquait de moi ; on me montrait au doigt » par les rues, croyant que je n'en pourrais jamais ve- » nir à bout ; et quand la chose fut faite, chacun fondait » en larmes de joie ; et les échevins de la ville me fai- » saient tant d'honneur au départ que, ne le pouvant » porter, je fus contraint de partir en cachette, pour » éviter cet applaudissement ; et c'est là une des chari- » tés les mieux établies. »

L'année suivante, il fonda la congrégation des *Prêtres de la Mission*. « L'on peut dire avec vérité que cette Congrégation a été en son commencement comme le petit grain de sénevé de l'Evangile, qui, étant la moindre entre toutes les semences, devient un arbre sur les branches duquel les oiseaux peuvent se poser. » Ces prêtres furent aussi appelés *Lazaristes* par suite du don que fit à la compagnie naissante le prieur de Saint-Lazare, Adrien Lebon, de sa maison et de tous ses biens pour concourir à l'instruction et au soulagement, suivant le but de l'institution, des peuples de la campagne. A la première ouverture que Lebon lui fit à ce sujet, Vincent n'en pouvait croire ses oreilles. « J'avais, dit-il, « dans une de ses lettres, les sens interdits comme un » homme surpris du bruit d'un canon, lorsqu'on le tire » proche de lui sans qu'il y pense ; il reste comme » étourdi de ce coup imprévu et moi, je demeurai sans » parole, si étonné d'une telle proposition que lui-même » s'en apercevant me dit : *Quoi !* vous tremblez ? »

En effet, dans sa modestie, Vincent était comme épouvanté de la proposition « si fort au-dessus, dit-il, de lui » et des prêtres de sa compagnie, qu'il se ferait scrupule » d'y penser. » Il fallut deux années au prieur de Saint-Lazare pour triompher des scrupules de Vincent et ce ne fut qu'au mois de janvier 1632 que le vénérable bienfaiteur eut la joie de mettre les Prêtres de la Mission en possession de ses biens. De Lestocq, curé de saint Laurent, écrivait à ce sujet : « Dans les visites que nous » avons rendues plus de trente fois, l'espace de plus » d'un an, à M. Vincent, nous avons eu mille peines à » l'ébranler et à le disposer à accepter Saint-Lazare. »

Vincent de Paul avait coutume de répondre à ceux qui le pressaient de profiter de son crédit dans l'intérêt de sa Congrégation : « Pour tous les biens de la terre je ne » ferai jamais rien contre Dieu ni contre ma cons- » cience. La compagnie ne périra pas par la pauvreté ; » je crains plutôt que, si la pauvreté lui manque, elle ne » vienne à périr. « Aussi vit-on, certain jour, Vincent de Paul refuser une somme de 600,000 mille francs qu'on lui offrait pour construire une nouvelle église. Il répondit « que les pauvres étaient trop nombreux en ce moment et que les premiers temples que demande Jésus-Christ sont ceux de la charité et de la miséricorde. »

Dès l'année 1634, il avait établi la Congrégation des *Filles de Charité*, dites aussi sœurs de saint Vincent de Paul. « Ces filles, disait admirablement le saint, n'ont » ordinairement pour monastères que les maisons des » malades, pour cellule qu'une chambre de louage, pour » chapelle que l'église de leur paroisse, pour cloître que » les rues de la ville ou les salles des hôpitaux, pour » clôture que l'obéissance, pour grille que la crainte de » Dieu, et pour voile qu'une sainte et exacte modestie.» « Et cependant, comme dit très-bien la *Biographie* de Michaud, elles se préservent de la contagion du vice, et font germer partout sous leurs pas la vertu. » Mêlées au monde, elles sont demeurées les fidèles servantes de Dieu et n'ont point jusqu'ici dégénéré de la ferveur de leur première et sainte institution.

Une des dernières fondations de saint Vincent de Paul, et qui n'est pas la moins touchante, fut celle relative aux Enfants-Trouvés dont Abelly nous dit : « On a remarqué qu'il ne se passe aucune année qu'il ne se trouve au moins trois ou quatre cents enfants exposés tant en la ville qu'aux faubourgs ; et, selon l'ordre de la police, il appartenait à l'offiee des commissaires du Chatelet de lever ces enfants... Ils les faisaient porter ci-devant en une maison qu'on appelait la Couche, en la rue Saint-Landry, où ils étaient reçus par une certaine veuve qui qui y demeurait avec une ou deux servantes, et se chargeait du soin de leur nourriture ; mais ne pouvant suffire pour un si grand nombre, ni entretenir des nourrices pour les allaiter ni nourrir et élever ceux qui étaient sevrés, faute d'un revenu suffisant, la plupart de ces pauvres enfants mouraient de langueur en cette maison, ou même les servantes, pour se délivrer de l'importunité de leurs cris, leur faisaient prendre une drogue pour les endormir, qui causait la mort à plusieurs. Ceux qui échappaient à ce danger étaient ou donnés à qui les venait demander, ou vendus à si vil prix, qu'il y en a eu pour lesquels on n'a payé que vingt sous.... Et on a su qu'on en avait acheté pour servir aux mauvais desseins de personnes qui supposaient des enfants dans les familles ou (ce qui fait horreur) pour servir à des opérations magiques et diaboliques. » Saint Vincent, touché de si grandes misères, dans sa tendre compassion, avait recueilli un grand nombre de ces malheureuses victimes du vice et de la misère, placées par lui dans diverses maisons. Tout à coup il apprend que, par des motifs trop longs à développer ici, on voulait abandonner les orphelins. L'homme de Dieu, sous le coup de son émotion, convoque une assemblée générale des dames qui l'aidaient dans ses bonnes œuvres et, après avoir exposé nettement la situation, il conclut en ces termes :

« Or, sus, Mesdames, la charité et la compassion vous » ont fait adopter ces petites créatures pour vos enfants; » vous avez été leurs mères selon la grâce, depuis que » leurs mères selon la nature les ont abandonnées : » voyez maintenant si vous voulez aussi les abandon- » nez. Cessez d'être leurs mères pour devenir à présent » leurs juges : leur vie et leur mort sont entre vos » mains : je m'en vais prendre les voix et les suffrages ; » il est temps de prononcer leur arrêt et de savoir si » vous ne voulez plus avoir de miséricorde pour eux. Ils » vivront si vous continuez d'en prendre un charitable » soin ; et au contraire, ils mourront et périront infail- » liblement si vous les abandonnez : l'expérience ne » permet pas d'en douter. »

A ces mots sortis du plus profond des entrailles et prononcés avec un accent qu'on ne peut rendre, un frémissement parcourt l'assemblée, les sanglots éclatent, des larmes coulent de tous les yeux et il est résolu à l'unanimité que la bonne œuvre sera continuée. Les orphelins étaient sauvés !...

Quelques années après, eut lieu la création du vaste hospice de la Salpêtrière pour lequel la reine, Anne d'Autriche, avait donné l'enclos et la maison de ce nom où plus de cinq mille mendiants furent admis et pourvus de toutes les choses nécessaires à la vie. Combien d'autres et excellentes œuvres dues à l'initiative de cet homme apostolique qui savait si bien concilier le zèle avec la tolérance, ou mieux la charité !

Franchement opposé à la secte janséniste, « il sut, dit

un de ses historiens, sans jamais franchir les bornes d'une juste modération, s'arranger si bien qu'il écarta l'erreur de tous les lieux dont la garde était commise à ses soins. »

Saint Vincent de Paul parlait avec une merveilleuse onction, et l'on a vu, par nos citations, comment il écrivait. Collet nous apprend que, de son temps il existait encore plus de sept mille lettres du saint dont il a écrit la vie. Vincent de Paul fut lié avec tous les personnages illustres et vénérables de son temps, saint François de Sales, Olier, le cardinal de Bérulle, Bossuet, etc., Anne d'Autriche qui, veuve de Louis XIII et devenue régente, nomma Vincent président du tribunal de conscience. On sait que l'homme de Dieu avait assisté le roi à son lit de mort (1643).

Saint Vincent de Paul fut longuement éprouvé par la maladie, ainsi que nous l'apprend l'évêque de Rodez : « Pour ne pas ennuyer le lecteur par le récit de toutes les autres maladies que Dieu a envoyées de temps en temps à M. Vincent pour exercer sa vertu, il suffira de dire qu'il y a peu d'infirmités et d'incommodités corporelles qu'il n'ait éprouvées, Dieu l'ayant ainsi voulu afin qu'il fût capable de compatir à celles du prochain.... Mais pour venir à la plus grande et à la plus fâcheuse de toutes les incommodités de M. Vincent, que l'on peut appeler une espèce de martyre, qui a enfin terminé sa vie... il faut savoir qu'il a porté l'incommodité de l'enflure de ses jambes et de ses pieds l'espace de *quarante-cinq ans;* et elle était quelquefois si forte, qu'il avait grand peine de se soutenir ou de marcher, et d'autres fois, si enflammée et si douloureuse, qu'il était contraint de se tenir au lit... sur la fin de l'année 1659, il fut obligé (à cause de son infirmité), de célébrer en la chapelle de l'infirmerie ; mais les jambes lui ayant enfin manqué tout à fait en l'année 1660, qui fut sa dernière, il ne put plus dire la sainte messe, mais il continua de l'entendre jusqu'au jour de son décès quoiqu'il souffrît une peine incroyable pour aller de sa chambre à la chapelle, étant contraint de se servir de potences (béquilles) pour marcher. » Pendant les quatre dernières années de sa vie, par suite de ses infirmités et de l'âge, il ne pouvait plus du tout sortir. Après de cruelles souffrances, supportées avec une admirable résignation, il expira dans la maison de Saint-Lazare, à l'âge de quatre-vingt-cinq ans, (27 septembre 1660). « Il est mort sans fièvre et sans accident extraordinaire, ayant cessé de vivre par une pure défaillance de la nature, comme une lampe qui s'éteint insensiblement quand l'huile vient à lui manquer... Ayant rendu le dernier soupir, son visage ne changea point, il demeura dans sa douceur et sérénité ordinaire, étant dans sa chaise en la même posture qu'il eût sommeillé. » (ABELLY). Les grands et le peuple, la cour et la ville, disent les biographes, les magistrats et les religieux versèrent des larmes à la nouvelle de sa mort. Jamais on n'avait entendu un concert si unanime de louanges. Et ce concert il s'est continué jusqu'à nos jours ; ce grand homme de bien est vénéré, malgré sa qualité de saint [1], même des incroyants, de ceux tout au moins qui, victimes de

[1] Il fut canonisé, en 1737, par Clément XIII qui fixa sa fête au 19 juillet.

l'erreur, auraient honte de l'injustice et de la grossière impiété.

Une anecdote encore avant de terminer. Ce ne fut point sans effort que notre Saint arriva à ce haut degré de vertu, témoin ce qu'il racontait lui-même : « Je m'aperçus, dit-il, en m'examinant, d'une certaine rudesse et brusquerie de manières surtout avec les grands du monde et je sentis qu'il y avait nécessité d'y apporter remède. Je m'adressai alors à Notre-Seigneur et je le priai instamment de me changer cette humeur sèche et rebutante et de me donner un esprit doux et benin. »

Le Saint fut exaucé et sut dès lors si bien veiller sur lui-même que sa douceur et son affabilité passèrent en commun proverbe [1].

Saint Vincent de Paul, au reste, ne recommandait rien tant que la douceur « étant, dit Abelly, comme la fleur de cette divine vertu de charité, qui relève d'autant plus par son excellence qu'il y a plus de difficulté à réprimer les saillies de la nature qui se couvre souvent du manteau du zèle pour se laisser aller plus librement aux emportements de ses passions.

« Il tenait encore pour une autre maxime de cette vertu, de ne contester jamais contre personne, non pas même contre ceux qu'on était obligé de reprendre ; mais il voulait qu'on se servît toujours de paroles douces et affables, selon que la prudence et la charité le requéraient. Par ce même principe, il défendait aux siens

[1] Il existe plusieurs Vies de saint Vincent de Paul. La dernière et la plus complète, dit-on, est celle de M. l'abbé Meynard en 4 volumes. (Bray et Retaux éditeurs).

d'entrer en des altercations ou aigreurs quand il était question de conférer avec les hérétiques, parce qu'on les gagne bien plutôt par une douce et amiable remontrance : « Quand on dispute, disait-il, contre quelqu'un, » la contestation dont on use en son endroit lui fait » bien voir qu'on veut emporter le dessus ; c'est pourquoi » il se prépare à la résistance plutôt qu'à la reconnais- » sance de la vérité : de sorte que, par ce débat, au lieu » de faire quelque ouverture à son esprit, on ferme » ordinairement la porte de son cœur ; comme au con- » traire la douceur et l'affabilité le lui ouvrent. Nous » avons sur cela un bel exemple en la personne du bien- » heureux François de Sales, lequel, quoiqu'il fût très- » savant dans les controverses, convertissait néanmoins » les hérétiques plutôt par sa douceur que par sa doc- » trine. »

« .... Il faisait néanmoins une grande différence entre la véritable vertu de douceur et celle qui n'en a que l'apparence ; car la fausse douceur est molle, lâche, indulgente ; mais la véritable douceur n'est point opposée à la fermeté dans le bien, à laquelle même elle est plutôt toujours conjointe par cette connexion qui se trouve entre les vraies vertus ; et à ce sujet, il disait : « Qu'il » n'y avait point de personnes plus constantes et plus » fermes dans le bien que ceux qui sont doux et débon- » naires ; comme au contraire ceux qui se laissent em- » porter à la colère et aux passions de l'appétit irascible » sont ordinairement fort inconstants parce qu'ils n'a- » gissent que par boutades et par emportements ; ce » sont comme des torrents qui n'ont de la force et de » l'impétuosité que dans leurs débordements, lesquels

» tarissent aussitôt qu'ils sont écoulés ; au lieu que les » rivières, qui représentent les personnes débonnaires, » vont sans bruit, avec tranquillité, et ne tarissent ja» mais. »

L'église de saint Vincent de Paul, élevée, il y a peu d'années, rue La Fayette, comme monument, ne manque pas de grandeur. Elle est ornée à l'intérieur de fresques en harmonie avec l'architecture, et qui sont dignes du pinceau de cet illustre maître, Hippolyte Flandrin. Dans l'église ou chapelle des Lazaristes (rue de Sèvres, 93), dédiée pareillement à saint Vincent de Paul, se voit, dans une châsse vitrée, le corps tout entier du Saint, précieuse relique, exposée plus particulièrement, certains jours, à la vénération des fidèles dont le concours est merveilleux.

LES VIEILLES RUES

ET LES AUTRES.

LE VIEUX PARIS

Beaucoup de rues nouvelles, bâties si vite, s'improvisent en quelque sorte, ce qui fait qu'on les désigne d'une façon assez arbitraire, et le plus souvent comme le plus facilement, par un nom propre. Il n'en était point ainsi autrefois alors que, dans la ville ou les faubourgs, les maisons, s'élevant successivement et lentement, finissaient, comme au village, par former une rue après un laps de temps plus ou moins long. La dénomination sortait de la nature même des choses, et presque toujours originale et pittoresque, tellement que d'habitude le nom adopté par le populaire se conservait par la tradition seule de longues années, des siècles; car ce n'est qu'en 1728, qu'on a commencé à placer des inscriptions à l'entrée des rues pour rappeler leur nom. Les origines de nos anciennes voies sont donc pour la plupart curieuses et singulières ; « elles proviennent, dit très bien Saint Victor, ou du nom de quelque personnage distingué qui y possédait une maison remarquable, ou de quelque enseigne singulière qui avait frappé les yeux du peuple, ou de quelque évènement extraordinaire qui y était arrivé. Plusieurs devaient leur titre à leur malpropreté habituelle, d'autres aux vols et assassinats qui s'y commettaient ; quelques-unes enfin ont des noms dont l'origine et le sens sont entièrement inconnus. [1] » Afin d'ajouter à l'intérêt de ces récits historiques, nous nous proposons de faire connaître les dites origines aussi bien que les souvenirs qui s'y rattachent. Grâce à tant d'épisodes, d'anecdotes, de détails variés, et souvent presque inédits, cette Seconde Partie de notre travail n'offrira pas moins d'attrait, nous osons l'espérer, que la Première composée de biographies développées.

Mais avant de commencer, afin que rien ne soit perdu pour le lecteur, il nous semble utile de résumer en quelques pages les récits des historiens [2], formant souvent d'énormes volumes, et relatifs aux origines du vieux Paris lui-même.

Les origines de cette ville, pour nous servir d'une expression banale mais forcée, *se perdent dans la nuit des temps*. Vers l'an 54 avant Jésus-Christ, on voit ses habitants, membres de la tribu gauloise des *Parisii*, combattre courageusement les Romains qui voulaient les soumettre ; mais après avoir repoussé Labiénus, lieutenant de César, ils furent vaincus par celui-ci qui s'empara de l'île où s'élevait Lutèce (*Lutetia*) ; car tel était le nom que portait alors la cité ; « nom que les uns dérivent de *lutum*, boue, argile, parce que le territoire

[1] Saint-Victor : *Tableau historique et pittoresque de Paris* ; 3 vol. in 4° ou 8 vol. in-8°, 2e édit. 1822.

[2] Corrozet, Sauval, Félibien et Lobineau, l'abbé Lebœuf, Jaillot, Ste-Foix, St-Victor, Piganiol de la Force, etc.

de cette ville était marécageux, dit M. Louvet, et auquel d'autres trouvent une origine celtique, en sorte qu'il signifierait ville entourée d'eau, ou encore *île du Corbeau.* »

Quoiqu'il en soit, César, pour s'assurer de sa conquête, la fit entourer de murailles et deux tours ou forteresses s'élevèrent à la tête des ponts de bois jetés sur le fleuve à l'endroit où se trouvent aujourd'hui le Petit-Pont et le Pont-au-Change. Dès lors, Lutèce devint la résidence des gouverneurs romains dans les Gaules. On sait qu'elle était particulièrement chère à Julien, qui y reçut le titre d'auguste. Vers l'an 245 [1], saint Denis vint y prêcher l'Évangile avec ses compagnons et leur martyre prépara le triomple de la foi.

Chilpéric Ier, roi des Francs, eut la gloire de chasser les Romains de Paris qui devint sous Clovis, son fils et son successeur, la capitale du royaume. Probablement c'est alors que la cité échangea son nom ancien de *Lutèce* contre celui de Paris, *Parisius*, dit saint Grégoire de Tours. Ce nom lui vient selon toute apparence de ses premiers habitants les *Parisii*, cette origine paraît beaucoup plus vraisemblable que l'opinion, chère à nos vieux auteurs pourtant, qui, par une tradition fabuleuse sans nul doute, fait descendre la famille royale des Francs et les fondateurs de Paris des Troyens et du fils de Priam.

Les princes mérovingiens témoignèrent tous d'une grande prédilection pour Paris, leur capitale; il n'en

[1] D'après une ancienne tradition, dès le premier siècle de l'ère chrétienne, et au temps des apôtres mêmes.

fut pas de même des Carlovingiens qui n'y résidèrent que par intervalles. Sous les descendants dégénérés de Charlemagne, on sait que la ville fut plus d'une fois exposée aux ravages des barbares du Nord, dits Normands, et le siége qu'elle soutint contre eux, au temps d'Eudes et de l'évêque Gozlin, est célèbre. Hugues Capet, le fondateur de la 3e dynastie, s'établit de nouveau à Paris qui n'a plus cessé d'être la capitale du royaume. Déjà la ville commençait à s'étendre sur les deux côtés du fleuve, aussi Philippe Auguste ordonna la construction d'un nouveau mur d'enceinte qui, partant du Louvre, s'arrêtait au quai des Ormes et des Célestins, en passant par la rue St-Honoré, la pointe Ste-Eustache, la place Baudoyer, etc.

Une quatrième enceinte s'éleva au temps où Marcel était prévot des marchands (1356). La ville s'agrandit encore ce qu'elle ne cessa de faire, au point qu'il fallait constamment reculer les fortifications, tantôt d'un côté tantôt d'un autre, tantôt au nord, tantôt au midi. Car Paris, si rudement éprouvé pendant les guerres religieuses du 16e siècle, resta ville de guerre jusqu'au règne de Louis XIV qui fit abattre les murailles, combler et planter d'arbres les fossés changés en boulevards pour la promenade[1]. La ville alors put s'étendre en toute liberté. La Révolution fut un temps d'arrêt pour ce mouvement d'expansion, les travaux s'étant ralentis ou même arrêtés alors que, sous ce régime abominable autant qu'inepte de la Terreur, la richesse, l'apparence

[1] Est-il besoin de rappeler qu'en 1840, grâce à M. Thiers, les fortifications ont été relevées et plus formidables ?

même de la fortune devenait un crime. Le calme rétabli, Napoléon, consul et surtout empereur, se préoccupa constamment de l'agrandissement et de l'embellissement de Paris qui lui dut de nombreux monuments, la Bourse, la colonne de la Place Vendôme, les ponts d'Austerlitz, d'Iéna, des Arts, etc.

Sous la Restauration comme pendant le règne de Louis Philippe, d'importants travaux s'exécutèrent à Paris qui cependant gardait toujours un peu, dans certains quartiers surtout, la Cité, la rue St-Jacques, le faubourg St-Germain, etc., sa vieille physionomie qu'il perd tous les jours davantage depuis les dernières et colossales entreprises qui font de la ville entière un vaste chantier de démolition et de construction. On ne saurait nier assurément que la ville y gagne au point de vue de l'hygiène et que beaucoup de ces grands travaux n'aient leur utilité, ne fussent même d'une absolue nécessité ; il est permis toutefois de regretter qu'on ait voulu tout faire à la fois et en outre que les plans généralement adoptés semblent avoir pour résultat de donner à la grande capitale, remarquable naguère par ses aspects variés et pittoresques, un caractère monotone d'uniformité. Qu'y a-t-il pour le rêve et la poésie dans l'interminable rue Lafayette, aux maisons ennuyeusement pareilles, ou dans l'éternel boulevard Haussmann [1] ?

Faut-il répéter, après bien d'autres, que dans toutes ces habitations nouvelles, luxueuses en dépit de l'architecture banale, il n'y a place que pour les riches et

[1] Nous écrivions cette introduction avant les derniers évènements.

même richissimes et que, nous ne dirons pas les pauvres gens, mais les gens modestes, lettrés, artistes et autres, ne trouvent plus à se loger. A cela on répond que les dites demeures royales et princières ne sont mie faites pour eux, pas plus que les cages dorées, enluminées, sculptées pour les vulgaires pierrots. Fort bien alors, mais c'est les forcer à percher sur les arbres et pignons, ce qui n'est guère commode et récréatif en hiver, outre que dame Police ne le tolère point.

Un mot encore avant de terminer. Voici des Parisiens et Parisiennes un assez joli portrait que Sauval traçait, il y a longtemps déjà [1], et qui aujourd'hui encore ne manque ni de vérité, ni d'actualité : « Les Parisiens » sont bons, dociles, fort civils, aiment les plaisirs, la » bonne chère, le changement de modes, d'habits, d'af- » faires.... Les gens riches et qualifiés se traitent et » s'habillent aussi magnifiquement qu'ils se logent... » Les dames de qualité et les riches n'y font rien que » jouer, se promener, faire des visites, aller au bal et à » la comédie ; elles sont si superbement vêtues qu'elles » dépensent en gants, en passementeries et autres ga- » lanteries plus que des princesses étrangères en toute » leur maison. Les Grands en un mot (les Riches), » hommes et femmes, font tant d'excès que leur revenu, » quelque prodigieux qu'il soit, n'y pouvant suffire, ils » dissipent en peu d'années ce que leurs pères, durant » toute leur vie, ont eu bien de la peine à amasser. »

[1] Sauval est mort en 1670. Son livre, en 3 volumes in-f°, a pour titre : *Recherches des Antiquités de la ville de Paris.*

APRÈS LES DEUX SIÈGES (1870-1871)

I

Le chapitre qu'on vient de lire était écrit, on le comprend, depuis assez longtemps déjà, car notre livre allait être mis sous presse quand éclata la guerre (juillet 1870). Au lendemain de l'armistice, nous écrivions :

Ce paragraphe, qui nous avait paru si curieux à reproduire naguère, a singulièrement perdu de son actualité et de son piquant aujourd'hui. Dans Paris assiégé, dans Paris ville de guerre, plus de bourgeois passionnés du luxe et du bien-être, plus de négociants et de banquiers ne songeant qu'à la Bourse et aux affaires, mais des milliers et des milliers de braves soldats, ardents à l'exercice et soucieux seulement de bonnes armes, afin de pouvoir faire hardiment face à l'ennemi. Les Parisiennes, elles aussi, ne se préoccupent plus, oh ! plus du tout, de la toilette, mais des graves devoirs de la mère de famille et des soins de la ménagère, et simplement vêtues, courent dès le matin au marché à moins qu'elles ne s'empressent pour aider ou suppléer au besoin la sœur de charité dans les ambulances.

C'est donc en toute vérité qu'un éminent académicien auquel cette fois on ne peut qu'applaudir, disait récemment dans une conférence au profit des blessés : « Je ne vous dirai pas, comme on le répète trop, que vous êtes sublimes, que vous emportez l'admiration du monde ; non ! Je vous dirai simplement, ce qui est bien plus fort, selon moi, que vous êtes redevenus honnêtes ! Avec l'honnêteté a reparu un mot que je n'ai pas entendu vingt fois en vingt ans sur les boulevards, et que je trouve maintenant sur toutes les bouches ; c'est le mot *devoir*. Vous rencontrez un ami qui revient du rempart, fatigué, blêmi ; vous le plaignez : « Que voulez-vous, » mon cher, vous répond-il, il faut faire son devoir. »

« .... Brave et cher Paris ! je m'étonne toujours d'entendre dire qu'il est triste d'aspect ! Paris triste ! Je ne l'ai jamais trouvé si beau ! Oui, ce Paris cerné, bloqué, bastionné, sans chemins de fer, sans spectacles, sans gaz, et se découronnant par ses propres mains des forêts qui l'environnent comme une veuve qui coupe sa chevelure en signe de deuil, ce Paris me semble mille fois plus brillant que dans ses beaux jours de fête !... Que dis-je ? plus brillant même que dans ces incomparables mois de l'Exposition universelle, où il donnait une hospitalité si loyale et si cordiale à ceux qui l'égorgent aujourd'hui. Car Paris alors n'exposait que son génie ; aujourd'hui, il expose aux yeux du monde quelque chose qui vaut mille fois plus que toutes les merveilles de l'industrie, de la science et de l'art : son âme. »

Un confrère de M. E. Legouvé, M. Vitet, auquel nous devons tant de beaux travaux sur l'art, faisant trêve à ses chères études, a écrit aussi sur *Paris assiégé* des pages éloquentes dont nous détachons avec bonheur ce fragment: « ... En attendant et quoi qu'on fasse, je demande à Paris de reprendre au plus vite cette mâle attitude qui pendant six semaines lui a fait tant d'honneur.... Laissons-là ces idées d'atermoiements, de suspension de siége, d'armistice et d'accommodement; pensons à la défense et ne pensons qu'à elle.

« Ne rêvez plus théâtres rouverts, promenades, voyages, libres correspondances; ne laissez pas votre imagination savourer ces fruits défendus; parcourez le rempart, et, du dehors surtout, regardez cette ville à l'aspect si nouveau, si désolé, si nu, si grandiose et si fier. Regardez cet immense espace qui vous sépare des bastions, puis, en levant la tête, ces longues files horizontales qui vous transportent en idée au fond des grandes landes ou devant les dunes de la mer.

« Il y a des gens à qui ce spectacle, ces audacieux travaux et ces canons montrant leur gueule aux échancrures des tertres de gazon, causent une sorte de serrement de cœur; qui en détournent les yeux, ne pensant qu'aux douleurs et aux larmes dont ils ont devant eux le triste avertissement. Sans me croire insensible, je confesse que chez moi le premier mouvement devant ce Paris transfiguré est une sorte de satisfaction intérieure que tout cela soit comme sorti de terre, si promptement, si noblement, sous les yeux et avec le concours de cette population frivole et généreuse. Tout n'est donc pas perdu, puisque de tels élans partent encore de nous! Aussi, quand il m'arrive de penser que peut-être nos maux auront un terme, et qu'on pourrait encore s'occuper quelque jour des embellissements de Paris, le premier que je rêve est de lui maintenir sa couronne guerrière, ses ponts-levis, ses cavaliers et ses glacis immenses qui l'isolent et lui forment un si beau piédestal. Cette parure lui sied, je veux qu'il la conserve. »

Nous sommes pleinement de l'avis de M. Vitet.

Ce qui rend mémorable à toujours cet effort prodigieux du patriotisme, même non couronné par la victoire suprême, ce sont les épreuves que Paris, le Paris des fêtes et des plaisirs et des jouissances (trop, hélas ! mais noblement expiées) a dû subir et qui, chose singulière ! semblent avoir échappé aux prévisions des écrivains cités par nous. Faut-il parler de ces citadins habitués, routinés, si l'on me permet le mot, aux délices de Capoue et, du jour au lendemain, condamnés aux plus rudes exercices de la vie militaire, aux veilles de nuit sur le rempart par la pluie, le vent, la neige, le froid (et quel froid !), et plus tard à l'entrée en campagne par la saison la plus rigoureuse, quand le gel fait que le fusil vous brûle presque les mains ! Dirons-nous les privations en tout genre et pour beaucoup si pénibles ! Plus de lait, plus d'œufs, plus de légumes frais quand les autres vont s'épuisant tous les jours comme la viande de cheval, d'ânon, de mulet ; quand la volaille devient un mythe, les gourmets ayant peine même à prix d'or [1] à se procurer un chat maigre ou quelque rat d'égoût. Pouvons-nous oublier les pauvres femmes, souvent si déli-

[1] Quelques chiffres seulement. Un poulet ordinaire se vendait de 30 à 40 francs, un lapin idem ; une oie ou une dinde 90 et 100 francs, la livre de beurre 36 francs, un œuf 2 fr. 50 et 3 francs (etc.). Quand tant d'autres faisaient preuve d'un si généreux patriotisme, il faut bien reconnaître que Messieurs les marchands de comestibles songeaient surtout à faire leurs affaires en spéculant sur notre détresse !

cates, et dans l'intérêt du ménage, par le temps le plus rude, pour obtenir un morceau de viande, ou leur part de pommes de terre, se résignant à faire queue de longues heures, des nuits entières parfois ! Faction qui valait celle du rempart et, s'il faut le dire même, tout autrement pénible souvent !

Aussi M. Cochin n'avait pas tort d'écrire dans le *Français* (13 décembre 1870) : « C'est encore un beau spectacle, un bon résultat, qui fait honneur aux femmes plus qu'aux hommes, car ce mot que me disait un jour un pauvre enfant est toujours vrai :

« Que fait ta maman ?

« — Elle fait la soupe.

« — Et ton papa ?

« — Il la mange.

« Celles qui font la soupe ont en ce moment une admirable vertu. » Assurément. Toutes ces cruelles misères d'ailleurs, dont les écrivains en question ne semblaient point s'être douté, elles ont été supportées bravement, courageusement, gaîment même, non pas quelques semaines, mais des mois et de longs mois.

II

Voilà donc ce que nous écrivions au lendemain du siége de Paris dont, sans faire précisément l'histoire, nous racontions quelques épisodes glorieux en les faisant suivre de considérations ou restrictions. Celles-ci étaient relatives au caractère trop humain des vertus mêmes que nous avions eu plaisir à louer ; après M. Vitet, nous regrettions que l'immense majorité, dans cette grande et noble ville, au milieu de circonstances si graves, continuât de témoigner de sa profonde insouciance au point de vue religieux, et, dans ce péril suprême, au lieu d'invoquer l'intervention de Celui qui peut tout, parût s'étonner, s'indigner qu'on essayât de la rappeler à son devoir en l'invitant à lever ses mains vers le ciel. Nous déplorions la tolérance coupable du gouvernement comme de la population en face de scandales d'impiété qui auraient dû soulever l'indignation générale ; nous étions comme forcé d'attribuer le malheur de la défaite à cette demi-complicité comme à l'orgueil insensé qui avait fait qu'en s'exaltant dans la confiance exagérée de sa force, on n'avait jamais paru compter (au moins le grand nombre) que sur soi-même et sur son courage aidé de bonnes armes, chassepots et canons. Dans cette capitulation nouvelle et dernière, hélas ! qui avait été pour nous comme pour tout bon Français une humiliation profonde et une si poignante douleur, il nous était difficile de ne pas voir un châtiment, châtiment pour la France comme pour Paris.

Mais combien nous étions loin de prévoir que, pour celle-ci, pour la cité reine, ce n'était qu'un avant-goût, et comme un léger essai, une sorte d'avertissement des justices d'en haut, avertissement qui, dédaigné bien loin d'être compris, (témoin les élections attestant, bientôt après, une aberration si prodigieuse et de si furieux instincts de désordre,) allait attirer sur nous, par l'insurrection du 18 mars, un tel déluge de calamités ! On sait le reste et la folie furieuse de cette tyrannie jacobine, socialiste, athée qui, pendant deux mois, a tenu la

France en échec et Paris dans un si rude esclavage en pillant les caisses publiques, emprisonnant les prêtres et les notables, profanant et dévastant les églises, forçant, sous peine de mort, les citoyens à combattre pour une cause à leurs yeux exécrable et maudite. Puis, quand enfin cette abominable cause semble définitivement perdue, ces scélérats, les pires de tous, se vengent par des crimes sans nom, par l'assassinat de sang-froid d'un archevêque, de prêtres vénérables, de courageux magistrats, de pauvres soldats désarmés ! Ils se vengent, les infâmes, avec le concours des galériens et autres, par l'incendie allumé sur tous les points de la capitale et par des moyens, comme avec un ensemble qui annonce une satanique préméditation. Les paroles manquent pour qualifier de tels forfaits qui rendront infâmes à jamais ces noms de Commune, Communeux, Internationale, et, il faut bien le dire, font maudire par la France, par l'Europe entière, ceux qui servent d'instruments toujours dociles aux sectaires et révolutionnaires, j'entends les *Parisiens!* Mais nous Parisien, et vraiment natif de la grande cité, chose assez rare parmi ceux qui l'habitent, nous croyons qu'à cela, il y a manque de réflexion comme de justice et nous sommes heureux de voir que nous ne sommes pas seul de notre avis et que d'autres aussi protestent. Nous ne pouvons qu'applaudir du cœur et des mains au langage de M. Victor Cochinat, quand il dit dans la *Petite Presse* (juin 1871) :

« Parmi les soixante mille insurgés qui ont été tués ou faits prisonniers il n'y a pas six mille Parisiens réels. La plus grande partie de ces routiers sont venus de l'étranger ou sont nés, hélas ! dans nos départements.

« Ce fait nous a été affirmé à Versailles, par un militaire de grande compétence, sous les yeux duquel passent presque tous les fédérés qu'on dirige vers nos ports.

» Oui, tous ces révoltés de l'ordre social sont en majorité de nationalité étrangère, et — chose ennuyeuse à dire — c'est parmi les irréguliers nés dans les départements que le Comité central a recruté la partie la plus énergique de sa triste armée.

*
* *

» Ce renseignement nous a soulagé, car enfin il était pénible de penser que la ville aux mœurs si douces, cette patrie de l'élégance et de la politesse fût le nid de tant de voleurs et de pétroleurs !

» Aussi, comme à l'avenir le gouvernement devra veiller sur tous ces aventuriers, ces bohêmes et ces vagabonds qui viennent à Paris de tous les coins de l'horizon !

» Ce sont eux qui forment les légions des guerres civiles, et qui se montrent les exécuteurs les plus dociles et en même temps les plus farouches des ordres de leurs exécrables chefs !

» Ils se soucient bien de Paris, de sa beauté, de ses richesses et de ces monuments qui font sa grandeur ! Ils sont étrangers ! Pour gagner le salaire avilissant que les chefs de l'*Internationale* leur envoient sous forme d'assistance, ils seront toujours prêts à porter le fer et le feu dans la cité où ils se sont abattus.

*
* *

» Singulière injustice !

» Nous entendons toujours les étrangers et les provinciaux murmurer et crier contre les Parisiens. Ce sont les Parisiens qui font tout le mal; ce sont eux qui troublent le repos public en France et en Europe !

» Maudits Parisiens ! Sans eux tout serait tranquille, et les campagnards vendraient leurs denrées à des prix fabuleux... Or, quels sont ceux qui font les révolutions à Paris ? quels sont les émeutiers de profession ? Ce sont les étrangers, ou bien des gens nés hors Paris.

» Il faut être juste aussi et ne pas toujours mettre sur le compte des Parisiens les mauvaises actions des aventuriers du monde !

» M. Thiers a fort bien expliqué la cause de cette injustice dans le discours qu'il fit à Bordeaux à propos de l'installation de l'Assemblée à Versailles.

» — Paris ne fait pas les révolutions, a dit l'habile orateur, il est le lieu où on vient les faire. »

Après ces réflexions et observations qu'il nous a paru préférable de ne point renvoyer aux *Varia*, venons à l'historique des rues vieilles et nouvelles.

A

Abattoir (rue de l') : Elle porte ce nom parce qu'elle se dirige vers l'abattoir Montmartre.

Abbaye (rue de) : Ce nom vient de l'ancienne *abbaye* de St-Germain des Prés dont l'église actuelle n'était qu'une dépendance.

Acacias (rue des) : A Neuilly se trouvent non-seulement une rue mais un passage et une impasse qui portent ce nom. Aussi, nulle part ailleurs aux environs de Paris, ces beaux arbres, importés d'Afrique, ne se voient en plus grand nombre. A l'époque de la floraison, tout chargés et constellés de ces longues grappes blanches qui répandent dans l'air un parfum délicieux, ils offrent à l'œil un ravissant spectacle. Aux premiers rayons du soleil et par une belle matinée, se promener dans les allées des Sablons est un plaisir que, je ne dis pas le citadin, mais l'habitant des villas d'alentour n'apprécie pas autant qu'il le devrait.

Il y a une rue des *Acacias* à Montmartre et un passage de ce nom à Vaugirard.

Adam, (rue) : Adam Billaut, dit maître Adam, le poète menuisier de Nevers, mort en 1662. « Maître Adam, dit Feller, était contemporain de Malherbe ; mais loin de vivre comme lui dans le monde lettré ou au milieu de la cour, un travail pénible et grossier prenait tous ses instants. Néanmoins dans ses beaux morceaux, dans ceux où il est poète par le cœur, Maître Adam est peut-être plus correct que Malherbe et l'inspiration lui révèle tout à coup des secrets d'harmonie qu'une étude laborieuse apprenait lentement au rival de Ronsard. »

La première édition des poésies d'Adam Billaut parut en 1644 : En tête du volume se lisait un sonnet à la louange du poète menuisier et signé de ce grand nom : Pierre Corneille. Citons seulement les deux tercets :

Nous savons, dirent-ils [1], le pouvoir d'un métier ;
Il sera fameux poète et fameux menuisier,
Afin qu'un peu de bien suive beaucoup d'estime.

A ce nouveau parti l'âme les prit au mot,
Et, s'assurant bien plus au rabot qu'à la rime,
Elle entra dans le corps de maître Adam Billaut.

Affre (rue): Un monument, dans l'église Notre-Dame, a été élevé à la mémoire de ce prélat dont l'histoire comme la poésie se sont plu à glorifier l'héroïque dévouement, lors des journées de juin 1848. Est-il besoin de rappeler que, victime ou plutôt martyr de son zèle, il tomba mortellement atteint d'une balle en franchissant une barricade, alors que, pour mettre fin à la guerre civile, il portait des paroles de paix aux insurgés du faubourg St-Antoine? *Le bon Pasteur donne sa vie pour ses brebis !* Cette sainte parole du divin Maître s'applique admirablement au disciple, Denis Auguste Affre.

Aguesseau (rue d') : François d'Aguesseau, chancelier

[1] Apollon et Orphée.

de France, né à Limoges en 1668, mort en 1751. Cet illustre magistrat se distinguait par la fermeté du caractère, la gravité des mœurs, la haute intelligence unie à une science profonde. Sa vertu toutefois n'était pas exempte de quelque alliage, et d'après son dernier historien, M. Marc Monnier, ce chrétien des anciens jours ne savait pas assez se défendre des préjugés de son Ordre et de certaines tendances gallicanes, jansénistes (etc).

Aiguillerie (rue de l'): Ce nom lui vient des marchands d'aiguilles qui y demeuraient. Lebœuf et Robert ont cru reconnaître dans cette rue celle que Guillot appelle: *Rue à petits souliers de Bazenne.*

Alembert (rue d') : .... « M. d'Alembert, écrivait » Ducis, qui a vécu si agité et si tourmenté, repose » maintenant peut-être à côté de quelque porteur d'eau » qui a supporté sa condition avec patience et par carac- » tère était cent fois plus philosophe que ui. »

On connaît les vers de Gilbert :

Et ce froid d'Alembert, chancelier du Parnasse,
Qui se croit un grand homme et fit une préface.

Alain Chartier (rue) : Le poète Alain Chartier, né en 1386, mourut en 1458 ; il ne faut pas le confondre avec Jean Chartier auteur d'une *Histoire de Charles VII*, écrite un peu trop sans doute sur le ton du panégyrique, mais qui d'ailleurs offre des détails intéressants. Le défaut de critique est compensé, dans une certaine mesure, par le charme de la narration, les agréments du style et des portraits bien touchés.

Aligre (rue d') : Etienne d'Aligre (1560-1635) fut chancelier de France aussi bien que son fils né en 1592 et mort en 1677. Le dernier descendant de cette famille, le marquis d'Aligre, né en 1770, mort en 1847, en laissant une immense fortune, dut aux millions qu'il avait su acquérir, dans ce siècle positif, une sorte de célébrité. Mais qui maintenant songe à ce défunt Crésus, non pas même peut-être ceux qui jouissent de ses trésors ?

Ambroise Paré (rue) : Né en 1517, mort en 1590, ce célèbre praticien, dont le zèle égalait la science, et qui fut cher au roi Henri II comme à ses trois fils, doit être regardé comme le Père de la chirurgie en France. Il a laissé de nombreux écrits qui prouvent que chez lui la théorie savante se déduisait de l'expérimentation et de la pratique.

Amélie (rue) : Cette rue n'est point très ancienne. Elle s'appelait autrefois *Rue Projetée*, nom qu'en 1824, par suite d'une décision du ministre de l'intérieur, elle échangea contre celui qu'elle porte actuellement en souvenir de Mlle Amélie, fille de M. Pihan de la Forest, l'un des principaux propriétaires riverains. Cette jeune personne, morte à l'âge de 15 ans, avait été, dans sa courte existence, un modèle accompli des plus touchantes vertus.

> Et rose, elle a vécu ce que vivent les roses !

Mais n'était-ce pas plutôt un lys, et le plus beau de tous, que cette céleste enfant, cette sœur des anges, à qui sa robe d'innocence servit de linceul et qui laissait après elle un tel parfum de piété et de sainteté ?

Amelot (rue) : Amelot, ministre du roi Louis XVI, est mort dans la prison du Luxembourg en 1794. Est-ce lui qui a donné son nom à la rue et non pas plutôt cet Amelot dont La Bruyère nous a laissé le portrait et qui demeurait rue Vieille du Temple : « Un bourgeois (Amelot) aime les bâtiments ; il se fait bâtir un hôtel si beau, si riche et si orné qu'il est inhabitable : le maître honteux de s'y loger, ne pouvant peut-être se résoudre à le louer à un prince ou à un homme d'affaires, se retire au galetas où il achève sa vie pendant que l'enfilade et les planchers de rapport sont en proie aux Anglais et aux Allemands qui voyagent et qui viennent là du Palais-Royal, du palais Lesdiguières et du Luxembourg. On heurte sans fin à cette belle porte : tous demandent à voir la maison et personne à voir Monsieur.»

Anglais (rue des) :

> Et parmi la rue aux *Anglais*
> Vins à grand feste et à grand glais (bruit)[1].

Ce nom lui vient, selon toute apparence, du long séjour que les Anglais firent en France, au temps de Charles VI et de Charles VII (1415 à 1450). De là, suivant les vieux auteurs, le proverbe : « *Il y a des Anglais dans cette rue,* pour dire : je dois de l'argent à quelqu'un de ceux qui y demeurent, je n'y veux pas passer. » « Car enfin, ajoute Sauval, l'église de Notre-Dame, ni la Bastille et quelques autres édifices semblables ne sont point d'eux ; ils n'ont rien fait ici ni par toute la France,

[1] *Le dit. des Rues de Paris.*

qu'entasser ruines sur ruines. J'en excepte le duc de Bedfort, car celui-là prenait plaisir à agrandir ses palais et à les rendre plus logeables; pour les autres, ils n'ont eu autre soin que de s'enrichir de la dépouille des Parisiens. »

L'opinion de Sauval, quant à l'origine de cette rue, adoptée par le plus grand nombre des auteurs et qui a pour elle la vraisemblance, est néanmoins contredite par le savant Jaillot : « Cette opinion, dit-il, ne me paraît pas admissible, la rue des Anglais étant ainsi nommée plus de deux siècles avant le règne de Charles VI. N'est-il pas plus vraisemblable d'en attribuer l'origine aux Anglais que la célébrité de notre Université engagea de venir s'instruire à Paris, et dont le nombre était si grand dès les commencements qu'ils formèrent une des quatre Nations qui composaient ce corps, à laquelle on a depuis donné le nom de Nation d'*Allemagne*, au lieu de celui d'Angleterre qu'elle portait auparavant et qu'elle n'a gardé que jusque en 1436, époque à laquelle on ne la retrouve plus sur les registres de l'Université [1]. »

Quoiqu'en dise Jaillot, la première opinion me paraît préférable.

Anglade (rue de l') : Nom d'un propriétaire de l'un des terrains sur lequel s'ouvrit la rue.

Sainte-Anne (rue). (Quartier du Palais-Royal): Ce nom lui fut donné en l'honneur d'Anne d'Autriche, femme de Louis XIII « qui, dit un contemporain [2] n'aima point la

[1] Jaillot. — *Recherches sur Paris,* 1772.

[2] Madame de Motteville.

reine autant qu'elle le méritait ; car il courut toute sa vie après des bêtes ou se laissa gouverner par des favoris. »

Quel séduisant portrait cependant l'historien, qui peint d'après nature, nous fait de la princesse ! « Grande et bien faite, elle a une mine douce qui ne manque jamais d'inspirer l'amour et le respect... Ses yeux sont parfaitement beaux, le doux et le grave s'y mêlent agréablement.... Sa bouche est petite et vermeille, et la nature lui a été libérale de toutes les grâces dont elle avait besoin. Par un de ses sourires elle peut acquérir mille cœurs. Ses cheveux sont beaux et leur couleur châtain-clair ; elle en a beaucoup. Ses mains qui ont reçu des louanges de toute l'Europe, qui sont faites pour le plaisir des yeux, pour porter un sceptre et pour être admirées, joignent l'adresse avec une extrême blancheur... Elle n'est pas esclave de la mode, mais elle s'habille bien.

« La nature lui a donné de belles inclinations ; ses sentiments sont tous nobles : elle a l'âme pleine de douceur et de fermeté. Dans sa plus grande jeunesse, elle a donné des marques de dévotion et de charité... Les vertus avec les années se sont fortifiées en elle, et nous la voyons sans relâche prier et donner... La vertu de la reine est solide et sans façon ; elle est modeste sans être choquée de l'innocente gaîté et son exemplaire pureté pourrait servir d'exemple à toutes les femmes. Elle croit facilement le bien et n'écoute pas volontiers le mal... Elle est douce, affable, familière avec tous ceux qui l'approchent et ont l'honneur de la servir. Elle a beaucoup d'esprit et ce qu'elle en a est tout à fait naturel... Il semble que la reine était née pour rendre par son amitié le feu roi le plus heureux mari du monde ; et certainement *il l'aurait été s'il avait voulu l'être.* »

Tant il est vrai, comme dit le Saint Livre *qu'on est toujours puni par où l'on pèche.*

Antin (chaussée d') : Cette rue est relativement récente ; car, au commencement du 17e siècle, ce n'était qu'un chemin tortueux qui, de la porte Gaillon, se dirigeait vers les Porcherons (barrière des Martyrs). On l'appelait indifféremment *chemin de l'Egoût Gaillon*, des *Porcherons*, de la *Chaussée d'Antin.* Le pré des *Porcherons* était pour les roués de la Régence ce que le *Pré aux Clercs* avait été naguère pour ceux du moyen-âge. Par un arrêt du Conseil du 31 juillet 1720, le chemin fut rectifié et élargi ; des maisons s'élevèrent régulièrement de chaque côté, la nouvelle voie prit le nom de rue de l'*Hôtel Dieu*, parce qu'elle conduisait à une ferme de cet hôpital : puis ce nom fut changé en celui de *Chaussée d'Antin* parce que la rue commençait au rempart en face duquel avait été bâti l'hôtel d'Antin.

En 1791, nouveau changement. Mirabeau, le grand orateur de la Révolution, étant mort dans cette rue, à l'hôtel qui porte aujourd'hui le n° 42, l'Assemblée Nationale, sur la proposition de Bailly, décida que la rue s'appellerait désormais rue de *Mirabeau.* Au-dessus de la porte de l'hôtel où le célèbre tribun avait rendu le dernier soupir, on plaça une plaque de marbre noir sur laquelle se lisaient ces vers en lettres dorées :

L'âme de Mirabeau s'exhala dans ces lieux,
Hommes libres, pleurez, tyrans, baissez les yeux.

La mémoire de Mirabeau devenue impopulaire, l'inscription fut enlevée et la rue se nomma du *Mont-Blanc*, en souvenir de la réunion de ce département à la France.

En 1816, elle reprit son appellation monarchique de *Chaussée d'Antin* qui, cette fois, paraît devoir lui rester.

A propos des constructions nouvelles et luxueuses qui s'élevaient dans la Chaussée d'Antin au commencement du XVIIe siècle, je trouve dans un auteur contemporain (1725) une page des plus curieuses et qu'on me saura gré de transcrire : « Tout ce quartier, dit Germain Brice [1], » ainsi que bien d'autres de la ville autrefois négligés et » absolument inhabités, se remplissent de nos jours » d'une quantité extrême de maisons pour lesquelles on » fait des dépenses prodigieuses par le secours des nou- » velles fortunes ; si ces entreprises continuent de la » sorte, la ville de Paris, sans bornes, comme elle a été » jusqu'à présent, s'étendra à l'infini et pourra, dans la » suite des temps, tomber dans le triste inconvénient de » ces fameuses et superbes villes dont l'histoire fait » mention, qui se sont détruites par le luxe immodéré, » et par leur grandeur même, telles que Thèbes, Mem- » phis, Palmyre, Babylone, Héliopolis, Persépolis, Leptis » et Rome même, qui n'est plus à présent qu'un sque- » lette décharné de ce qu'elle était dans sa splendeur, » sans parler de beaucoup d'autres villes fameuses dont » l'histoire fait mention. Si l'on consulte la bonne poli- » tique, on ne doit pas souffrir qu'il se trouve une ville » dans un état qui surpasse autant les autres par sa » grandeur, et par conséquent par sa puissance et par » le nombre de ses habitants. »

[1] *Description de la Ville de Paris* — 4 vol. in-12 — 1725.

Ne dirait-on pas ce paragraphe écrit d'hier ? L'auteur cependant tenait la plume il y a quelque cent quarante ans. Que dirait-il aujourd'hui ?

Saint-Antoine (rue) : Formait autrefois plusieurs voies portant des noms différents : rue de la *Porte Baudoyer*, de l'*Aigle*, et du *Pont Perrin*. Son nom unique lui vient d'une abbaye à laquelle le chemin conduisait. Dans cette rue, près de la première porte ou bastille Saint-Antoine, fut massacré Etienne Marcel, le trop fameux prévôt des marchands, qui voulait livrer Paris au roi de Navarre, Charles-le-Mauvais (1358).

Dans cette rue encore eut lieu le dernier tournoi où Henri II tomba frappé à mort par le tronçon de lance du comte de Montgommery, meurtrier involontaire d'ailleurs (1559).

A l'extrémité de cette voie enfin, sur la place qui porte ce nom, s'élevait la forteresse dite de la *Bastille*, bâtie par Hugues Aubriot, prévôt de Paris, sous le règne de Charles V (1369), et qui, défendue seulement par quelques soldats invalides, fut prise par le peuple, le 14 juillet 1789, puis démolie.

A l'entrée de la rue, on voyait autrefois aussi une Porte triomphale, construite par l'architecte Blondel, qui donna les dessins des portes Saint-Denis et Saint-Martin. Elle fut démolie en 1777 parce qu'elle gênait la circulation.

Arbalète (rue de) : Ce nom vient d'une enseigne.

Arago (rue): François Arago, notre contemporain, célèbre astronome, né en 1786, mort à Paris en 1853, secrétaire perpétuel de l'académie des sciences, directeur de l'Observatoire. Doué d'une rare facilité d'élocution, d'une parole singulièrement lucide, il avait au plus haut degré le talent, en vulgarisateur émérite, de mettre la science à la portée des ignorants. Il a laissé de nombreux ouvrages et en particulier trois volumes de *Notices* écrites avec élégance et avec l'accent de la sincérité. Celle de *Gay-Lussac* en particulier nous a frappé.

Arbre-Sec (rue de l') : A pris son nom d'une enseigne. Suivant quelques auteurs, c'est à l'extrémité de cette rue, à l'endroit où elle fait angle avec la rue saint Honoré et là même où s'élève la Fontaine, qu'eut lieu l'exécution de la reine Brunehilde ou Brunehaut, traînée à la queue d'une cavale indomptée par l'ordre de Clotaire II. «Lors commanda le roi qu'elle fût liée, par les bras et par les cheveux, à la queue d'un jeune cheval qui oncques (jamais) n'eût été dompté, et traînée par tout l'ost (armée). Ainsi comme le roi commanda fut fait ; au premier coup que celui qui était sur le cheval férit des éperons, il le lança si raidement qu'il fit la cervelle voler des deux pieds de derrière. Le corps fut traîné parmi les buissons, par épines, par monts et vallées, tant qu'elle (Brunehaut) fut toute dérompue des membres [1]. »

Jeanne d'Arc (rue et place) : Dans les notes du chant XIe de la traduction de l'*Énéide* par Barthélemy, je trouve sur notre Héroïne une page remarquable et qui emprunte un intérêt particulier au nom de l'auteur. Il est admirable de voir le satirique passionné de la *Villéliade*, de la *Némésis*, des *Journées de la Révolution*, etc., tenir ce langage que nous avons plaisir à reproduire : « La seule grande figure de femme qui *surpasserait* et

[1] *Chroniques de Saint-Denis*, T. 1er.

Clorinde et Camille et toutes les guerrières et amazones des temps fabuleux ou modernes, *la seule digne encore aujourd'hui de monter sur le piédestal épique*, et de donner à notre littérature une illustration qui lui manque, c'est notre Jeanne d'Orléans si guerrière, si sainte, si inspirée, si chevaleresque, si digne du respect de toutes les générations et *si lâchement assassinée* par les Anglais, par Chapelain et par Voltaire. »

Ces lignes sont de celles qui honorent la mémoire de Barthélemy mort récemment et presque oublié après avoir fait tant de bruit naguère.

Argenson (rue d') : Trois personnages de ce nom furent ministres, sous la régence et sous Louis XV.

Argenteuil (rue d') : S'appela ainsi parce qu'elle fut bâtie sur l'ancien chemin qui conduisait au village d'Argenteuil. Le 1er septembre 1684, au n° 18, mourut l'auteur de *Polyeucte*, de *Cinna*, des *Horaces*, etc., le grand Corneille, réduit à une telle détresse que Boileau devait solliciter pour lui un secours du roi. Peu de temps avant qu'il s'alitât, d'après ce qu'on raconte, le poète auquel on devait plus tard élever des statues, descendait péniblement sa rue et s'arrêtait devant l'échoppe d'un savetier pour faire raccommoder sa chaussure, sans doute faute d'une seconde paire qui lui permît de changer. Pourtant M. Th. Gautier a eu tort, dans sa pièce, l'*Anniversaire de Corneille*, où se trouvent d'excellents vers, de dire en terminant :

> Louis, ce vil détail, que le bon goût dédaigne,
> Ce soulier recousu me gâte tout ton règne.

Car le roi, dès qu'il fut instruit par Boileau de la position de Corneille, lui envoya deux cents louis d'or qui furent portés au malade par Besset de la Chapelle, inspecteur des Beaux-Arts.

Beaux-Arts (École des) : Cette École a été élevée sur l'emplacement qu'occupait l'ancien couvent des Petits-Augustins, devenu après la Révolution le Musée des Petits-Augustins. Ce Musée supprimé a fait place à l'École par suite d'un décret du 24 avril 1816. En outre des constructions nouvelles élevées du côté du quai, comme dans les cours intérieures, le Palais s'est enrichi de précieux débris provenant de l'ancien château de Gaillon. Dans le grand Amphithéâtre, dit *Hémicycle*, se voient les remarquables peintures qui sont le plus beau titre de gloire de Paul Delaroche.

Saint-André-des-Arts (rue) : « La rue *St-André-des-Arts*, qui commence au pont *Saint-Michel* et finit à la porte de Bussy, dit Sauval, est une des plus anciennes de l'Université et bien que les vieilles chartes lui donnent quantité de noms, rarement pourtant y lit-on celui qu'elle devrait porter et qu'elle portait originairement. Tantôt c'est la rue *St-Germain des Prés*, parce qu'elle conduit au faubourg St-Germain et à l'abbaye de ce nom ; tantôt c'est la grande rue St-André à cause qu'elle passe devant l'église St-André (aujourd'hui démolie), tantôt c'est la rue *St-André-des-Arts* comme étant placée tout à l'entrée de l'Université [1], où s'enseignent les arts et les sciences. Il y a même des gens qui l'appellent *Saint-André-des-Arcs* parce qu'ils pré-

[1] On appelait l'Université cette partie méridionale de la ville où se trouvaient alors à peu près exclusivement les collèges et les écoles.

tendent qu'elle était habitée par les faiseurs d'arcs avant qu'on eût trouvé la poudre à canon, et qu'à la guerre, au lieu de mousquets, on se servait d'arcs, de flèches et d'arbalètes ; et ce qui les rend doublement opiniâtres là dessus est le nom de quelques rues voisines qui aide à les tromper comme celui de la *Bouclerie* où ils s'imaginent qu'on faisait les boucliers, et tout de même l'autre de la rue des *Sachettes*, mot corrompu, à ce qu'ils disent, des *Sagettes*, à raison que là s'achetaient les flèches.

« Le véritable nom cependant de la rue *Saint-André-des-Arts*, est la rue *St-André-de-Haas*, nom que même on a donné longtemps à la rue de la Huchette qui continuait la rue St-André jusqu'au Petit Châtelet : et c'était celui tant du territoire où sont situées ces deux rues que des vignes mêmes qui le couvrirent jusqu'en 1179 ; car ce fut en ce temps là que Hughues, abbé de Saint-Germain des Prés, donna ce vignoble à bâtir. »

Mais dom Félibien et dom Lobineau, les savants bénédictins, contredisent formellement Sauval et non sans quelque vivacité. « Des gens qui croient deviner plus juste que les autres prétendent que c'est du nom de *Laas* que s'est formé le surnom de *Saint-André-des-Arcs*, qu'il faudrait plutôt appeler selon eux, *Saint-André-de-Laas* ou de *Leas*. Mais ils se trompent dans leur conjecture. Saint Louis, dans une charte de l'an 1261, l'appelle *parochia sancti Andreæ de Arsiciis* (paroisse de Saint-André-des-Arsis). Ainsi, le vrai nom de cette rue doit être des Ars par abrégé des Arsis[1] ». Mais

[1] Histoire de Paris, T. Ier.

sur le sens de ce dernier mot on n'est pas d'accord et Jaillot à son tour combat cette affirmation, d'où forcément il faut conclure que, si l'origine de cette dénomination quant à la première partie (*Saint-André*) n'est point douteuse, on ne peut avoir aucune certitude sur l'origine du mot : *Arts* ou *Arcs*.

Naguère, à l'extrémité de cette rue, on voyait encore « quelques maisons sur pied, reste des siècles passés, dit Germain Brice, entre lesquelles on en distingue une, où sur la porte, on remarque un éléphant en sculpture chargé de sa tour. » C'est là que demeurait le médecin de Louis XI, le fameux Coyetier « lequel, dit Commines, lui était si très rude qu'on ne dirait pas à un valet les outrageantes et dures paroles qu'il lui disait et si (or) le craignait tant le dit seigneur qu'il ne l'eût osé envoyer hors d'avec lui parce que le dit médecin lui disait audacieusement ces mots :

« — Je sais bien qu'un matin vous m'envoyerez » comme vous avez fait d'autres, mais (par un grand » serment qu'il lui jurait) vous ne vivrez pas huit jours après ». Ce mot épouvantait si fort le roi qu'il ne cessait de le flatter et de lui donner, ce qui lui était un grand purgatoire en ce monde. »

Coyetier, riehe des présents de Louis XI, s'était fait bâtir l'hôtel en question. Il avait pris pour devise ou pour symbole « selon l'usage grossier de ce temps-là, » un abricotier dans un écusson penché qu'il avait fait sculpter au-dessus de la porte d'entrée « parce que, dit Germain Brice, le mot était composé de son nom (Coyetier) et d'*abri*, pour faire entendre que Coyetier était à l'abri et en sûreté dans ce lieu de retraite éloigné de la cour. » Il y vécut et mourut en effet tranquillement.

Arras (rue d') : Ce nom vient du collége qui très anciennement se voyait dans la rue.

Arsenal (rue de l') : Les bâtiments qu'occupe aujourd'hui la bibliothèque sont ceux de l'aucien arsenal.

Aubry-le-Boucher (rue) : On l'appelait ainsi dès le XIIIe siècle. Ce nom lui vient paraît-il, d'un boucher nommé Aubry qui y demeurait ; car, outre qu'elle était voisine de la Grande-Boucherie, on la désigne ainsi dans les plus anciens titres. A une certaine époque, le peuple, par corruption ou pour abréger, prononçait : *Briboucher*.

Aubigné (rue d') : Agrippa d'Aubigné, né en 1550, mort en 1630, a laissé des *Mémoires* sur les guerres de religion auxquelles il prit une part active. Il était grand'père de Mme de Maintenon.

Audran (rue) : Gérard Audran, né à Lyon en 1640, mort à Paris en 1703, a laissé un grand nombre de gravures qui sont des chefs-d'œuvre. Maniant avec une rare habileté la pointe et le burin, ayant au plus haut degré l'intelligence du dessin, il savait au besoin faire disparaître les incorrections et les négligences des originaux qu'il reproduisait d'ailleurs avec une rare fidélité. On cite entre ses planches les plus remarquables l'*Enée*, la *Sainte-Agnès*, d'après le Dominiquin, la *Femme adultère, — le Temps — Pyrrhus*, d'après Poussin ; les *Batailles d'Alexandre*, d'après Lebrun, etc. Audran sut mélanger parfois heureusement l'eau forte et le burin. Milézia va jusqu'à dire de cet éminent artiste : « Il n'a point eu d'imitateurs et ne pouvait en avoir ;

pour graver comme Audran, il faudrait être ce maître lui-même. »

Augustins (rue des vieux) : Elle s'appela ainsi parce que ce fut en cet endroit que les religieux Augustins eurent leur premier établissement.

Austerlitz (quai et pont d') : On leur donna ce nom en mémoire de la bataille gagnée, le 2 décembre 1805, par les Français sur les Austro-Russes.

Ave Maria (rue de) : Ce nom fut donné par le roi Louis XI à un couvent de religieuses de la *Tierce-Ordre pénitente et observante de St-François*. Ce couvent sert aujourd'hui de caserne.

Parmi les écrits que nous aurons l'occasion de citer dans notre travail sur les vieilles rues, il s'en trouve de singuliers, et les plus anciens de tous peut-être : ce sont des poèmes descriptifs, si l'on peut appeler du nom de *poèmes* ces litanies peu harmonieuses de vers sur des sujets qu'on ne s'aviserait guère aujourd'hui de mettre en rimes, comme le dit le judicieux abbé Lebœuf. Mais les trouvères du XIIe et du XIIIe siècle, dont la langue rimée était la langue habituelle, trouvaient plaisir à certaines difficultés. Il faut convenir cependant qu'ils ne réussissaient pas toujours à les surmonter, et la sèche nomenclature des *Moustiers de Paris*, de Rutebœuf, par exemple, n'a pas la grâce de quelques-uns de ses autres poèmes. Plus curieux, pour le fond comme pour la forme, me paraît le poème de Guillaume de la Villeneuve, *les Crieries de Paris*, que j'aurai plus d'une fois l'occasion de citer et qui commence ainsi :

Or vous dirai en quelle guise
Et en quelle manière vont
Cil (ceux) qui denrées à vendre ont
Et qui pensent de leur preu (profit) faire,
Qui jà ne finiront de braire (crier).
Parmi Paris jusqu'à la nuit
Ne cuidiez-vous (pensez-vous) qu'il leur (anuit) ennuie
Que jà ne seront à séjour :
Oiez qu'on crie au point du jour :

. . . .

Oisons, pigeons et chair salée,
Chair fraîche moult (beaucoup) bien conraée (parée),
Et de l'allie (sauce à l'ail) à grand planté (abondance),
Et puis après, pois chauds pilés,
Et féves chaudes par delez (auprès),
Aulx et oignons à longue haleine,
Puis après, cresson de fontaine,
Cerfeuil, pourpier tout de venue (tout de même),
Puis après, porète (poirée) menue,

. . . .

J'ai bon fromage de champagne,
Or y a fromage de Brie.

. . . .

Li (les) autres dit autres nouvelles :
Qui vend vieux pots et vieilles pelles ! etc.

Il se trouve aussi parfois des vers bien frappés dans *Le Dit des Rues de Paris*, de Guillot, publié pour la première fois par l'abbé Lebœuf (T. II de son livre), et dont voici le début :

Maint dit a fait de Rois, de Comte,
Guillot de Paris en son conte ;
Les rues de Paris brièment
A mis en rime, oyez comment.

La pièce se termine par ces vers témoignant des bons sentiments de l'auteur encore que tels autres passages soient moins édifiants :

Le doux Seigneur du firmament
Et sa très douce chère Mère .
Nous défende de mort amère.

Quoique assez heureux, ces vers pourtant ne valent pas, pour l'originalité de l'idée et même pour la forme, le début d'un autre poème du même genre, par un anonyme, et publié sous ce titre : *Les Rues de Paris en vers*, dans le savant ouvrage de M. Giraud : *Paris sous le règne de Philippe-le-Bel.*

Aucunes gens m'ont demandé
Pourquoi me suis si empiré.
Ne me vient pas de maladie,
Il me vient de mélancolie.
L'autre jour à Paris alé (allai),
Oncques mais (jamais) n'y avais été.
Avecque moi menai ma femme.
Emprès (près) rue Neuve-Notre-Dame,
La perdis en un carrefour ;
On n'y voit non plus qu'en un four :
D'un côté alla et moi d'autre ;
Oncques puis ne vîmes l'un l'autre.
Or ai-je bien fait mon devoir.
Vous saurez bien si je dis voir (vrai),
Quand vous saurez où je l'ai quise (cherchée),
En quel (quelle) manière et en quel (quelle) guise.

En effet, il n'est aucune rue ni ruellette de la ville que l'époux dolent ne visite et ne nomme ; mais à la parfin, la chose faite en conscience et la dame ne se retrouvant point, non plus que la Creüse d'Enée, notre homme en prend son parti assez vite, ce semble, et sur un ton qui ne témoigne pas d'un chagrin bien profond :

Tant l'ai quise que j'en suis las :
Or, la quière qui voudra,
Jamais mon corps ne la querra.

Ce mari-là n'est pas difficile à consoler du veuvage. J'aime à croire qu'il n'en était pas beaucoup alors sur ce patron.

Maintenant revenons à l'historique des rues.

B

Babille (rue) : Laurent Jean Babille fut échevin de la ville de Paris en 1762 et 1763. Quels services a-t-il rendus qui lui méritèrent un souvenir spécial, on ne nous le dit pas. Peut-être seulement demeurait-il dans cette rue.

Babylone (rue): Elle doit son nom à Bernard de Sainte-Thérèse, évêque de Babylone, qui possédait plusieurs maisons et jardins sur l'emplacement desquels fut construit le séminaire des Missions Etrangères.

Bailleul (rue) : C'était le nom d'un président qui y demeurait.

Baillif (rue): Pour *Baillifre*, nom du surintendant de la musique de Henri IV, qui lui donna des terrains bordant cette voie pour y bâtir.

Balzac (rue de) : De Jean Louis de Balzac (1586-1655)

on a dit qu'il fut l'un des écrivains qui ont le plus contribué à former la langue quoique aujourd'hui on ne lise plus guère ou même pas du tout ses ouvrages. Ce n'est pas lui d'ailleurs qui a donné son nom à la rue, mais notre contemporain, Honoré de Balzac, qui y est mort en 1850, à l'âge de 51 ans, au milieu de sa plus grande vogue comme romancier. On ne peut lui refuser, en dépit de sa fécondité, un talent peu ordinaire. La *Comédie humaine* atteste une puissance singulière de conception et d'observation ; mais cette dernière et précieuse qualité trop souvent se gâte par l'exagération ; comme l'a dit fort bien M. de Pontmartin, Balzac presque toujours vers la fin « se grise avec son sujet », et il ne voit plus ses personnages qu'à travers une lentille qui grossit démesurement leurs traits défectueux surtout. Puis le sens moral trop fréquemment lui fait défaut, et il est peu d'ouvrages de lui qu'on puisse lire sans inconvénient. Rien qui repose, rien qui rassérène dans ces pages si souvent désolantes par l'implacable dissection de l'âme humaine. Cet étrange moraliste (car il avait cette prétention) calomnie la nature humaine même viciée, et à Dieu ne plaise que notre société, encore que malade, soit telle qu'il nous la représente d'habitude. Le monde aristocratique en particulier, qu'il faisait vanité de bien connaître, lui paraît surtout étranger d'après les types qu'il nous en a laissés, et qu'on n'y rencontre, assurément, que par une très-rare exception.

D'après ce que nous venons de dire, faut-il s'étonner que l'Œuvre entier de Balzac ait été condamné par la congrégation de l'Index ?

Barbette (rue) : Elle s'appela ainsi parce qu'elle passait devant un hôtel de ce nom célèbre dans l'histoire de Charles VI et construit par Etienne Barbette, prévôt des marchands sous Philippe-le-Bel. Le duc d'Orléans, frère du roi (Charles VI), sortant de l'hôtel dit le petit Séjour de la Reine qu'habitait Isabeau de Bavière, fut assassiné à la porte Barbette par Jean-sans-Peur et ses mauvais garçons.

Barillerie (rue de la) : Vis-à-vis le Palais. Elle porte déjà ce nom dans un concordat passé en 1280 entre Philippe-le-Hardi et les couvents de Saint-Maur et de Saint-Eloi. Mais Robertus Cenalis, dans sa *Hiérarchie française*, l'appelle la rue de la *Babillerie*, via *locutuleia*, à cause sans doute du parlement voisin où pour plaider il faut parler « ce qui se fait de vive voix » dit assez naïvement Sauval.

Barouillère (rue) : Elle s'appela tour à tour des *Vieilles Tuileries*, *Saint-Michel*, et enfin de la Barouillère. « Je ne sais, dit Jaillot, quand on lui donna ce nom, mais il est certain qu'elle le doit à Nicolas Richard, sieur de la Barouillère, à qui l'abbé de Saint-Germain céda, le 8 octobre 1644, huit arpents à la charge d'y bâtir, et sous la condition que, si l'on perçait des rues sur ce terrain, on leur donnerait le nom d'un saint indiqué, qu'on en ferait mettre la statue au coin de la rue et au dessous les armes de l'abbaye. »

Barrés (rue des) : Cette rue doit son nom aux Carmes qu'on désignait sous le nom de Barrés, en raison de leurs manteaux peints de différentes couleurs et formant des barres.

Beaubourg (rue) : Au commencement du XIe siècle,

de pauvres paysans élevèrent en cet endroit quelques chaumières. L'agrément du site en attira d'autres qui s'y établirent également et le hameau, qui devint un village, s'appela *Beau-Bourg*.

Voilà ce que racontent plusieurs historiens d'après une tradition contestée par Sauval. Suivant lui, cette rue doit son nom à Jean Beaubourg natif de Beau-Bourg, village ou bourg et paroisse de Brie, duquel descendait le président Beaubourg, conseiller d'état souvent chargé par le roi Louis XIII de missions importantes.

Batignolles (rue, place, boulevard des) : Ce nom vient de l'ancien village des Batignolles qui, aussi bien que celui de Monceaux auquel il fut réuni en 1830, ne se composait que de quelques chaumières ou pauvres maisons. « Mais dans le mouvement de translation rapide qu'éprouve la population de Paris du sud-est au nord-ouest, l'humble hameau des Batignolles a acquis une grande importance.... C'est aujourd'hui une ville plus étendue, plus riche, plus peuplée que beaucoup de préfectures. »

Ainsi s'exprimait, en 1861, un des rédacteurs du *Dictionnaire de la Conversation et de la Lecture*. Depuis lors, les Batignolles n'ont fait que s'accroître et ce quartier est à présent l'un des plus populeux de la capitale dont par suite de l'annexion il fait partie.

Battoir (rue du) : Ce nom vient d'une enseigne.

Beaujolais (rue) : Ouverte en 1784, elle fut nommée ainsi en l'honneur du comte de Beaujolais, fils du duc d'Orléans.

Beaumarchais (boulevard) : Caron de Beaumarchais (1732-1799) doit surtout sa célébrité à sa comédie : *Le*

Mariage de Figaro, une œuvre qu'on pourrait qualifier diabolique au point de vue du talent comme de la morale, et si malheureusement autorisée par la royauté, si follement applaudie par l'aristocratie dont elle préparait la chute. Dans cette pièce profondément immorale, mais avec tous les raffinements de l'art le plus savant, rien qui soit respecté, et j'admire que des femmes, des jeunes filles même, fût-ce en s'abritant derrière l'éventail pour cacher leur rougeur, osent assister jusqu'au bout à ce spectacle qui n'est qu'un long scandale. Qu'importe le talent quand on en fait cet indigne usage! Qu'importe la verve, qu'importe l'esprit quand ce rire qui provoque le nôtre n'est que le rire du démon !

Beaurepaire (rue de) : S'appelait ainsi dès le commencement du XIVe siècle (1313). Ce mot, dans le vieux langage, signifie belle demeure, belle retraite, *beau repaire*.

Beautreillis (rue de) : Autrefois rue Girard Becquet. On l'appela rue *Beautreillis* à cause d'une belle treille « ou, pour parler à la façon du temps passé, d'un beau treillis qui faisait une des principales beautés du jardin de l'hôtel royal de Saint-Paul.... Je dirai encore que les treilles ont fait longtemps un des principaux ornements des jardins de nos rois et que, pendant plusieurs siècles, les mûriers, les ormes et les chênes n'ont passé que pour des arbres champêtres et sauvages qui ne devaient paraître et faire ombre que dans les forêts. » (Sauval).

Belle-Chasse (rue de) : Elle doit son nom au clos de Belle-Chasse sur lequel fut bâti le couvent des religieuses du Saint-Sépulcre, vulgairement appelées Religieuses de Belle-Chasse.

La communauté se composait de vingt religieuses

seulement qui suivaient la règle de saint Augustin. On les avait nommées d'abord les Filles à Barbier à cause d'un fameux traitant (financier) qui leur avait donné une partie du vaste espace qu'elles occupaient.

Bellefond (rue de) : Elle dut son nom à Mme de Bellefond, abbesse de Montmartre.

Saint-Benoît (rue) : Se nomma ainsi parce qu'elle s'étendait le long du jardin des religieux de Saint-Germain des Prés qui suivaient la règle de saint Benoît. « Il n'y a pas plus de vingt ans, dit Sauval, qu'elle s'appelait la rue des *Égouts*, parce que, jusqu'à ce temps-là, elle a été coupée en deux et empuantie par un égout découvert qui maintenant passe sous le pavé, ce qui est cause qu'on la nomme quelquefois la rue de l'Egout couvert. »

Bergère (rue) : Dans la table des rues de Valleyre, elle est appelée du Berger dont on a fait rue *Bergère*.

Berryer (cité) : Antoine Pierre Berryer, né en 1788, mort en 1869, comptait au premier rang de nos orateurs politiques. Un discours de Berryer à la Chambre s'annonçait comme un évènement et les huissiers se trouvaient fort empêchés à l'ouverture des portes par l'empressement des amateurs, curieux et curieuses. Mais les triomphes de Berryer au Palais-Bourbon s'alternaient (chose rare et qui semble l'exception) avec ses succès au barreau. Dans les dramatiques procès de cours d'assises surtout, il avait peu d'égaux parmi ses confrères qu'il a fait pleurer plus d'une fois, et aussi les jurés et les juges, sans compter les bons gendarmes. On comprend dès lors l'influence toute puissante de cette parole émue, passionnée, ardente, de ce geste pathétique, sur la partie féminine de l'auditoire bientôt tout entier noyé dans les larmes.

Dans notre volume : *Je Politique*, se trouve une *Étude* développée sur *Berryer* que nous avons eu maintes fois, comme journaliste, l'occasion d'entendre dans nos assemblées politiques. Du reste, il fallait l'entendre plutôt que le lire, car l'originalité de la forme manquait un peu à sa phrase trop facilement faite, alors qu'elle n'était plus soutenue par l'accent fiévreux de la voix et la fougue du geste.

Bertin Porée (rue) : Elle portait ce nom dès l'année 1240, et le tenait d'un bourgeois qui y demeurait.

Bétizy (rue de) : a pris ce nom de Jacques Bétizy, avocat au Parlement. Ce fut dans la deuxième maison à gauche, en entrant par la rue de la Monnaie, que l'amiral de Coligny fut assassiné, dans la nuit de la Saint-Barthélemy, (1572), par les séides du duc de Guise, dit le Balafré. Deux des meurtriers, Le Besme et Pétrucci, après avoir percé de coups l'amiral, jetèrent le cadavre dans la cour où le duc de Guise, pour le reconnaître, essuya avec son mouchoir le sang qui couvrait le visage, et sûr que sa victime n'avait pu lui échapper, il dit : « C'est bien commencé, allons continuer. »

Faut-il croire au fait suivant rapporté par Pierre Mathieu? « Il affirme avoir entendu raconter plusieurs fois à Henri IV que, le soir du 26 août, peu d'heures avant le massacre, jouant aux dés avec le duc de Guise, il parut des gouttes de sang sur la table, et que les ayant fait essuyer, elles reparurent encore, ce qui le frappa au point qu'il quitta le jeu. »

Il existait très anciennement une rue de ce nom, témoin ce distique du *Dit des Rues de Paris :*

> En la rue de *Béthisi*
> Entré, ne fus pas éthisi (malade d'éthisie).

Bibliothèque Nationale. Ce fut en 1721 seulement que les bâtiments de la rue Richelieu furent affectés au service de la Bibliothèque Royale. Les livres se trouvaient en dernier lieu placés dans deux maisons ayant appartenu à Colbert et voisines de son hôtel, rue Vivienne. Mais leur nombre allant toujours en s'augmentant, sur la proposition de l'abbé Bignon, conservateur, le duc d'Orléans donna l'ordre de transporter toutes ces richesses dans le local qu'elles occupent aujourd'hui. Ces vastes bâtiments étaient un démembrement de l'hôtel Mazarin divisé en deux parties par les héritiers.

On sait que Charles V doit être regardé comme le fondateur de la Bibliothèque Royale. La collection d'ouvrages recueillis par lui et placés dans une tour du Louvre, dite Tour de la Librairie, occupait trois étages et comptait 910 volumes, nombre considérable pour le temps. La collection formée par Charles V fut dispersée sous le règne désastreux de Charles VI; ce fut plus tard Louis XI qui recueillit les livres épars dans les diverses maisons royales et dont le nombre s'augmenta vite grâce à la découverte récente de l'Imprimerie. Cette Bibliothèque, d'abord installée à Blois, puis à Fontainebleau et constamment augmentée, ne fut transportée à Paris qu'en juin 1595 par l'ordre de Henri IV. Placée d'abord dans le collége de Clermont, puis dans une maison de la rue de la Harpe, elle comptait, à la mort de Louis XIV (1715), environ 70,000 volumes transférés, comme on l'a dit, dès l'année 1666, rue Vivienne, dans les deux grandes maisons appartenant à Colbert.

Bicêtre (hospice de) : Bicêtre était un château appartenant à la reine Anne d'Autriche. Destiné d'abord aux Enfants-Trouvés, il est devenu un vaste hospice pour la vieillesse en même temps qu'un hôpital pour les aliénés pauvres qu'on y soigne avec sollicitude, et qui, bien entendu, occupent un bâtiment séparé.

Bienfaisance (rue de la) : Elle a pris ce nom en souvenir du docteur Goetz, qui demeurait au n° 13 et était devenu par son zèle et son dévouement la Providence du quartier. Il mourut en 1813.

Bièvre (rue de) : Ainsi appelée de la rivière voisine.

Billaut (rue) : Ci-devant de l'*Oratoire du Roule*, maintenant rue *Jules Favre*.

Blancs-Manteaux (rue des) :

En la rue des Blancs-Mantiaux
Entrai, où je vis maintes piaux
Mettre en conroi [1] et blanche et noire,

lisons-nous dans le *Dit des Rues de Paris*, ce poème très peu poétique mais si curieux de Guillot publié par l'abbé Lebœuf [2]. Cette rue se nommait au XIIIe siècle (vers 1268) de la *Petite Parcheminerie*, quand les religieux de l'ordre des Serviteurs de la Vierge Marie, mère de Jésus, vinrent s'y établir et y bâtirent leur cou-

[1] Pour être corroyées.
[2] Histoire de la ville et du diocèse de Paris, T. II.

vent : « que nous voyons encore à l'un de ses bouts, dit un auteur ancien ; mais le peuple qui, aime la brièveté quand il s'agit de nommer une chose, voyant l'habit blanc de ces religieux, laissa là bien vite cette longue traînée de mots dont était composé leur nom et les appela simplement *Blancs-Manteaux*, et tout de même leur rue des Blancs-Manteaux, » nom qui se trouve dans les actes de l'année 1289.

Blé (Halle au) : Cet édifice, bâti sur l'emplacement de l'ancien hôtel de Soissons, fut commencé en 1763 et terminé en 1767, d'après les dessins de Camus de Mézières. La coupole, construite en 1783 par MM. Legrand et Molina, mais dont la charpente était en bois, fut détruite par un incendie dans l'année 1802. Aussi la remplaça-t-on par une armature en fer et fonte de fer, couverte de planches de cuivre étamé, sous laquelle la marchandise en toute saison se trouve à l'abri. Nulle crainte d'incendie maintenant.

Boïeldieu, (rue) : François-Adrien Boïeldieu, compositeur célèbre, auteur de la *Dame Blanche,* la *Tante Aurore,* le *Calife de Bagdad,* le *Pré aux Clercs,* etc. Né à Rouen le 15 décembre 1775, il est mort à Paris, le 8 octobre 1834. Boïeldieu joignait au génie de l'artiste, les plus nobles qualités du cœur et de l'esprit. En lisant certains traits de sa vie, on serait tenté de croire que c'est à lui que pensait Mme de Bawr quand elle écrivait dans ses *Souvenirs :* « Une remarque que j'ai toujours eu lieu de faire c'est que les personnes que l'on pleure le plus longtemps, quand la mort les a frappées, sont celles *qui étaient bonnes.* Depuis que j'existe j'ai vu mourir bien des gens distingués ; la douleur de leur famille, de leurs amis était vive ; mais le temps produisait sur elle son effet accoutumé, même lorsque ceux dont je parle laissaient après eux une grande célébrité. En un mot j'ai reconnu que l'on peut oublier assez promptement l'homme d'esprit ou l'homme de talent avec lequel on a vécu, mais qu'on n'oublie jamais celui dont mille circonstances de la vie viennent sans cesse nous rappeler la bonté. »

Boissy d'Anglas (rue) : Le comte de Boissy d'Anglas (1756-1826), député à la Convention Nationale qu'il présidait dans la fameuse journée du 1er prairial an III (26 mai 1795) et par la fermeté héroïque de son attitude sauva de l'envahissement des factieux jacobins. Il a suffi de cette noble page dans sa vie pour rendre son nom à jamais célèbre.

Bouloi (rue du) : En 1359, elle est désignée sous le nom de rue aux Bouliers, dite la *Cour Basile*. Au XVe siècle, c'était la rue Baizile. Au XVIe, on la nomme rue des Bouliers, dite la cour Basile. Elle prend ensuite le nom de rue du Bouloi, mot dont l'origine est inconnue.

Bourgogne (rue de) : Louis XIV ordonna, par un arrêt de son conseil du 23 août 1707, que la rue prendrait ce nom en l'honneur de son petit-fils, le duc de Bourgogne, dont la naissance fut accueillie avec de tels transports. « Chacun, dit Choisy, se donnait la liberté d'embrasser le roi. La foule le porta depuis la surintendance où madame la Dauphine accoucha jusqu'à ses appartements; il se laissait embrasser à qui voulait. Le bas peuple paraissait hors de sens ; on faisait des feux de joie, et tous les porteurs de chaises brûlaient familièrement la chaise dorée de leur maîtresse. Ils firent un grand feu dans la cour de la galerie des Princes, et y jetèrent une partie des lambris et des parquets destinés pour la grande galerie. Bontemps, en colère, le vint dire au roi qui se mit à rire et dit : « Qu'on les laisse » faire, nous aurons d'autres parquets. » La joie parut aussi vive à Paris et parut de bien plus longue durée ; les boutiques furent fermées trois jours durant; toutes les rues étaient pleines de tables où les passants étaient conviés et forcés de boire sans payer ; et tel artisan mangea cent écus, dans ces trois jours, qu'il ne gagnait pas dans une année. »

Voici de ce jeune prince, dont la mort prématurée et presque tragique devait tromper tant d'espérances, un remarquable portrait : « Ce prince, dit St-Simon, naquit terrible et sa première jeunesse fit trembler : dur et colère jusqu'aux derniers emportements, et jusque contre les choses inanimées ; impétueux avec fureur ; incapable de souffrir la moindre résistance, même des heures et des éléments, sans entrer en des fougues à faire craindre que tout se rompît dans son corps ; opiniâtre à l'excès, passionné pour toute espèce de volupté. Il n'aimait pas moins le vin, la bonne chère, la chasse avec fureur, la musique avec une sorte de ravissement, et le jeu encore où il ne pouvait supporter d'être vaincu, et où le danger avec lui était extrême ; enfin, livré à toutes les passions et emporté à tous les plaisirs, souvent farouche, naturellement porté à la cruauté, barbare en railleries et à produire les ridicules avec une justesse qui assommait. De la hauteur des cieux, il ne regardait les hommes que comme des atômes avec qui il n'avait aucune ressemblance quels qu'ils fussent. A peine messieurs ses frères lui paraissaient-ils des intermédiaires entre lui et le genre humain, quoiqu'on eut toujours affecté de les élever tous trois ensemble dans une parfaite égalité. »

Il fallait un miracle pour lutter contre un pareil tempérament, arriver à le modifier, à le transformer. Le miracle eut lieu grâce à l'influence religieuse et à des précepteurs tels que Fénelon, Fleury et le duc de Beauvilliers. « De cet abîme sortit un prince affable, doux, humain, modéré, patient, modeste, pénitent et autant et quelquefois au delà de ce que son état pouvait comporter, humble et austère pour soi. »

Le caractère du jeune prince alors peut se résumer dans ces paroles mémorables qu'il prononçait un jour devant Louis XIV à Marly :

« Un roi est fait pour ses sujets et non les sujets pour le roi. »

La mort si cruelle, si soudaine, qui le frappait à la fleur de ses années et le ravissait à l'espoir de la plus belle couronne de la terre, selon l'expression d'un grand pape, le trouva résigné, courageux, admirable. Que de larmes fit couler cette catastrophe dont les plus indifférents furent navrés et consternés ! Fénelon lui ne put jamais s'en consoler et depuis lors il ne fit plus que languir.

Bons Enfants (rue des) : En 1208, alors que s'achevait l'église St-Honoré, un bourgeois de Paris, nommé Ada, et sa femme résolurent de fonder un collége auprès de la nouvelle église. En conséquence, ils firent construire un bâtiment assez grand pour recevoir *treize* étudiants de Paris, mis sous la direction d'un chanoine de St-Honoré. Le collége s'appela d'abord *Hôpital des Pauvres Ecoliers*, pauvres en effet puisque logés seulement, chaque jour, ils devaient aller quêter leur nourriture dans les rues de la capitale comme nous l'apprennent les vers du vieux poëte :

Les Bons Enfants orrez crier
Du pain nes veuil pas oublier.

Mais, grâce à des donations successives importantes, le collége put s'agrandir en même temps que s'améliorait la position des pensionnaires dont le nom de : *les pauvres écoliers* fut changé en celui des *Bons Enfants*, on ne dit pas précisément à quelle occasion.

Bourdonnais, (rue des) : A pris son nom des sires Adam et Guillaume Bourdon.

Bourg l'Abbé (rue de) :

Si m'en allai au Bourg l'abbé,
Où l'on parlait bien d'un abbé.

Le Bourg l'Abbé, ainsi appelé parce qu'il dépendait de l'abbé de St-Martin, existait déjà sous les rois de la seconde race. Il fut enfermé dans Paris sous le règne de Philippe-Auguste, lors de la construction de la nouvelle enceinte, et le principal chemin du Bourg prit, en 1210, le nom de *Bourg l'Abbé*. Les habitants de l'endroit passaient pour peu spirituels quoique d'humeur folâtre, et l'on disait d'eux en façon de proverbe : « Ce sont gens de Bourg l'Abbé, ils ne demandent qu'amour et simplesse. »

Bourse (palais de la) : Un décret impérial du 16 mars 1808 ordonna la construction de l'édifice dont la première pierre fut posée le 24 du même mois. L'architecte Brogniart dirigea les travaux jusqu'à sa mort arrivée en 1813. Il eut pour successeur M. Labarre ; mais par suite du ralentissement des travaux, après les désastres de 1815, le monument ne put être achevé et inauguré que dans l'année 1827.

Boucheries (rue des) : Vis-à-vis du grand Châtelet, avait pris son nom de la Grande-Boucherie qui s'y trouvait, la plus ancienne et longtemps même la seule de la ville ; elle avait été établie en 1153. « Autrefois, dit Germain Brice, elle appartenait à une communauté de bourgeois qui faisaient comme une espèce de petite république entre eux dont le crédit était si grand, sous le règne de Charles VI, qu'il arrivait souvent de grands désordres lorsqu'ils étaient mécontents. »

Boutebrie (rue) : S'appelait vers la fin du XIIIe siècle *Erembourg de Brie*, nom d'un propriétaire riverain. D'*Erembourg de Brie* on a fait *Boutebrie.*

Billettes, (rue des) : Elle devait ce nom aux religieux hospitaliers de Notre-Dame qui portaient sur leurs habits de petits scapulaires, dits *billettes.* Dans certains actes on l'appelle aussi la *rue où Dieu fut bouilli,* la *rue du Dieu bouilli,* voici pour quel motif. La maison, qui fut depuis le couvent, appartenait à un juif riche sans doute. « Ce juif, d'après une tradition ancienne, dit G. Brice, par une impiété exécrable, perça de plusieurs coups de couteau une hostie consacrée et voulut ensuite la brûler ; mais miraculeusement elle lui échappa en s'élevant dans la pièce et fut recueillie par une vieille femme qui entra inopinément chez cet impie et porta l'hostie au curé de St-Jean où depuis elle a été conservée avec beaucoup de vénération. Ce malheureux juif fut brûlé et sa maison confisquée. »

Brantôme (rue) : P. de Bourdeilles, seigneur de Brantôme (1527-1614), gentilhomme gascon, est auteur de nombreux écrits qui se distinguent par le style original et verveux, mais où trop souvent le lecteur honnête regrette le choix du sujet, les épisodes et les détails scabreux de mœurs contemporaines que la liberté ou mieux la crudité du langage gaulois ne met que trop en relief. Ce reproche s'adresse beaucoup moins aux *Vies des grands capitaines français et étrangers* qu'à tel des autres ouvrages de l'auteur dont la lecture vaut celle des pires romans. L'histoire écrite de cette façon n'est qu'un pamphlet ordurier. Il semble pourtant que le Seigneur de Bourdeilles n'en avait pas conscience, et qu'il écrivit ce qu'il voyait ou entendait en toute sûreté de conscience et en s'estimant un parfait chrétien.

Breda (rue de) : Ouverte en 1830 sur les terrains appartenant à M. *Breda*.

Bridaine (rue) : Jacques Bridaine (1701-1767), prédicateur populaire célèbre, dont l'apostolat eut des résultats prodigieux. Ses sermons n'ont pu être recueillis soit parce qu'il prêchait d'abondance et en vrai missionsionnaire, soit à cause de son humilité qui prenait peu souci de conserver à la postérité ces pieux discours. Tout le monde cependant a lu l'exorde de l'un d'eux publié pour la première fois, je crois, par Maury et qui suffirait à la gloire de Bridaine.

Brise-Miche (rue) : La distribution des pains ou miches qu'on faisait, suivant l'usage, aux chanoines de la collégiale St-Merry avait lieu dans cette rue, d'où la dénomination *brise-miche*.

Bout du monde (rue du) : S'appela ainsi, disent les vieux auteurs, à cause d'un méchant rébus de Picardie qui s'y voyait dans une enseigne où l'on avait représenté un *os*, un *bouc*, un *duc* (oiseau), et un *monde* (globe), avec cette inscription au bas : *Au bouc du monde*.

Ce qui prouve qu'on cultivait le calembourg bien avant la venue du fameux M. de Bièvre, et qu'on le faisait alors tout aussi bon ou tout aussi mauvais que lui et ses successeurs.

Braque (rue de) : Elle doit son nom à Arnould de *Braque* qui, en 1348, y fit élever, à ses frais, une chapelle et un hôpital.

Brosse (rue Guy de la) : Médecin de Louis XIII, Guy de la Brosse, savant botaniste, donna au roi le terrain où fut tracé le jardin des Plantes, aujourd'hui si célèbre. Il obtint de Richelieu son patronage bienveillant pour le nouvel établissement dont un édit spécial, du mois de janvier 1626, autorisa la création. Guy de la Brosse, nommé intendant (directeur), ne s'occupa plus que de développer l'établissement pour lequel une maison d'habitation fut construite en même temps que le jardin s'enrichissait des plantes les plus rares. Guy de la Brosse mourut dans un âge très avancé et fut enterré dans la chapelle de la maison.

Broussais (rue) : Ce célèbre médecin, né en 1772, mort à Paris en 1838, avait le tort d'être trop systématique, et ce qui est pire, matérialiste.

Bûcherie (rue de la) : Ainsi nommée à cause du voisinage du *port aux bûches*. L'École de Médecine, s'élevait autrefois dans cette rue où elle fut construite vers 1472. A cette époque les professeurs de la faculté étaient clercs et s'engageaient à garder le célibat.

Buci (rue de) : Elle doit son nom à Simon de Buci qui acheta en 1350 le terrain et la porte St-Germain à laquelle il donna également son nom. Cette porte, reconstruite sans doute, s'élevait autrefois à l'extrémité de la rue St-André-des-Arts aboutissant au carrefour. C'est par là qu'on entrait dans le faubourg St-Germain. En 1673, par suite d'un arrêt spécial, la *porte de Buci* fut démolie parce qu'elle gênait la circulation.

Buffon (rue de) : Georges-Louis Leclerc, comte de Buffon, le célèbre naturaliste, né en 1707, mourut en 1788, à la veille de la Révolution. « Quand on a lu M. de Buffon, on se croit savant. On se croit vertueux, quand on a lu Rousseau. On n'est cependant pour cela ni l'un ni l'autre. » Malgré ce jugement sévère de Joubert, Buffon n'est pas le premier venu et l'on ne peut dire qu'il ait escamoté sa réputation. Il sait peindre, par malheur pour lui plus que pour son modèle, regardant la nature à distance et du fond de son cabinet, il semble peu soucieux de se déranger pour elle. Celle-ci se venge, et ne se montrant à ce cérémonieux qu'en grande parure, elle lui dérobe ses secrets les plus intimes et sa mystérieuse poésie. On dit que l'illustre académicien, au lieu de courir les bois et les prairies, comme Bernardin de St-Pierre, sans nul souci de son costume et des accrocs, ne quittait guère son fauteuil et qu'il écrivait toujours en grande toilette, avec jabot et manchettes de dentelles et l'épée au côté. On s'en aperçoit à sa phrase trop faite, mais qui pourtant a du nombre et de l'ampleur. C'est un écrivain assurément et aussi un savant que Buffon, mais on le voudrait plus homme et surtout plus chrétien, ce qui lui donnerait la clé de bien des énigmes. Son génie manque d'entrailles; ce lumineux foyer lance des rayons, mais sans donner de chaleur. On souhaiterait qu'une si belle intelligence prît davantage conseil du cœur. L'auteur du *Génie du Christianisme* est donc fondé à dire : « Il ne manquerait rien à Buffon s'il avait autant de sensibilité que d'éloquence. Remarque étrange, que nous avons lieu de faire à tous moments, que nous répétons jusqu'à satiété, et dont nous ne saurions trop convaincre le siècle : sans religion, *point de sensibilité*. Buffon surprend par son style, mais rarement il attendrit. Lisez l'admirable article du chien : tous les chiens y sont : le chien chasseur, le chien berger, le chien sauvage, le chien de grand seigneur, le chien petit-maître, etc. Qu'y manque-t-il enfin ? Le chien de l'aveugle. Et c'est celui-là dont se fût d'abord souvenu un chrétien. »

C

Cadran (rue du) : Ainsi nommée à cause d'un grand cadran qui ornait l'une des maisons.

Caire : La rue, la place et le passage du *Caire* ne remontent pas au-delà de ce siècle. Ils furent construits sur l'emplacement du couvent des Filles-Dieu, fondation en faveur des vieilles femmes pauvres et réduites à la mendicité. En 1790, le couvent, dont les religieuses avaient été chassées, fut déclaré propriété nationale, et plus tard démoli.

Caille (rue de la) : La Caille, astronome célèbre, né en 1713, mort en 1762.

Canettes (rue des) : Ce nom vient d'une enseigne.

Capucines (boulevard des) : Ce nom vient de l'ancien couvent des Capucines qui se trouvait dans ce quartier.

Cassette (rue) : Altération du mot Cassel, nom donné à un hôtel qui s'élevait dans cette rue.

Cassini (rue) : Cassini (Jean-Dominique), célèbre astronome, était né à Perinaldo, dans le comté de Nice (8 juin 1625). Il mourut à Paris en 1712.

Caumartin (rue) : Ouverte en 1780. Messire Antoine Louis Lefebvre de Caumartin, chevalier, marquis de Saint-Ange, comte de Moret, seigneur de Caumartin, fut prevôt des marchands de 1778 à 1784.

Calandre(rue de la) : Ce nom vient d'une enseigne qui représentait certaine machine avec laquelle on tabisait, polissait ou *calandrait* les étoffes de soie. « Vers le milieu de la rue en effet, dit Sauval, pend une enseigne à demi-rompue, où cette grande machine est peinte et, pas plus que dans les autres enseignes, il n'y a ni grive ni patte pelue ni alouette. » Car certains auteurs voulaient que la calandre fût le charançon qui ronge le froment, d'autres qu'elle désignât la grive, d'autres encore une grosse alouette. « Tous ces gens-là se sont tourmentés l'esprit bien mal à propos pour vouloir trouver dans leur fantaisie une chose qui se voit et qu'ils pouvaient trouver dans cette rue même. »

Petit-Carreau (rue du). On disait autrefois des *Petits-*

Carreaux. « Il court, dit un ancien auteur, un proverbe des habitants de la rue des Petits-Carreaux dont je ne sais point l'origine :

Les enfants des Petits-Carreaux
Se font pendre comme des veaux.

S'il n'y a de la raison, du moins y a-t-il de la rime ; mais pour moi je pense qu'il a plus de rime que de raison. »

Canivet (rue de) : En vieux langage *canif* ou petit couteau.

Capucines (rue des) : Ce nom vient d'un couvent qui existait autrefois en cet endroit. Les religieuses s'appelaient aussi les *Pauvres Dames* ou Filles de la Passion.

Carmes (rue des) : Elle doit son nom aux religieux Carmes qui vinrent s'y établir, en 1318.

Carnot (rue) : Carnot (L. N. M.), né en 1753, mort en 1823, l'un des hommes célèbres de la Révolution et qui, par l'énergique impulsion donnée à la défense nationale, comme à tous les services militaires, mérita qu'on dît de lui *qu'il avait su organiser la victoire.* Le mot semble devenu banal à force d'avoir été répété, qu'importe s'il est vrai !

Carrousel (place du) : C'était autrefois un terrain vague qui s'étendait entre les anciens murs de Paris et le palais des Tuileries. On y traça, en 1600, un jardin qui plus tard s'appela *Jardin de Mademoiselle* parce que Mademoiselle de Montpensier habitait le palais des Tuileries et possédait ce jardin détruit en 1655. Louis XIV choisit cet emplacement pour les grandes fêtes qu'il voulut donner les 5 et 6 juin 1662, et qui se composèrent surtout de courses et du fameux *carrousel* où figuraient le roi, les princes et tous les grands seigneurs de la cour. Depuis lors, l'endroit s'appela place du *Carrousel.*

Cerisaie (rue de la) : Au commencement du XVIe siècle, s'élevait, à la place des maisons qui forment cette rue, une superbe allée de cerisiers, ravissante à voir dans la saison des fleurs comme dans celle des fruits. Mais un beau jour, à la grande désolation des écoliers et des moineaux, les cerisiers furent abattus et remplacés par des maisons, quelques-unes grandes et belles ; car c'est dans cette rue que se trouve l'hôtel de Philibert Delorme, le célèbre architecte, et construit par lui-même. Avant la Révolution, on y voyait aussi l'hôtel de Lesdiguières, bâti pour le financier Zamet.

« En 1742, dit M. Lazare, ses magnifiques jardins ne contenaient plus qu'un seul monument, c'était le tombeau d'une chatte qui avait appartenu à Françoise Marguerite de Gondy, veuve d'Emmanuel de Lesdiguières, duc de Créquy. On y lisait une épitaphe dont le tour élégant révèle un égoïsme bien naïf :

Ci-gît une chatte jolie,
Sa maîtresse, qui n'aima rien,
L'aima jusqu'à la folie.
Pourquoi le dire ? On le voit bien.

Champ-de-Mars. Jusqu'en 1770, ce terrain fut occupé par les cultures des maraîchers. A cette époque, toutes les plantations furent enlevées, et, à leur place, on traça un immense parallélogramme de 1,000 mètres environ sur 500 de largeur qui s'appela le *Champ-de-Mars* parce qu'il servait aux exercices de l'Ecole militaire.

Champs-Elysées. Au commencement du XVIIe siècle, des horticulteurs et des maraîchers occupaient ce quartier maintenant l'un des plus magnifiques, on pourrait dire le plus magnifique de Paris par ses jardins véritablement dignes de leur nom, et ses monuments, ou plutôt ses maisons moins recommandables au point de vue de l'architecture, hélas ! que pour leur air d'aisance et de richesse : le luxe à défaut d'art. En 1616, Marie de Médicis fit planter la promenade dite le *Cours la Reine*, fermée aux deux extrémités par une grille et bordée au nord et au midi par des fossés.

Vers 1670, en même temps qu'avaient lieu de nouvelles plantations on traçait la grande avenue des Champs-Elysées, dans l'axe du palais des Tuileries. Puis deux autres avenues, où s'élevaient de grands et beaux hôtels, furent également ouvertes, partant du faubourg Saint-Honoré pour aboutir aux Champs-Elysées qui devinrent de plus en plus la promenade favorite des Parisiens et qui le seront longtemps encore en dépit des craintes ou des prévisions manifestées par M. Louis Lazare. La transformation récente des Champs-Elysées, naguère arides et poudreux , en un véritable Eden, peut rassurer sur l'avenir et l'on n'a plus à redouter que les rues et les maisons envahissent les terrains où s'épanouissent ces magnifiques corbeilles de fleurs, où verdoient tant de beaux gazons, et qu'ornent tant d'arbustes aux espèces variées. Nous espérons même quelque chose de plus, c'est que nos édiles, si prompts aux démolitions, comprendront la nécessité de mettre le marteau dans cet énorme tas de moëllons qui s'appelle le *Palais de l'Industrie*, une lourde bâtisse, aussi déplaisante à voir que peu utile et qui pourrait être avantageusement remplacée par des eaux jaillissantes, des statues, des arbres et des parterres. On trouverait sans peine un local plus favorable pour les expositions de peinture et de sculpture; car dans celui-ci au moindre froid on gêle ; et dans la belle saison au contraire, par le manque de ventilation, sous la toiture en verre, la chaleur devient vite intolérable et fait d'une visite au *Salon* un supplice plutôt qu'un plaisir.

Champollion (rue) : J. F. Champollion, né à Figeac (1791) mort à Paris en 1831, est devenu célèbre par ses travaux sur l'Egypte ancienne et en particulier sur la langue des hiéroglyphes qu'il paraît avoir déchiffrée.

Championnet (rue) : Jean Etienne Championnet (1762-1800) commandant en chef de l'armée d'Italie fit, en 1798, la conquête du royaume de Naples.

Charonne (rue de) : Nom d'un village auquel la voie conduisait.

Châteaudun, (rue) : Ce nom a remplacé la désignation précédente : rue du *Cardinal Fesch*. Il n'est pas besoin de rappeler la résistance héroïque de cette toute petite ville lors de la grande invasion prussienne (8 octobre 1870).

Croix des petits Champs (rue) : La construction d'une partie de cette voie publique remonte au règne de Philippe-Auguste. Elle fut ouverte sur un terrain qui consistait en jardins, ou *petits champs* dont elle a tiré une partie de son nom. Une *croix*, placée à côté de la seconde maison après la rue du Pélican, a complété la dénomination.

Chanoinesse (rue) : A pris son nom des chanoines qui l'habitaient. On l'appelait aussi *Cloître-Notre-Dame*.

Sainte-Chapelle. Ce monument auquel une restauration intelligente a rendu toute sa beauté, fut élevé par les ordres de saint Louis qui le destinait à renfermer les précieuses Reliques acquises par lui des Vénitiens et de l'empereur de Constantinople. « Un célèbre architecte de ce temps, nommé Eudes de Montreuil, fut chargé de la construction de la nouvelle chapelle. Il y fit preuve d'une grande habileté, et y déploya tout le luxe d'ornements, toute la légèreté de construction que l'architecture gothique avait empruntée des Arabes et qui en faisait alors le caractère. Ce monument est travaillé avec toute la délicatesse d'une châsse en orfèvrerie ; et après six cents ans, c'est encore un des édifices les plus curieux et les plus élégants de Paris.

« .... Les vitraux qui existent encore sont un monument précieux de ce qu'était la peinture sur verre au XIIIe siècle.... Dès le sixième d'ailleurs, il est question de vitres peintes dans les chroniques. Celles de la Sainte-Chapelle sont remarquables par leur hauteur, la variété et la vivacité de leurs teintes. L'ordonnance des tableaux qu'elles représentent est bizarre, leur fabrication plate et sans effet ; le dessin des figures, tracé sur un fond uni, est accompagné seulement de quelques hachures afin de donner un peu de relief au sujet et ce dessin est tout à fait barbare ; mais cette vivacité éblouissante de couleurs, que tant de siècles n'ont pu altérer, fait encore l'étonnement et l'admiration des connaisseurs. » (SAINT-VICTOR).

Le zèle religieux de saint Louis n'éclata pas seulement dans l'érection de ce beau monument, tous les ans, le jour du Vendredi-Saint, il se rendait en grand appareil à la sainte Chapelle ; et là, revêtu de ses habits royaux, il exposait lui-même les monuments de la Passion à la vénération du peuple, exemple suivi par plusieurs de ses successeurs. « Il semble, dit Saint-Victor, que le président Hénault n'ait point assez senti tout ce qu'il y avait d'admirable dans ce pieux et grand roi. Il l'admire sans doute lorsqu'il le voit réduisant les rebelles, combattant les ennemis de son royaume, rendant à ses peuples une justice exacte et vigilante, etc. ; mais cet historien, abusant d'un mot employé par le père Daniel, le trouve *singulier* lorsqu'il le voit dans son intérieur donnant à la prière le temps qu'il pouvait dérober aux affaires, témoignant une entière déférence à sa mère, une douceur paternelle à ses domestiques. Peu s'en faut qu'il ne le présente alors comme tombé dans un état d'imbécillité. « Dans ces moments, dit-il, ses domes- » tiques devenaient ses maîtres, sa mère lui comman- » dait, et les pratiques de la dévotion la plus simple » remplissaient ses journées. » Ce qui semble petit au président Hénault à nos yeux est sublime ; et comme d'après son propre aveu, les vertus solides et la noble fermeté qui composaient le caractère de saint Louis *ne se sont jamais démenties*, ce mélange touchant de grandeur et d'humilité nous offre un être presque au-dessus de l'humanité, un héros tel que le paganisme n'en pouvait produire, le véritable héros chrétien. »

Chardonnet ou *Chardonneret* (rue *St-Nicolas* du) : S'appelle ainsi à cause de l'église St-Nicolas bâtie à l'une de ses extrémités ; « puis d'un certain terroir en friche, dit Sauval, voisin de l'église et tout rempli de chardons qui couvraient un grand espace de ce quartier là. Si le peuple dit la rue du *Chardonneret* et non du *Chardonnet*, c'est que le petit oiseau qui porte ce nom lui est plus connu que celui de *chardonnet.* « Dans le *Dit des Rues de Paris*, on lit ces deux vers :

En la rue de *Saint-Nicolas*
Du Chardonnet ne fus pas las.

Charlot (rue) : C'est le nom d'un riche financier qui, vers le milieu du XVIIe siècle, y possédait plusieurs belles maisons. Charlot, pauvre paysan du Languedoc, venu à Paris en veste et sabot, put, au bout de quelques années, se rendre adjudicataire des gabelles et de cinq grosses fermes et fit une grosse fortune.

Châtelet (place du) : « La justice ordinaire de la ville de Paris, dit un auteur ancien, est le Châtelet. Elle s'exerce sous le nom du Prévôt de Paris. Tous les jugements qui se rendent au Châtelet et tous les actes des notaires sont intitulés en son nom. »

Chat qui pêche (rue du) : Ce nom vient d'une enseigne.

Chauchat (rue) : Chauchat (Jacques) avocat au parlement, conseiller d'Etat, fut élu échevin le 17 août 1778.

Chénier (rue) : André Chénier bien plus que son frère Marie-Joseph a donné son nom à cette rue.

Sur des pensers nouveaux faisons des vers antiques,

a dit ce poète dont quelques pièces, l'*Aveugle*, la *Liberté*, le *Jeune Malade*, etc., sont d'admirables chefs-d'œuvre qu'on ne peut trop louer pour l'exquise pureté de la forme. On regrette que, dans les *Idylles*, et surtout les *Elégies*, cette belle langue devienne le plus souvent celle de la passion, et d'une passion qui parle aux sens bien plus qu'à l'âme. Le poète semble traduire Catulle et Properce plus encore que Théocrite et Virgile.

On sait qu'André Chénier, né à Constantinople (1762), périt à Paris sur l'échafaud l'avant-veille du 9 thermidor, et qu'il fut l'une des dernières et illustres victimes de la Terreur dont il avait flétri les coryphées, « ces bourreaux barbouilleurs de lois », dans des iambes immortels.

Cherche-Midi (rue du) : Autrefois des *Vieilles Tuileries*, puis *chasse-midi* et enfin *cherche-midi* « qui était le nom d'une enseigne que je pense y avoir vue, dit Sauval, où se voyait peint un cadran et des gens qui cherchaient midi à quatorze heures. Ce nom, tout corrompu et faux qu'il est, plaît si fort à ceux du faubourg St-Germain, où cette rue est située, qu'ils l'ont transporté aux filles de la congrégation de Notre-Dame qui y ont un monastère.... L'enseigne après a semblé si belle qu'elle a été gravée et mise à des almanachs tant de fois qu'on ne voyait autre chose : et même on en a fait un proverbe : *Il cherche midi à quatorze heures ;* c'est un chercheur de midi à quatorze heures, dit-on en parlant de gens qui cherchent à reprendre quelque chose mal à propos où il n'y a rien à reprendre, ou qui s'embarrassent pour des choses qu'ils ne sauraient avoir. »

Chérubini (rue) : Chérubini, compositeur de musique célèbre surtout par sa belle *Messe* et son grand *Requiem* (1760-1842).

Chevalier du Guet, (rue du) : Ce nom vient d'une maison que le roi avait acquise pour loger le chevalier ou commandant du guet (garde de Paris alors). La compagnie du chevalier du guet se composait d'un capitaine, quatre lieutenants, un guidon, huit exempts, cinquante archers à cheval, un enseigne, huit sergents de commandement et cent hommes de pied, ayant tous des provisions du roi à la nomination du capitaine, deux greffiers contrôleurs, un payeur de solde.

Ces archers étaient habillés de bleu avec des bandoulières semées d'étoiles d'argent et de fleurs de lys d'or, bordées d'un galon or et argent.

Les huit sergents portaient des justes-au-corps galonnés d'argent et les ceinturons de même sans bandoulières.

Cité (rue de la) : En 1834, on confondit sous cette seule dénomination les trois rues de la *Lanterne*, (nom qui vient d'une enseigne) ; de la *Juiverie*, ainsi nommée parce qu'au XIIe siècle elle était habitée par les juifs ; du *Marché-Palu ;* ce nom venait d'un marché qui s'y tenait de temps immémorial et que le sol boueux et marécageux, qui ne fut que tardivement pavé, avait fait surnommer *palu* de *palus*, marais.

Cléry (rue de) : Ce nom vient de l'hôtel Cléry qui s'y trouvait situé et qui aboutissait sur les fossés de la ville. Pour moi ce nom rappelle celui du pieux serviteur de Louis XVI, et rayonne comme le symbole du dévouement et de l'héroïque fidélité.

Vieux-Colombier (rue du) : Elle doit son nom à un colombier que les religieux de St-Germain des Prés y avaient fait bâtir au XVe siècle. La caserne des Pompiers, qui se voit aujourd'hui vers le milieu de la rue, formait avant la Révolution le couvent ou asile des Orphelins de St-Sulpice ou de la Mère de Dieu, fondé par le vénérable Olier, en 1648, pour les enfants, filles et garçons, de la paroisse qui restaient sans parents.

Cocatrix (rue) :

> En la rue Cocatrix vins,
> Où l'on boit souvent de bons vins,
> Dont maint homme souvent se varie (s'enivre).

Cocatrix était le nom d'une famille bien connue au XIIIe siècle et du fief qui lui appartenait, situé entre la rue St-Pierre-aux-Bœufs et celle des Deux-Ermites.

Colomb Christophe (rue) : Cet illustre Génois à qui la découverte de l'Amérique valut tant de gloire et que l'Espagne, dotée par lui d'un immense empire, récompensa par l'ingratitude, joignait au grand caractère, à l'intelligence supérieure, les vertus d'un saint. Des historiens vont jusqu'à lui attribuer le don des miracles ; l'auteur d'une consciencieuse et intéressante *Histoire de Christophe Colomb* en deux volumes, de date assez récente, M. Roselly de Lorgues est de ceux-là et réclame, pour son héros et le nôtre, les honneurs de la canonisation.

Salle au Comte (rue) : A la fin du XIIIe siècle, dans cette rue s'élevait un hôtel appartenant au comte de Dammartin et qu'on appelait la *Salle du Comte* ou au comte.

Concorde (place de la) : S'appelait *Place Louis XV*, parce qu'elle fut tracée sous le règne de ce prince dont la statue équestre s'élevait au milieu de la place qui s'appela *de la Révolution* à cette époque si triste de nos annales où se dressait en permanence, en face du jardin des Tuileries, l'échafaud sur lequel montèrent tour à tour Louis XVI, Marie-Antoinette, Mme Elisabeth, Malesherbes, Beauharnais, Chénier, Barnave, et tant d'autres illustres victimes auxquelles bientôt d'ailleurs, par un juste jugement de Dieu, succédèrent les bourreaux.

Par suite d'un décret du 26 octobre 1795, la place se nomma de la *Concorde*, désignation qui paraît devoir lui rester définitivement et qu'elle reprit après 1830; car, pendant la Restauration, elle s'appela de nouveau place *Louis XV*.

Au milieu de la place s'élève le grand obélisque rapporté d'Egypte en 1833 et qui s'encadre entre deux fontaines en bronze d'un assez bel aspect. Des autres embellissements de ce vaste pourtour nous n'avons rien à dire; ils nous semblent d'un goût fort contestable, en particulier les maisonnettes servant de piédestaux aux statues, et les ennuyeux dallages en bitume qui ne servent guère qu'aux exercices des amateurs du patin à roulettes. Assurément de frais gazons et des corbeilles de fleurs récréeraient bien mieux la vue.

Condé (rue de) : Elle a pris ce nom lorsque Henri de Bourbon, prince de Condé, vint loger à l'hôtel de Gondy. On connaît les beaux vers de Boileau sur Condé.

Un bruit s'épand qu'Enghien et Condé sont passés ;
Condé, dont le seul nom fait tomber les murailles,
Force les escadrons et gagne les batailles ;

Enghien, de son hymen le seul et digne fruit,
Par lui dès son enfance à la victoire instruit.

Epitre IV. — *Au Roi.*

Coq-Héron (rue du) : L'impasse de ce nom (origine inconnue) devint une rue en 1543, sous le règne de François Ier qui ordonna de démolir l'hôtel de Flandre pour vendre le terrain à des particuliers avec la faculté de bâtir.

Dans cette rue se voient, d'un côté, les bâtiments de la Caisse d'Epargne, et de l'autre, des dépendances de l'Hôtel-des-Postes dont la principale entrée se trouve rue Jean-Jacques Rousseau.

Coquillière (rue) : Elle aurait dû d'abord son nom à Pierre Cocquettier, bourgeois de Paris, qui, en 1292, y possédait une belle maison qu'il vendit à Guy de Dampierre, comte de Flandre. Le peuple changea ce nom en celui de *Coquetière*, à cause des coquetiers ou marchands d'œufs qui passaient par cette voie pour se rendre aux halles ou qui peut-être y tenaient leurs boutiques. Au temps de Clément Marot, elle prit le nom de rue *Coquillart* d'un certain gentilhomme qui avait trois coquilles d'or dans ses armes. Le poète lui fit, après sa mort, cette épitaphe :

La mort est jeu pire qu'aux quilles,
Ni qu'aux échecs, ni qu'au gaillard,
A ce méchant jeu Coquillart
Perdit sa vie et ses coquilles.

On ne dit point à quelle époque la rue prit son nom définitif de : *Coquillière.*

Corbeau (rue du) : Ouverte en 1826 sur un terrain appartenant à M. Corbeau.

Corbineau (rue) : Corbineau (Claude-Louis-Constant-Esprit-Juvenal-Gabriel), né à Laval le 7 mars 1772, s'engagea, dès l'âge de seize ans, dans la compagnie des gendarmes de la reine. Il était général lorsqu'il fut tué à Eylau par un boulet. On cite de lui dans cette bataille un trait non moins curieux qu'admirable.

Il sabrait vigoureusement un corps de Russes lorsque tout à coup l'arme échappe de ses mains.

« Ramasse-moi mon sabre, et rends-le moi ! » cria-t-il au Russe qui se trouvait le plus près de lui.

Stupéfait, le soldat ennemi, qui peut-être ne comprenait pas notre langue mais cédait à l'éloquence du geste et à la fascination du regard, se baisse, ramasse le sabre et le remet à Corbineau et celui-ci continue à charger.

L'Empereur, en apprenant la mort de Corbineau, fut vivement impressionné et il murmura : « Quoi ! réduit à rien par un boulet ! »

Cordonnerie (rue de la) : Son nom lui vint des vendeurs de cuirs et cordonniers qui l'habitaient. Ce n'est que par syncope que ceux qui font et vendent des souliers sont nommés cordonniers, car originairement on les appelait *cordouanniers*, parce que le premier cuir dont les Français se servirent, venant de Cordoue, était appelé *Cordouan*.

Cossonnerie (rue de la) : Est fort ancienne. Au XIIe siècle, on l'appelait *via cochoneria* ou de la cochonnerie. « Il semblerait, dit un vieil auteur, qu'autrefois on y ait tenu le marché aux cochons et celui de la volaille, ou qu'elle ait été longtemps habitée par des charcutiers et des poulaillers, car anciennement *cossonniers* et *cossonnerie* voulaient dire la même chose que *poulaillers* et *poulaillerie*; j'apprends même de quelques vieillards qu'à certains jours de la semaine on y tenait un marché de cochons et de volailles. »

Cours. Le nombre des rues et places qui portaient autrefois ce nom était considérable. La plupart étaient des maisons accompagnées d'une cour comme la *cour des Miracles*, *la cour des Fontaines*, etc.

Coupe-Gorge et *Coupe-Gueule* (rues) : Toutes deux dans le quartier de la Sorbonne ; « elles prirent des noms si étranges, dit Sauval, à cause des brigandages et massacres qui s'y faisaient toutes les nuits », et par ce motif furent fermées de portes et de fait supprimées. Ces dénominations sinistres, très-multipliées dans le vieux Paris, sont, pour le dire en passant, la meilleure preuve qu'il ne faisait pas si bon à vivre à cette époque que le croient et le disent des écrivains érudits et bien intentionnés d'ailleurs, mais aux opinions systématiques et qui volontiers nous représentent ces temps comme un autre âge d'or. Ce n'est point ainsi qu'en jugeaient les contemporains, chroniqueurs et poètes, qui, regardant autour d'eux, ne trouvaient guère qu'à blâmer, mais par une autre exagération, et par suite de cet effet d'optique singulier qui fait que, pour bien voir un tableau, il ne faut être placé ni trop près ni trop loin. Je ne parle point ici des auteurs de *fabliaux* et *contes*, illisibles pour la plupart par tant de passages licencieux qui nous donnent des mœurs du temps une idée assez fâcheuse. Mais des auteurs plus sérieux, des hommes graves, dans leurs histoires et chroniques, semblent trop confirmer par ce qu'ils racontent les dits scandaleux des trouvères. Les poètes satiriques parlent de leur siècle comme parleront du leur plus tard Mathurin, Regnier, Boileau, Gilbert et de nos jours tel moraliste qui, dans ses plus violentes sorties, ne saurait guère aller plus loin que l'honnête Guyot, le poète du XIIIe siècle (1204).

Du siècle puant et horrible
M'estuet (m'émeut) commencer une bible (livre)
Pour poindre et pour aiguillonner
Et pour grand exemple donner.

Suit une longue description des travers et des vices du temps dans laquelle abondent les portraits qui ne sont pas flattés, aussi bien que les tableaux fort peu couleur de rose. Citons quelques passages comme pièces à l'appui.

Le monde nos (nous) ont encombré
D'ort siècle de désespéré ;
Trop est notre loi au-dessous,
Qui bien nos (nous) voudroit juger tous,
Si, comme je sais et comme je crois,
Jà (déjà) n'en eschaperoient trois
Qu'ils ne fussent damnés sans fin.
Où sont li (les) bon, où sont li fin (vrai),
Où sont li (les) sage, où sont li prou (braves) ?
S'il estoient tuit (tous) en un fou (feu),
Jà des Princes, si comme je cuit (pense),
N'y auroit un brûlé ni cuit.

Un poète à qui sa haute position permettait de mieux juger encore et qui, dans ses voyages, avait acquis une longue expérience par la comparaison des divers pays, le Seigneur de Berze (dans la *Bible au Seigneur de Berze*), n'est pas moins sévère que Guyot :

Li (les) uns usent lor (leur) temps en guerre,
Et as (aux) autres taut-on (enlève) leur terre ;
Li (les) uns languist d'infirmité,
Li autres choit en pauvreté.
L'autre est blasmé et en vergogne
Et cil (celui) qui mieux a sa besogne,
C'est cil qui convoite encor plus :
Nul rien de bien je n'y truis (trouve).
Il soloit (avait coutume) estre un temps jadis
Que li siècles estoient jolis
Et pleins d'aucune vaine joie :
Or, n'est solaz (plaisir) que je y voie
En quoi li (les) hom (hommes) se delitoit (délectait),
En faire ce que il cuidoit (pensait)
Qui venist à l'autre à plaisir :
Or (à présent) se delitent en trahir,
Et li uns de l'autre engeignier (tromper) ;
Cil qui mieux sait deschevauchier (renverser)
Son compagnon, cil vaut ores (à présent) miex (mieux).
Convoitise, angoisse et orgueix (orgueil)
Ont si (ainsi) toute joie périe
Qu'elle est par tout le mont (monde) faillie.
. . . .
Le pauvre brait toujours et crie
Qu'il ait avoir et manantie (richesse),
Et le riche meurt de paor (peur)
Qu'il ne la perde chacun jor (jour).
. . . .
Li (le) mariage dont Dieu dist
A quoi le siècle se tenist (tint)
Pour garder ailleurs de péché,
Sont tuit (tout) corrompu et brisé,
Et la foi et la loyauté
Sont changés en faussetė ;

Et li (les) chevaliers, qui devoient
Défendre de cil (ceux) qui roboient
Les menues gens et garder,
Sont or (à présent) plus engrant (ardents) de rober (voler)
Que li autres et plus angoisseus :
Tout tourne et à gas et à geus (risée et jeu)
Quanques (tout ce que) Dieu avait establi.
Des laboureurs je vous di (dis)
Que li un conquiert (prend) volontiers
Sur son compagnon deux quartiers
De terre, s'il peut, en emblant (volant),
Et boute adez (ensuite) la borne avant.
En plusieurs manières sont faux
Et tricheors (tricheurs) li plusieurs d'aux (d'eux) ;
Et li Provoire (prêtre) et li Clergé
Sont plus désirant de péché
Que li autre ne sont assez.
Tout est le siècle bestornez (renversé)
D'ensi (depuis) comme il fut establiz,
Tuit (tous) s'atornent (s'adonnent) mès aux deliz (délits).
. . . .
Molt (beaucoup) eussions fait bel exploit
Si les Ordres (religieux) fussent tenues ;
Mais elles sont si corrompues,
Que petit (peu) en tient nului (aucun) ores (à présent)
Ce qui leur fut commandé lores (autrefois).
. . . .
Ainsi chacune se discorde
De Dieu servir d'aucune rien (façon).
Et Nonnains a-t-il molt de bien
S'elles tenissent (tinssent) chastée (chasteté)
Si comme elle estoit ordenée (ordonnée);
Mais elles ont maisons plusors (plusieurs)
Où l'on pense à de vainz ators (atours),
Plus qu'on ne fait de Dieu servir ;
Toute voie (toutefois) et (est) à souffrir ;
Car s'aucune méprend (agit mal) de rien,
Il y a d'autres qui font bien.

Supposé que de notre temps les gens du monde méritassent les mêmes reproches et un blâme aussi énergique, assurément si l'on parlait de notre Clergé, des prêtres réguliers et séculiers, comme le font Guyot et le Seigneur de Berze, on crierait à la calomnie, et l'on aurait raison. Mais quoi, à toutes les époques, nous voyons moralistes, satiriques, prédicateurs, même ceux de l'esprit le plus large et le plus élevé, faire la leçon aux contemporains, blâmés comme les pires de tous. N'est-ce pas Bossuet qui, en plein XVIIe siècle, dans ce grand XVIIe siècle, illustré par tant de gloires et l'honneur de notre histoire, s'écriait avec un accent, d'amère douleur : « *Eh ! quel siècle fut plus débordé que le nôtre !* »

Croissant (rue du) : Ce nom vient d'une enseigne.

Croix-Rouge (carrefour de la) : Il s'appelait au XVe siècle *Carrefour de la Maladrerie* à cause de plusieurs bâtiments ou granges dans lesquelles on logeait les pauvres malades. Ce nom fut remplacé par la désignation actuelle qui vient d'une *croix peinte en rouge* qu'on voyait au milieu de la place, laquelle, sous la Révolution, s'appela du *Bonnet rouge*.

Cujas (rue) : Cujas (Jacques), célèbre jurisconsulte né à Toulouse en 1520 et mort en 1590, se recommandait par la vertu autant que par la science. Ses Commentaires sur le Droit romain font encore autorité.

Culture Ste-Catherine (rue) : On prononçait *coulture*. Cette rue et plusieurs autres avec elle s'appelèrent de ce nom qui signifie un endroit propre à *être cultivé*. Il y avait jadis à Paris un grand nombre de ces terrains appartenant à des églises, à des abbayes, la culture Saint-Eloi, la culture Saint-Gervais, Saint-Lazare, etc.

Au coin de cette rue *Culture Ste-Catherine,* dans la nuit du 13 au 14 juin 1391, Pierre de Craon tenta par vengeance d'assassiner le connétable de Clisson. Il le laissa pour mort sur la place, mais le connétable n'était que blessé et guérit assez promptement. Les biens de Pierre de Craon furent confisqués, son hôtel démoli et l'emplacement où il s'élevait servit dès lors de cimetière à la paroisse Saint-Jean.

Cuvier (rue) : Georges Cuvier, né en 1769 mourut en 1832. L'illustre naturaliste, qui fut un éminent écrivain, a jeté les bases de cette branche nouvelle de la science qu'on appelle la *Paléontologie,* dont les progrès ont été si rapides. Un des résultats les plus considérables des récentes découvertes géologiques, fruit de patientes investigations, a été de prouver le merveilleux accord de la cosmosgonie de Moïse avec les faits mis en lumière par la science. « Chose admirable, dit Cuvier, les dépôts et les débris fossiles suivent absolument, dans les degrés de leur enfoncement dans le sein de la terre, l'ordre des jours où les substances auxquelles elles ont rapport furent créées d'après le récit de Moïse... Elevé dans toute la science des Egyptiens, Moïse nous a laissé une *Cosmogonie* dont l'exactitude se vérifie chaque jour. Les observations géologiques s'accordent parfaitement avec la *Genèse* sur l'ordre dans lequel ont été successivement créés tous les êtres organisés [1]. »

[1] Cuvier : — *Recherches sur les ossements des quadrupèdes fossiles.*

D

Daguerre (rue) : L. Jacques Daguerre (1788-1851) inventeur du *Diorama*, en 1822, l'est aussi du *Daguerréotype* (1839) réservé à une bien autre fortune grâce aux perfectionnements de la découverte. Le procédé, qui consistait d'abord à fixer les images sur la plaque métallique par la seule action de la lumière, est devenu surtout populaire par la *Photographie* qui, à l'aide du verre dépoli, reproduit l'empreinte sur le papier et tire autant d'épreuves que l'on désire.

L'engouement pour les cartes-portraits et les albums paraît cependant très-refroidi.

C'est une question de savoir si le peintre Daguerre, avec sa découverte qui donne trop aux procédés matériels, n'a pas nui à l'art plus qu'il ne l'a servi. Toppffer assez compétent est pour l'affirmative. J'inclinais, moi-même à cette opinion lorsque j'ai lu, d'un écrivain éminent, une page éloquente qui m'a fait réfléchir et m'a converti, peu s'en faut, à la photographie.

« Voici que, depuis peu de jours, dit le père Gratry dans les *Sources* (2e partie), l'art de fixer l'image de la figure humaine devient si populaire et si facile, que les peintres, aidés du soleil, parcourent dans toute l'Europe jusqu'aux moindres villages, et font si bien que fort souvent ils ne laissent pas dans la contrée une seule figure humaine sans la saisir. Eh bien ! voilà les portraits des ancêtres. Ce qui n'était possible, il y a plusieurs siècles, qu'aux rois et aux seigneurs, sera bientôt réalisé pour tous ; l'usage de ces collections s'étendra ; on mettra les noms et les dates, puis quelques faits saillants : fonctions, honneurs, services, actes de dévouement. Les maires et les curés signeront les portraits, constateront les souvenirs. Voilà les parchemins, voilà les titres de noblesse ! O mon frère qui que vous soyez, devenez fondateur ou bien régénérateur d'une race noble ! Portez avec vigueur à son grand but, qui est la multiplication des justes et des enfants de Dieu, celles des lignées humaines, dont vous êtes un anneau : en cela seul, vous aurez été un bienfaiteur de la patrie et de l'humanité. »

Nous voilà bien loin de Daguerre et de sa plaque !

Davoust (rue) : Davoust (Louis-Nicolas) maréchal de France et prince d'Eckmühl, joignait à de grands talents militaires, prouvés surtout par la victoire d'Auesterdæt, une honorable indépendance de caractère. Né en 1770, il est mort en 1823.

Dauphin (rue du) : Relativement récente, car elle ne date que du XVIIe siècle. Elle s'appelait d'abord St-Vincent ; mais vers 1744, le Dauphin (père de Louis XVI) prit l'habitude de suivre cette rue pour aller entendre la messe à St-Roch. Un matin, pendant qu'il priait, le peuple, à qui ce prince était cher par ses vertus, enleva l'ancienne inscription pour la remplacer par une nouvelle, celle de *rue du Dauphin.*

Dauphine (rue) : Ce nom lui fut donné en l'honneur du Dauphin, depuis Louis XIII (1606).

Dauphine (place) : Fut faite sous le règne de Henri IV, et à cette époque Paris ne comptait comme places publiques que la Grève, les Halles, le parvis Notre-Dame, la place Maubert, celle du Chevalier-du-Guet, de Sainte-Opportune et de la Croix-du-Tiroir.

« Lorsque le projet de bâtir le Pont-Neuf avait été conçu, dit Saint-Victor, on avait coupé l'île de la Gourdaine du côté du grand cours de l'eau, le moulin de la Monnaie avait été détruit, et sur les deux côtés du triangle qui forme ce terrain avaient été construits les deux quais que nous voyons aujourd'hui. Commencés en 1580, puis interrompus, ils furent repris vers le temps où l'on finissait le pont et achevés en 1611. Tout l'espace qui s'étendait depuis l'Eperon jusqu'au jardin du Palais était encore en prairies : « c'était, dit Sauval, » une solitude stérile, déserte et abandonnée qui, tous » les ans, était noyée et cachée sous l'eau. » Henri IV en fit don, en 1607, au premier président de Harlay, à la charge d'y bâtir, suivant les plans et devis qui lui seraient donnés par le grand voyer et sous la condition de quelques redevances. Ce magistrat fit construire d'abord, le long des murs du jardin, une rue de maisons uniformes qui aboutit aux deux quais du grand et du petit cours d'eau et qui fut nommée rue du *Harlay*. Sur le plateau triangulaire qui formait le reste de l'île, on ouvrit une place qui fut environnée de maisons à double corps de logis dont l'un a vue sur la place et l'autre sur les quais. Le plan en fut donné par le roi qui la nomma place *Dauphine*, en mémoire de la naissance de son fils Louis XIII.

Sous la Révolution, la place s'appela *Place* de Thionville, et garda ce nom jusqu'à la Restauration. C'est au milieu de cette place, à l'endroit à peu près où se voit le monument de Desaix, que furent brûlés, sous Philippe IV dit le Bel, Jacques Molay, grand maître des Templiers et le maître de Normandie. L'île dite de la Gourdaine appartenait alors à l'abbaye de St-Germain des Prés et le roi crut devoir écrire aux religieux de l'abbaye que par cette exécution il n'avait aucunement prétendu porter atteinte à leurs droits de propriété. Le fait est assez curieux pour ne pas l'oublier.

David (rue) : Louis David, né en 1748, mort en 1825. Très vraie nous paraît cette réflexion de Raczynski à propos de ce maître : « Dans les *Sabines* de David par exemple, il y a de très grandes beautés. Les enfants dans ce tableau sont dignes du Dominiquin.... Si au lieu de brûler de l'encens sur les autels du paganisme et de la Révolution, il avait élevé son âme aux inspirations chrétiennes, s'il avait été donné à ce cœur de connaître la charité, la piété et le calme religieux, il eut sans doute atteint le sublime de l'art. »

Dans la bouche du critique, ces observations ont plus de portée encore.

Delaroche (rue) : Paul Delaroche, né en 1797, mort en 1856. Lenormant a dit de cet illustre peintre : « Tous les moyens employés par l'artiste sont pour ainsi dire sa création, et par un bonheur sans égal il trouve le secret de s'adresser à tout le monde ; tandis que le peuple, dans le sens véritable et étendu du mot, est séduit et captivé par une réalité saisissante, l'homme de l'art reconnaît un talent original, des ressources étonnantes, et son suffrage, *arraché peut-être*, n'en est que plus sincère et plus profond. »

« ... Après ce que j'ai dit, j'ai peu de chose à ajouter sur son caractère pour faire juger l'homme en même temps que le peintre. On s'arrange mieux aujourd'hui d'épines dorsales plus souples que la sienne : mais il s'inquiétait peu qu'on le trouvât raide pourvu que sa conscience lui dît qu'il était bon. Il était par-dessus tout l'homme du devoir et du travail ; il avait à un degré supérieur le sentiment de la dignité de l'artiste : et ceux qui dépendaient de lui, enfants, élèves et domestiques, savaient seuls qu'il n'y avait pas de bornes à la douceur intime de son caractère.... Il laisse de beaux exemples et n'a donné que de bonnes leçons. »

Casimir Delavigne (rue) : Né en 1793, mort en 1843, Casimir Delavigne a prouvé, (comme Racine avec *Athalie*), par sa tragédie des *Enfants d'Edouard* que, sans une intrigue amoureuse, un drame pouvait offrir l'intérêt le plus soutenu, le plus profond, tenir jusqu'à la fin le spectateur haletant sous le coup de son émotion croissant de scène en scène, et le conduire le cœur serré par l'angoisse, les yeux pleins de larmes, au dénouement des plus pathétiques. La plupart des autres pièces de l'auteur, les *Vêpres siciliennes*, le *Paria*, *Marino Faliero*, etc, ont vieilli, pour la forme comme pour le fond ; la tragédie des *Enfants d'Edouard*, de beaucoup supérieure, vraiment remarquable même, a gardé tout son attrait restée à bon droit au théâtre. Beaucoup de vers sont devenus proverbe, celui-ci par exemple :

Quand ils ont tant d'esprit les enfants vivent peu.

On y regrette seulement quelques hémistiches malveillants à l'adresse du clergé. Delavigne par malheur était imbu de préjugés rétrogrades et voltairiens, qui, dans le *Don Juan d'Autriche*, s'accentuent jusqu'à l'ineptie et au ridicule. Le caractère honorable du poète, qui n'était point un bohème comme tels autres de nos contemporains, rend plus extraordinaire le penchant à ces sottises peu dignes d'un esprit aussi élevé, penchant qui doit tenir à une première et fausse éducation. Mais il dépendait de Casimir Delavigne de s'éclairer par l'expérience, par l'étude, la réflexion aidées de la conscience ; et précisément parce qu'il eut plus de lumières, il semble moins excusable d'avoir persévéré dans ces vulgaires errements.

Les *Messéniennes*, poésies lyriques, qui eurent naguère tant de retentissement et commencèrent la réputation de l'auteur, ne se lisent plus guère.

Saint-Denis (rue) : Est l'une des plus anciennes de Paris. Elle existait comme rue avant la fin du XIe siècle, et avait pris tout naturellement son nom du chemin qui conduisait au village de St-Denis (ancienne Catalocum), où l'on vénérait le tombeau du saint martyr, et de ses compagnons. C'était et ce fut longtemps un pèlenage des plus célèbres.

> La rue à l'abbé de Saint-Denis
> Sied assez près de Saint-Denis [1].

« A deux lieues est l'abbaye laquelle est d'excellent édifice, dit un vieil auteur [2] : là sont les corps de St-Denis et ses compagnons St-Ruth et St-Eleuthère, en grandes riches fiertes (châsses). Si y est une maisoncelle

[1] *Le Dit des Rues.*

[2] Guillebert de Metz.

(petite maison) dessus appelée *tégurion*, toute d'argent, à riches pierres, laquelle fit saint Eloi. Si fut d'abord la couverture de l'église d'argent ; mais puis, pour une grande guerre, fut découverte et fut pour ce baillé à l'église un des saints Clous, une partie de la sainte Couronne, une partie de la Lance, une partie de la sainte Croix, le Suaire de Notre-Seigneur, la destre de saint Siméon, une chemise de Notre-Dame et autres notables reliques. Illec (là) sont moult de riches sépultures de rois et de princes ; là prend le roi l'oriflamme quand il va en guerre ; c'est un gonfanon dont la hampe est dorée et la bannière vermeille à cinq franges où l'on met houppes de vert. »

C'était par la rue St-Denis que les rois et les reines de France faisaient leur entrée solennelle dans Paris. Toutes les rues sur leur passage étaient tendues d'étoffes magnifiques de soie et de drap. Voici ce que Froissard nous raconte à propos de l'entrée dans Paris de la trop fameuse Isabeau, femme de Charles VI : « A la Porte » aux Peintres, rue St-Denis, on voyait un ciel nué et » étoilé très richement, et Dieu par figure séant en sa » majesté, le Père, le Fils et le Saint-Esprit ; et dans ce » ciel petits enfants de chœur chantaient moult douce- » ment en forme d'anges ; et lorsque la reine passa » dans sa litière découverte sous la porte de ce paradis, » deux anges descendirent d'en haut tenant en leur » main une très riche couronne d'or, garnie de pierres » précieuses et la mirent moult doucement sur le chef » de la reine, chantant en vers :

Dame enclose entre fleurs de lys,
Reine êtes-vous de paradis,

De France et de tout pays.
Nous remontons au paradis.

On sait que saint Denis, apôtre des Gaules, qui fut le premier évêque de Paris, souffrit le martyre dans cette ville avec ses compagnons, Rustique, prêtre, et Eleuthère, diacre, et que tous trois eurent la tête tranchée. Les Actes nous apprennent de plus qu'après l'exécution, les corps des saints furent jetés dans la Seine par les bourreaux ; mais une pieuse chrétienne du nom de Catulla, à la faveur des ténèbres et aidée de quelques serviteurs sans doute, put les retirer et les enterrer honorablement non loin du lieu où les confesseurs avaient été décapités. Sur cette tombe vénérée, les fidèles élevèrent une chapelle, comme on l'a dit plus haut, remplacée au cinquième siècle par une église. Puis, lorsque le roi Dagobert fonda la célèbre abbaye de St-Denis, il y fit transporter les précieuses reliques.

Mais à quelle date faut-il placer le martyre de saint Denis? « L'opinion la plus probable, dit Godescard, est qu'il souffrit durant la persécution de Valérien, en 272. » Mais une tradition fort ancienne et respectable autant que vraisemblable, d'après des hagiographes consciencieux, veut que saint Denis, premier évêque de Lutèce, fût celui-là même que saint Paul convertit à Athènes et qui est connu sous le nom de *l'Aréopagite*. Dès le temps des apôtres, et envoyé par eux, il avait porté l'Évangile dans les Gaules ; son martyre remonterait donc au premier siècle de l'ère chrétienne. Il ne nous appartient pas, à nous trop peu versé dans ces matières, de décider à ce sujet ; il nous semble toutefois, en ne consultant que les simples lumières du bon sens, que le triomphe définitif de cette opinion, s'appuyant de preuves sérieuses, ne pourrait qu'ajouter à la gloire de l'église gallicane puisque l'évêché de Paris remonterait ainsi à la plus haute antiquité.

St-Denis (porte) : En 1671, le prévôt des marchands et les échevins décidèrent qu'on érigerait un arc de triomphe en mémoire des glorieux exploits de Louis XIV dans la Flandre et la Franche-Comté. La ville de Paris fit les frais de cette construction. Ils s'élevèrent à 500,122 f. Les sculptures, commencées par Girardon d'après les dessins donnés par François Blondel, furent achevées par Michel Anguier. L'arc de triomphe fut restauré en 1807 par M. Cellerier.

Descartes (rue) : René Descartes, mathématicien et métaphysicien célèbre, né en 1596, mourut en 1650. Il a fait dire de lui : « Tout est tellement plein dans le système de Descartes que la pensée ne peut s'y faire jour et y trouver place. On est toujours tenté de crier comme au parterre : « De l'air ! de l'air ! On étouffe, on est moulu ! » J'en crois plus volontiers ici Joubert que le poëte quand il dit :

Descartes, ce mortel dont on eût fait un Dieu !

Desèze (rue) : Romain ou Raymond, comte Desèze, né à Bordeaux en 1750, mort en 1828, l'un des défenseurs de Louis XVI.

Diamants (rue des cinq) : Ce nom vient d'une enseigne.

St-Dominique St-Germain (rue) : S'appelle ainsi depuis

l'an 1643, que les Jacobins obtinrent la permission de lui donner ce nom au lieu de celui de *Rue aux Vaches*, *Chemin aux Vaches*, qu'elle portait parce que les vaches du faubourg St-Germain passaient par ce sentier pour aller paître au Pré aux Clercs. (Il y a longtemps de cela).

Dragon (rue et cour du) : Ce nom vient d'un *dragon* sculpté au-dessus de l'une des portes de la Cour.

Draperie (rue de la *Vieille*) : Après l'expulsion des Juifs, en 1183, Philippe-Auguste établit dans cette rue des drapiers auxquels il donna 24 maisons moyennant 100 livres de rentes. De là le nom de la draperie qui devint, en 1313, la *Viez Draperie*.

Du Sommerard (rue) : Du Sommerard est le savant antiquaire à qui l'on doit la création du Musée de Cluny, par suite du don qu'il fit à la ville de Paris de sa précieuse collection. Né en 1779, il mourut en 1842.

E

Eblé (rue) : Engagé volontaire dès l'âge de 9 ans comme fils d'un officier, Eblé (Jean-Baptiste) était capitaine au moment de la Révolution qui lui ouvrit une plus large carrière. Général de brigade en septembre 1793, on lui dut une nouvelle et meilleure organisation de l'artillerie. Après avoir fait la plupart de nos grandes campagnes, il fut, lors de la guerre de Russie, nommé commandant en chef des équipages et rendit, en cette qualité, des services inappréciables.

Quand vinrent les désastres de la retraite, Eblé dirigea la construction des ponts qui permirent aux débris de l'armée de franchir la Bérésina et sauvèrent la vie à tant d'infortunés. Le brave général, pour hâter l'exécution du travail, et réparer, au besoin, les accidents, resta trois jours et trois nuits sur la rive du fleuve les pieds dans l'eau et dans la glace. Victime ou plutôt martyr de son dévouement, par suite de la fatigue et du froid, il s'éloigna malade. Quelques jours après, il expirait à Koenisberg au moment où l'Empereur le nommait inspecteur-général et commandant en chef de l'artillerie de l'armée.

Echaudé (rue de l') : On appelle échaudé un îlot de maisons en forme triangulaire qui donne sur trois rues.

Echelle (rue de l') : On nommait échelles autrefois certains lieux d'exécution à cause d'une espèce d'échelle sur laquelle on attachait les coupables.

Ecole, (rue de l') : Voici ce que nous en apprend *Le Dit des Rues de Paris* :

En après est, rue de l'Ecole,
La demeure à dame Nicole;
En cette rue, ce me semble,
Vend-on foin et fouarre (paille).

Le vieux poète Rutebœuf nous a laissé de l'écolier d'alors un portrait pris sur le vif et curieux aujourd'hui encore à reproduire :

Quand il est à Paris venuz
Por faire à quoi il est tenuz
Et por (pour) mener honeste vie,
Si bestorne (renverse) la prophétie.

Gaing de soc et d'arérure (labourage)
Nos convertit en arméure (armure) ;
Por chacune rue regarde
Où voie la belle musarde ;
Partout regarde, partout muse ;
Ses argenz faut (gaspille) et sa robe uze :
Or est tout au recoumancier (recommencer).
Ne fait or bien ce semancier
En carême que l'on doit faire,
Chose qui à Dieu doive plaire.
En lieu de haires haubers vestent,
Et boivent tant qu'ils s'entêtent.

École Polytechnique : Cette Ecole célèbre, fondée, en 1794, sous le titre de : *École centrale des Travaux publics*, parce qu'elle était destinée surtout à former des ingénieurs, prit le nom d'*École Polytechnique* que lui donna la loi du 1er septembre 1795, modifiant son organisation. Les savants les plus illustres de l'époque, Lagrange, Laplace, Berthollet, Fourcroy, Monge, etc., tinrent à honneur d'y professer. Les élèves se réunissaient dans les amphitéâtres du Palais-Bourbon ; mais, après le décret du 16 juillet 1804, qui déclara qu'à l'avenir ils seraient casernés, l'Ecole fut transférée sur la montagne Sainte-Geneviève, dans le local qu'elle occupe aujourd'hui.

L'admission a toujours lieu par voie de concours, et des examinateurs spéciaux en décident. La durée des cours est de deux ans, suivis de nouveaux et rigoureux examens. Les élèves s'ils n'ont pas échoué, en sortant *fruits-secs*, ont le droit de choisir, d'après le rang qu'ils occupent sur la liste dressée par le jury, le service public (ponts-et-chaussées, mines, artillerie, état-major, etc.) dans lequel ils veulent entrer. Aux derniers nécessairement les moins bonnes places : *tardè venientibus ossa.*

Deux-Écus (rue des) : Guillot, en 1300, la nomme des Ecus seulement. C'est là que naquit, il y a pas mal d'années déjà, certain auteur assez de nos amis, et qui, nous l'espérons, n'est point tout à fait indifférent au lecteur. Pas n'est besoin de dire son nom. Avoir son berceau rue des *Deux-Écus*, pour un poète ou un littérateur, cela ne vous semble-t-il pas un présage et un indice assuré de la vocation ?

Elzevir (rue) : Ce nom fut rendu célèbre par plusieurs imprimeurs du XVIe et du XVIIe siècle établis à Amsterdam et à Leyde, et dont les bibliophiles recherchent curieusement aujourd'hui encore les belles éditions comme d'autres amateurs font des tableaux, dessins, sculptures etc.

Enfants-Rouges (rue des) : Ce nom lui vient d'un hôpital qui se trouvait rue *Portefoin* et s'appelait ainsi au XVIe siècle. Par lettres patentes du mois de janvier 1536, François Ier se déclare fondateur de cet hospice spécialement destiné à recevoir les enfants orphelins natifs de Paris. Il est ordonné par les mêmes lettres que ces enfants seront perpétuellement appelés *Enfants-Dieu* et qu'on les vêtira d'étoffe rouge, « pour marquer que c'est la charité qui les fait subsister. » C'est ce qui leur fit donner par le peuple, en dépit de l'ordonnance royale, le nom d'*Enfants-Rouges.*

Enfer (rue d') : Ce n'était au XIIIe siècle qu'un chemin nommé de Vanves et d'Issy parce qu'il conduisait à ces deux villages. On le désigna ensuite sous la dénomination de Vauvert, parce qu'il se dirigeait vers le château de ce nom que remplaça plus tard le couvent des

Chartreux. Cette voie publique prit successivement le nom de *Porte-Gibard*, de rue *Saint-Michel*, et faubourg *Saint-Michel*. Enfin on l'appela rue d'*Enfer* parce qu'elle devint, dit M. L. Lazare, « un lieu de débauches et de voleries, un enfer pour les pauvres bourgeois qui se hasardaient le soir dans ce quartier perdu. »

D'après Sainte-Foix, le château de Vauvert, bâti par le roi Robert, fut abandonné par ses successeurs. « Le hasard voulut que des esprits ou revenants s'avisèrent de s'emparer de ce vieux château. On y entendait des hurlements affreux. On y voyait des spectres traînant des chaînes, et entre autres un monstre vert, avec une grande barbe blanche, moitié homme et moitié serpent, armé d'une grosse massue et qui semblait toujours prêt à s'élancer sur les passants. Que faire d'un pareil château ? Les Chartreux le demandèrent à saint Louis ; il le leur donna avec toutes les appartenances et dépendances. Les *revenants* n'y *revinrent* plus ; le nom d'*Enfer* resta seulement à la rue, en mémoire de tout le tapage que les diables y avaient fait. »

Dans la rue d'Enfer, au n° 74, se trouve, comme on sait, l'hospice des Enfants-Trouvés, dit aujourd'hui des Enfants-Assistés.

Épée de Bois (rue de l') : Ce nom vient d'une enseigne.

Deux-Ermites (rue des) : Ce nom vient également d'une enseigne.

Vieille-Estrapade (rue de la) : Autrefois rue des Fossés Saint-Marcel, nom qu'elle échangea contre celui de l'*Estrapade* parce que c'était l'endroit où s'infligeait ce supplice alors en usage dans l'armée. Voici en quoi il consistait : On soulevait au moyen d'une poulie le condamné jusqu'à une certaine hauteur d'où on le laissait retomber violemment à terre, ce qui lui disloquait les bras d'habitude liés sur la poitrine. Ce supplice barbare, a disparu depuis longtemps du code militaire ; n'eut-il pas mieux valu n'en point perpétuer le souvenir par le nom donné à cette rue ?

Étienne du Mont (église Saint) : Il existait une chapelle de ce nom dès les premières années du XIIIe siècle (1221). Elle fit place plus tard à la basilique actuelle, commencée sous François Ier (1517), mais terminée bien des années après, et remarquable par son jubé, le seul qui se voie à Paris. Le tombeau de sainte Geneviève, resté dans cette église bien que les reliques aient été transportées au Panthéon (Sainte-Geneviève), attire tous les ans un grand concours de pèlerins.

Sur les murailles des inscriptions rappellent que dans cette paroisse reposaient les corps de plusieurs hommes illustres dans les lettres, les sciences et les arts : Eustache Lesueur, B. Pascal, Racine et Tournefort. Des vitraux remarquables qui datent du XVIe siècle, et plusieurs beaux tableaux dont un signé Largillière, ornent l'église.

Étoile (rue et place de l') : Ce nom vient de la disposition de la place où les rues viennent aboutir comme autant de *rayons*. Au milieu du périmètre s'élève l'*Arc de Triomphe* de l'*Étoile*. Un décret du 18 juillet 1806 ordonna la construction de ce monument gigantesque à la gloire des armées françaises. Le premier architecte fut M. Chalgrin auquel succédèrent MM. Goust et Blouet ; le monument, par suite des vicissitudes politiques, n'ayant pu être terminé qu'après bien des années, fut inauguré le 29 juillet 1836. D'un aspect vraiment imposant, l'*Arc de Triomphe* a inspiré à Victor Hugo plusieurs odes qui sont assurément de ses meilleures.

Vieilles-Étuves (rue des) : Une rue des plus anciennes et autrefois des plus curieuses du vieux Paris. « En sortant de la rue du *Chastiau-fêtu*, (nom que portait la partie de la rue Saint-Honoré située entre la rue Tirechape et celle de l'Arbre-Sec), on entrait, dit M. L. Lazare, en tournant à droite, dans la rue des Vieilles-Etuves. Le matin, une heure après l'ouverture des boutiques, on entendait le barbier étuviste qui vous criait :

> Seignor, quar vous allez baingner ;
> Et estuver sans dilayer (tarder) ;
> Li bains sont chaut, c'est sans mentir [1]. »

« En ce moment, de joyeux étudiants, couverts de capes ou de mantes déchirées, entraient dans ces étuves en fredonnant l'acrostiche suivant composé sous le règne de Louis XII pour le blason de la ville de Paris :

> Paisible domaine,
> Amoureux vergier,
> Repos sans dangier,
> Iustice certaine
> S'est Paris entier.

« D'autres clercs s'arrêtaient devant un homme portant un broc d'une main et tenant de l'autre un panier rempli de cornes semblables à celles des moissonneurs. Cet homme chantait à tue-tête :

[1] *Les Crieries de Paris.*

Bon vin à bouche bien espicé.

« Puis des femmes de la Halle, aux larges épaules, aux manches retroussées, criaient de toute la force de leurs poumons :

J'ai chastaignes de Lombardie !
J'ai raisin d'outre mer — raisin !
J'ai porcés et j'ai naviaux (navets),
J'ai pois en cosse tout noviaux !

« Plus loin, on voyait une grosse et joyeuse commère qui portait sur le ventre tout l'attirail d'un restaurateur. Elle arrètait les passants en leur débitant cette petite chanson :

Chaudes oublies renforcies,
Galettes chaudes, échaudés,
Roinsolles (sortes de gaufres), çà denrée aux dez.

« Parfois de jeunes et jolies filles de la campagne venaient offrir les plus belles fleurs et les meilleurs fruits de la saison, en murmurant d'une voix douce :

... Aiglantier,
Verjux de grain à faire allie !
Alies y a d'alisier.

« Souvent on voyait quelques fripiers de la rue Tirechape qui arrêtaient les clercs aux mantes rapées en leur disant :

Cotte et surcot je rafetorie (raccommode).

« Et comme ces écoliers avaient plus de trous aux genoux et aux coudes que de *blancs d'angelots* et de *sous parisis* dans leurs surcots, ils s'esquivaient tout honteux pour se soustraire à l'importunité de ces chevaliers de l'aiguille.

« Telle était, aux XIVe et XVe siècles, la physionomie de la rue des *Vieilles-Etuves.* »

Les bains auxquels elle devait son nom étaient en grand renom dans la ville où, ce dont nous ne nous doutons guère aujourd'hui, « les étuves, Sauval l'affirme, étaient si communes qu'on ne pouvait faire un pas sans en trouver. »

« L'usage des étuves, dit un plus ancien auteur, était aussi commun en France, même parmi le peuple, qu'il l'est et l'a toujours été dans la Grèce et l'Asie. On y allait presque tous les jours : saint Rigobert fit bâtir des bains pour ses chanoines et leur fournissait le bois pour chauffer leur eau. Il paraît que les personnes qu'on priait à dîner ou souper étaient en même temps invitées à se baigner, témoin ce passage de la *Chronique* de Louis XI : « Le mois suivant, le roi soupa à l'hôtel du » sire Denis Hasselin, son panetier, où il fit grande » chère, et y trouva trois beaux bains richement tendus » pour y prendre son plaisir de se baigner ce qu'il ne fit » pas parce qu'il était enrhumé. »

Par malheur ce n'était pas peut-être l'amour seul de la propreté chez nos aïeux qui avait fait se multiplier ainsi les bains; car ces établissements n'étaient pas des mieux famés dans la cité. Le chapitre LXXXIII du *Livre des Métiers*, d'Etienne Boileau, contient relativement aux *Etuveurs* des règlements fort sévères, celui-ci entre autres : « Que nuls ne crient, ne fassent crier leurs » étuves jusques à temps qu'il soit jour. »

Un fait curieux et plus ignoré encore, c'est que le monopole des bains appartenait à la communauté des maîtres barbiers perruquiers. Aussi sur leur enseigne on lisait : « *Céans, on fait le poil proprement et l'on tient bains et estuves.* »

Eugène (Boulevard *du Prince*) : Eugène Beauharnais, fils de l'Impératrice Joséphine, nommé vice-roi d'Italie en 1805 par Napoléon qui même l'avait désigné pour son successeur (et certes il pouvait plus mal choisir), fit preuve de talents militaires autant que d'honnêteté et de patriotisme à l'heure des suprêmes périls. On ne saurait donc que blâmer la décision récente, prise par un pouvoir intérimaire, n'ayant aucune autorité pour cela, et qui d'un trait de plume a substitué, pour le boulevard, au nom du *Prince Eugène* celui de Voltaire. On a fait plus sinon pis, et la statue, une laide effigie de l'insulteur de la Pucelle, a remplacé sur son propre socle, déshonoré et usurpé presque clandestinement, celle du brave soldat, français si loyal. Voilà certes de la réaction et puerile et misérable. N'était-ce pas d'ailleurs assez et trop qu'à Paris une grande voie portât le nom de cet Arouet naturalisé Prussien par l'abjection de ses flatteries envers Frédéric, et pour tout homme de cœur ne reste-t-il point à jamais infâme par le cynisme de son impiété comme par l'absence de tout patriotisme ? Ces vérités nous les avons dites ailleurs, mais on ne saurait trop les répéter quand se reproduisent, avec obstination, les mêmes scandales qui prouvent une aberration si inconcevable.

F

Fagon (rue) : Fagon, médecin de Louis XIV, (1638-1718) n'était point un médecin à la Molière, d'après le témoignage de Boileau.

Ferronnerie (rue de la) : Elle s'appelait ainsi depuis que le roi saint Louis avait permis à de pauvres *férons* d'occuper les places régnant le long des charniers. Aussi, devenue par là trop étroite, cette rue se trouvait constamment obstruée ; Henri II, pour l'élargir et rendre la circulation plus facile, donna l'ordre d'enlever les échoppes des *Ferronniers*, ordre qui ne fut point exécuté, soit par crainte du mécontentement populaire, soit à cause de la mort du roi.

En 1648 seulement, ces chétives boutiques disparurent ; elles devaient être remplacées, d'après un nouveau plan, par des maisons qui auraient davantage encore rétréci la voie. Mais lorsqu'on commençait à creuser les fondations, au risque de mettre à découvert les ossements remplissant les charniers du cimetière, une émeute violente éclata qui ne s'apaisa que par la cessation des travaux. Sauval dit avec raison que « si en 1554, les échoppes eussent été ruinées, notre Henri-le-Grand n'eût pas été là malheureusement assassiné comme il fut en 1610. »

Avant la Révolution, on voyait, vis-à-vis de la place où fut commis le crime, un buste de Henri IV avec cette inscription :

Henrici Magni recreat præsentia cives,
Quos illi æterno fœdere junxit amor.

Je trouve, dans Germain Brice, à propos du procès de Ravaillac ce passage qui me paraît curieux à reproduire : « Son procès lui fut fait avec toute l'attention requise dans une si importante affaire ; et à la question qui lui fut donnée avec toute rigueur, il avoua des choses si étranges que les juges, surpris et effrayés, jurèrent entre eux sur les Saints Evangiles de n'en jamais rien découvrir à cause des suites horribles qui en pourraient arriver ; ils brûlèrent même les dépositions et tout le procès-verbal au milieu de la Chambre et il n'en est resté que quelques légers soupçons sur lesquels on n'a pu fonder jusqu'ici aucun véritable jugement. »

La narration de Germain Brice, suivant Sainte-Foix, manque d'exactitude. « Ravaillac soutint toujours à la question qu'il n'avait point de complices, et s'il avoua des choses étranges, ce ne fut que lorsqu'il eut demandé, à la première tirade des chevaux, à être relâché.... Il dicta alors un testament de mort que le greffier affecta d'écrire si mal que les experts en écriture n'ont jamais pu y rien découvrir. »

Férou (rue) : Ce nom vient d'une famille notable de la bourgeoisie, à qui appartenait très anciennement le terrain ou clos sur lequel la rue fut ouverte au commencement du XVIe siècle.

Femme sans tête (rue de la) : A pris son nom d'une enseigne représentant une femme qui n'avait point de tête et qui tenait un verre à la main. Au-dessous se lisait cette légende : *Tout en est bon.*

Feuillantines (rue des) : Ce nom vient des religieuses Feuillantines dont le couvent se trouvait dans l'impasse. Elles étaient venues s'établir à Paris, en 1622, à la sollicitation de Anne Gobelin, veuve du sieur d'Estourmel de Plainville, capitaine des gardes du roi. Pour la construction des bâtiments et de la chapelle cette dame fit don d'une somme de vingt-sept mille livres. Elle dota également la communauté d'une rente annuelle de 2,000 livres.

Feydau (rue) : Ce nom était celui d'une famille autrefois très-connue dans la magistrature.

Fidélité (rue de la) : Ouverte sur les terrains et bâtiments occupés jadis par la communauté des Filles de la charité. En 1793, on chassa les religieuses et les jardins et bâtiments, déclarés propriété nationale, furent vendus sauf réserve d'une portion de terrain nécessaire pour la rue projetée. Son nom lui vint du voisinage de l'église St-Laurent appelée sous la Révolution : *Temple de l'Hymen et de la Fidélité.*

Figuier (rue du) : Dès l'année 1300 cette rue était tout entière bâtie. Elle prit le nom de rue du Figuier parce qu'on voyait très anciennement, au carrefour formé par les rues du *Fauconnier*, de la *Mortellerie* et des *Barrés*, un magnifique figuier qui fut toujours renouvelé jusqu'en 1655 ; à cette époque, les besoins de la circulation le firent abattre.

Filles-Dieu (rue des) : Ce nom vient du couvent des religieuses dites *Filles-Dieu* qui s'élevait dans le voisinage.

Filles St-Thomas (rue des) : Ce nom vient d'un couvent de religieuses de l'ordre de St-Dominique qui se trouvait près du Temple et dans lequel les sœurs s'installèrent en 1632.

Fléchier (rue) : Fléchier (Esprit), prédicateur célèbre sous Louis XIV, mourut évêque de Nîmes en 1710.

Florentin (rue St) : Cette rue s'appela ainsi à cause de l'hôtel qu'y fit construire, vers 1678, le ministre Phélippeaux, duc de la Vrillière et comte de St-Florentin.

Florian (rue) : J. P. Claris de Florian, né en 1755, mort en 1794, a eu la gloire, et seul, de laisser, après La Fontaine, un recueil de fables populaire et avec toute justice. Si Florian reste au second rang et, dans sa forme agréable, choisie, délicate pourtant, n'atteint pas à l'art merveilleux de celui qu'on a nommé par excellence le Fabuliste, il a d'autres mérites qui le rendent préférable à mettre aux mains des enfants. Sa morale, davantage à leur portée, d'habitude est très saine et l'on admire, chez l'officier de dragons devenu poète, cette parfaite honnêteté de sentiments, cette bonté, cette tendresse, cet accent ému et sincère où l'on sent à chaque instant vibrer le cœur. Est-il besoin de citer Le *Lapin et la Sarcelle, l'Enfant et les Sarigues*, etc.

Florian avait écrit aussi plusieurs romans, *Estelle* et *Nemorin*, *Gonzalve de Cordoue*, etc., dans le genre pastoral et sentimental et, chose singulière ! ils reçurent le meilleur accueil de la société corrompue du XVIIIe siècle. Aussi faux de ton que certaines peintures de Boucher ou Lancret, mais non point malhonnêtes comme les toiles de ces messieurs, ils firent larmoyer nos bisaïeules promptes au sourire comme aux larmes. On ne lit plus aujourd'hui ces récits démodés qui tous ensemble ne valent pas une des fables du poète.

For l'Evêque (rue du) : C'est-à-dire le Siége de la juridictien temporelle de l'Evêque.

Fouarre (rue de) : Fut ainsi nommée à cause de la paille ou *fouarre* qu'on y vendait et dont les écoliers se servaient, aux jours de leurs assemblées et actions publiques, pour joncher les écoles et s'asseoir tandis que les régents et docteurs se tenaient dans des chaires ou sur des siéges élevés.

Four St-Germain (rue du): Elle fut ainsi appelée à cause du *four* banal de l'abbaye St-Germain des Prés construit au coin de la rue Neuve-Guillemin. Des fours semblables existaient dans les divers quartiers de Paris, et les habitants étaient obligés, sous peine d'amende et de confiscation, d'y faire cuire leur pain, ce qui produisait un revenu assuré et considérable au propriétaire laïque ou ecclésiastique. Mais de ce monopole il résultait des abus qui le rendirent oppressif et gênant pour les habitants. Des plaintes s'élevèrent et si vives, si persistantes qu'enfin Philippe-Auguste, par une ordonnance de l'année 1200, supprima les priviléges en autorisant les boulangers à faire construire des fours dans leurs maisons, moyennant une redevance annuelle par chacun d'eux de neufs sols trois deniers une obole.

Plus tard, le mot *four*, eut, paraît-il, une autre signification. On lit dans le journal de la cour de Louis XIV, du 10 janvier 1695 : « Il y avait plusieurs soldats et même des gardes du corps qui, dans Paris et sur les chemins voisins, prenaient par force des gens qu'ils croyaient en état de servir et les menaient dans des maisons qu'ils avaient pour cela dans Paris, où ils les enfermaient et ensuite les vendaient malgré eux aux officiers qui faisaient ces recrues ; ces maisons s'appelaient fours. »

Le roi, informé de ces faits odieux, ordonna de saisir à la fois tous ces racoleurs interlopes, et d'instruire immédiatement leur procès. Huit des plus coupables furent pendus. De leurs interrogatoires et de leurs aveux il résulta que Paris ne comptait pas moins de *vingt-huit* de ces *fours* ou prisons anonymes dans lesquelles, en outre des conscrits, on entraînait par force ou par ruse des femmes et des enfants qu'on vendait pour servir à peupler les colonies d'Amérique. De pareils crimes, non moins odieux qu'audacieux, pouvaient-ils être trop sévèrement châtiés ?

Francs-Bourgeois, au marais, (rue des) : Vers le milieu du XIIIe siècle, cette rue déjà construite s'appelait des *Viez Poulies* d'un jeu alors fort en vogue et dont les exercices avaient lieu dans une des maisons de la rue. Vers le milieu du siècle suivant (1350), Jean Roussel et Alix sa femme firent construire un grand hôtel destiné à servir d'asile à *vingt-quatre* pauvres. En 1315, la fille de Jean Roussel, mariée à Pierre le Mazurier, du consentement de celui-ci, donna cet hôpital au grand prieur de France avec 70 livres de rente, à condition de loger deux pauvres dans chaque chambre. La rue s'appela dès lors des *Francs-Bourgeois* parce que les pauvres de l'asile étaient *francs*, c'est-à-dire exempts de toutes taxes et impôts.

François-Miron (rue) : Ce fut par les soins de ce prévôt des marchands justement célèbre que l'*Hôtel de Ville* put s'achever en 1606. François Miron ne se borna pas à faire preuve de zèle en stimulant l'architecte et les ouvriers ; il n'hésita pas devant des sacrifices personnels considérables pour diminuer les dépenses à la charge de l'état, et donna 900 livres de son propre argent et plus de vingt-deux mille livres qui lui revenaient par les droits de sa charge. On lui doit les ornements de la façade, le grand perron, les escaliers, le portique et la statue équestre de Henri IV placée au-dessus de la porte d'entrée.

François Ier (rue) : Nous avons été sévère peut-être, dans la *France héroïque,* pour François Ier homme d'état et souverain. Voici sur le Restaurateur des lettres une belle page qu'il nous paraît juste de reproduire : « Mais depuis, dit le seigneur de la Planche, la bonté de Dieu s'est déployée sur nous et sur toute la France, par la main de ce grand roi, François Ier de nom, qui nous a tirés comme d'un tombeau les sciences, les arts, les lettres et bonnes disciplines ensevelies en une fondrière d'ignorance ; et à l'aide d'un Amyot, d'un Jacques Colin et de tant d'autres excellents ouvriers, nous a rendu les outils de sagesse tranchants en notre langue maternelle ; tellement qu'ils n'y a artisan qui ne puisse s'il veut, de lui-même, et sans rien dérober à sa besogne, se rendre savant. »

Citons un autre passage non moins curieux de Brantôme : « De plus, ce roi a été très bon catholique, sans jamais s'être dérogé de la sainte foi et religion catholique pour entrer le moins du monde en l'hérésie de Luther qui commença à venir de son temps : comme fit le roi Henri d'Angleterre, son bon frère et son contemporain, encore que toutes choses nouvelles plaisent ; mais telle nouveauté ne lui plut point, et ne l'approuva jamais, disant qu'elle tendait du tout à la subversion de la monarchie divine et humaine. Il aima et embrassa fort l'Église catholique, apostolique et romaine, la servant fort révéremment sans aucune bigoterie et hypocrisie. »

Franklin (rue) : Benjamin Franklin, né à Boston, en 1706, simple ouvrier d'abord, puis prote, et enfin maître imprimeur et devenu l'un des personnages considérables de la colonie, fut, lors de la guerre avec la métropole, envoyé en France pour proposer un traité d'alliance qu'il sut faire accepter par le roi Louis XVI. Il eut également l'honneur de négocier et signer le traité de paix qui assura l'indépendance des Etats-Unis. On lui doit, comme savant, l'invention du paratonnerre.

Frochot (rue) : Nicolas-Thérèse-Benoist Frochot (1760-1828), fut préfet de la Seine de 1800 à 1812, et Paris eut beaucoup à se louer de cet administrateur éminent.

Frondeurs (rue des) : Les troubles de la Fronde, pendant la minorité de Louis XIV sont célèbres dans notre histoire. Cet endroit sans doute fut un de ceux où se réunissaient les *Frondeurs*.

G

Galande, (rue) : Ce nom est visiblement une altération de celui de Garlande que portait une famille bien connue au XIe siècle :

..... La rue de *Gallande*
Où il n'a foret ni lande.
(*Le dit des Rues*).

Gaillon (rue) : A pris ce nom d'un hôtel qui s'appelait ainsi et sur l'emplacement duquel s'éleva l'église Saint-Roch.

Galvani (rue) : Médecin et physicien italien, né à Bologne le 9 septembre 1737, Galvani mourut dans cette même ville le 4 novembre 1798. Sa découverte la plus importante est celle de l'*électricité animale*, comme il l'appelait et que les savants, d'un accord unanime, ont appelée *Galvanisme* du nom de son auteur.

Mauvais Garçons (rue des) : Cette rue s'appela d'abord rue de Craon, parce que les seigneurs de Craon y avaient bâti leur hôtel ; mais depuis le règne de Charles VI, « comme ce fut, dit Sauval, dans ce logis-là que Pierre de Craon se cacha avec d'autres déterminés pour assassiner le connétable de Clisson, cela fut cause que la rue changea de nom et fut appelée la rue des *Mauvais-Garçons.* »

Il y avait une rue du même nom donnant d'un bout dans la rue des Boucheries Saint-Germain ; son nom, paraît-il, lui venait d'une enseigne.

Geindre (rue) : Jaillot fait venir ce mot de *junior* employé dans les anciens titres pour désigner un compagnon, un aide, un commis.

Geoffroy Saint-Hilaire (rue) : Etienne Geoffroy Saint-Hilaire (1772-1844), célèbre naturaliste français, créa l'enseignement de la Zoologie et par suite les collections et la ménagerie du Jardin des Plantes. Le nom de cet homme illustre est à bon droit populaire, car, cher aux savants, il ne doit pas être moins cher aux familles d'artisans comme aux écoliers de tout âge auxquels, pour les jeudis et dimanches, il a ménagé un lieu de promenade qui offre tant d'attrait à la curiosité et où le plaisir s'unit à l'instruction.

Germain-Pilon (rue) : Ce célèbre sculpteur (1515-1590), l'émule de Jean Goujon, mérite une place à part dans l'histoire de l'art, par son talent original qui n'est point gâté par l'affectation du savoir et la fausse imitation qu'on pourrait qualifier la parodie de l'antique.

Saint-Germain des Prés (église de) : « L'abbaye de Saint-Germain des Prés, dit Sainte-Foix, proche et hors des murs de Paris, ressemblait à une citadelle ; ses murailles étaient flanquées de tours et environnées de fossés. Un canal, large de treize à quatorze toises, qui commençait à la rivière et qu'on appelait la *petite Seine*, coulait le long du terrain où est à présent la rue des Petits-Augustins (Bonaparte) et allait tomber dans ces fossés. La prairie, que ce canal partageait en deux, fut nommée le *grand et le petit prés aux Clercs*, parce que les écoliers, que l'on appelait autrefois *clercs*, allaient s'y promener les jours de fête. Le *petit pré* était le plus proche de la ville. »

En 1460, les fossés furent comblés et sur le terrain qu'ils occupaient on bâtit un des côtés des rues Saint-Benoît, Sainte-Marguerite et du Colombier.

Gouvion Saint-Cyr (rue) : Le maréchal Gouvion Saint-Cyr (Laurent) (1764-1830), après avoir pris une part glorieuse aux guerres de la République et de l'Empire, devint, sous la Restauration, de 1815 à 1821, ministre de la guerre. On lui dut la réorganisation de l'armée et sur des bases qui ont mérité les éloges des juges les plus compétents. « Les lois sur le recrutement, dit quelque part Gouvion Saint-Cyr, sont des institutions. »

Grenelle (rue de) : Elle s'appelait autrefois *chemin de Grenelle* parce qu'il conduisait à ce village.

Guillemin, (rue *Neuve*) : S'appelait d'abord rue de la *Corne*, nom qui lui fut donné « à cause de quelque tête de cerf (que le peuple appelle *corne*) scellée dans les murs de la maison qui en fait le coin vers la rue du *Vieux Colombier*. » Ce nom fut ensuite changé en celui de Guillemin parce que sur le terrain que couvre la rue se trouvait auparavant un jardin appartenant à une famille de ce nom. « Et parce que ce mot de Guillemin est un peu proverbial, le peuple, qui se plaît à tourner tout en raillerie, non content d'avoir ajouté au nom de Guillemin, propriétaire du jardin, l'épithète de *Croque-sol*, le donna encore à la rue de sorte qu'il l'appelle plus souvent la rue *Guillemin Croque-sol* que la rue Guillemin. »

Saint-Germain l'Auxerrois. Cette église est une des plus anciennes et des plus remarquables de Paris, et il n'en est aucune pourtant dont l'origine présente plus d'obscurité. Il est certain qu'elle existait au VIIe siècle, puisque saint Landri, évêque de Paris, mort vers l'an 655 ou 656, y fut inhumé. L'église subsista, telle qu'elle avait été bâtie d'abord, jusqu'au siége de Paris par les Normands. Ces barbares l'épargnèrent tant qu'elle leur parut utile à leur défense ; ils la fortifièrent à cet effet d'un fossé dont on retrouve encore la trace aujourd'hui dans la rue qui en porte le nom ; mais lorsqu'ils furent forcés de battre en retraite, ils la détruisirent de fond en comble. Helgaud, moine de Fleury, nous apprend que le roi Robert la fit rebâtir. A différentes reprises, elle fut reconstruite ou réparée par l'ordre de nos rois qui la considéraient comme leur paroisse quand ils eurent fait du Louvre leur demeure habituelle. Ce qu'on voit de plus ancien dans l'édifice est le grand portail qui paraît être du siècle de Philippe-le-Bel ; le vestibule ou portique qui le précède ne fut construit que sous le règne de Charles VII.

Gesvres (quai de) : « Il faut se figurer, dit Jaillot, qu'au commencement du siècle passé, le terrain, qui est entre le Pont-au-Change et le pont Notre-Dame, allait en pente jusqu'à la rivière, et qu'il n'était couvert que par quelques vilaines maisons qui formaient la *Tuerie* et l'*Ecorcherie*. En 1641, le marquis de Gesvres demanda ce terrain au Roi et, sur l'avis des trésoriers de France, il obtint des lettres-patentes, au mois de février 1642, lettres qui, malgré l'opposition des bouchers et des propriétaires de forges du Pont-au-Change, furent enregistrées le 30 août de la même année : En voici la teneur :

« Louis (etc.) savoir faisons que Nous, ayant pris en » considération les signalés recommandables services » que le marquis de Gesvres nous a rendus dès sa tendre » jeunesse, tant en nos armées qui ont tenu la campagne » qu'ès siéges les plus importants dans l'Allemagne, la » Flandre et l'Espagne où, en divers combats et entre» prises, il a donné telle preuve de son courage et de sa » valeur, qu'au prix de son sang et de plusieurs bles» sures et d'une prison de neuf mois, il a mérité de » Nous et du public l'estime et les gratifications qui sont

» dues à ceux qui nous servent avec tant de cœur et de » fidélité. A quoi ayant égard comme aux grandes et » excessives dépenses qu'il a faites jusques à présent » dans nos armées et qu'il est encore obligé de continuer » à l'avenir à icelui avons.... accordé, donné, octroyé, » cédé, quitté, transporté et délaissé du tout à toujours » les places qui sont entre les ponts Notre-Dame et aux » Changeurs, du côté de l'Ecorcherie, sur la largeur » qui se rencontrera depuis la culée du pont Notre-Dame » jusqu'à la première pile d'icelui, pour en quelle place » y faire construire, à ses frais et dépens, un quai porté » sur arcades et piliers posés d'alignement, depuis le » point de la dite première pile du dit pont Notre-Dame » jusques à celles du Pont-aux-Changeurs de présent » construit de neuf : et quatre rues, l'une de vingt pieds » de large avec maisons, qui prendra son embouchure » sur le pont Notre-Dame, etc., etc. »

Gît-le-Cœur (rue) : Il y a contestation sur l'origine de cette dénomination. Piganiol prétend qu'elle vient d'un descendant de Jacques Cœur, propriétaire d'une des maisons. Cette opinion paraît peu fondée ; la plus vraisemblable et la plus suivie veut que le mot *Gît-le-Cœur* soit une corruption de *Gilles queux* ou *Gui le queux*, Gilles le cuisinier dans le vieux langage.

Au coin de cette rue, François Ier avait fait bâtir un petit palais communiquant par un escalier avec l'hôtel habité par la duchesse d'Etampes. Vers le commencement du siècle, Sainte-Foix voulut visiter cette résidence jadis fameuse et voici ce qu'il raconte : « Le cabinet de la duchesse d'Etampes sert à présent d'écurie à une auberge qui a retenu le nom de la Salamandre.

Un chapelier fait sa cuisine dans la chambre du lever de François Ier, et la femme d'un libraire était en couches dans le petit salon de délices lorsque j'allai pour examiner les restes du palais. »

Sic transit gloria mundi.

Glatigny (rue de) : Des titres anciens disent qu'on voyait en cet endroit une maison de *Glatigny*, qui, en 1241, appartenait à Robert et Guillaume de Glatigny. Au XIVe siècle, cette rue fort mal habitée s'appela le *Val d'Amour*.

Gluck (rue) : Gluck (Christophe Willibald), célèbre compositeur de musique, (1714-1787), auteur d'*Alceste*, *Iphigénie en Aulide*, etc.

Gobelins (rue et manufacture des) : L'établissement des Gobelins, dont la réputation est européenne, doit son nom à une famille qu'on croit originaire de Reims et dont le chef « Jéhan Gobelin, teinturier en escarlate » fonda en 1450 une fabrique bientôt des plus prospères, et qui resta la propriété de l'un des membres de la famille jusqu'au commencement du XVIIe siècle. A cette époque, dans une des maisons qu'il avait acquises de la famille Gobelin, Henri IV fonda l'établissement que la perfection de ses produits a rendu si fameux.

Godot de Mauroy (rue) : Ouverte en 1818 seulement et qui doit son nom aux frères Godot de Mauroy, propriétaires du terrain.

Goujon (rue *Jean*) : *Jean-Goujon*, sculpteur d'un talent délicat autant qu'original, périt malheureusement dans la fatale journée de la Saint-Barthélemy (1572). Il fut tué, disent les biographes, d'un coup d'arquebuse tiré sur lui pendant qu'il travaillait aux sculptures du Louvre. Possible qu'il se trouvât sur son échafaud, mais je doute qu'en un pareil moment, il songeât à tenir l'ébauchoir ou le ciseau. Maudite d'ailleurs la balle et maudit l'assassin, quel qu'il fût, qui nous ont privés de tant de chefs-d'œuvre qu'on pouvait attendre encore de l'artiste dans toute la vigueur de l'âge et le plein épanouissement de son génie !

Gracieuse (rue) : Ce nom vient de Jean *Gracieuse* qui habitait dans cette rue, vers 1243, une maison à lui appartenant.

Grande-Truanderie (rue de la) : Deux étymologies : les uns font venir ce nom du vieux mot *truand* qui signifiait un gueux, un vagabond, un diseur de bonne aventure, espèce de gens qu'on suppose avoir occupé cette rue autrefois. D'autres, et c'est le plus grand nombre, font dériver ce nom du vieux mot *tru*, *truage* qui signifie tribut, impôt, subside ; Jaillot incline à cette opinion.

Grange aux Belles (rue) : Désignation pittoresque dont l'origine est inconnue.

Grange-Batelière (rue) : Origine douteuse : tout ce qu'on sait de plus précis, c'est que, dans une déclaration faite en 1522, les religieuses de l'abbaye Saint-Antoine reconnaissent que, le 12 avril 1204, on leur donna un muids de grains à prendre sur la Grange-Batelière. L'abbé Lebœuf pense que cette dénomination de *Granchia Batelleria* provient des joûtes ou exercices militaires qui se faisaient en cet endroit.

Gravilliers (rue des) : En 1250, elle s'appelait *Gavelier*, nom d'un bourgeois notable qui l'habitait. Par corruption, ce nom s'est changé en celui des *Gravilliers*, qui sait comment ?

Grenétat (rue) : On comprend plus difficilement toutefois que ce nom de *Grenétat* vienne de d'*Arnetal*, transformé en *Garnetal* et enfin *Grenétat*.

Grégoire de Tours (rue Saint) : Saint Grégoire de Tours, né à Tours en 559, mourut en 593, dans cette même ville dont il était évêque. Son grand ouvrage, ayant pour titre *Histoire ecclésiastique des Francs*, est admirable par la candeur et la sincérité de la narration, quoiqu'il laisse à désirer au point de vue de la critique historique. Sans ce trésor, ou cet ensemble inappréciable de faits recueillis par le bon évêque avec une sollicitude si persévérante, que saurions-nous des premiers temps de nos annales ?

Grès (rue des) : Autrefois le passage des *Jacobins* ; dès l'année 1220, les Frères Prêcheurs ou Dominicains eurent, dans la rue Saint-Jacques, avec un couvent, une église dédiée à saint Jacques le Majeur, leur patron. C'est de là que leur vint le nom de *Jacobins*, sous lequel furent généralement connus dès lors les Dominicains de Paris. Ce nom de *Jacobins*, étrangement détourné de sa signification primitive, sert aujourd'hui à désigner la pire espèce des révolutionnaires, parce que les séances d'un club trop fameux sous la révolution, et dont Robespierre était l'idole, se tenaient dans un ancien couvent des Jacobins (Dominicains).

Guénégaud (rue) : Ce nom vient d'un hôtel appartenant à Henri de Guénégaud, ministre et secrétaire d'Etat en 1641.

Guisarde (rue) : On lui donna ce nom en souvenir de

l'hôtel du Petit-Bourbon qui, du temps de la Ligue, était habité par la fameuse duchesse de Montpensier et servait de quartier-général à la faction des Guises.

H

Halles (les) : Avant Philippe-Auguste, le terrain occupé depuis par les Halles, n'était qu'un grand espace vague appelé *Champeaux*. « Les malades de la prieuré de St-Ladre, dit Corrozet, avaient dans ce temps et d'ancienneté acquis le droit de marché et foire publique pour distribuer toutes marchandises, lequel marché se tenait près de leur maison. Mais le roi Philippe-Auguste, ayant fait fermer sa ville de Paris, acheta le droit d'iceux et ordonna qu'il serait tenu dedans une grande place vague nommée les *Champeaux* (petits-champs), auquel lieu furent édifiés maisons, habitations, ouvroirs, boutiques et places publiques, pour y vendre toutes sortes de marchandises et les tenir et serrer en sûreté et fut appelé ce marché les *Halles*, ou *alles* de Paris, pour ce que chacun y allait. »

« C'est un endroit qu'il faut éviter, suivant G. Brice, à cause des embarras continuels qui s'y trouvent. » Cette remarque porterait à faux maintenant que les réglements de police y ont mis bon ordre en facilitant la circulation et empêchant l'encombrement par des heures fixées pour l'arrivée et le départ des voitures qui apportent les comestibles.

La Harpe (rue de) :

> Vins en la rue de la Harpe,
> Je n'avais hareng ni carpe.

lisons-nous dans *Le Dit des Rues*. Cette voie fort ancienne fut ainsi nommée à cause d'une enseigne. Du Breuil assure qu'elle s'appelait auparavant *Ste-Côme* sans dire d'où lui vient ce renseignement.

» Au fond d'une assez vilaine maison, dit de son côté Ste-Foix, qui a pour enseigne la *Croix de fer*, on voit une salle très vaste voûtée et haute d'environ quarante pieds. C'est un reste de l'ancien palais des Thermes, et un précieux monument de la façon dont bâtissaient les Romains... Ce fut la demeure ordinaire de nos rois de la première race. « Childebert, écrit Fortunat, allait de » son palais par ses jardins, jusqu'aux environs de » l'église St-Vincent. » Les princesses Gisla et Rotrude, filles de Charlemagne, y furent reléguées après sa mort. Ce grand homme avait un peu trop fermé les yeux sur leur conduite, apparemment par cette même tendresse qui l'avait empêché, dit le P. Daniel, de les marier.

Beaucoup de gens se trompent donc qui croient que cette rue s'appelle ainsi en souvenir de La Harpe, l'auteur du *Cours de Littérature ancienne et moderne*.

Haussmann (boulevard) : Notre introduction, ainsi qu'on l'a vu, contenait une appréciation en quelques lignes de l'œuvre de M. Haussmann, le Paris transformé, comme disaient les courtisans. Nous revenions ici sur ce sujet plus longuement et plus sévèrement, mais dans les circonstances actuelles, il nous paraît convenable de retrancher de cet article tout ce qui concernait M. Haussmann puisque nous aurions plus à blâmer qu'à louer; car dans cette gigantesque entreprise, poursuivie avec une hâte et une activité fiévreuses, et l'on sait au prix de quels sacrifices, ou plutôt de quelles ruines, si l'on voit d'excellentes choses, des choses urgentes, indispensables, habilement exécutées, combien qui ne sont que pour l'ostentation et font de Paris une ville impossible !

Haxo (rue) : Il y eut deux généraux de ce nom, le premier, Nicolas Haxo, qui périt au combat de la Roche-sur-Yon (Vendée) en 1794 ; le second, François-Nicolas, baron de Haxo, neveu du précédent, général de division du génie, mort en 1838, à l'âge de soixante-quatre ans.

Cette rue Haxo est devenue célèbre par un récent et trop tragique évènement ! C'est là, dans une sorte d'enclos qui s'y trouve, qu'ont été fusillés ou plutôt assassinés, pêle-mêle et Dieu sait avec quelles horribles circonstances ! (le 26 mai 1871), comme otages de la Commune et martyrs du devoir, onze prêtres ou religieux et trente-neuf gendarmes ou gardiens de la paix. Parmi les ecclésiastiques, nous citerons, l'abbé Planchat, aumônier du patronage Ste-Anne, le séminariste Seigneuret, et les jésuites Olivain, Caubert, de Bengy, dont les tombes se voient maintenant, dans l'église du Jésù, avec celles de leurs deux confrères, morts comme eux pour la foi, à la Roquette.

Hautefeuille (rue) : D'après Jaillot, elle a pris ce nom à cause des arbres hauts et touffus qui bordaient jadis la voie. « Il appuie son opinion, dit Lazare, sur un article des premiers statuts faits pour les Cordeliers, d'après lequel le jeu de paume est interdit aux religieux sous la *Haute-feuillée.* »

Haudriettes (rue des *Vieilles*) : Ce nom vient du couvent des religieuses dites *Haudriettes*, qui avaient pour fondateur Etienne Haudri.

Heaumerie (rue de la) : Elle doit son nom à une enseigne représentant un *heaume* (casque). La plupart des maisons d'ailleurs étaient occupées par des *Heaumiers* (armuriers.)

Honoré (rue *St*) : On ne sait pas quel nom elle portait avant de prendre celui qu'elle porte actuellement, et qui n'est pas fort ancien ; car il ne lui fut donné paraît-il, qu'après la construction de l'église St-Honoré. « C'est une des rues les plus marchandes de Paris, dit Sauval, surtout, depuis le *cimetière* St-Innocent jusqu'à St-Honoré, non pas toujours des deux côtés à la fois, mais alternativement et avec interruption tantôt d'un côté tantôt de l'autre. Et de fait, depuis la rue des *Déchargeurs* jusqu'à la rue *Tirechape*, les maisons sont habitées par de riches drapiers qui les louent bien chèrement et dont les boutiques et les magasins sont pleins de marchandises et de draps de toute sorte. De l'autre côté vis-à-vis, elle n'est occupée que par des fripiers mal fournis et autres semblables artisans qui ne font pas grand trafic et qui louent peu leurs logis.... De savoir maintenant la raison de cette alternative de trafic si bizarre dans une même rue, c'est une chose difficile autant que de dire pourquoi les drapiers sont sortis de la rue de la *Vieille Draperie*, les Passementiers de la rue de la *Vieille Monnaie*, etc. »

Honoré-Chevalier (rue) : Nom d'un des principaux propriétaires riverains au XVIe siècle.

Huchette (rue de la) :

La rue de la *Huchette* à Paris
Première dont pas n'a mépris,

doit son nom à une enseigne. Au commencement du XVIIe siècle, on l'appelait aussi des *Rôtisseurs* à cause du grand nombre d'industriels en ce genre qu'on y voyait et dont les établissements par leur grandeur et la multitude des fourneaux, causèrent, disent les auteurs du temps, un tel étonnement au père Bonaventure Catalagirone, l'un des négociateurs de la paix de Vervins, qu'à son retour en Italie, il ne parlait de cette rue pantagruélique qu'avec stupeur : « *Veramente queste rotisserie sono causa stupenda.* »

« A toute heure du jour, dit l'auteur du *Tableau de Paris*, on y trouve des volailles cuites ; les broches ne désemparent point le foyer le plus ardent ; un tournebroche éternel, qui ressemble à la roue d'Ixion, entretient la torréfaction. La fournaise des cheminées ne s'éteint que pendant le carême ; et si le feu prenait dans cette rue dangereuse par la construction de ses antiques maisons, l'incendie serait inextinguible. »

Hurleur (rue du *Grand*) : Origine douteuse. L'opinion la plus probable est celle qui fait venir cette dénomination du nom propre Heu-leu, Hugues le Loup, par corruption *Hurleur*.

I

Imprimerie Nationale : François Ier, par lettres patentes du 17 janvier 1538, nomma Conrad Néobard, son imprimeur, l'imprimeur du roi et jouissant de priviléges très-étendus. Mais l'Imprimerie royale, proprement dite, ne fut créée que beaucoup plus tard, sous Louis XIII ; elle doit sa fondation à Richelieu, en 1640, et dès l'origine, elle se distingua par la perfection de ses produits. Des types choisis, une mise en page intelligente, un beau et bon papier, le tirage très net, recommandent le premier livre imprimé dans l'établissement. C'était un in-folio : *de Imitatione Christi*, que suivit ou précéda un *Novum Testamentum* dans le même format.

Les ateliers étaient établis dans une des ailes du Louvre, où ils restèrent jusqu'à l'année 1808. Alors, par un décret en date du 6 mars, l'Imprimerie Impériale fut transférée rue Vieille-du-Temple, dans l'ancien Palais-Cardinal, approprié à cet effet, et elle s'y trouve encore. Les ateliers, vastes et bien aérés, non moins bien éclairés, se divisent en ateliers de fonderie, composition, impression, séchage, brochage, reliure, etc. Le nombre des ouvriers et ouvrières, en temps ordinaire, s'élève à 1,000 environ, d'après M. L. Lazare, et chacun d'eux, après trente années de service, a droit à une pension de retraite.

Une anecdote en terminant. Lors de la visite que le pape Pie VII, venu à Paris pour sacrer l'Empereur, fit à l'Imprimerie Impériale, quand il entra dans les ateliers, les ouvriers, compositeurs, imprimeurs, etc., se découvrirent soudain respectueusement, un seul excepté qui d'un air rogue, malgré les observations et les murmures de ses camarades, s'obstinait à garder sa casquette.

« Mon ami, dit le pape avec douceur en s'approchant de lui, découvrez-vous, la bénédiction d'un vieillard porte toujours bonheur. »

A ces mots non-seulement l'ouvrier fut prompt à retirer sa casquette, mais, tremblant d'émotion et les yeux pleins de larmes, il voulut s'agenouiller pour recevoir la bénédiction du souverain pontife.

Innocents (*Marché des*) : Etabli sur l'emplacement du cimetière et de l'église des *Saints-Innocents*, construite au temps de Louis VII, dit le Jeune. Ce ne fut que longtemps après (1786) qu'on démolit avec l'église les fameux charniers, contigus au cimetière. Ils consistaient en une grande galerie voûtée dans laquelle se faisaient enterrer les privilégiés de la fortune. Cette galerie pavée de tombeaux, tapissée de monuments funèbres, servait néanmoins de passage aux piétons, et pour ce motif était encombrée de boutiques de mercerie, lingerie, modes (étrange rapprochement !) et de bureaux d'écrivains publics. Elle occupait une partie de la largeur actuelle de la rue de la Ferronnerie. « C'est au milieu des débris vermoulus de trente générations qui n'offrent plus que des os en poudre, dit Mercier, c'est au milieu de l'odeur fétide et cadavéreuse qui vient offenser l'odorat, qu'on voit celles-ci acheter des modes et celles-là dicter des lettres amoureuses. »

Lors de la démolition de l'église, en 1786, fut construite la fontaine dite des Innocents dont les matériaux, pour la plus grande partie, provenaient d'un monument adossé à l'église et formant l'angle des rues aux Fers et Saint-Denis. L'idée et l'exécution font honneur à l'ingénieur nommé Six. Cinq des figures de Naïades sont de Jean Goujon, et ajoutent beaucoup, par leur admirable exécution, à la valeur du monument.

Institut. Ancien collége des Quatre-Nations fondé par Mazarin et pour lequel il avait légué une somme de deux millions en argent, plus 45,000 livres de rentes sur l'Hôtel-de-Ville de Paris. Le collége s'appelait des Quatre-Nations, pour indiquer les pays appelés à jouir des bénéfices de cette fondation. Là, devaient être élevés les enfants des gentilshommes ou principaux bourgeois de Pignerol et son territoire, de l'Alsace et pays d'Allemagne, de l'Etat ecclésiastique, de Flandre et de Roussillon. Le collége a subsisté jusqu'à la Révolution française.

Invalides, (Hôtel des) : Commencé sous Louis XIII par les ordres de Richelieu qui confia la direction des travaux à Libéral Bruant, il fut complété et achevé sous Louis XIV. La partie de l'édifice exécutée sur les plans de L. Bruant se compose de la cour d'honneur entourée d'arcades, des bâtiments qui l'environnent et de l'église. Le reste est l'œuvre de Mansart.

« Plus les âges qui ont élevé nos monuments ont eu de piété et de foi, dit un éloquent écrivain [1], plus ces monuments ont été frappants par la grandeur et par le caractère. On en voit un exemple remarquable dans

[1] Chateaubriand. *Génie du Christianisme.*

l'Hôtel des Invalides et dans l'Ecole militaire ; on dirait que le premier a fait monter ses voûtes dans le ciel à la voix du siècle religieux, et que le second s'est abaissé vers la terre à la parole du siècle athée.

« Trois corps de logis, formant avec l'église un carré long, composent l'édifice des Invalides. Mais quel goût dans cette simplicité ! quelle beauté dans cette cour qui n'est pourtant qu'un cloître militaire où l'art a mêlé les idées guerrières aux idées religieuses, et marié l'image d'un camp de vieux soldats aux souvenirs attendrissants d'un hospice ! C'est à la fois le monument du *Dieu des Armées* et du *Dieu de l'Evangile*. La rouille des siècles qui commence à le couvrir lui donne de nobles rapports avec ces vétérans, ruines animées, qui se promènent sous ces vieux portiques. Dans les avant-cours, tout retrace l'idée des combats : fossés, glacis, remparts, canons, tentes, sentinelles. Pénétrez-vous plus avant, le bruit s'affaiblit par degrés, et va se perdre à l'église, où règne un profond silence. Ce bâtiment religieux est placé derrière les bâtiments militaires, comme l'image du repos et de l'espérance, au fond d'une vie pleine de troubles et de périls.

« Le siècle de Louis XIV est peut-être le seul qui ait bien connu ces convenances morales, et qui ait toujours fait dans les arts ce qu'il fallait faire, rien de moins, rien de plus. L'or du commerce a élevé les fastueuses colonnades de l'hôpital de Greenwich en Angleterre ; mais il y a quelque chose de plus fier et de plus imposant dans la masse des Invalides. On sent qu'une nation qui bâtit de tels palais pour la vieillesse de ses armées a reçu la puissance du glaive ainsi que le sceptre des arts. »

On sait qu'aux voûtes de l'église se voient suspendus les drapeaux de toutes couleurs, glorieux trophées conquis sur l'ennemi.

Est-il permis de ne pas dire, quoique personne ne l'ignore, que, dans la crypte de l'église, se trouve le tombeau de Napoléon Ier, dont le corps, jusqu'en 1840, reposa sous le saule de Sainte-Hélène et qui fut alors, après vingt-cinq ans, rapporté de la terre d'exil.

Il est là, sous trois pas un enfant le mesure.

(LAMARTINE).

J

Jacob (rue) : Doit son nom à la reine Marguerite de Valois qui avait fait vœu de bâtir un autel et fit construire le couvent et l'église des Petits-Augustins où s'éleva l'autel *Jacob*.

Saint-Jacques de la Boucherie (Tour) : Lors de la démolition de l'église, vendue, en 1797, comme propriété nationale, cette Tour avait été conservée. La ville de Paris l'ayant achetée des héritiers Dubois pour la somme de 250,000, elle fut classée parmi les monuments historiques, ce qui la mettait pour toujours à l'abri de la pioche des démolisseurs. La tour, habilement restaurée par l'architecte Th. Ballu, s'élève maintenant au milieu des frais ombrages d'un square bien connu des mères de famille du quartier et de leurs gentils bambins.

Voyez se dresser, veuve et seule,
Du sein des arbustes fleuris,
La tour Saint-Jacque, une autre aïeule
Des édifices de Paris.
Longtemps son destin fut précaire;
Mais, comme un riche reliquaire
Que quelque amoureux antiquaire
Conserve précieusement,
Qu'il tonne, qu'il vente ou qu'il pleuve,
Elle est désormais à l'épreuve
Et, sur sa base, au bord du fleuve,
Assise inébranlablement.

a dit un poète contemporain[1]. Au premier étage se voit une statue de Pascal, et une inscription placée sur l'une des parois rappelle que ce fut dans la Tour St-Jacques que Blaise fit ses premières expériences relatives à la pesanteur de l'air.

St-Jacques (rue) : A longtemps été divisée en plusieurs tronçons appelés de noms divers : *Grande rue du Petit-Pont*, *Grande rue St-Benoît*, *Grande rue St-Etienne des Grès*. Son nom actuel, qu'elle porte dans toute sa longueur, vient originairement de la chapelle St-Jacques qui s'y trouvait et que desservaient, depuis l'année 1218, les religieux dominicains.

Japy (rue) : Elle doit son nom à une famille d'horlogers célèbres, dont le chef, Frédéric Japy, était fils d'un maréchal ferrant de Beaucourt, arrondissement de Béfort (Haut-Rhin). Après avoir fait son apprentissage en Suisse, chez un horloger distingué du pays, nommé Perrelet, il vint à Paris en 1789 « ayant pour toute mise

[1] Amédée Pommier.

de fonds, dit M. Lazare, ses bras et son cœur. » Trente ans après, il cédait à ses trois fils son établissement très-prospère et l'un des plus considérables de France et même d'Europe.

Jardinet (rue du) : A pris ce nom du jardin du collége de l'hôtel Vendôme situé entre cette rue et celle du Battoir.

Jean de l'Epine (rue) : C'était le nom du greffier criminel du Parlement qui habitait cette rue en 1426 et probablement fit remplacer par son nom propre celui de la *Tonnellerie* qu'elle portait. De même la rue Jean-Pain-Mollet, voisine, cessa de s'appeler du *Croc*, en 1263, à cause d'un notable bourgeois qui y possédait une fort belle maison et s'appelait Jean-Pain-Mollet.

Jeûneurs (rue des) : Altération du mot *Jeux-Neufs*, nom que portait la rue vers 1643, parce qu'elle avait été construite sur l'emplacement des jeux de boules.

Joubert (rue) : L'éminent écrivain auquel, dans nos Biographies, nous avons consacré toute une *étude*, en réalité cependant n'est point celui qui, dans la pensée de nos édiles, a donné son nom à la rue ; mais, comme on l'a dit, Joubert (Barthélemy-Catherine) né à Pont-de-Veaux en 1769 et qui se distingua plus avec l'épée qu'avec la plume. Engagé volontaire en 1791, il s'éleva promptement aux premiers grades, général en chef des Armées de Hollande, Mayence, Italie. Lorsqu'il fut tué à la bataille de Novi, il comptait trente ans à peine.

Juifs (rue des) : Aujourd'hui supprimée. « Les Juifs, dit Sauval, ont logé à Paris dans plusieurs rues outre la rue des *Juifs;* on croit qu'ils avaient encore la rue des *Rosiers*, la rue de la *Juivrerie*, la rue *Violette*, la rue de la *Tixeranderie*, la rue *St-Bon*, de la *Halle au Blé*, de la *Grande et petite Friperie*, et même qu'ils étaient propriétaires de toutes les maisons composant ces rues. »

Joquelet (rue) : Nom d'un bourgeois de Paris, propriétaire d'une des maisons de cette rue.

Jour (rue du) : Appelée au XIIIe siècle rue *Raoul-Roissolle*, témoin ce vers de Guillot :

> Par la rue de la Croix-Neuve
> Ving en la rue *Raoul-Roissolle*.

nom d'un des propriétaires riverains. En 1350, Charles V fit construire, entre les rues Montmartre et Coquillière, un manége dit Séjour du roi, et la rue bientôt s'appela du *Séjour*, que le populaire abrégea et dont il fit la rue du *Jour*.

Jouy (rue de) : Ainsi nommée d'un hôtel qui s'y trouvait et qui appartenait à l'abbé de Jouy (XIIIe siècle).

Juillet (rue du 29) : Ouverte en 1826, elle s'appelait rue *du Duc de Bordeaux*, nom qui fut changé en celui du 29 *Juillet* par une ordonnance ministérielle du 19 août 1830, signée Guizot.

Julienne (rue de) : Julienne est le nom d'un artiste et amateur célèbre au temps de Louis XV.

Jussienne (rue de la) : Altération un peu bien forte du nom de sainte Marie l'Égyptienne dont une chapelle s'élevait jadis dans cette rue.

Jussieu (rue de) : Les de Jussieu forment une famille dont tous les membres ont bien mérité de la science. (1606-1758). Au botaniste Antoine de Jussieu, on dut une méthode de classification qui remplaça celle de

Linnée ; — Son frère, Bertrand (1699-1777), est auteur des familles naturelles. Joseph, autre frère, (1704-1779), voyagea dans l'Amérique méridionale, d'où il rapporta d'intéressants matériaux. Laurent de Jussieu, neveu du précédent (1746-1836) publia le *Genera plantarum* et laissa un fils du nom d'Adrien (1797-1853) qui fut aussi botaniste distingué.

Justice (palais de) : Existait déjà comme édifice public au temps de la domination romaine. Réparé et agrandi par les maires du palais, il devint la demeure des rois sous le règne de Hugues Capet et plusieurs de ses successeurs l'habitèrent ; Louis-le-Gros entre autres y mourut. De nouvelles constructions s'élevèrent successivement ; puis l'édifice presque en entier fut rebâti par Philippe-le-Bel qui y installa son parlement.

Les voûtes de la Grande salle, dite aujourd'hui des *Pas Perdus*, étaient alors en bois et soutenues par des piliers de même matière, enrichis de dorures sur un fond couleur d'azur. Dans les espaces qui les séparaient, s'élevaient les statues de nos rois depuis Pharamond. Le 7 mai de l'an 1618, un incendie dont la cause est restée inconnue détruisit cette salle antique et magnifique et une grande partie des bâtiments voisins. La salle alors fut reconstruite, mais en pierres de taille et moëllons, par Desbrosses, l'architecte du palais du Luxembourg. Les travaux, poussés avec une grande activité, étaient complètement terminés en 1622.

K

Kléber (rue) : Jean-Baptiste Kléber, fils d'un terrassier de la maison de Rohan, né à Strasbourg en 1754; d'abord officier au service de l'Autriche, il rentra en France après avoir donné sa démission et devint inspecteur des bâtiments publics. Engagé volontaire en 1792, il s'éleva promptement aux premiers grades et s'illustra dans les armées du Nord et de Sambre et Meuse. Il périt, comme on sait, en Egypte, assassiné par un fanatique du nom de Soleiman (14 juin 1800.) « Kléber, c'était le dieu Mars en uniforme, a dit de lui Napoléon dans ses Mémoires; courage, conception, il avait tout. »

Si l'on en croit Rovigo, l'aide-de-camp de Desaix, le caractère chez Kléber n'était point à la hauteur des talents militaires : « C'était un homme de bien et incontestablement un général brave et habile, mais d'une bonté et d'une faiblesse de caractère qui contrastaient singulièrement avec sa haute stature qui avait quelque chose d'imposant.... Son caractère naturel était frondeur et il disait lui-même qu'il n'aimait la subordination qu'en sous-ordre. Son esprit, quoique agréable, n'était pas d'une portée très-étendue... A tous ces inconvénients se joignait celui d'une ignorance totale dans la conduite des affaires de cabinet, en sorte qu'il ne pouvait manquer d'être à la merci de tout le monde et particulièrement de ceux qui voulaient faire de lui un moyen de rentrer en France. »

Encore que politiquement Kléber en Egypte ait fait

des fautes glorieusement et complètement rachetées par l'homme de guerre, ce jugement paraît trop sévère et la position particulière de Savary, auprès de l'Empereur, nous le rend suspect. (Voir *la France héroïque*, article Marceau).

L

La Feuillade (rue de) : La Feuillade, de la maison d'Aubusson, gouverneur du Dauphiné, et colonel du régiment des Gardes-Françaises, qui a érigé la statue de Louis XIV à la place des Victoires, a fait sa fortune par mille quolibets qu'il disait au roi.[1] « Il y a des gens qui gagnent à être extraordinaires : ils voguent, ils cinglent dans une mer où les autres échouent et se brisent, dit La Bruyère; ils parviennent en blessant toutes les règles de parvenir ; ils tirent de leur irrégularité et de leur folie tous les fruits d'une sagesse la plus consommée ; .... ils s'attirent à force d'être plaisants des emplois graves, et s'élèvent par un continuel enjouement jusqu'au sérieux des dignités;... ce qui reste d'eux sur la terre, c'est l'exemple de leur fortune, fatal à ceux qui voudraient le suivre. »

Laffite (rue) : On sait la part considérable que ce célèbre banquier prit à la révolution de 1830 et dont pour sa fortune il n'eut pas à se féliciter. Il est mort en 1844.

Lancry (rue de) : Ouverte en 1776 sur un terrain appartenant aux sieurs Lancry et Lollot.

[1] La Feuillade d'ailleurs, brave jusqu'à la témérité, avait des talents militaires.

Lard (rue au) : Ainsi nommée parce qu'on y vendait force lard et charcuterie.

La Reynie (rue) : La Reynie (Gabriel-Nicolas) fut le premier lieutenant (préfet de police) de Paris et il rendit dans ce poste de grands services dont Louis XIV le récompensa par le titre de conseiller d'Etat. Il mourut en 1709.

La Rochefoucauld (rue de) : On ne peut refuser à l'auteur des *Maximes* le mérite d'un style net, incisif et qui met fortement en relief une pensée rarement banale ; mais le moraliste chez lui ne vaut pas l'écrivain, car il exagère en calomniant la nature humaine qu'il semble avoir pris à tâche de nous montrer par ses côtés les plus défectueux. De la médaille il ne veut voir et découvrir que le revers. A Dieu ne plaise que l'égoïsme, que l'amour-propre soient les mobiles uniques de nos actions même les meilleures en apparence ! Il est (et non par exception) d'humbles vertus, d'héroïques dévouements, de sublimes sacrifices d'autant plus admirables que le motif qui les inspire vient de plus haut, entièrement généreux et désintéressé.

Las Cases (rue de) : Ouverte en 1828, elle a pris en 1830 le nom de *Las Cases*, auteur du *Mémorial de Sainte-Hélène*. Las Cases est mort en 1842.

Lavoisier (rue) : Lavoisier (Antoine-Laurent), célèbre chimiste qui, à l'âge de 23 ans (il était né en 1743), avait remporté le prix proposé par l'Académie des Sciences pour le meilleur mode d'éclairage de la ville de Paris. Il fut l'une des victimes de la Terreur. (8 mai (1794).

Lazare (prison de Saint) : Ce monument remonte à

la plus haute antiquité puisqu'il est mentionné dans un titre de l'année 1110 ; c'était alors une maladrerie. Plusieurs siècles après, en 1632, cette maison devint la propriété des Prêtres de la Mission, institués par Saint-Vincent de Paul, qui s'y installèrent en l'agrandissant par de nouvelles constructions ; ils l'habitèrent jusqu'au mois de juillet 1789 où l'émeute les en chassa. En 1793, l'établissement devint une prison trop célèbre sous la Révolution. André Chénier, qui la quitta pour marcher à l'échafaud en compagnie de Roucher, l'auteur des *Mois* (7 thermidor 1794), y composa ses magnifiques iambes :

> Quand au mouton bêlant la sombre bergerie
> Ouvre ses cavernes de mort,

Et le reste.

Légion-d'Honneur (palais de la) : Construit en 1786 par le prince de Salm, cet édifice, devenu propriété nationale, fut affecté par Napoléon 1er à la demeure du grand chancelier de la Légion-d'Honneur et au service des bureaux.

Le Graverend (rue) : Jurisconsulte éminent, le Graverend, né à Rennes en 1776, y mourut le 5 novembre 1827.

Cardinal Lemoine (rue du) : Jean Lemoine, cardinal, fonda, en 1302, un collége longtemps célèbre à l'intention des *pauvres maîtres et écoliers de la rue du Chardonnet,* ainsi qu'il les appelait. Cet établissement fut, comme tant d'autres, supprimé par la Révolution et devint propriété nationale.

Lions St-Paul (rue des) : Cette rue prit son nom du

bâtiment et des cours où étaient renfermés les grands et les petits lions du roi. « Un jour que François Ier s'amusait à regarder un combat de ses lions, une dame, ayant laissé tomber son gant, dit à de Lorges : « Si » vous voulez que je croie que vous m'aimez autant que » vous me le jurez tous les jours, allez ramasser mon » gant. » De Lorges descend, ramasse le gant au milieu de ces terribles animaux, remonte, le jette au nez de la dame, et depuis, malgré toutes les avances et les agaceries qu'elle lui faisait, il ne voulut jamais la voir. » *(Sainte-Foix.)*

Excellente leçon donnée à la coquetterie !

Licorne (rue de la) : Ce nom vient d'une enseigne qu'on y voyait en 1297, et qui représentait un *unicorne*, comme on disait alors, et la rue s'appelait de l'*Unicorne*. « Cependant j'ai ouï dire que bien des gens prétendaient que ce nom ne lui avait été donné qu'à l'occasion d'une licorne qu'on y montrait autrefois pour de l'argent ; pour quoi je serais de leur opinion volontiers s'ils pouvaient nous faire voir une licorne en vie ; mais qu'ils ne se mettent point en peine d'en chercher, car il n'y en a jamais eu au monde, si ce n'est en peinture. » (*Sauval.*)

Lobau (rue) : Georges Mouton, comte de Lobau, naquit le 21 février 1770 à Phalsbourg. Engagé volontaire en 1792, sa bravoure à l'armée du Rhin lui valut l'épaulette d'officier. Aide-de-camp de Joubert à Novi, il reçut dans ses bras le général frappé mortellement et qui bientôt expira. Colonel en 1800, général de brigade en 1805, Mouton mérita à la bataille d'Essling (1809) d'être nommé comte de *Lobau*, « pour avoir sept fois, aux termes du décret, repoussé l'ennemi et par là assuré la gloire de nos armes. »

Quelques temps après, l'Empereur voyant à la Cour arriver la comtesse Lobau, s'approcha d'elle et lui dit : « Votre mari est brave comme son épée et lui aussi méritait d'être prince d'Essling. »

Après 1830, Lobau fut fait commandant en chef des gardes nationales de France. Tout le monde se rappelle le moyen original autant qu'efficace employé par lui pour dissiper, place Vendôme, une émeute sans effusion de sang. Les pompes remplacèrent, et avec un plein succès, les canons. Les Parisiens mis en gaîté par l'expédient ne purent garder beaucoup rancune au vieux brave, mais néanmoins se vengèrent par d'interminables plaisanteries, dont le maréchal[1] riait tout le premier sous sa moustache grise. Lobau mourut en 1838 (27 novembre.)

Lombards (rue des) : Elle a pris son nom de certains usuriers et créanciers si impatients que par ironie on disait autrefois à Paris la *Patience des Lombards*.

Louis-le-Grand (rue) : Il est assez curieux de voir le jugement porté sur Louis XIV par Napoléon et les motifs pour lesquels il l'exalte ou le blâme : « Louis XIV fut un grand roi : c'est lui qui a élevé la France au premier rang des nations de l'Europe ; c'est lui qui *le premier a eu* 400,000 *hommes sur pied* et 100 vaisseaux en mer ; il a accru la France de la Franche-Comté, du Roussillon, de la Flandre, etc ; .... Mais les 200 millions de dettes, mais Versailles, mais Marly, ce favori sans

[1] Il avait été nommé en 1831.

mérite, mais mademoiselle de Maintenon, Villeroi, Tallard, Marsin, etc ! Eh ! le soleil n'a-t-il pas ses taches ? Depuis Charlemagne, quel est le souverain, roi de France, qu'on puisse comparer à Louis XIV sur toutes ses faces[1] ? »

Louis-Philippe (passage) : Autrefois rue de *Lappe*, nom d'un jardinier qui l'habitait en 1635.

Lourcine (rue de) : Cette rue dépendait au XIIe siècle du fief de Lourcine (*Laorcinis*) appartenant à la commanderie de St-Jean de Latran. Elle porte dans certains actes le nom de rue Franchise à cause du privilége dont les artisans jouissaient sur son territoire.

Louvre (palais du) : La véritable origine de ce château est ignorée et l'étymologie de son nom n'est pas mieux connue ; la plus vraisemblable est celle qu'on tire du mot saxon *louer* qui en français signifie château. Presque tous nos historiens font honneur de sa fondation à Philippe-Auguste ; mais il n'est pas difficile de prouver que ce prince n'a fait que le réparer et l'augmenter. Le Louvre, habité par nos rois, fut par eux continuellement agrandi et embelli. François Ier commença, en 1528, un nouveau bâtiment qui ne fut achevé que vingt ans après, sous le règne de Henri II. Louis XIII le fit augmenter aussi et posa la première pierre des nouvelles constructions au mois de juillet 1624. Sous Louis XIV, les augmentations furent plus considérables encore; c'est alors que s'éleva la magnifique colonnade exécutée d'après les dessins de Perrault

[1] Gourgaud et Montholon : *Mémoires dictés à Sainte-Hélène*. T. VII.

qui de médecin devint architecte. Napoléon Ier donna une impulsion nouvelle aux travaux que la Révolution avait interrompus, et, de notre temps, nous avons vu se réaliser le projet longtemps ajourné de la réunion du Louvre aux Tuileries, projet dont le premier, dit-on, Henri IV eut la pensée.

Dans les *Mémoires de Tavannes*, on lit un passage singulièrement curieux pour l'époque et relatif à l'achèvement du Louvre : « ... Mais à la vérité, pour faire de tels bâtiments, dit le contemporain de François Ier, il faudrait que le roi de France fût au moins seigneur de tous les Pays-Bas, en bornant son état de la rivière du Rhin, en occupant les comtés de Ferrette, de Bourgogne, Franche-Comté et Savoie qui seraient les limites devers les montagnes d'Italie, et d'autre part le comté de Roussillon et ce qui va jusqu'au proche des Pyrénées. »

La galerie des tableaux, ou Musée du Louvre, est une des plus riches de l'Europe. Toutes les grandes écoles Italienne, Flamande, Espagnole, Française y sont représentées par d'admirables chefs-d'œuvre, peinture et dessins.

Dans le Louvre se voient également le Musée des Souverains, le Musée de la Marine, la galerie Sauvageot, etc.

Lune (rue de la) : Ce nom vient d'une enseigne.

Luxembourg (palais et jardin du) :

J'aime du Luxembourg la pose solennelle :
Aux quatre points du ciel il élargit une aile ;
Sous une Médicis, le ciseau florentin
Voulut donner ce Louvre au vieux quartier latin ;

Le temps, qui ronge tout de ses dents incisives
N'a pas encor mordu sur ces pierres massives ;
Vierge d'impur ciment, fort de son unité,
Ce compacte château vit pour l'éternité.
Il étale au dehors de ses murs granitiques
La colonne toscane aux bracelets antiques,
Et semble dédaigner dans son style grossier
Ces frêles ornements que cartonne Percier,
Ces colonnes d'un jour qui, pour être immortelles,
Coiffent leurs chapiteaux de bonnets de dentelles,
Ces feuillets de sculpture où, par quatrains égaux,
L'architecte galant écrit ses madrigaux.
J'aime surtout ses bois, terrestres élysées ;
Ses pelouses de fleurs par des talus brisées ;
La mousse en relief sur les murs décrépits ;
L'allée où le gramen déroule ses tapis ;
Ses autels où la fable a sculpté ses idoles ;
Les cygnes du bassin, gracieuses gondoles ;
Et les lacs de gazon qu'un balustre épineux
Borde, en faisant courir ses losanges de nœuds.
Là, toujours indocile au goût systématique,
Quelque plan imprévu rompt les lignes d'optique ;
Là, rien n'attriste l'œil, car un heureux dédain
Au compas de Lenôtre enleva ce jardin.

Ces vers du poète de la *Némésis*, écrits en 1831, et si remarquables au point de vue historique et descriptif, étaient plus vrais alors qu'aujourd'hui, surtout en ce qui concerne le jardin si malheureusement mutilé et diminué en dépit des réclamations les plus instantes. La suppression de la Pépinière en particulier, en vue de mesquins calculs financiers, a été un acte véritable de vandalisme qui ôte beaucoup au jardin de son caractère pittoresque. Espérons maintenant que les terrains, distraits par un plan malencontreux du Luxembourg, lui seront rendus, plantés à nouveau d'arbres et d'arbustes pour l'agrément des promeneurs et de la nombreuse population enfantine du quartier à laquelle c'est un devoir comme un bonheur de penser.

M

Macdonald (rue) : Macdonald (Etienne), duc de Tarente, né en 1765, mort en 1840. « Il était de ceux dont les dehors heureux sont, d'une âme pure et généreuse, la digne et fidèle image. Rien en lui ne dissimulait. Son âme ressortait dans tous les traits de sa noble figure. » Ainsi s'exprime M. de Ségur qui n'est point démenti par les faits. Deux épisodes seulement :

A Wagram, avec deux divisions, Macdonald enfonce le centre de l'armée autrichienne couvert par plus de 200 pièces de canon.

« C'est à présent entre nous à la vie, à la mort ! » lui dit, en le nommant maréchal de France sur le champ de bataille, l'Empereur qui avait conçu contre le brave général des préventions mal fondées.

Après cette même bataille, Macdonald fut laissé à Gratz avec un corps d'armée. L'ordre et la discipline qu'il maintint parmi ses troupes furent tels que le pays s'aperçut à peine de leur présence. Aussi, les Etats reconnaissants vinrent offrir au maréchal, lors de son départ, un présent de 200,000 florins. Il les refusa ainsi qu'un magnifique écrin, en disant :

» Si vous croyez me devoir quelque chose, je vous

laisse un moyen de vous acquitter par les soins que vous prendrez des 300 malades laissés par nous dans votre ville. »

Lamartine n'est que juste quand il dit dans le *Chant du Sacre :*

> Macdonald, des héros le juge et le modèle,
> Sous un nom étranger il porte un cœur fidèle;
> Dans nos sanglants revers moderne Xénophon,
> La France et l'avenir ont adopté son nom,
> Et son bras, dans les champs d'Arcole et d'Ibérie,
> En sauvant les Français a conquis sa patrie.

Madame (rue de) : Ouverte en 1790 sur un terrain appartenant à S. A. R. Monsieur (depuis Louis XVIII) qui lui donna ce nom en l'honneur de la princesse de Sardaigne, Marie Louise Joséphine, sa femme.

Madeleine, (église de la) : Louis XV posa la première pierre de cette église le 3 avril 1764. L'architecte, chargé de la construction, était Coutant d'Ivry auquel succéda, après sa mort arrivée en 1777, Couture qui modifia heureusement le plan un peu mesquin de son prédécesseur. Mais le monument sortait de terre à peine lorsque éclata la révolution qui fit suspendre les travaux. Ils ne furent repris qu'en 1806 par suite d'un décret de Napoléon, daté de Posen. Mais l'église devenait d'après le décret : « un monument dédié à la Grande Armée, por- » tant sur le fronton : L'*Empereur Napoléon aux soldats » de la Grande Armée.* » Ce *Temple de la Gloire*, comme on l'appelait, et dont Claude Vignon avait tracé le plan, était plus d'à moitié construit, quand les évènements de 1814 et 1815, arrivèrent. Par suite d'une ordonnance royale du 14 février 1816, l'édifice fut rendu à sa destination primitive et redevint l'église de la Madeleine. Claude Vignon néanmoins conserva la direction des travaux jusqu'à sa mort, arrivée en 1828. Il eut pour successeur M. Huré qui put enfin terminer l'édifice consacré au culte le 4 mai 1842.

« L'extérieur de ce monument, dit M. L. Lazare, a toute la noblesse des temples antiques. » Eloge mérité sans doute mais qui pour une église équivaut presque à une critique d'autant plus que l'édifice assez magnifique au dehors « entouré qu'il est de colonnes d'ordres corinthiens, surmontées de chapiteaux d'une richesse remarquable » laisse beaucoup à désirer pour l'intérieur, qu'il s'agisse de la prédication ou des cérémonies du culte. Faute de bas-côtés la circulation est difficile, et il n'y a point à proprement parler de chapelles particulières.

Malebranche (rue) : Né à Paris en 1638, mort en 1715, cet illustre métaphysien fut aussi un éminent écrivain. La nature de nos travaux ne nous a pas permis d'étudier assez longuement les questions philosophiques et les œuvres de Malebranche en particulier pour oser formuler une opinion sur celui-ci. Aussi nous en référons-nous à ce qu'en a dit un Aristarque plus expérimenté à qui nous laissons, d'ailleurs, toute la responsabilité de son jugement, ce semble, un peu sévère :

« Malebranche a fait une méthode pour ne pas se tromper et il se trompe sans cesse. On peut dire de lui, en parlant son langage, que son entendement avait blessé son imagination.... Ce Malebranche est bien hardi à se moquer des hardiesses. Les siennes ont plus d'excès que toutes celles qu'il reprend. Il y a pourtant en lui des choses admirables ; mais ce n'est pas ce qu'on a cité... Son indépendance des opinions de Descartes est toute cartésienne. Il est rebelle par fidélité.

« Malebranche me semble avoir mieux connu le cerveau que l'esprit humain. » (JOUBERT).

Mail (rue du) : Ce nom vient d'un grand *mail* ou jeu de paume, qui se trouvait dans cette rue et disparut en 1633, lorsque la ville commença à s'étendre de ce côté.

Malaquais, (quai) : Le bord de la Seine en cet endroit, s'appelait anciennement port *Malaquest*.

Voici une jolie anecdote racontée dans les mémoires du temps. Après la paix de Vervins, Henri IV, au retour d'une chasse, vêtu fort simplement, et accompagné de trois ou quatre gentilshommes, vint passer la rivière au port de *Malaquest*, vis-à-vis la grande galerie du Louvre. Assuré que le batelier ne le connaissait pas, il prit plaisir à le questionner et lui demanda en particulier ce que l'on pensait de la paix. L'autre lui répondit :

« Pour moi je ne sais pas de quelle paix vous parlez ; mais on a plus de mal que devant et nous payons plus d'impôts que pendant la guerre. Tenez, il n'y a pas jusqu'à ce méchant *bachot* qui ne paie impôt et pourtant j'ai assez de peine à vivre sans cela.

— Et que dit le roi là dessus ? reprit Henri IV, ne parle-t-il point d'y donner ordre ?

— Le roi est assez bon homme, et je crois, entre nous, que cela ne vient pas de lui ; mais par malheur il a pour amie une certaine dame, comtesse ou duchesse, qui nous ruine tous ; car, sous ombre de belles robes et affiquets qu'elle se fait donner tous les jours, le pauvre peuple pâtit ; vu que c'est lui qui paie tout, et pour sûr, ce n'est pas un bon emploi de l'argent qui coûte si cher.

— Vous trouvez, mon brave homme ? et de vrai, vous n'avez pas trop tort, dit le roi en riant et sautant du bateau qui venait d'aborder. Mais il avait oublié (avec intention sans doute) de payer le pauvre batelier désappointé qui se mit à crier, donnant les passagers à tous les diables.

— Retirons-nous, Messieurs, dit le prince à ses compagnons, et riant plus fort, nous avons cette fois notre charge.

Le lendemain, il fait venir au Louvre l'honnête batelier et lui commande de répéter, devant la duchesse de Beaufort, tout ce qu'il avait dit la veille. Notre homme, sans s'intimider, obéit et répéta sa tirade en n'omettant rien des dures épithètes et des vérités rudes pour l'oreille de la duchesse. Aussi la dame furieuse le voulait faire pendre.

— Eh ! doucement, doucement, dit le roi qu'amusait fort la colère de la dame ; je prends sous ma protection ce brave homme, qui y va tout de la bonne foi et ne répète que ce qu'il a ouï dire ; c'est à nous d'en profiter. Non-seulement il ne lui sera rien fait, mais je veux qu'à l'avenir il ne paie plus d'impôt pour son bateau, car c'est de là qu'est venu tout le tapage.

— Vive le roi, notre bon roi ! s'écria le batelier tout joyeux. Sire, grand merci, n'oubliez pas que mon bateau est à votre service et gratis toutes les fois qu'il vous fera plaisir de passer.

Marais-St-Germain (rue des) : Ouverte en 1540 sur une partie de l'emplacement dit le *Pré aux Clercs*. Sa dénomination vient des terrains marécageux qui l'environnaient. Au XVIe siècle, elle était presque tout entière habitée par les protestants et pour ce motif on l'appelait petite Genève. Racine demeurait au n° 21 et il y mourut en 1699.

Marigny (avenue de) : Doit son nom au marquis de Marigny, directeur général des bâtiments et jardins du roi Louis XV, grâce à Madame de Pompadour, la trop célèbre favorite, dont il était frère. Triste parenté !

Saint-Marcel ou *Marceau* (rue) : « On rapporte au temps des empereurs Gratien et Théodore le pontificat de saint Marcel, le plus illustre et le plus connu des évêques de Paris depuis saint Denis. Il prit naissance dans Paris même, d'une famille dont il devint le principal ornement. Instruit de bonne heure dans les devoirs de la religion chrétienne, il passa sa jeunesse dans les exercices de la piété la plus exacte ; humble, modeste, chaste, mortifié, et d'une maturité au dessus de son âge. Une conduite si réglée porta son évêque nommé Prudence, successeur de Paul, aussi évêque de Paris, à lui donner rang dans le clergé. Il le fit d'abord lecteur, puis sous-diacre, et ensuite prêtre. Il exerça les fonctions de ces différents ordres avec tant d'édification du clergé et du peuple, que nul ne parut plus digne que lui de remplir le siége épiscopal après la mort de l'évêque Prudence. Quelque répugnance qu'il eût à se charger d'un si grand fardeau, il soumit sa volonté à celle de Dieu qui se déclarait trop ouvertement par la voix des hommes. On sait peu de chose du reste du pontificat de saint Marcel. Son historien, Fortunat, s'est bien moins étendu sur ses actions que sur ses miracles selon le génie de son siècle [1]. »

Marie (pont) : A pris son nom de Christophe Marie, associé avec Poulthier et François le Regrattier, trésoriers des Cents-Suisses, qui le construisirent à leurs frais (1613 à 1635) « à condition que, pour se dédommager des dépenses excessives qu'ils étaient obligés de faire, dit Germain Brice, on leur donnerait des places dans l'île Notre-Dame et sur les bords de la rivière, qui leur appartiendraient en propre, ce qui leur fut accordé. »

Trois-Maries (place des) : Ce nom vient d'une enseigne.

Marivaux (rue de) : Marivaux (1688-1763) est connu surtout par son théâtre. Le dialogue a de la finesse et de la grâce, mais avec trop de recherche. Aussi la critique, en exagérant peut-être, pour qualifier la manière de l'auteur, inventa le mot : *marivaudage.*

Marmousets (rue des) :

En la rue du Marmouset
Trouvai homme qui m'eut fait
Une muse corne bellourde [2].

« C'est de temps immémorial, dit le vieux du Breuil [3], que le bruit a couru qu'il y avait en la cité de Paris, rue des Marmousets, un pâtissier-meurtrier, lequel avait occis en sa maison un homme, aidé à ce par un sien voisin barbier, feignant raser la barbe, de la chair d'icelui

[1] Félibien et Lobineau : — *Histoire de Paris.*

[2] Homme qui me fait une cornemuse.

[3] *Théâtre des Antiquités de la Ville de Paris.*

faisait des pâtés qui se trouvaient meilleurs que les autres d'autant que la chair de l'homme est plus délicate, à cause de la nourriture, que celle des autres animaux. Et que cela ayant été découvert, la Cour du Parlement ordonna qu'outre la punition du pâtissier, sa maison serait rasée, et outre ce, une pyramide ou colonne, érigée au dit lieu, en mémoire ignominieuse de ce détestable fait, de laquelle reste encore part et portion en la dite rue des Marmousets. »

Une maison, dite des *Marmousets*, existait dans cette rue en 1206 et lui donna son nom. Était-ce la maison dont « la démolition avait été faite pour grand crime commis en icelle » ainsi qu'il est déclaré, sans autrement spécifier, dans les lettres patentes octroyées par François Ier à Pierre Belut, conseiller au Parlement, pour rebâtir la place étant demeurée vague pendant plus de cent ans. »

Bien qu'on ne trouve nulle part ni procédure ni arrêts relatifs à ce crime horrible, il ne s'ensuivrait point forcément qu'il ne fût pas commis et que des écrivains soient fondés à le déclarer purement légendaire, un conte à la façon de ceux de *Barbe-Bleue* ou *Croquemitaine*. « On sait que, dans les crimes atroces et extraordinaires, il a toujours été d'usage, et même dans les derniers temps de la monarchie, dit Saint-Victor, de jeter au feu les informations et la procédure pour ne pas la rendre croyable. »

Quoique ce système soit condamné par la pratique actuelle, on se demande si la manière de nos pères n'était point préférable, et si le silence, en certains cas, n'avait pas moins d'inconvénient que cette publicité bruyante, excitant fatal pour les imaginations malades et cause peut-être de nouveaux crimes.

A propos de cette même rue, voici une anecdote assez curieuse que nous aurions regret d'oublier. Bien que sous Philippe-Auguste on eût pavé la plupart des grandes voies de Paris, ce bienfait ne s'étendit point immédiatement à tout le reste de la ville, et même par le malheur des temps, sous les successeurs du vainqueur de Bouvines, après saint Louis surtout, soit l'entretien, soit l'exécution des travaux, fut souvent négligé. Il n'y eut enfin pour la voirie de police régulière que sous le règne de Louis XIV. « Or, dit à ce sujet, un contemporain, le commissaire Delamarre, ceux d'entre nous qui ont vu le commencement du règne de Sa Majesté, se souviennent encore que les rues de Paris étaient si remplies de fange que la nécessité avait introduit l'usage de ne sortir qu'en bottes ; et quant à l'infection que cela causait dans l'air, le sieur Courtois, médecin, qui demeurait alors rue des *Marmousets,* a fait cette petite expérience par laquelle on jugera du reste. Il avait, dans sa salle sur la rue, de gros chenets à pomme de cuivre et il a dit plusieurs fois aux magistrats et à ses amis que, tous les matins, il les trouvait couverts d'une teinture épaisse de vert de gris, qu'il faisait nettoyer pour faire l'expérience du jour suivant ; et que, depuis l'an 1663, que la police du nettoiement des rues a été rétablie, ces taches n'avaient pas reparu. »

Depuis cette époque pareillement « on n'a plus vu à Paris de contagions et beaucoup moins de ces maladies populaires dont la ville était si souvent effrayée dans les temps que le nettoiement des rues était négligé. »

Une anecdote encore : Louis, fils du roi Philippe Ier, avait fait abattre, de son autorité, partie d'une maison de cette rue des Marmousets près de la porte du cloître qui appartenait au chanoine Duranci : elle *saillait trop* à son gré et rendait peut-être le passage incommode. Le chapitre de Notre-Dame réclama en invoquant ses priviléges et immunités. Louis reconnut son tort, promit de ne plus rien attenter de semblable et consentit à payer l'amende qui fut fixée d'un commun accord.

Ainsi le souverain, dans ce temps qu'on nous représente parfois sous d'aussi étranges couleurs, donnait le premier l'exemple en témoignant de son respect pour le droit.

Marsollier (rue) : Compositeur de musique, né à Paris en 1750, Marsollier est mort à Versailles, le 22 avril 1817.

Martignac (rue de) : Jean-Baptiste-Sylvère Gaye, vicomte de Martignac, né à Bordeaux (20 juin 1770), est mort à Paris, le 3 avril 1832. On voit au père La Chaise la tombe de cet homme d'Etat, l'un des ministres de la Restauration. Orateur éloquent, par la noblesse de son caractère et ses qualités privées, il avait su se concilier de nombreuses sympathies.

Saint-Martin (porte) : Elle fut élevée en 1674, d'après les dessins de Pierre Bullet, élève de Blondel, et en l'honneur de Louis XIV victorieux, comme la porte Saint-Denis.

Saint-Martin (rue) :

> Et en la rue St-Martin
> Là ouïs chanter en latin
> De Notre-Dame moult de chants.

La rue *St-Martin* a pris son nom de la grande abbaye à laquelle elle conduisait et du Saint qui est une des grandes gloires de l'église de France.

Martyrs (rue des) : Elle doit son nom à une chapelle érigée à l'endroit où l'on croit que saint Denis et ses compagnons furent décapités.

Masséna (rue) : Masséna, prince d'Essling, et maréchal de France, s'illustra pendant les guerres de la République et de l'Empire. On sait que le constant bonheur, qui l'accompagna sur tant de champs de bataille, lui avait fait donner par ses soldats le surnom envié de : *l'Enfant chéri de la Victoire.*

Massillon (rue) : Ce prédicateur célèbre, né à Hyères en Provence (1663), mourut à Paris en 1742. Son *Petit Carême* est dans toutes les mains. On lui reproche d'être plus enclin à la sévérité qu'à l'indulgence malgré les fleurs dont il émaille volontiers son style. On cite de lui ce mot fameux, début de l'*Oraison funèbre* de Louis XIV : *Dieu seul est grand, mes frères.* Mais il s'élève à une bien autre éloquence dans cette page sublime à l'adresse des conquérants, exhumée récemment avec tant de bonheur et d'à-propos par M. de Beauchesne[1] et que Bossuet aurait signée des deux mains. Il faut ici se taire et admirer :

« Sire, si le poison de l'ambition gagne et infecte le » cœur du prince ; si le souverain, oubliant qu'il est le » protecteur de la tranquillité publique, préfère sa pro-

[1] L'historien de Louis XVII adressait, le 4 novembre 1870, ce fragment au roi Guillaume, avec une lettre d'envoi remarquable et qui conciliait tout à la fois le respect et la fermeté.

» pre gloire à l'amour et au salut de ses peuples; s'il » aime mieux conquérir des provinces que régner sur » les cœurs; s'il lui paraît plus glorieux d'être le des- » tructeur de ses voisins que le père de son peuple; si le » deuil et la désolation de ses sujets est le seul chant de » joie qui accompagne ses victoires; s'il fait servir à lui » seul une puissance qui ne lui est donnée que pour » rendre heureux ceux qu'il gouverne; en un mot, s'il » n'est roi que pour le malheur des hommes, et que, » comme le roi de Babylone, il ne veuille élever la » statue impie, l'idole de sa grandeur, que sur les larmes » et les débris des peuples et des nations, grand Dieu! » quel fléau pour la terre! quel présent faites-vous aux » hommes dans votre colère, en leur donnant un tel » maître! Sa gloire, Sire, sera toujours souillée de » sang. Quelque insensé chantera peut-être ses victoi- » res; mais les provinces, les villes, les campagnes en » pleureront. On lui dressera des monuments superbes » pour immortaliser ses conquêtes; mais les cendres » encore fumantes de tant de villes autrefois florissan- » tes; mais la désolation de tant de campagnes dépouil- » lées de leur beauté; mais les ruines de tant de murs » sous lesquels les citoyens paisibles ont été ensevelis; » mais tant de calamités qui subsisteront après lui, » seront des monuments lugubres qui immortaliseront » sa folie et sa vanité. Il aura passé comme un torrent » pour ravager, et non comme un fleuve majestueux » pour y porter la joie et l'abondance; son nom sera » écrit dans les annales de la postérité parmi les con- » quérants; mais il ne le sera pas parmi les bons rois; » on ne se rappellera l'histoire de son règne que pour

» rappeler le souvenir des maux qu'il a faits aux hom- » mes... Et tout cet amas de gloire ne sera plus à la fin » qu'un monceau de boue, qui ne laissera après elle que » l'infection et l'opprobre[1] ».

Mathurins (rue des) : Son nom lui vient d'une chapelle dédiée à St-Mathurin. Les religieux de la Trinité, dont les fondateurs furent Jean de Matha et Félix de Valois, et qui se dévouaient au rachat et à la rédemption des captifs, étant venus s'établir dans l'aumônerie dont la chapelle dépendait, ajoutèrent à leur nom celui de *Mathurins*. Rutebœuf, si malveillant dans son poème des *Ordres de Paris*, épargne cependant ces moines humbles autant que dévoués :

Ci gît le léal Mathurin,
Sans reproche bon serviteur,
Qui céans garda pain et vin,
Et fut des portes gouverneur.
Paniers ou hottes, par honneur,
Au marché volontiers portoit ;
Fort diligent et bon sonneur ;
Dieu pardon à l'âme lui soit.

Matignon (rue) : Doit son nom à Jacques de Matignon, maréchal de France, qui l'habitait. « Mais je prévois, dit Sauval, qu'elle s'appellera bientôt la rue *Maquignon*, parce que le peuple commence déjà à prendre ce nom là pour l'autre comme lui étant plus connu, ce qui lui est ordinaire. »

Maubert (place) : Altération du mot *Aubert*. C'était le

[1] (Massillon. *Mémoires de la minorité de Louis XV*, page 9.)

nom du second abbé de Ste-Geneviève qui, au XIIe siècle, avait permis de construire des étaux de boucherie sur ce terrain compris dans la censive de l'abbaye.

Maubuée (rue) : Existait dès le XIIIe siècle. La dénomination n'est pas à son honneur, car *Maubué* en vieux langage signifie *mal propre*.

Mauconseil (rue) : Ce nom lui vient, d'après Cenalis, du mauvais conseil qu'on tint, en 1407, dans l'hôtel de Bourgogne, qui s'y trouvait, conseil où fut résolu l'assassinat du duc d'Orléans. D'autres auteurs pensent que ce nom vient plutôt de quelque seigneur de Mauconseil qui aurait demeuré dans cette rue. Mauconseil était un château en Picardie dont il est fort parlé dans les *Chroniques* de Froissart.

Dans *Le Dit des Rues de Paris* se lisent ces vers :

.... Et puis en la rue Mauconseil,
Une dame vis sur un seil (seuil),
Qui moult se portait noblement.
Je la saluai simplement,
Et elle, moi, par saint Louis.

Maures (rue des *Trois*) : Il existait dans cette rue, au XVIe siècle, une auberge très achalandée et qui avait pour enseigne aux *Trois Maures*.

Mazarine (rue) : Doit son nom à l'ancien collége Mazarin aujourd'hui palais de l'Institut dont les dépendances bordent une partie de cette voie. On sait le rôle considérable qu'a joué dans notre histoire le célèbre cardinal, successeur au ministère de Richelieu.

Mazagran (rue) : Elle doit son nom à l'un des épisodes les plus glorieux de nos guerres d'Afrique : « 123 braves de la 10e compagnie du 1er bataillon d'infanterie légère d'Afrique, à peine couverts par une faible muraille en pierres sèches ébréchée par le canon ont repoussé pendant quatre jours les assauts de plusieurs milliers d'Arabes.... Le capitaine Lelièvre, commandant cette garnison, a été promu chef de bataillon... La 10e compagnie est autorisée à conserver dans ses rangs le drapeau criblé de balles qui flottait sur le réduit de Mazagran dans les journées des 3, 4, 5 et 6 février 1840, et à chaque anniversaire de cette dernière journée, le présent *Ordre du jour* sera lu devant le front du bataillon. »

Mazas (rue, boulevart, place) : Ce nom fut donné au boulevart, en souvenir du colonel Mazas, qui commandait le 41e de ligne et fut tué à Austerlitz.

Méchain : Astronome célèbre, né à Laon en 1744, mort en 1805.

Médecine (Ecole de) : Construite sur l'emplacement de l'ancien collége de Bourgogne et de « quatre maisons y contiguës » d'après un arrêt du conseil du 7 décembre 1768. L'exécution du monument, confiée à l'architecte Gondouin, marcha rapidement et la nouvelle Ecole s'ouvrit aux élèves et professeurs. Le grand amphitéâtre peut contenir au moins 1,200 auditeurs. Dans la cour on voit la statue de Bichat, mort si jeune, au commencement du siècle, et cependant déjà illustre.

Mégisserie (quai de la) : Doit son nom aux mégissiers qui s'y étaient établis anciennement et l'habitèrent jusqu'en 1673, où l'on parvint à les reléguer dans un quartier moins central. C'est sur ce quai, comme sur le quai voisin dit de la *Ferraille*, que se tenaient, avant la

Révolution, les trop fameux racoleurs. Quelques-uns d'entre eux ne se bornaient pas à pérorer sur une chaise ou sur une table. Installés en permanence, ils avaient des boutiques à la façon des baraques en toile et en bois de la foire. Au-dessus de la porte flottait un drapeau semé de fleurs de lis. Mercier, dans son livre sur Paris, affirme avoir lu sur une de ces boutiques le vers célèbre de Voltaire :

Le premier qui fut roi fut un soldat heureux !

C'était là assurément le pire mode de recrutement pour l'armée et l'on comprend que, dans notre langue, ce mot de *racoleur* soit marqué d'une flétrissure et se prononce comme une injure. Combien de malheureux autrefois, dupes d'impudents mensonges et conscrits par surprise, furent les victimes de cet odieux négoce, qui pouvait aller de pair avec la *Traite des Nègres !*

Merri ou Méderic (église saint) : Il existait de toute ancienneté en cet endroit une chapelle dédiée à saint Pierre. Vers 697, Merry ou Méderic vint habiter, avec Frodulfe, son disciple, une cellule bâtie près de la chapelle, et il y mourut trois années après en odeur de sainteté. Vers 936, l'édifice fut reconstruit aux frais d'un certain Odon le fauconnier, *Odo Falconarius,* qui y reçut la sépulture. L'église actuelle, construite sur de plus vastes plans, et commencée sous le règne de François Ier, fut achevée seulement en 1612.

Mesnil-Montant (rue) : Autrefois *Mesnil-Maudan.* Anciennement on appelait *Mesnil* une maison de campagne et l'on se servait aussi de ce mot pour désigner un village ou un hameau. Si l'on a corrompu le nom primitif de Mesnil-Maudan, en celui de *montant*, la position l'explique et le justifie.

Mignon (rue) : A pris son nom du collége Mignon, créé en 1343, par Jean Mignon, archidiacre de Blois, et maître des comptes à Paris.

Militaire (*Ecole*) : Dans le préambule de l'édit du roi du mois de janvier 1751, pour la création de cette École, on lit entre autres choses : « Nous avons résolu de fon-» der une *Ecole militaire* et d'y faire élever sous nos » yeux cinq cents gentilshommes, nés sans biens, dans » le choix desquels nous préfèrerons ceux qui, en per-» dant leurs pères à la guerre, sont devenus les enfants » de l'Etat. Nous espérons même que le plan qui sera » suivi dans l'éducation des *cinq cents* gentilshommes » que nous adoptons servira de modèle aux pères qui » sont en état de le procurer à leurs enfants ; en sorte » que l'ancien préjugé, qui a fait croire que la valeur » seule fait l'homme de guerre, cède insensiblement au » goût des études militaires que nous aurons introduit, » etc., etc. »

Voilà un langage vraiment royal. La construction de l'édifice commença, dès l'année suivante, sous la direction de Gabriel, architecte du roi. L'École Militaire aujourd'hui sert de caserne à plusieurs régiments de la garnison de Paris, infanterie et cavalerie.

Miroménil (rue de) : Elle a pris son nom de Armand Thomas Hue de Miroménil, nommé garde des sceaux en août 1774, deux années avant l'ouverture de la rue.

Minimes (rue des) : Cette rue tire son nom de l'ancien couvent des Minimes qui s'y trouvait. Ces religieux, établis en France, en 1609, avaient pour fondateur François de Paule, le saint ermite de la Calabre. Il avait voulu que ses religieux s'appelassent *Minimes*, c'est-à-dire les plus petits, les plus humbles de tous.

Supprimé en 1790, l'établissement devint propriété nationale et sert aujourd'hui de caserne.

Molay (rue) : Fut nommée ainsi en l'an IX, à cause de la proximité du Temple et en souvenir de Jacques Molay, dernier grand maître dont nul n'ignore la fin tragique.

Monnaies (hôtel des) : La première pierre du monument fut posée, le 30 avril 1777, par l'abbé Terray au nom et comme ministre du roi Louis XV. Ce vaste établissement, tant pour ses aménagements intérieurs que pour son organisation et l'excellence de son outillage, est regardé comme le premier de son genre en Europe.

Monsieur (rue de) : Ouverte en 1779 sur un terrain appartenant à Monsieur, depuis roi sous le nom de Louis XVIII.

Monsieur le Prince (rue) : Ce nom lui vient du prince de Condé dont l'hôtel s'étendait par les jardins jusqu'à cette voie publique.

Monsigny (rue) : Célèbre compositeur de musique, Monsigny, né en 1729, est mort en 1817.

Montaigne (rue) : Montaigne (Michel de) naquit au château de Saint-Michel de Montaigne, le 29 février 1533 et il y mourut en 1592. Douze années auparavant, avait paru à Bordeaux la première édition du livre des *Essais*. Si Montaigne s'y montre écrivain des plus remarquables, joignant la vigueur de la pensée à l'originalité de l'expression, il laisse fort à désirer sous d'autres rapports. On regrette, dans son ouvrage, plus encore peut-être que la tendance au scepticisme, une liberté de langage que lui-même il confesse, ce qui ne l'en rend que plus blâmable : « Moi qui ai la bouche si effrontée ! » dit-il en propres termes au livre III des *Essais*. Ailleurs, il parle du suicide comme un païen et un stoïcien. Et pourtant on trouverait dans son livre plus d'un passage par lequel il se refute éloquemment lui-même et témoigne d'une âme naturellement chrétienne, selon l'expression de Tertullien. Sa mort non plus ne fut pas celle d'un impie d'après le récit d'un témoin oculaire, Etienne Pasquier.

Montfaucon (rue de) : Bernard de Montfaucon, religieux célèbre de la congrégation de St-Maur, né en 1655, mourut en 1741, à l'abbaye St-Germain des Prés. Il est auteur de savants ouvrages, entre autres les *Antiquités expliquées*, et une *Collection des Pères*.

La rue ne doit donc pas son nom, comme on pourrait le croire, au fameux gibet de Montfaucon, sur lequel on nous saura gré d'ailleurs de donner quelques détails. Il fut construit ou plutôt reconstruit par Enguerrand de Marigny, suivant les uns, suivant d'autres, par Pierre Rémy, seigneur de Montigny. Ce qui est certain, c'est qu'il devint fatal à tous deux et qu'ils y furent pendus.

« Montfaucon, dit Sauval, est une éminence douce, insensible, élevée entre le faubourg St-Martin et celui du Temple, dans un endroit que l'on découvre de plusieurs lieues à la ronde. Sur le haut, est une masse accompagnée de seize piliers où conduit une rampe de pierre assez large, qui se fermait autrefois avec une bonne porte. Les piliers, gros, carrés, hauts chacun de trente-deux à trente-trois pieds, et faits de trente-deux ou trente-trois grosses pierres refondues ou rustiques, posées sur des assises faites de gros quartiers de pierres bien liées et cimentées, étaient rangés en deux files sur la largeur et en une sur la longueur. Pour les joindre ensemble, et pour y attacher les criminels, on avait enclavé dans leurs chaperons deux gros liens de bois qui traversaient de l'un à l'autre, avec des chaînes de fer, d'espace en espace. Au milieu était une cave où se jetaient apparemment les corps des criminels quand il n'en restait plus que les carcasses, ou que toutes les chaînes et les places étaient remplies. Présentement cette cave est comblée, la porte de la rampe rompue, ses marches brisées ; des piliers à peine en reste-t-il sur pied trois ou quatre... En un mot, de ce lieu patibulaire si solidement bâti, à peine la masse est-elle encore debout.... Maintenant, la Grève, la Croix du Tiroir, la Porte de Paris et l'Estrapade sont les lieux d'exécution les plus ordinaires de la ville. »

Entre les personnages célèbres pendus au gibet de Montfaucon, mais cette fois avec toute justice, il faut citer le fameux Olivier le Dain, dit le Diable, barbier et ministre de Louis XI. « Après la mort du roi, comme il était chargé de grands méfaits et que d'ailleurs les princes lui en voulaient à cause de son insolence, il fut livré à la justice et pendu au gibet de Montfaucon. »

On y pendit aussi le corps de l'amiral de Coligny assassiné, dans la nuit de la Saint-Barthélemy, par les ordres du duc de Guise, dit le Balafré.

Montesquieu (rue) : Doit son nom à Charles de Secondat, baron de Bréda et de Montesquieu (1689-1755), l'auteur célèbre du livre de l'*Esprit des Lois*, qu'un malicieux critique qualifiait : *De l'Esprit sur les lois.* « La tête de Montesquieu, dit Joubert, est un instrument dont toutes les cordes sont d'accord, mais qui est trop monté et rend des sons trop aigus. Quoiqu'il n'exécute rien contre les règles, il a, dans ses vibrations trop contenues et trop précipitées, quelque chose d'au-delà de toutes les clefs d'une belle et sage musique.

« Montesquieu fut une belle tête sans prudence. »

Montgolfier(rue) : Montgolfier (Joseph-Michel) fut, avec son frère Etienne, non pas précisément l'inventeur mais le propagateur en France de la navigation aérienne au moyen des aérostats, vulgairement ballons, que Joseph de Maistre se plaint de ne pas entendre appeler *Montgolfières*. Le problème si important de la direction des ballons est encore à trouver. Le sera-t-il jamais ? Et pourtant que d'essais restés infructueux en dépit de la réclame! Montgolfier, né à Vidalon-lez-Aunay, mourut en 1810.

Montholon (rue) : De Montholon, qui a donné son nom à cette rue, était conseiller d'état avant la Révolution. De lui descendait le général comte de Montholon, exécuteur testamentaire de Napoléon et qui, après l'avoir soigné avec un absolu dévouement, pendant de longs jours et de plus longues nuits, lui ferma les yeux.

Montmartre (rue) : Son nom lui vient de la montagne à laquelle elle conduit ; mais celle-ci doit-elle son nom à un temple de Mars ou de Mercure, qui s'y élevait ou bien au martyre de saint Denis et de ses compagnons ? Sur ces opinions longtemps et vivement controversées, Jaillot hésite d'abord à se prononcer ; il adopte cependant la première ou plutôt l'une et l'autre ; car il croit que saint Denis et ses compagnons furent décapités sur le mont que dominait le temple de Mars.

Mont-de-Piété (hôtel du grand) : Le grand Mont-de-Piété fut établi ou autorisé par lettres patentes du 9 décembre 1777, signées du roi. On peut douter que les résultats actuels, par le taux élevé de l'intérêt, répondent pleinement aux intentions bienveillantes du monarque qui disait d'une façon si admirable : « Ce moyen nous » a paru le plus capable de faire cesser les désordres que » l'usure a introduits, et qui n'ont que trop fréquem- » ment entraîné la perte de plusieurs familles.... Nous » avons cru devoir rejeter tous les projets qui n'offraient » que des spéculations de finances pour nous arrêter à » un plan formé uniquement par des vues de bienfai- » sance et digne de fixer l'attention publique, puisqu'il » assure des secours d'argent peu onéreux aux emprun- » teurs dénués d'autres ressources. »

Montorgueil (rue) : Très-anciennement il y avait en cet endroit un chemin appelé : *Vicus superbiæ*, le chemin de l'Orgueil. Pourquoi ? nul ne le dit. Dans certains actes on lit : *Vicus montis superbi :* Le chemin du mont orgueilleux.

Mont-Parnasse (rue) : Sur un monticule voisin de l'ancienne barrière, les étudiants de l'Université avaient coutume autrefois de se réunir pour discuter sur la poésie ou l'éloquence et lire sur ces divers sujets leurs élucubrations d'où cette butte prit le nom de *Mont-Parnasse*.

Maintenant on ne voit plus là de joyeux ébats d'étudiants, mais tout au contraire les corbillards se rendant au cimetière du même nom.

Morgue (la) : Autrefois placée sur le quai dit du *Marché-Neuf,* la Morgue se cache en quelque sorte maintenant derrière le square Notre-Dame, et, ce dont il faut se féliciter, les curieux, loin de la trouver sur leur passage, doivent l'aller chercher. « S'il faut en croire Vaugelas, dit M. Lazare, *Morgue* serait un vieux mot français qui signifie *visage*. A l'entrée des prisons, on trouvait autrefois un endroit portant le nom de *Morgue* où l'on retenait quelques instants les prisonniers au moment où on les écrouait pour que les gardiens pussent bien voir leur *morgue* ou visage afin de les reconnaître en cas d'évasion. Plus tard, on exposa dans les *morgues* les cadavres que la Justice voulait faire reconnaître. » L'exposition s'étendit ensuite à toutes les victimes (n'importe la cause de l'accident) dont les corps étaient relevés sur la voie publique ou retirés de la rivière. Les filets de Saint-Cloud à ce sujet sont célèbres. Un poète a dit :

Et la Morgue au teint vert qui jette chaque nuit
Son hameçon dans la rivière.

La Mothe-Picquet (rue de) : La Mothe-Picquet, marin célèbre pendant la guerre d'Amérique, mourut lieutenant-général à Brest en 1791. Il était né en 1720.

Mouffetard (rue) : Altération du mot *Montcétard,* nom qu'on donnait à cette voie dans le XIIIe siècle.

Moulins (rue des) : Elle doit son nom à deux Moulins situés sur la butte Saint-Roch et qui furent détruits lorsqu'après avoir aplani la butte, on couvrit de maisons l'espace qu'elle occupait.

Mozart (rue) : Un critique distingué de notre temps a caractérisé admirablement en peu de lignes, le talent de ce maître illustre : « Mozart est aussi grand musicien que poète sublime. Il chante la grâce et les sentiments exquis des natures supérieures, les douleurs mystérieuses de l'âme qui entrevoit des horizons infinis, les tristesses et les voluptés d'une civilisation avancée. Il a l'élégance, la profondeur et la personnalité des patriciens. Son génie dédaigne les appétits grossiers de la foule ; jamais il n'emploie de formules banales pour capter l'approbation du vulgaire. Il dit ce qu'il veut dire sans se préoccuper du public qui l'écoute, et ses cadences s'arrêtent où s'arrête sa pensée. Il est le musicien des nuances, mais des nuances qui réfléchissent la délicatesse de l'âme, et non pas de celles qui expriment les raffinements de l'esprit. Il a la piété d'un enfant, la tendresse et la pudeur d'une femme ; et son langage passionné, mais chaste et religieux, ne s'adresse qu'à ces natures d'élite qui sont toujours en minorité sur la terre..... « Ah ! disait-il un jour à un protestant de ses » amis, vous avez votre religion dans la tête et non dans » le cœur ; vous ne sentez pas comme nous ce que » veulent dire ces mots : « *Agnus Dei qui tollis peccata* » *mundi, dona nobis pacem* » ; mais lorsqu'on a été comme » moi introduit dès sa plus tendre enfance dans le sanc- » tuaire, que, l'âme agitée de vagues désirs, on a » assisté au service divin où la musique traduisait ces » saintes paroles : *Benedictus qui venit in nomine Domini !* » oh ! alors, c'est bien différent. Plus tard, lorsqu'on » s'agite dans le vide d'une existence vulgaire, ces im- » pressions premières, restées ineffaçables au fond du

» cœur, se ravivent et montent à l'esprit comme un sou-
» pir qui se dilate. »

« On voit que Mozart avait le secret de son génie [1]. »

Murillo (rue de): Bartholomé-Esteban Murillo (1608-1682), l'un des maîtres les plus célèbres de l'École Espagnole. Son talent sans doute est grand, mais ne saurait justifier l'engouement prodigieux qui, depuis un temps, donne à ses tableaux une plus value exagérée. Peintre naturaliste, admirable dans le *Petit Mendiant* par exemple, Murillo, malgré la facilité de sa touche et la magie du coloris, nous paraît, dans les sujets élevés, chrétiens, surtout, le plus souvent au-dessous de sa tâche. Ses types manquent de grandeur bien loin de réaliser notre idéal, témoin cette *Immaculée Conception* du Louvre, acquise à la folle enchère (oh ! vraiment folle !) et payée dix fois sa valeur. Que de chefs-d'œuvre de maîtres divers et qui nous manquent on aurait eus pour les six cents et quelques mille francs si légèrement donnés !

Nous avons vu de Murillo, l'élève de Velasquez, des portraits splendides, le sien en particulier.

Musée de Cluny : Grâce à l'acquisition faite par l'Etat de l'ancien hôtel de Cluny et à la cession par la ville de Paris du vieux Palais des Thermes, ce Musée, avec ses jardins et ses bâtiments d'une architecture aussi variée que curieuse, offre aux visiteurs tous les genres d'attrait. La collection, donnée par M. du Sommerard, fut le noyau de cet important Musée archéologique, dont les richesses se sont accrues successivement soit par des dons soit par des acquisitions intelligentes.

L'hôtel de Cluny, tel que nous le voyons aujourd'hui,

fut construit ou reconstruit par Jacques d'Amboise, l'un des neuf frères du célèbre ministre de Louis XII. Cet hôtel servait d'habitation aux abbés de l'Ordre.

Petit-Musc (rue du) : Corrozet la nomme de la *Petite Puce*. « En 1358, dit Sauval, elle s'appelait la rue du *Petit-Muce*, la rue du *Pute-y-Muce* et la rue du *Put-y-Muce* à raison peut-être que c'était alors une voirie et un lieu où chacun faisait son ordure. » D'après Germain Brice, elle aurait dû s'appeler la rue *Petimus* (nous demandons) parce que, dans l'espace que cette rue occupe à présent, se trouvait autrefois l'hôtel des quatre maîtres des requêtes que l'on nommait l'hôtel *Petimus*, sur ce que les requêtes que l'on présentait alors en langue latine ainsi que tous les actes judiciaires commençaient toujours par le terme *Petimus*. »

Piganiol a relevé cette erreur en prouvant que l'hôtel des maîtres des requêtes s'élevait dans la rue Saint-Paul.

Musset (rue *Alfred de*) : Poète et auteur dramatique, Alfred de Musset, né en 1810, est mort en 1857. Quel dommage de voir un pareil talent se dévoyer aussi misérablement ! Musset semble se complaire dans ce scepticisme absolu qui cependant le torturait et le faisait s'écrier dans une heure de désespoir :

..... L'Infini me tourmente.

Au point de vue moral, il n'est pas moins dangereux pour les jeunes gens parce que sa corruption raffinée ôte au vice la laideur qui repousse et pare la débauche de toutes les élégances de la poésie. L'absinthe avec laquelle, dit-on, Musset s'empoisonna n'était rien auprès des philtres mortels qu'il composait trop bien et nous offrait dans des vases ciselés avec un art des plus savants, merveilleux parfois.

N

Napoléon : Quai de ce nom, impasse à Montrouge, square à Belleville. *(Voir la France héroïque).*

Necker (rue) : Jacques Necker, ministre de Louis XVI, esprit plus spéculatif que pratique. Né à Genève en 1732, il mourut dans cette ville en 1804. « Les Necker et leur école. Jusqu'à eux on avait dit quelquefois la vérité en riant ; ils la disent, toujours en pleurant, ou du moins avec des soupirs et des gémissements. A les entendre, toutes les vérités sont mélancoliques. Aussi M. de Pange m'écrivait-il : « Triste comme la vérité. » Aucune lumière ne les réjouit ; aucune beauté ne les épanouit ; tout les concentre. Leur poétique est héraclitienne. » *(Joubert).*

Necker (hôpital) : S'appelle ainsi en souvenir de Madame Necker qui fonda l'établissement à l'aide d'une somme annuelle de 42,000 livres accordée par le roi Louis XVI, en 1779, pour la création de 120 lits. Madame Necker, frappée autant qu'attristée des abus qui s'étaient introduits ailleurs, voulut inaugurer un nouveau système et décida que chaque malade aurait un lit à lui seul.

Sous la Révolution, l'hôpital s'appela : *Hospice de*

l'Ouest; mais plus tard il reprit le nom de la charitable fondatrice, ce qui n'était que justice.

Neuve-du-Luxembourg (rue) : Elle doit son nom à un hôtel que le maréchal de Luxembourg avait fait construire sur une partie de l'ancien emplacement des Capucines.

Nicolet (rue) : Nicolet fut un joueur de marionnettes célèbre dans la seconde moitié du XVIIIe siècle. Entre les amateurs empressés à ses représentations se trouvait souvent Joseph Vernet, avec son fils Carle ou Charlot encore enfant. « Joseph Vernet, dit Léon Lagrange, ne prenait pas moins de plaisir que le graveur Ville à voir les huit sauteurs catalans dont un fait le paillasse et est supérieur aux autres, quoique tous fassent des prodiges en divers jeux et des sauts étonnants et neufs [1]. »

Nicole (rue) : Pierre Nicole, né en 1625, est mort en 1695 ; moraliste et théologien dont on a dit qu'il était, après Pascal, l'écrivain le plus distingué de Port-Royal. On ne peut que regretter davantage qu'un homme de ce mérite n'ait pas su s'affranchir des entêtements de parti et des préjugés de secte. On lit encore ses *Pensées* et son traité de l'*Unité de l'Eglise.*

Notre-Dame-de-Lorette (église) : « Un de ces édifices religieux qui rappellent les églises d'Italie. C'est en quelque sorte, dit M. L. Lazare, un spécimen curieux, ayant sa raison d'être dans une ville comme Paris, dont le magnifique panorama plaît surtout par la diversité, les contrastes que présentent les œuvres des artistes. »

Parmi les nombreuses peintures qui décorent ce mo-

[1] L. Lagrange : *Joseph Vernet et la Peinture au XVIIIe siècle.*

nument de construction récente, il faut citer tout d'abord celles de la *Chapelle du Mariage* par Orsel, et de la *Chapelle de la Communion*, par M. Perrin, deux artistes vraiment et profondément chrétiens comme leur œuvre l'atteste.

Nonnains d'Hyères, (rue des) : En 1182, Ève, abbesse d'Hyères, acheta en cet endroit une maison, dite *de la Pie*, à Richard Villain, moyennant 25 livres de cens annuel. Cette rue prit alors le nom des religieuses.

Et parmi la rue aux Nonnains
D'Ière, vis chevaucher deux nains
Qui moult estoient esjoï (réjouis).
(*Le Dit des Rues*).

O

Observatoire (l') : Construit par l'ordre de Louis XIV, de 1667 à 1672. Perrault, dont Colbert avait fait choix comme architecte, dessina les plans et dirigea les travaux. Mais les développements que prit plus tard l'établissement, rendirent nécessaires de nouvelles constructions, faites à différentes époques. En 1834 notamment quatre ailes furent ajoutées.

Cet établissement, que domine une tour élevée par les conseils de Cassini, est destiné, on le sait, aux observations astronomiques. Il compte un assez nombreux personnel, composé du directeur, des astronomes-adjoints et d'autres employés.

Odéon (Théâtre de l') : Ce monument qui a donné son

nom à la place et à la rue voisine, fut terminé en 1782, et s'appela *Théâtre-Français*, conformément à sa destination. En 1790, on le nomma *Théâtre de la Nation*, puis, (1798) Odéon, (*odeion*) ; les Grecs appelaient ainsi le lieu où les poètes et les musiciens se faisaient entendre. En 1799, l'Odéon ayant brûlé, les Comédiens Français s'installèrent au Palais-Royal dans la salle, où ils sont encore et qu'on avait appropriée et restaurée à leur intention. L'Odéon fut reconstruit en 1807 seulement et prit le nom de : *Théâtre de l'Impératrice* qui fut changé, lors de la Restauration, en celui de *Second Théâtre-Français*. Quoique longtemps seul sur la rive gauche, ce théâtre, par un singulier phénomène, rarement attira la foule même avec de bonnes pièces, aussi bonnes du moins qu'ailleurs où chaque soir la salle était comble. Plus d'une fois, en entrant à l'orchestre ou au parterre, le spectateur dut se rappeler ces vers de la *Némésis* écrits en 1831 :

La tombe où gît Bossange [1] et le triste Odéon
Qui, ravivant sans fruit la tragi-comédie,
Ne peut se réchauffer que par un incendie.

Il est vrai que le Satirique ne traitait guère mieux le premier Théâtre Français :

Tantôt, sacrifiant une heure solitaire,
J'entrerai dans le vide habité par Voltaire.

Oiseaux (rue des) : Ce nom lui fut donné à cause d'un marché aux oiseaux qui s'y tenait.

[1] Directeur du Théâtre des Nouveautés.

Olier (rue) : L'abbé Olier, né à Paris le 20 septembre 1608, et mort le lundi de Pâques, de l'année 1657 entre les bras de saint Vincent de Paul, était curé de Saint-Sulpice. A peine ordonné prêtre (21 mars 1633), il se montra préoccupé de l'œuvre importante à laquelle il se sentait appelé, l'établissement en France des grands séminaires. Mais avec la prudenee du zèle éclairé, il sut ne rien précipiter et ce ne fut qu'en 1642, que la première de ces saintes maisons fut fondée à Vaugirard ; trois ans après, s'ouvrit celle de Saint-Sulpice, puis successivement furent établis les séminaires de Nantes, de Viviers, du Puy, de Clermont, de Québec, au Canada, etc.

Le curé de Saint-Sulpice ne s'occupait pas avec moins de sollicitude de sa paroisse où sa charité, dans les temps les plus calamiteux (l'année 1649 par exemple), trouvait moyen de venir au secours de toutes les misères. « Frère Jean m'a assuré, écrit à ce sujet un contemporain, que si, dans les autres temps, M. Olier était libéral, pendant cet hiver, qui fut très-rigoureux, on pouvait en quelque sorte lui reprocher d'être prodigue.» Une personne, chargée de la distribution de ses aumônes, étant venue le prévenir d'un air d'inquiétude qu'elle n'avait plus d'argent : « Vous n'avez point de foi, répondit M. Olier ; Dieu peut-il nous manquer? »

Orfèvres (quai des) : Ce nom lui vient du grand nombre d'orfèvres qui jadis y avaient leurs boutiques. Dans la rue conduisant au quai, s'élevait naguère une maison appelée l'*Hôtel des Trois Degrés*. Cette maison fut achetée par la corporation des Orfèvres qui successivement acquit huit autres maisons voisines ; et ces divers bâtiments, réparés ou reconstruits, devinrent un vaste hôpital ou hospice destiné à recevoir les confrères malheureux aussi bien que leurs veuves laissées sans ressources. « Les orfèvres pauvres et infirmes, dit Jaillot, ont retrouvé dans la générosité de leurs confrères les secours dont ils avaient besoin (pour le corps et pour l'âme)... Il y en a parmi eux qui ont employé une partie considérable de leur fortune pour procurer, dans l'hôpital des Incurables, tous les secours nécessaires à leurs confrères assez malheureux pour n'avoir pas même la seule consolation que laisse l'espérance. »

Cette dernière phrase, j'en demande pardon à l'honnête Jaillot, ressemble fort à un galimatias, mais le reste est assez clair et met en relief un exemple bon à imiter et qui prouve en faveur des corporations, supprimées brutalement quand il n'eût fallu que modifier les statuts.

Ormes (quai des) : Ce nom lui vient d'une allée d'arbres qu'avait fait planter Charles V et qui conduisait à l'hôtel St-Paul. Ce chemin s'appela d'abord des *Ormetaux*, puis des *ormes* quand les jeunes plants furent devenus de grands arbres.

Orsay (quai d') : La première pierre de ce quai fut posée le 6 juin 1705. Ce nom lui fut donné en l'honneur de Charles Boucher, seigneur d'Orsay, alors prévôt des marchands et qui remplit ces fonctions de 1700 à 1708.

Orties (rue des) : Ce nom lui vient très-anciennement des orchidées qui foisonnaient en cet endroit avant que la rue fût bâtie, et quand elle n'était qu'un sentier ou chemin.

Oudinot (rue) : Oudinot, duc de Reggio et maréchal

de France, né en 1767, mort en 1847, gouverneur des Invalides. Ce volontaire de la République, qui avait gagné tous ses grades à la pointe de l'épée, joignait, à de grands talents militaires, à une bravoure héroïque, la probité, le désintéressement et le sentiment de l'honneur au plus haut degré. Aussi les contemporains ont-ils applaudi à ces beaux vers du *Chant du Sacre* qui résument admirablement cette vie glorieuse :

..... Reggio ! Ce nom, à son aurore,
Du saint vernis du temps n'est pas couvert encore ;
Mais ses titres d'honneur sont partout déroulés :
Regarde avec respect ses membres mutilés !
Ce nom, comme les noms des Dunois, des Xaintrailles,
A germé tout à coup sur vingt champs de batailles :
J'aime mieux, pour orner le bandeau qui me ceint,
Un grand nom qui surgit qu'un vieux nom qui s'éteint.

La postérité, en ce qui concerne Oudinot, a déjà confirmé le jugement de Lamartine.

Ours (rue aux) : Elle s'appelait, au XIIe siècle, rue aux Oies, rue où l'on cuit les oies ; mais, vers 1552, le peuple, on ne sait comment, ni pourquoi, lui donna le nom de *rue aux Ours* « qui est bien un autre oiseau », dit plaisamment Sauval. Il ajoute : « Le peuple, qui veut à toute force que ce soit son véritable nom, et qu'elle n'en doit point avoir d'autre, allègue qu'anciennement on y gardait et vendait des ours et pour preuve montre là un logis à porte cochère où, au-dessus de la porte, à la clé de l'arcade, on voit un ours sculpté. » ... Mais en cela il se trompe et cette preuve manque de solidité. Le vrai nom de la rue « est celui de *rue aux Oues* (oies) parce que de tout temps c'était une rôtisserie publique: et comme alors on n'*était pas si friand qu'aujourd'hui* les oisons du voisinage chargeaient plus de broches que les chapons du Mans ni les autres viandes délicates qu'on apporte de loin. Et de fait, dans toutes les anciennes chartes, elle est appelée : *la rue où l'on cuit les oies*. Ce changement de nom vient de ce que nos anciens prononçaient la lettre O comme nous prononçons *Ou*, et ainsi appelaient *oue* ce que nous appelons *oie* si bien qu'il faudrait dire la *rue aux Oies* et non pas la *rue aux Ours*. »

A l'appui de cette opinion de Sauval on peut citer ces deux vers du *Dit des Rues de Paris :*

Et si fus en la rue aux Oues
Où l'on me fit force moues.

Pagevin (rue) : Ce nom lui vient de Jean Pagevin, huissier au parlement, qui y demeurait.

Paix (rue de la) : Ouverte en 1806 sur l'emplacement de l'ancien couvent des Capucines, elle s'appela rue *Napoléon*, nom qui fut changé en 1814. La rue prit alors celui qu'elle porte aujourd'hui.

Paon-Blanc (rue du) : Ce nom vient d'une enseigne.

Palais-Royal : Ce monument, bâti par le cardinal de Richelieu, n'était d'abord qu'une modeste habitation connue sous le nom d'*hôtel Richelieu*. Mais, par suite d'agrandissements nombreux, il devint un vaste et magnifique palais, tel même que le cardinal jugea qu'il ne pouvait plus être habité que par des Majestés ou des Altesses. Dans l'année 1639, il en fit donation entre vifs au roi Louis XIII, donation confirmée par son testament (1642). Cette même année, la reine régente, Anne d'Autriche, étant venue habiter le palais avec la famille royale, l'inscription de : *Palais-Cardinal* fut remplacée par celle de *Palais-Royal.* Des constructions et des modifications successives donnèrent une meilleure apparence à l'édifice de forme assez irrégulière d'abord. Le jardin fut dessiné et planté par l'ordre du duc d'Orléans, régent. Auparavant ce n'était qu'un terrain à moitié inculte, renfermant un mail, un manége et deux bassins, le tout disposé sans ordre et sans symétrie. Les Galeries furent construites, les trois premières par Philippe Égalité, et la quatrième, dite d'Orléans, par le roi Louis-Philippe. Elle remplaça cette double rangée de baraques en bois, qu'on y voyait il n'y a pas bien des années encore, et qui, par la foule des promeneurs et des curieux, faisait que l'endroit ressemblait à une grande foire de village.

Panoramas (passage des) : Construit en 1800, il dut son nom aux *panoramas* qui y furent établis et disparurent vers 1831.

Papillon (rue) : Ouverte en 1781, elle dut son nom à M. Papillon de la Ferté, contrôleur général de l'argenterie, menus plaisirs et affaires de la chambre du roi, qui périt sur l'échafaud en 1794 (7 juillet).

Papin (rue) : Denis Papin, célèbre physicien français, naquit à Blois, le 22 août 1647, et mourut à Marbourg, vers 1714. « Papin, dit F. Arago, a imaginé la première machine à vapeur à piston ; il a vu le premier que la vapeur aqueuse fournit un moyen simple de faire rapidement le vide dans la capacité du corps de pompe ;

il est le premier qui ait songé à combiner dans une même machine à feu l'action de la force élastique de la vapeur avec la propriété dont cette vapeur jouit, et qu'il a signalée, de se condenser par ce refroidissement. »

Nous ajouterons que Papin a inventé aussi la soupape de sûreté ; car elle forme la partie essentielle de son digesteur, ou *marmite de Papin*, employée à extraire, par la vapeur à haute pression, la partie gélatineuse des os. Papin, le premier encore, démontra, en 1678, que les liquides, par exemple l'eau et l'alcool, entrent en ébullition à une très faible chaleur dans le vide.

Paradis (rue) : Ce nom vient d'une enseigne.

Parcheminerie (rue de la) : Ainsi nommée en 1287. C'était auparavant la rue des *Ecrivains*.

Paul (rue *Saint*) : Dans cette rue se trouvait l'hôtel St-Paul, résidence de plusieurs de nos rois, Charles V et Charles VI, entre autres. L'hôtel St-Paul était magnifiquement décoré comme l'affirment plusieurs auteurs anciens. D'après Germain Brice, un historien du temps dit « que l'appartement du roi consistait en une grande antichambre, une chambre de parade appelée *la chambre à parer*, *la chambre au gîte du Roi*, deux cabinets, une garde robe, la chambre des *napes* (lingerie), celle de *l'étude*, celle des *bains* et des *Tourterelles;* la chambre du *conseil ;* avec cela deux chapelles, des étuves que l'on nommait *chauffe-doux ;* une volière, un jeu de paume, une ménagerie pour les grands lions, une autre pour les petits ; la chambre de *Charlemagne* qui avait quinze toises de long sur six de large. Les mêmes Mémoires ajoutent que les poutres des chambres les mieux ornées étaient enrichies de fleurs de lis d'étain.

doré; que les lits étaient de drap d'or et que les chenets de fer pesaient cent quatre-vingts livres. »

Pas de la Mule (rue du) : Aucune dénomination, dit M. Lazare, n'ayant été affectée à ce prolongement d'une autre rue, le peuple voulut y suppléer en baptisant la rue à sa manière. Son nom à lui c'était un conseil ; son nom semblait dire aux pauvres piétons : « Si vous » tenez à ne pas vous casser le cou, imitez la patience » et *le pas de la mule* en gravissant cette pente escarpée » et glissante. »

(*Pastourelle*) : Ce nom vient de Roger Pastourelle qui habitait la rue en 1331.

Pavée (rue) :

En la rue *Pavée* alé (allai)
Où a maint visage hâlé,

dit Guillot. Dans cette rue *Pavée* alors que beaucoup d'autres étaient privées de cet avantage, logeaient sans doute des vignerons et des voituriers au teint hâlé. On disait aussi, suivant Lebœuf, la rue *Pavée d'Andouilles*. Etait-ce parce qu'il s'y trouvait force charcutiers ?

Trois Pavillons (rue des) : Elle fut ainsi nommée d'une maison située à l'angle de cette rue et de celle des Francs-Bourgeois et qui se faisait remarquer par ses Trois Pavillons. Le peuple, de sa propre autorité, remplaça par ce nom celui de *Diane* qui venait de la duchesse de Valentinois, trop célèbre sous le règne de Henri II.

Payenne (rue) : S'appelait anciennement *Payelle*, nom d'un propriétaire riverain.

Pépinière (rue de la) : Tracée vers 1782, sur les terrains faisant partie de la pépinière dite du roi. Quel besoin de changer ce nom en celui de *Abattucci* ?

Perle (rue de la) : Ce nom lui vient « d'un tripot carré qui a passé longtemps pour le mieux entendu de Paris », dit Sauval.

Pélagie (*Sainte*) : Cette prison était, avant la Révolution, une communauté de femmes fondée en 1665, par madame Beauharnais de Miramion. Dans cette maison on recevait ou renfermait les filles ou femmes tombées dans le désordre et qu'on espérait ramener à une vie meilleure. Une partie de l'établissement s'appelait : *Le Refuge ;* l'autre, *Sainte-Pélagie*. Cette sainte, comédienne célèbre d'Antioche au Ve siècle, s'étant convertie, fit oublier par une héroïque pénitence les scandales de sa vie antérieure.

Lors de la Révolution, le couvent fut supprimé, les religieuses se virent dépossédées et de leur paisible demeure on fit une prison.

On sait que, dans un corps de bâtiment séparé, sont renfermés, depuis 1828, les détenus politiques et en particulier les condamnés pour délits de presse.

Pélican (rue du) : Ce nom vient d'une enseigne. Je lis dans Bernardin de St-Pierre. (*Etudes de la Nature*) un curieux passage sur le pélican : « Le pélican ou grand-gosier est un oiseau blanc et brun, qui a un large sac au-dessus de son bec qui est très-long. Il va tous les matins remplir son sac de poisson ; et quand sa pêche est faite, il se perche sur quelque pointe de rocher à fleur d'eau, « où il se tient immobile jusqu'au soir, dit » le père Dutertre, comme tout triste, la tête penchée

» par le poids de son long bec, et les yeux fixés sur la » mer agitée, sans bouger non plus que s'il était de » marbre. »

Perrée (rue) : C'est le nom d'un intrépide marin qui, en 1800, soutint avec un seul vaisseau, le *Généreux*, un combat acharné contre *quatre* vaisseaux anglais, l'un d'eux, le *Foudroyant*, commandé par Nelson. Le *Généreux* n'abaissa point son pavillon et si l'ennemi put s'en emparer, c'est qu'il ne restait personne pour le défendre. Quand les Anglais arrivèrent sur le pont, ils n'y trouvèrent plus que des mourants et des morts et, entre ceux-ci, le capitaine Perrée, tombé sur son banc de quart qu'il n'avait pas voulu quitter quoique blessé grièvement.

Penthièvre (rue de) : Doit son nom au vertueux duc de Penthièvre si célèbre dans le siècle dernier par sa bienfaisance. « La physionomie de M. le duc de Penthièvre annonce de l'esprit, de la douceur et même un peu de coquetterie ; on dirait qu'il vous oblige en vous regardant et, lorsqu'il vous a parlé, vous vous sentez attiré à l'aimer autant qu'à le respecter.

« Voilà ce que j'ai éprouvé au premier aspect, mais lorsque ses bontés m'ont donné des rapports plus particuliers avec lui, j'ai trouvé que son âme était au-dessus de tout le reste, qu'il était mille fois supérieur à tout ce que sa figure annonçait, à tout ce que ses manières laissaient entrevoir. Cette âme est d'une trempe si peu commune que je ne trouverai point l'expression qu'il faudrait pour ce que je vois et encore plus pour ce que je sens ; toutes les vertus y sont dans un équilibre parfait parce que la sagesse les conduit toutes dans les bornes qu'elles ne peuvent franchir sans devenir vice ou défaut. Généreux sans prodigalité, pieux sans minutie, tendre sans faiblesse, modeste avec dignité, chez lui actions, paroles, maintien, regards, tout est à sa place ; il semble que rien ne pourrait être autrement.

« Ce prince m'a paru un être si différent des autres hommes que, pendant deux années, j'ai plus d'une fois, je l'avoue, épié ses défauts pour essayer de consoler mon amour-propre : recherche vaine ; mes observations n'ont servi qu'à me faire mieux sentir sa supériorité, et je me suis dit que je ne devais point aspirer à une perfection fondée par la nature dans un de ses plus heureux moments. »

Ce portrait, si remarquable par la finesse de la touche et qu'on sait d'une parfaite ressemblance, emprunte un intérêt particulier au nom de celui qui l'a tracé. Il a pour auteur cet autre homme de bien, M. de Montyon.

Pères (rue des *Saints*) : Son vrai nom est Saint-Pierre, provenant de la chapelle Saint-Pierre qui s'y trouvait. Ce nom fut changé d'abord en celui de *Saint-Père*, puis *Saints-Pères*.

Pétrelle (rue) : C'était le nom d'un propriétaire riverain.

Pigalle (rue) : Le sculpteur Pigalle, né à Paris en 1714, y mourut en 1785. « Pigalle avait reçu de la nature un œil savant qui, dans chaque trait, découvrait mille traits, et dans chaque partie, une infinité de parties. Il aimait à peindre ce qu'il savait voir. Aucun artiste n'avait représenté avant lui cette multitude de détails que l'art aime à considérer nus, parce qu'il peut avoir besoin de les reproduire, mais que le bon goût se plaît à couvrir de voiles. Jamais il ne pouvait exprimer assez à son gré tous les reliefs du corps humain, comme les anciens ne pouvaient jamais assez les ramener au contour. Il semblait s'être fait une loi rigoureuse de n'imiter que la vérité, telle non seulement que les yeux peuvent la voir, mais telle que les mains pourraient la toucher... On voit presque toujours, dans ses ouvrages, les deux extrêmes de la vie humaine, celui où la nature, animant le corps avec vigueur, en fait saillir toutes les parties, et celui où, l'abandonnant, elle les découvre et les désunit. Sans doute il a peint quelquefois la beauté, mais non cette ravissante beauté d'un corps « hôte d'une belle âme », pour employer avec le poète une expression qui semble née au pied de quelque statue antique. » (*Joubert.*)

Picpus (rue) : Vers 1775, c'était un chemin qui traversait le territoire, dit de *Pique-puce* dont on a fait par corruption *picpus*. L'origine de cette dénomination est assez singulière, si l'on en croit M. L. Lazare, qui ne la donne, d'après d'anciens auteurs, que sous réserves. Un mal épidémique se manifesta dans les environs de Paris vers le milieu du XVIe siècle. On voyait sur les bras des femmes et des enfants de petites tumeurs rouges qui ressemblaient à plusieurs piqûres faites par un insecte qui s'attachait de préférence aux mains blanches et délicates des personnes jeunes.

Un religieux du couvent de Franconville près Beaumont, diocèse de Beauvais, venu pour fonder une maison dans les environs de Paris, à l'aide d'une certaine liqueur, guérit nombre de malades. On le retint par reconnaissance dans le village et le couvent qu'il y fonda s'appela *Picpus*.

Dans cette même rue, se trouve le cimetière où furent enterrées les victimes de la Révolution qui périrent sur l'échafaud dressé près la porte Saint-Antoine. On en compta 1350, dans l'espace de quarante jours seulement.

Poissonnière (rue et faubourg) : Elle s'appelle ainsi à cause que c'était par cette voie qu'arrivaient les marchands de marée.

Pierre Sarrazin (rue) : A pris son nom d'un bourgeois nommé Pierre Sarrazin qui demeurait en cet endroit et y mourut vers 1255.

La rue Pierre Sarrazin
Où l'on essaie maint roncin (cheval)
Chacun an, comment on le happe.

Pinel (rue) : Pinel, médecin aliéniste célèbre, né à Saint-Paul, près Castres, en 1745, mourut à Paris, le 25 octobre 1826. L'humanité doit une éternelle reconnaissance au docteur Pinel par le changement radical qu'il apporta, en dépit des oppositions venant de la routine, dans le traitement des infortunés privés de la raison par une cause ou par une autre. Sa conviction, que par ses écrits et son langage, il sut faire partager à beaucoup de ses confrères comme aux chefs de l'administration, c'était que *les fous sont des malades* qu'il faut traiter avec ménagement, justice et douceur, mais, une douceur où l'on sent au besoin la fermeté. Nommé en 1793, médecin en chef de l'hospice de Bicêtre, il y introduisit peu à peu, d'après ces principes, d'utiles et humaines réformes qui s'étendirent par la suite à toutes les maisons d'aliénés. Honneur à Pinel !

Planche (rue de la) : Ce nom lui vient du sieur Raphaël de la Planche, trésorier général des bâtiments de Henri IV, lequel avait donné au dit seigneur des lettres de privilége pour l'établissement d'une manufacture de tapisseries de haute-lice.

Pont-au-Change : Ce pont, qui aboutit d'un côté au quai de l'Horloge, de l'autre au quai de la Mégisserie et qui fut pendant longtemps le seul moyen de communication de la cité avec la rive septentrionale, s'appela d'abord le Grand-Pont. Construit en bois, il fut à diverses reprises soit emporté par les inondations soit détruit par l'incendie comme en 1621, et rebâti mais non pas toujours exactement au même endroit. D'après un usage qui a persisté presque jusqu'à la moitié du siècle actuel, des maisons avec boutiques s'élevaient de chaque côté du pont dans toute sa longueur. En 1141, Louis VII, dit le Jeune, ordonna que le Change se ferait sur ce pont à l'exclusion de tous autres endroits, d'où il prit son nom de *Pont-au-Change*.

Pont-Neuf. La construction de ce pont fut commencée sous le règne de Henri III qui, accompagné de sa mère, Catherine de Médicis, de Louise de Lorraine, son épouse, et entouré des plus illustres personnages de la cour, en posa la première pierre avec grand appareil le 30 mai 1578. Les travaux furent poursuivis d'abord avec une grande activité, et les quatre piles, du côté de la rue Dauphine, s'élevèrent à fleur d'eau dès la première année ; mais l'ouvrage ensuite demeura suspendu sans doute par le manque d'argent. Pourtant, afin de fournir aux dépenses considérables de l'entreprises, on avait établi un impôt spécial ou dîme sur le peuple et « le produit, dit Germain Brice, aurait fourni quatre fois plus qu'il n'était nécessaire, si cet argent, selon le terme des auteurs, n'avait pas été englouti par les favoris qui ne se mettent guère en peine du bien de la patrie, parce qu'ils ne songent qu'à leur fortune et à leur agrandissement. »

La paix rétablie partout après les guerres de la Ligue, « Henri IV, qui aimait la ville de Paris parce que le peuple l'aimait infiniment » fit reprendre les travaux et, dès l'année 1604, le pont était complètement achevé. « Personne ne peut disconvenir que ce pont ne soit un des plus beaux et des mieux ordonnés de toute l'Europe. » Guillaume Marchand, dans cette seconde période, dirigeait, comme architecte, les travaux. Le pont avait été commencé d'après les dessins et sous la direction du célèbre Du Cerceau à qui l'on doit le dessin de la galerie du Louvre.

La statue de Henri IV,

Le seul roi dont le peuple ait gardé la mémoire,

qui s'élève sur le terre-plein du Pont-Neuf, due au sculpteur Lemot, fut érigée dans les premières années de la Restauration en remplacement de celle que la Révolution avait eu le tort de renverser.

« Ce monument, dit le judicieux Saint-Victor, est une preuve des plus frappantes de l'inconstance de la multitude et du mépris que méritent également sa haine et son amour. Pendant près de deux siècles, le souvenir de Henri IV fut cher au peuple de Paris et sa statue était pour ce peuple l'objet d'une sorte de culte. Dans les premiers jours de la Révolution, on l'avait vu forcer les passants à s'agenouiller devant l'image de ce bon roi :

environ deux ans après, il l'abattit avec des cris de rage comme celle du plus affreux tyran. »

Ce n'était pas le vrai peuple qui agissait ainsi, mais cette triste plèbe, sédiment impur de toute société que les Révolutions font remonter à la surface, et dont les passions aveugles, fruit de l'ignorance, s'exaltent encore par les prédications des meneurs et les diatribes et calomnies de bas folliculaires.

De la statue nouvelle, celle de Lemot, Saint-Victor nous dit : « C'est un monument d'un grand style, d'un dessin correct et savant : l'artiste a su allier la beauté des formes à la vérité de l'attitude ; la noblesse et la ressemblance parfaite des traits avec la franchise et la naïveté de l'expression. Il s'est montré d'une exactitude scrupuleuse dans les détails de costume et jusque dans les moindres accessoires, sans jamais descendre à l'imitation servile d'un copiste ; le mouvement du cheval est neuf et vraiment admirable ; toutes les parties en sont étudiées avec le plus grand soin et traitées dans la plus grande manière ; enfin, à la place d'une statue médiocre[1], s'est élevée une statue digne d'un de nos plus grands rois. »

Poissonnerie (rue de la) : Jadis le chemin dit de la *Vallée aux voleurs*, puis des *Poissonniers*, parce que les marchands de marée suivaient cette voie pour se rendre aux halles.

Popincourt (rue de) : Elle doit son nom à Jean de Popincourt, premier président du parlement de Paris sous Charles VI, qui possédait en cet endroit une maison de campagne.

[1] La Première, de Jean de Bologne.

Postes (Hôtel des) : Appartenait au comte de Morville, ministre et secrétaire d'état des affaires étrangères, lorsque le roi en ordonna l'acquisition en 1757, pour l'affecter au service des Postes.

Poulies (rue des) : D'après Sauval, ce nom lui vient des *Poulies* de l'hôtel d'Alençon et ces Poulies étaient un jeu ou exercice encore en usage en 1543. Jaillot croit que cette dénomination provient d'Edmond de Poulie qui possédait dans cette rue une grande maison et un jardin qu'il vendit à Alphonse, comte de Poitiers, frère de saint Louis.

Prouvaires, (rue des) :

M'en ving en la rue à *Prouvaires*,
Où il a maintes pennes vaires (étoffes de couleurs variées).

Dans cette rue s'élevait l'hôtel de maître Jacques Duchié, dont Guillebert de Metz, dans son livre original (1435), nous a laissé cette très-curieuse description :

« La porte duquel est entaillée de art merveilleux ; en la court estoient paons et divers oiseaux à plaisance. La première salle est embellie de divers tableaux et écritures d'enseignements attachés et pendus aux parois. Une autre salle remplie de toutes manières d'instruments, harpes, orgues, vielles, guiternes (guitares), psaltérions et autres desquels le dit maître Jacques savait jouer de tous. Une autre salle était garnie de jeux d'échecs, de tables et d'autres diverses manières de jeux, à grand nombre. *Item*, une belle chapelle où il y avait des pupitres à mettre livres dessus, de merveilleux art, lesquels on faisait venir à divers siéges loin et près, à dextre et à senestre. *Item* une étude où les parois étaient couvertes de pierres précieuses et d'épices de souefve (suave) odeur. *Item*, une chambre où étaient fourrures de plusieurs manières. *Item*, plusieurs autres chambres richement adoubées (ornées) de lits, de tables engigneusement (ingénieusement) entaillées et parées de riches draps et tapis à or frais. *Item*, en une autre chambre haute, étaient grand nombre d'arbalètes dont les aucunes étaient peintes à belles figures. Là étaient étendarts, bannières, pennons, arcs à main, piques, faussarts, planchons, haches, guisarmes, mailles de fer et plomb, pavois, targes, écus, canons et autres *engins*, avec planté (quantité) d'armures; et brièvement il y avait aussi comme toutes manières d'appareils de guerre. *Item*, là était une fenêtre faite de merveillable artifice par laquelle on mettait hors une tête de plaques de fer creuse, parmi laquelle on regardait et parlait à ceux du dehors, si besoin était, sans douter (craindre) le trait. *Item*, par dessus tout l'hôtel, était une chambre carrée, où étaient fenêtres de tous côtés pour regarder par dessus la ville. Et quand on y mangeait, on montait et avalait (descendait) vins et viandes à une poulie, pour ce que trop haut eût été à porter. Et par dessus le pinacle de l'hôtel étaient belles images dorées. Cestui maître Jacques Duchié était bel homme, de honnête babil (langage) et moult notable; si tenait serviteurs bien morigénés et instruits, d'avenante contenance, entre lesquels était un maître charpentier qui continuellement ouvrait (travaillait) à l'hôtel. Grand foison de riches bourgeois avait et d'officiers qu'on appelait petits *royeteaux de grandeur*[1]. »

[1] Guillebert de Metz. *Description de Paris*; édition de Leroux de Lincy; in-8° 1855.

Prud'hon (rue) : Pierre-Paul Prud'hon né à Dijon en 1760, mort à Paris en 1822. « Ce peintre, dit Quatremère de Quincy, mettait aux moindres idées un tel agrément ; ce qu'il touchait recevait de lui l'empreinte d'une si aimable naïveté, d'une vérité si ingénue ; son maniement de crayon avait une suavité si particulière que le peintre habile s'y trahissait de toute part.... C'est que tout ce que le souffle du sentiment anime a la propriété de faire apercevoir plus qu'il ne montre. »

On peut regretter souvent chez l'artiste le choix des sujets empruntés à la Fable, mais qu'à force de talent, et en dépit de la nudité, il élevait jusqu'à l'idéal. Sous le pinceau délicat de Prud'hon, la volupté, s'il était possible, deviendrait chaste.

Puits qui parle, (rue du) : Ce nom vient d'un puits qui faisait écho et qu'on voit encore au coin de la rue des *Poules*.

Q

Quatre-Fils (rue des) : Ce nom vient d'une enseigne.

Quatre-Vents (rue des) : Une enseigne aussi lui donna ce nom.

Quinault (rue) : Auteur dramatique né en 1635 et mort en 1688. Malgré la vogue de quelques-unes de ses pièces, il ne fut pas ménagé par Boileau :

> Les héros chez Quinault parlent bien autrement,
> Et jusqu'à : *Je vous hais*, tout s'y dit tendrement.
> On dit qu'on l'a drapé dans certaine satire ;
> Qu'un jeune homme... — Ah ! je sais ce que vous voulez dire,

A répondu notre hôte : « Un auteur sans défaut,
« La raison dit Virgile et la rime Quinault. »
— Justement, à mon gré la pièce est assez plate.
Et puis blâmer Quinault !... Avez-vous lu l'*Astrate* ?
C'est là ce qu'on appelle un ouvrage achevé.

Satire III

Puisque vous le voulez, je vais changer de style.
Je le déclare donc : Quinault est un Virgile.

Satire IX.

Quincampoix (rue) : Elle fut ainsi appelée, dit-on, à cause du seigneur de Quincampoix qui, vers l'an 1300, fit construire la première maison. Suivant d'autres auteurs, ce nom lui venait de sa situation, parce qu'elle était de cinq paroisses différentes : *quinque campanis.*

« Dans les années 1719 et 1720, cette rue dit Germain Brice, a rendu son nom fameux par le concours prodigieux des *agioteurs* d'actions de la nouvelle Banque Royale (création de Law), entre lesquels quantité ont fait des fortunes immenses et bien au-delà de ce qu'on peut imaginer. Le commerce de papier que l'on y a vu, pendant ces deux années, de plusieurs centaines de milliards, y avait attiré tous les juifs les plus ardents de divers endroits de l'Europe et tous les plus actifs usuriers. »

Quinze-Vingts (Hospice des) : La fondation de cet établissement remonte à saint Louis. On choisit pour élever les bâtiments un terrain nommé le *Champourri*, situé à peu de distance du Louvre. D'après la tradition, l'hospice, dont le célèbre Eudes de Montreuil avait donné les plans, était destiné à servir d'asile à trois cents chevaliers pauvres et revenus aveugles de la croisade.

Dans l'année 1701, l'établissement des *Quinze-Vingts* (ou des *trois cents*) ayant été transféré rue de Charenton, le roi autorisa la vente des anciens bâtiments et des terrains qui en dépendaient, et c'est alors que s'ouvrirent les rues de Beaujolais, de Chartres, Rohan, Montpensier, etc.

R

Rambuteau (rue) : Elle a pris ce nom en l'honneur de M. Claude-Philibert Berthelot, comte de Rambuteau, préfet de la Seine, lorsque cette voie fut ouverte en 1838.

Rameau (rue) : Rameau, compositeur de musique, né en 1683 mourut à Paris en 1764. Il est auteur de plusieurs ouvrages sur la musique.

Ramponneau (rue de) : Elle doit son nom à un certain Ramponneau, cabaretier et comédien à la façon de Gautier Garguille, et qui, vers 1760, attirait la foule dans son établissement par des joyeusetés et des facéties.

Rats (rue des) : Cette rue fut bâtie sous la prévôté de Hugues Aubriot, au temps de Charles VI. Guillot nous dit :

> . . . . . rue d'Aras
> Où l'on rencontre maints gros rats.

Regard (rue du) : Elle aboutissait, du côté de la rue de Vaugirard, vis-à-vis d'un *regard* de la fontaine aujourd'hui supprimée, d'où lui vint son nom.

Reuilly (rue de) : Ce nom est dû à un territoire remarquable par son antiquité où se voyait naguère un ancien palais de nos rois de la première race. Ce fut dans ce palais que Dagobert Ier répudia sa femme Gomatrude pour épouser Nanthilde.

Richelieu (rue) : Dans notre étude sur le célèbre cardinal *(France héroïque, III)* se trouve un portrait de Richelieu par Labruyère, portrait tiré des Caractères. Mais il en est un second par le même et illustre écrivain qui nous a paru curieux à reproduire. Nous laissons d'ailleurs au moraliste, devenu si ardent panégyriste, la responsabilité de ses jugements :

« Génie fort supérieur, il a su tout le fond et tout le mystère du gouvernement ; il a connu le beau et le sublime du ministère ; il a respecté l'étranger, ménagé les couronnes, connu le poids de leur alliance ; il a opposé des alliés à des ennemis ; il a veillé aux intérêts du dehors, à ceux du dedans; il n'a oublié que les siens: une vie laborieuse et languissante, souvent exposée, a été le prix d'une si haute vertu.

« Comparez-vous, si vous l'osez, au grand Richelieu, hommes dévoués à la fortune, qui, par le succès de vos affaires particulières, vous jugez dignes que l'on vous confie les affaires publiques ; qui vous donnez pour des génies heureux et de bonnes têtes ; qui dites que vous ne savez rien, que vous n'avez jamais lu, que vous ne lirez point, ou pour marquer l'inutilité des sciences, ou pour paraître ne devoir rien aux autres, mais puiser tout de votre fonds.

» Il savait quelle est la force et l'utilité de l'éloquence, la puissance de la parole qui aide la raison et la fait valoir, qui insinue aux hommes la justice et la probité, qui porte dans le cœur du soldat l'intrépidité et l'audace, qui calme les émotions pupulaires, qui excite à leurs devoirs les compagnies entières ou la multitude : il n'ignorait pas quels sont les fruits de l'histoire et de la poésie, quelle est la nécessité de la grammaire, la base et le fondement des autres sciences ; et que, pour conduire ces choses à un degré de perfection qui les rendît avantageuses à la république, il fallait dresser le plan d'une compagnie où la vertu seule fût admise, le mérite placé, l'esprit et le savoir rassemblés par des suffrages. »

Richepance (rue) : Le général Richepance, né en 1770, mourut à la Guadeloupe en 1802.

Roch (église *Saint*) : Construite dans les dépendances et sur l'emplacement de l'hôtel Gaillon, cette église eut pour architecte Lemercier, architecte du roi Louis XIV qui posa la première pierre en 1653.

Plusieurs des hommes illustres du XVIIe siècle y furent enterrés : Pierre Corneille, Le Nôtre, Mignard, le duc de Créquy, etc.

Rivoli (rue de) : Ainsi nommée en souvenir de la bataille gagnée par les Français sur les Autrichiens en Italie, le 1er janvier 1797.

Roch (rue de *St*) : S'appelait d'abord rue Michaut *Riégnaut*, et Michaud Regnaut en 1521. Elle prit plus tard le nom de rue St-Roch parce que la principale entrée de l'ancienne église se trouvait dans cette rue.

Aux n°s 10 et 12, dit M. Lazare, était la communauté de Sainte-Anne. Nicolas Formont, grand audiencier de France, résolut de fonder un établissement dans lequel on apprendrait aux pauvres filles de la paroisse Saint-

Roch à gagner honorablement leur vie, en multipliant ainsi en leur faveur les instructions religieuses dans le but de les préserver des séductions si nombreuses dans les grandes villes. Cette création, empreinte d'un si noble et si touchant caractère, date du 4 mai 1683, et les lettres patentes d'autorisation accordées par le roi sont du mois de mars 1686. Cette œuvre toute de charité ne devait-elle pas être épargnée par la Révolution qui la supprima cependant en 1790; et la maison de Sainte-Anne fut vendue comme propriété nationale.

Roi-Doré (rue) : Fut ainsi appelée à cause d'un buste du roi Louis XIII qui se voyait à l'une des extrémités de la rue.

Rollin (rue) : Charles Rollin, né le 30 janvier 1661, à Paris, mourut dans cette ville le 14 septembre 1741. Fils d'un coutelier, il obtint une bourse au collége des Dix-huit dont il fut l'un des plus brillants élèves. A peine âgé de 22 ans, il remplaçait Hersan dans la chaire de seconde, puis dans celle de rhétorique et enfin dans la chaire d'éloquence du Collége royal. Après dix années de professorat, il quitta l'enseignement pour se livrer tout entier à l'étude. Le succès de son *Histoire ancienne*, parue, de 1730 à 1738, dépassa de beaucoup les espérances ou les prévisions de l'auteur. Cet ouvrage avait été précédé par le *Traité des Etudes*, publié en 1736, et dont un critique éminent, M. Villemain, n'hésitait pas à dire : « Monument de raison et de goût, livre l'un des mieux écrits dans notre langue après les livres de génie. »

L'*Histoire Romaine* de Rollin, restée inachevée, fut terminée par Crevier.

Roquette (rue de la) : La Roquette est une plante crucifère à fleurs jaunes qui croît abondamment dans les lieux incultes.

La prison de la Roquette, où furent enfermés les otages de la Commune, reste à jamais célèbre par le martyre de six des plus illustres ou des plus vénérables d'entre eux, Monseigneur Darboy, archevêque de Paris, le président Bonjean, l'abbé Deguerry, curé de la Madeleine, les pères Clerc et Ducoudray, jésuites, l'abbé Allard, missionnaire.

Nous connaissons par divers récits, comme par le procès des assassins, les détails de cette horrible tragédie, et l'on ne sait ce qu'il faut admirer le plus, ou la magnanime attitude des victimes ou la froide et imbécile férocité des bourreaux. Les Iroquois et les Hurons n'auraient rien appris aux Peaux-Rouges de la Commune.

Rossini (rue) : De cet illustre maëstro dont la mort récente a causé tant de regrets, Scudo, critique si compétent mais sévère parfois pour les contemporains, disait, il y a quelques vingt ans : « C'est au milieu de ces idées et de ces formes musicales sonores, tendues et un peu creuses, qui ne sont pas sans analogie avec ce que nous appelons en France la littérature de l'Empire, que s'éleva Rossini, plein de jeunesse et d'audace, prenant son bien partout où il le trouvait parce qu'il savait s'approprier tout ce qu'il dérobait. Son œuvre, aussi considérable que varié, se fait remarquer par l'éclat de l'imagination, par l'abondance et la fraîcheur des motifs, par la puissance des accompagnements et la nouveauté des harmonies, par la véhémence, la splendeur et la limpidité qu'il donne au langage de la passion.

Génie éminemment italien, tout empreint de l'esprit bruyant et sensuel de son époque, Rossini rompt violemment avec les maîtres qui l'ont précédé. Il débouche du huitième siècle comme d'une vallée ombreuse et paisible, et s'avance vers l'avenir en dominateur. »

Ailleurs le critique dit encore, comparant l'auteur de *Guillaume Tell* avec Mozart : « Homme de son temps et de son pays, pressé de vivre et de jouir des progrès accomplis, Rossini flatte la foule, il marie l'instrumentation allemande à la mélodie italienne dont il développe les proportions et retrempe la vigueur. Il excelle à peindre le choc des passions, l'irradiation de la gaîté et de la jeunesse, les agitations infinies de la vie, mais *d'une vie qui ne doit pas avoir de lendemain*. Jamais le rayon de l'invisible ne descend sur cette musique pleine de sang et de lumière qui respire la volupté. Le règne de Rossini est de ce monde, tandis que Mozart chante l'amour qui, faute de la terre, aura le ciel pour récompense[1]. »

Roule (faubourg du) : A pris son nom de l'ancien village de *Roule* que Paris, en s'étendant, a complètement absorbé. Ce village, d'après l'opinion de plusieurs savants, aurait été le *Criolum* dont il est parlé dans la vie de St-Eloi. Des actes du XIIIe siècle nomment ce hameau *Rolus*, *Rotulus*, dont on fit Rolle et enfin *Roule*.

Roule (rue du) : Ce nom lui vient de l'ancien fief du *Roule* dont le chef-lieu était situé à l'angle des rues du Roule et des Fossés Saint-Germain l'Auxerrois.

Rousseau, (rue J. Jacques) : Elle s'appelait d'abord

[1] *Critique et littérature musicales*, par Scudo.

rue *Plâtrière*, à cause d'une fabrique de plâtre qu'on y voyait au XIIIe siècle. A une certaine époque de sa vie, l'auteur de la *Nouvelle Héloïse*, de l'*Emile*, et autres livres fort goûtés du XVIIIe siècle, habita un petit appartement au 4e étage de la maison n° 2. La municipalité, de Paris, en souvenir de cette circonstance, sur la motion d'un de ses membres plus ou moins lettré, vota d'enthousiasme le changement de nom, et la rue *Plâtrière* s'appela rue *J. Jacques Rousseau* au lendemain de cette glorieuse séance. (4 mai 1791).

Rien n'est nouveau sous le soleil. Au n° 20 de cette même rue, était établie la communauté de *Ste-Agnès*, fondée, en 1681, par Léonard de Lamet, curé de Saint-Eustache, et qui avait pour but de procurer aux jeunes filles pauvres du quartier des moyens d'existence en leur apprenant un état, couture, broderie, tapisserie, etc. C'était, à bien dire, ce qu'on appelle aujourd'hui une *Ecole professionnelle*, pour laquelle les dames de la paroisse vinrent à l'envi en aide au bon curé. Aussi moins de quatre années après, la maison qui, au début, se composait de trois sœurs seulement, comptait quinze sous-maîtresses et plus de deux cents élèves ou apprenties. Confirmé et consolidé par des lettres patentes du roi Louis XIV et doté par Colbert, sur sa fortune particulière, d'une rente de 500 livres, cet établissement, de plus en plus prospère, rendit d'immenses services à la classe indigente. Il n'en fut pas moins supprimé en 1790, par de prétendus amis du peuple, et tous les bâtiments se trouvèrent confisqués.

Pour en revenir à Rousseau, voici le jugement porté sur lui par Joubert : « Une piété irreligieuse, une sévérité corruptrice, un dogmatisme qui détruit toute autorité ; voilà le caractère de la philosophie de Rousseau. Donner de l'importance, du sérieux, de la hauteur et de la dignité aux passions, voilà ce que J. J. Rousseau a tenté. Lisez ses livres : la basse envie y parle avec orgueil ; l'orgueil s'y donne hardiment pour une vertu ; la paresse y prend l'attitude d'une occupation philosophique et la grossière gourmandise y est fière de ses appétits. Il n'y a point d'écrivain plus propre à rendre le pauvre superbe. On apprend avec lui à être mécontent de tout, hors de soi-même. Il était son Pygmalion. »

Rousselet (rue) : S'appelait au XVIe siècles *chemin des Vaches*, nom qui fut changé, vers 1721, en celui de Rousselet, l'un des propriétaires riverains.

Royer-Collard(rue) : Pierre-Paul Royer-Collard, homme d'état célèbre sous la restauration, membre de l'Académie Française, était né en 1673, à Sompuis, près Vitry-le-Français : il mourut à Paris le 2 septembre 1845.

Rubens (rue) : Pierre-Paul Rubens, né en 1577, est mort en 1640. Un maître et un grand maître que ce Flamand, pour les jeunes gens plus à admirer qu'à imiter et dont il faut un peu se défier, mais pas au point que voulait feu Ingres qui rondement l'excomunie en le déclarant hérétique. D'ailleurs quelle palette plus riche pour l'éclat et la fraîcheur des tons, encore que la couleur de Pierre Paul n'ait pas la solidité de celle du Titien ! On peut regretter sans doute, dans ces pages étonnantes par l'ampleur de la composition et la vigoureuse exécution, l'abus de certaines formes qui pèchent, même et surtout chez les femmes, au point de vue de l'élégance. Mais pourtant les têtes de ces corpulentes viragos sont rarement vulgaires ; on dirait autant de reines. Puis quelle vie dans ces personnages ! Comme tout chez eux semble d'accord, l'expression ainsi que le geste encore que l'un et l'autre se sentent de l'art décoratif ! Il faut l'avouer, malgré notre admiration pour ce maître, Rubens est le peintre des corps bien plus que des âmes, et si la lumière ruisselle à flots sur ses toiles étincelantes et met admirablement en relief les personnages, rarement elle les transfigure en faisant rayonner l'âme à travers la splendide enveloppe.

S

La Sablière (rue de la) : Madame de La Sablière fut la généreuse protectrice de La Fontaine (1636-1693) qui l'immortalisa dans ses vers dont nous citerons quelques-uns seulement :

Iris, je vous louerais ; il n'est que trop aisé :
Mais vous avez cent fois notre encens refusé
En cela peu semblable au reste des mortelles
Qui veulent tous les jours des louanges nouvelles.
. . . .
Ce breuvage vanté par le peuple rimeur,
Le nectar, que l'on sert au maître du tonnerre,
Et dont nous enivrons tous les dieux de la terre,
C'est la louange, Iris, vous ne la goûtez point;
D'autres propos chez vous récompensent ce point :
    Propos, agréables commerces.
Où le hasard fournit cent matières diverses;
    Jusque là qu'en votre entretien
La bagatelle a part : le monde n'en croit rien (etc.) [1].

[1] *Fables*, livre X[e] : *Discours à Madame de la Sablière.*

Sabot, (rue du) : Ce nom vient d'une enseigne. Dans le terrier de l'abbaye de Saint-Germain des Prés, de 1523, on lit : « Maison rue du Four, faisant le coin de la rue *Copieuse* où pend le Sabot. » Le mot *Sabot* remplaça celui de *Copieuse* qui sait par quel caprice populaire ?

Sablon (rue du) : Au temps de Sauval servait d'égout: « Elle est toute puante des immondices qu'on y jette de la salle de l'Hôtel-Dieu et des maisons de la rue Neuve-Notre-Dame. Deux portes de bois treillissées et armées de fichons de fer la ferment par les deux bouts. On les fit, en 1511, pour empêcher que la rue du *Sablon* ne servît de retraite aux vagabonds et aux voleurs. »

A la bonne heure ! mais par l'entassement des immondices qui y séjournaient indéfiniment, l'impasse devenait un foyer permanent d'infection, ce qui ne valait certes pas mieux.

Sandrié (passage) : Ce nom lui vient d'un certain François-Jérôme Sandrié, à qui le terrain sur lequel fut ouvert plus tard le passage, avait été loué à bail emphytéotique par les religieux Mathurins. La Révolution cassa le bail en dépossédant les propriétaires.

Santé (rue et boulevard de la) : Cette rue s'appelait primitivement chemin de *Chantilly*. Ce nom fut changé en celui de la *Santé* parce que la voie conduisait à la maison de Santé ou hôpital fondé par la reine Anne d'Autriche.

Sartine (rue) : Antoine-Raymond-Jean-Guilbert-Gabriel de Sartine fut lieutenant-criminel de police à Paris en 1774, puis ministre. Forcé au moment de la Révolution de quitter la France, il mourut dans l'exil à Tarragone (7 septembre 1801).

Saussaies (rue des) : S'appelait d'abord des *Carriers*, puis de la *Couldraie des Saussaies*, en raison des Coudriers, des saules qu'on voyait en grand nombre près de cet emplacement.

Sauval (rue) : Sauval (Henri), reçu avocat au parlement de Paris, abandonna l'exercice de sa profession pour se consacrer aux études historiques. Quoiqu'il eût employé plus de vingt années à ses recherches comme à la rédaction de son grand ouvrage : *Histoire et Recherches des Antiquités de Paris*, 3 vol. in-f°, ce livre, à sa mort, n'était pas entièrement terminé. Il ne put être publié qu'en 1724, par l'ami de Sauval, le conseiller Rousseau qui avait pris soin de combler les lacunes. On regrette çà et là quelques détails de mœurs sur lesquels mieux eût valu glisser, parfois aussi de la prolixité et des répétitions ; l'auteur d'ailleurs fait preuve d'érudition et de sens critique ; assez souvent même il se montre écrivain.

Scipion (rue) : Ce nom lui fut donné, non pas, comme on pourrait le croire, en l'honneur de l'illustre Romain, vainqueur d'Annibal, mais à cause d'un certain Scipion Saldini, gentilhomme italien, qui y fit construire un hôtel, sous le règne de Henri III.

Scribe (rue) : Eugène Scribe (1791-1861), auteur dramatique contemporain des plus féconds, mais d'ailleurs aidé par de nombreux collaborateurs. Il dut à des mérites réels quoique d'un ordre inférieur, une vogue prodigieuse ; aujourd'hui son nom a presque disparu des affiches. On peut critiquer dans son œuvre souvent le manque de style, le terre à terre des idées et la sentimentalité bourgeoise qui n'a pas peu contribué, ce semble, à l'énervement des caractères.

Saint-Séverin, église fort ancienne dans la rue de ce nom. « Quant à Saint-Séverin dont saint Cloud fut le disciple, comme on n'a aucune histoire de ce saint, tout ce qu'on sait, c'est qu'il s'enferma dans une cellule ou monastère dans les faubourgs de Paris ; qu'il y vécut reclus pendant plusieurs années, tout occupé des exercices de la contemplation et que sa haute piété, qui porta saint Cloud à se ranger sous sa discipline, lui mérita aussi la vénération des peuples pendant sa vie et après sa mort [1]. »

Le patron de l'église cependant ne paraît point avoir été le saint solitaire, mais un autre Séverin qui fut abbé d'Ayanne et dont la fête se célèbre le 24 novembre, jour de sa mort.

C'est dans le cimetière de cette église qu'eut lieu la première opération de la pierre. « Au mois de janvier, dit Sainte-Foix, les médecins et chirurgiens de Paris représentèrent à Louis XI que « plusieurs personnes de » considération étaient travaillées de la pierre, colique, » passion et mal de côté ; qu'il serait très-utile d'exami- » ner l'endroit où s'engendraient ces maladies ; qu'on ne » pouvait mieux s'éclairer qu'en opérant sur un homme » vivant et qu'ainsi ils demandaient qu'on leur délivrât » un *Franc-Archer* qui venait d'être condamné à être » pendu pour vol et qui avait été souvent fort molesté » des dits maux. »

« On leur accorda leur demande et cette opération qui est, je crois, la première qu'on ait faite pour la pierre, eut lieu publiquement dans le cimetière de

[1] Félibien et Lobineau.

l'église Saint-Séverin. « Après qu'on eut examiné et » travaillé, ajoute la Chronique, on remit les entrailles » dans le corps du dit *Franc-Archer* qui fut recousu et par » l'ordonnance du roi très-bien pansé ; et tellement qu'en » quinze jours il fut guéri et eut rémission de ses crimes » sans dépens et il lui fut même donné de l'argent. »

Sévigné (rue) : C'est à madame de Sévigné que La Bruyère, quoiqu'il ne la nomme pas, pensait sans doute lorsqu'il écrivait dans son chapitre des *Ouvrages de l'Esprit* : « Je ne sais si l'on pourra jamais mettre dans des lettres plus d'esprit, plus de tour, plus d'agrément, et plus de style que l'on en voit dans celles de Balzac et Voiture. Elles sont vides de sentiments, qui n'ont régné que depuis leur temps, et qui doivent aux femmes leur naissance. Ce sexe va plus loin que le nôtre dans ce genre d'écrire. Elles trouvent sous leur plume des tours et des expressions qui souvent en nous ne sont que l'effet d'un long travail et d'une pénible recherche : elles sont heureuses dans le choix des termes qu'elles placent si juste, que, tout connus qu'ils sont, ils ont le charme de la nouveauté, et semblent être faits pour l'usage où elles les mettent. Il n'appartient qu'à elles de faire lire dans un seul mot tout un sentiment, et de rendre délicatement une pensée qui est délicate. Elles ont un enchaînement de discours inimitable, qui se suit naturellement et qui n'est lié que par le sens. Si les femmes étaient toujours correctes, j'oserais dire que les lettres de quelques-unes d'entre elles seraient peut-être ce que nous avons dans notre langue de mieux écrit. »

Sainte-Avoie (rue) : Reçut son nom d'un couvent de religieuses fondé, sous ce titre, par saint Louis pour les femmes infirmes. « On nommait auparavant ces religieuses *Béguines* dit G. Brice parce qu'elles suivaient quelques constitutions données par sainte Bègue dont la règle est fort connue dans les Pays-Bas. »

Sèvres (rue de) : Ce nom vient du village auquel la rue conduit.

Sorbonne (rue de la) : Elle doit son nom à Robert dit de Sorbon, d'un village près de Rhétel qui fut le lieu de sa naissance. Robert fut le fondateur du collége si célèbre depuis : « Le benoît Roi, dit le confesseur de la » Reine Marguerite, fit acheter maisons qui sont en » deux rues assises à Paris, devant le palais des Ther- » mes, èsquelles il fit faire maisons bonnes et grandes » pour ce que les écoliers, étudiant à Paris, demeuras- » sent là toujours. »

Richelieu fit rebâtir le collége et l'on voit son tombeau dans l'église.

Suger (rue) : Cette rue existait dès la seconde moitié du XIIe siècle (1179) et s'appelait alors rue aux Sachettes, parce qu'il s'y trouvait une maison des dites sœurs, ainsi nommées à cause de leur costume composé d'une robe en forme de sac. Ces religieuses vivaient d'aumônes et tous les matins elles se répandaient à cet effet dans les rues de Paris :

> Ça du pain por Dieu aux *Sachesses* !
> Par ces rues sont granz les presses,

lit-on dans les *Crieries de Paris*. Cette congrégation supprimée vers 1350, la rue s'appela des *Deux Portes*, puis du *Cimetière St-André des Arts*. Ce n'est que récemment, par une ordonnance du 5 août 1844, qu'elle a pris le nom de Suger, le sage ministre de Louis VI et Louis VII.

Sully (rue) : Maximien de Béthune, duc de Sully, le fidèle ministre et ami de Henri IV, naquit à Rosny en 1560, et mourut à Villebon en 1641. (Voir *la France héroïque*.)

Sulpice (église *Saint*) : Elle existait comme paroisse dès le commencement du XIIIe siècle. L'église actuelle ne date que du XVIIe siècle. Anne d'Autriche en posa la première pierre en 1646, mais les circonstances contraires firent plus d'une fois interrompre les travaux, et plusieurs architectes, Christophe Gamard, Louis le Veau, Daniel Gittard et Gille-Marie Oppenord concoururent à sa construction. Le portail tout entier est de Servandoni, qui l'avait presque terminé en 1745, lors de la consécration solennelle de l'église.

En 1793, l'église St-Sulpice devenait le *Temple de la Victoire ;* et, sous le Directoire, elle se vit profanée par les parades des Théophilanthropes dont la Reveillère-Lépaux s'était constitué le grand pontife. Le ridicule suffit d'ailleurs pour faire justice de ces sottises.

Devant l'église se trouve la place St-Sulpice, ornée d'une fontaine monumentale d'un bel effet. A gauche s'élève le séminaire de St-Sulpice [1], qui a donné et donne encore à l'église de France tant de prêtres instruits, zélés, vertueux et saints. Des noms par centaines se pressent sous ma plume, je n'en citerai qu'un seul

[1] Il eut pour fondateur le vénérable M. Olier, curé de St-Sulpice, dont il est parlé plus haut.

resté entre tous populaire, celui du prêtre intrépide qui, prisonnier lui-même, fut en quelque sorte l'aumônier des prisons pendant la Terreur, l'abbé Emery dont Feller nous fait ce portrait admirable autant que fidèle:

« Il savait combiner l'attachement aux règles avec les tempéraments que nécessitaient les circonstances. Il n'était point ami des mesures extrêmes, et se défiait de l'exagération en toutes choses ; quelques-uns lui ont même reproché d'avoir poussé trop loin la condescendance et la modération ; mais dans tout le cours de la Révolution, il marcha constamment sur la même ligne. Il ne fut point ardent dans un temps, et modéré dans un autre ; il n'allait pas chercher l'orage, il l'attendait sans crainte ; il ne bravait pas l'injustice des hommes, mais il ne s'en laissait pas intimider ; l'intérêt de la religion le guidait toujours. Ceux qui ne jugent que d'après l'impulsion du moment lui trouvèrent trop de fermeté, quand ils en manquaient eux-mêmes, ou trop de mollesse quand ils étaient exaltés ; mais c'étaient eux qui changeaient. Pour lui, il fut toujours le même, sage, égal, mesuré ; sachant céder lorsqu'il le croyait utile : sachant aussi résister quand il le jugeait nécessaire [1] ».

T

Tombe-Isoire ou Isouard (rue de la): Ce nom vient d'une maison ainsi appelée et située près de l'ancienne barrière St-Jacques, au-dessus des carrières Montrouge.

[1] Feller. — *Dictionnaire historique.*

« Un puits fut creusé dans le petit enclos attenant à cette maison, et les ossements, enlevés des charniers des Halles, y furent descendus et déposés sur deux lignes parallèles et à six pieds de hauteur. Des prêtres en surplis et chantant l'office des morts suivaient les chariots. Lorsque le transport fut entièrement achevé, on éleva un mur en maçonnerie qui sépara ces nouvelles catacombes des autres parties des carrières, et l'archevêque lui-même y descendit pour les bénir. » (St-Victor).

Turgot (rue) : Turgot, économiste distingué et ministre du roi Louis XVI, né en 1727, mourut en 1781. « Il n'y a que vous et moi qui aimions le peuple » écrivait Louis XVI à son ministre. Cependant, peu longtemps après, cédant à de fatales influences, il remplaçait Turgot par le génevois Necker dont la fausse popularité lui faisait illusion.

Taitbout (rue) : M. Taitbout, était greffier de la ville à l'époque où la rue fut ouverte (1775).

Talma (rue) : Talma, le dernier grand tragédien et qui n'a point été remplacé (1766-1826).

Taranne (rue) : Appelée indifféremment au XIVe siècle rue aux *Vaches*, rue de la *Courtille*, rue *Forestier*, elle prit en 1418 le nom de rue Tarrennes en l'honneur de Simon de Tarrennes, échevin en 1417. *Taranne* n'est qu'une altération.

Temple (rue du) : Elle doit son nom au manoir des Templiers qui déjà s'y voyait à la fin du XIIe siècle. Dans ses vastes dépendances, le manoir enfermait tout l'espace compris entre le faubourg du Temple et la rue de la Verrerie, en englobant partie du marais qu'on appelait la *Culture du Temple*. Entouré de hautes et solides murailles et de fossés profonds, le Temple était une véritable forteresse où l'Ordre renfermait ses trésors et qu'une milice nombreuse et aguerrie semblait pouvoir défendre avec succès même contre l'autorité royale. De là sans doute, la cupidité aidant, les ombrages de Philippe le Bel.

Maintenant quelques mots sur l'ordre des Templiers. Guigues ou Hugues des Païens, Geoffroi de St-Omer et sept autres chevaliers français le fondèrent, en 1118, dans le but de secourir, de soigner et de protéger les pèlerins sur les routes de la Palestine, devoir auquel s'ajouta plus tard celui de défendre la religion chrétienne et le saint Sépulcre contre les Sarrazins. Baudouin II, roi de Jérusalem, donna aux chevaliers, pour leur servir d'habitation, un palais attenant à l'emplacement de l'ancien Temple, et c'est de là que vint leur nom. Forcés, en 1291, d'abandonner la Terre-Sainte avec ses derniers défenseurs, ils revinrent en Europe et établirent dans l'île de Chypre le siége de l'Ordre placé jusqu'alors à Jérusalem. La même année, 1291, fut élu le dernier grand maître Jacques-Bernard de Molai, qui, avec Guy, grand prieur de Normandie, âgé de plus de 80 ans, fut brûlé vif (18 mars 1314) par l'ordre de Philippe le Bel qu'on ne saurait guère, dans toute cette grave affaire du procès des Templiers, excuser de passion et de cruauté. D'ailleurs, « ces moines étaient-ils innocents ou coupables ? Cette question, sur laquelle aucun historien raisonnable n'a jamais osé rien affirmer, est sans contredit la plus difficile, la plus obscure de toute l'histoire moderne, et les ténèbres qui la couvrent ne seront probablement jamais éclaircies. Cependant Sainte-Foix, avec son audace et sa légèreté ordinaires, ne manque point, à l'occasion du supplice de ces deux personnages, de renouveler en leur faveur ces déclamations si multipliées dans le siècle dernier; déclamations dont le but était moins de prouver l'innocence des Templiers que d'insulter, avec quelque apparence de raison, l'autorité politique et religieuse.

« .... Ceux qui défendent les Templiers ont souvent allégué en leur faveur l'invraisemblance des crimes qu'on leur reproche : « Est-il probable, s'écrient-ils, que » tant d'illustres guerriers, tant d'hommes d'une si » haute qualité fussent coupables de crimes aussi atro- » ces, d'aussi honteuses turpitudes? » « Est-il vraisem- » blable, pourrait-on leur répondre avec un auteur con- » temporain (Baluze), que ces personnages si nobles » eussent jamais avoué de telles infamies si l'accusation » n'eût été vraie ? »

« Si les apologistes répliquaient que la torture leur arracha beaucoup d'aveux, il serait facile de donner la preuve que la plupart d'entre eux firent des aveux sans qu'on les eût torturés, de manière que les deux opinions, offrant un égal degré de vraisemblance, la question n'en deviendrait que plus embrouillée et plus indécise pour les esprits sages et non prévenus. » (*St-Victor.*)

L'ancien couvent du Temple servit, comme on sait, de prison au roi Louis XVI et à sa famille. C'est de la que l'infortuné monarque partit pour se rendre à la place de la Révolution. Nous avons raconté ailleurs (*France héroïque*) la mort admirable du Roi-martyr.

Théâtre (rue du) : A Grenelle, Montmartre, etc. Quelques mots à ce sujet sur les origines de théâtre en

France ou mieux à Paris. Par lettres patentes du 4 décembre 1402, Charles VI autorisa *les Confrères de la Passion* à ouvrir, dans l'hôpital de la Trinité, un théâtre où l'on jouait des mystères et des farces appelées *sotties*. De ce mélange du sacré et du profane résultèrent des abus qui firent fermer le théâtre. Mais les confrères obtinrent, en 1548, de le rouvrir et s'installèrent, rue *Françoise*, dans l'hôtel dit de Bourgogne, parce qu'il avait appartenu à Jean-sans-Peur. Plus tard, ils cédèrent leur privilége à une troupe nommée des *Enfants sans souci* qui devinrent les comédiens de l'hôtel de Bourgogne.

En 1659, deux nouvelles troupes leur firent concurrence, celle de Molière qui était venue se fixer à Paris, et celle du Marais, installée rue de la Poterie, à l'hôtel d'Argent. Mais par l'ordre de Louis XIV, quelques années après, les trois troupes durent se réunir et ne formèrent qu'une société qui devint le Théâtre Français. L'Opéra, lui, fut constitué en 1672, par lettres patentes accordées au musicien Lully. On connaît les vers de Boileau, un peu sévères peut-être, à l'adresse du musicien :

Et tous ces lieux communs de morale lubrique
Que Lully réchauffa des sons de sa musique.

La Bruyère dit de son côté, à propos de ce genre de spectacle alors tout nouveau : « L'on voit bien que l'Opéra est l'ébauche d'un grand spectacle, il en donne l'idée.

« Je ne sais pas comment l'opéra, avec une musique

si parfaite, et une dépense toute royale, a pu réussir à m'ennuyer. »

Cet homme assurément n'aime pas la musique,

aurait dit Sosie.

Pour la première fois cette année (1870), on a vu tous les théâtres fermés à cause du siége et la plupart même se sont convertis en ambulances. Puissent-ils avoir ainsi racheté au moins en partie les scandales donnés par certains d'entre eux depuis quelques années surtout !

On a remarqué que, pendant la Terreur même et sous la première invasion, les théâtres étaient restés ouverts. Grâce à Dieu, cette fois, Paris en face du danger, s'est montré digne et sérieux, en se préparant à devenir héroïque.

Thomas d'Aquin (église St) : Elle fut construite par les religieux de l'ordre des Jacobins (Dominicains), établis à Paris vers 1632. Les travaux, dirigés par l'architecte Pierre Bullet, commencèrent dès l'année 1682, mais, par le manque d'argent, le monument ne put être terminé qu'en 1740.

Le Musée et le Comité d'Artillerie occupent aujourd'hui les bâtiments de l'ancien couvent.

Tiquetonne (rue) : Ce nom vient par altération de Roger de Quiquetonne, un riche boulanger qui demeurait dans cette rue vers 1339.

Tirechape (rue) : Etait tout entière bâtie dès le commencement du XIIIe siècle. Des fripiers surtout, juifs pour la plupart, occupaient les petites boutiques du rez-de-chaussée et y exerçaient leur industrie. Ils ne se contentaient pas d'inviter les passants à entrer chez eux, mais, joignant le geste à la parole, ils les tiraient par leurs chapes, espèces de robes, pour les décider. De là le nom de rue *Tirechape* donné à la rue par nos ancêtres si prompts à saisir le côté pittoresque des choses.

Croix du Tiroir (rue de la) : Elle n'existe plus, grâce à l'infatigable marteau des démolisseurs; il nous semble utile néanmoins, tant de gens ayant connu cette rue dont le nom paraît étrange, de lui consacrer quelques lignes. Au milieu de la rue de l'*Arbre-Sec* et près de la fontaine construite par l'ordre de François Ier, on voyait anciennement une croix appelée du Tiroir, *Trailhouer*, *Traihoir*, *Tirauer*, *Tyrouer*, *Tiroi*, car l'orthographe a constamment varié. On comprend ainsi l'incertitude relative à l'origine de cette dénomination sur laquelle les historiens ont des opinions différentes et assez vagues.

Ce qui paraît certain, c'est que, dans l'année 1636, la Croix, qui gênait la circulation, fut placée à l'angle du réservoir des eaux d'Arcueil, que le prévôt des marchands avait fait construire à l'extrémité de la rue de l'*Arbre-Sec*, du côté de la rue *St-Honoré*. Cette place était un lieu patibulaire ou place d'exécution et « Sauval, dit St-Victor, en a tiré cette conjecture fort raisonnable que la croix y avait été placée pour offrir une dernière consolation et montrer dans ces tristes moments le signe du salut aux malheureux qu'on y faisait mourir. »

Tixeranderie (rue de la) : Ce nom lui vient d'une grande maison qui s'y trouvait et des nombreux tisserands qui autrefois l'habitaient.

Tournelles (rue des) : Elle fut ainsi appelée de l'hôtel de ce nom qu'avait fait bâtir, sous le règne de Jean II dit le Bon, Pierre d'Orgemont, chancelier de France et de Dauphiné. Il appartint, après sa mort, à son fils qui le vendit au duc de Berry, lequel le céda au duc d'Orléans. Henri II y étant mort, par l'accident que l'on sait, Charles IX, à l'instigation de sa mère Catherine, en ordonna la démolition et sur le terrain déblayé s'ouvrit la *Place-Royale*, aujourd'hui *Place des Vosges*.

Tournon (rue de) : François de Tournon, archevêque et cardinal, fut l'un des principaux conseillers de François Ier. Tour à tour ambassadeur en Italie, en Espagne, en Angleterre, il mourut à Paris en 1562.

Tronchet (rue) : François-Denis Tronchet (1726-1806), avocat au parlement, s'honora comme l'un des défenseurs de Louis XVI. Après le 18 brumaire, cet éminent jurisconsulte prit une part active à la rédaction du *Code Civil.*

Trône (place du) : Doit son nom à un trône élevé aux frais de la ville de Paris et sur lequel Louis XIV et Marie-Thérèse d'Autriche se placèrent, le 26 août 1660, pour recevoir le serment de fidélité de leurs sujets.

Les Tuileries. Vers le milieu du XIVe siècle, sur le terrain dit de la *Sablonnière*, s'élevaient trois grandes maisons où se fabriquait la tuile. Pendant le XVe et le XVIe siècle, ces bâtiments furent remplacés par deux hôtels, appelés tous deux *hôtels des Tuileries*. Ce fut aussi le nom que Catherine de Médicis donna au palais qu'elle fit construire sur ce même terrain acheté par elle. Les architectes Philibert Delorme et Jean Brillant dirigeaient les travaux interrompus par un caprice de Catherine et repris plus tard par l'ordre de Henri IV, mais sans doute avec lenteur; car le monument ne s'acheva que sous Louis XIV, d'après les dessins de Ducerceau qui modifia pour une bonne partie les plans de ses prédécesseurs. On s'explique ainsi la diversité d'ornements et d'ordonnances dont se trouve composée, tant sur la façade du jardin que sur celle du Carrousel, la masse totale de l'édifice. De nouveaux travaux, ayant pour but d'atténuer les disparates qui choquaient dans les constructions et de mettre plus d'ensemble dans les parties, s'exécutèrent par l'ordre de Louis XIV, sous la direction des architectes Lerau et d'Orsay. Le palais fut dès lors, à quelques changements près, ce que nous le voyons aujourd'hui. Le pavillon et la galerie, du côté de la rivière, viennent, comme on sait, d'être reconstruits.

Le jardin, créé par un nommé Renard, en 1630, sur un terrain défriché exprès, fut agrandi considérablement plus tard et planté tout de nouveau d'après les dessins du célèbre Le Nôtre.

Pas n'est besoin de dire que le jardin anglais, tracé devant le château, n'est pas de celui-ci; car il y a peu d'années, il n'existait pas non plus que les fossés profonds qui lui servent de clôture.

Qui nous eût dit, quand nous écrivions ces lignes, que ce glorieux monument, bientôt ne serait plus qu'une lamentable ruine, après être devenu la proie des flammes allumées par des misérables qui n'avaient assurément de Français que le nom!

Comme les Tuileries n'ont-ils pas incendié le palais du quai d'Orsay, la Légion-d'Honneur, l'Hôtel-de-Ville, le Ministère des Finances, le Palais de Justice, le Grenier d'Abondance, et combien d'autres édifices, l'orgueil de Paris comme de la France ? Et assurément, si le temps ne leur eût manqué à ces infâmes, et que leur plan dans son ensemble eût réussi, ils auraient pareillement brûlé la Sainte-Chapelle, Notre-Dame, le Louvre, toutes nos églises, tous nos monuments, aussi bien les maisons et habitations du pauvre que celles du riche. Ce Paris en un mot, dont ils avaient fait leur conquête, on sait comment, plutôt que de le rendre, dans leur furieux désespoir de se voir arracher ce magnifique butin, ils voulaient tout entier le détruire !...

Paris à cette heure, sans l'héroïsme et l'indomptable élan de l'armée, ne serait plus qu'un immense monceau de cendres, une vaste nécropole avec des milliers et des milliers de cadavres enfouis sous les décombres.

Turenne (rue) : Quel plus bel éloge et plus complet que celui qui est contenu dans cette courte page de Madame de Sévigné écrite à propos de la mort du grand homme:

« Ne croyez point, ma fille, que son souvenir soit déjà fini dans ce pays-ci ; ce fleuve qui entraîne tout n'entraîne pas sitôt une telle mémoire, elle est consacrée à l'immortalité.

« .... Vous ne sauriez croire comme la douleur de sa perte est profondément gravée dans les cœurs : vous n'avez rien par dessus nous que le soulagement de soupirer tout haut et d'écrire son panégynique. Nous remarquions une chose, c'est que ce n'est pas depuis sa mort que l'on admire la grandeur de son cœur, l'étendue de ses lumières et l'élévation de son âme ; tout le monde en était plein pendant sa vie, et vous pouvez penser ce que fait sa perte par dessus ce qu'on était déjà ; enfin, ne croyez point que cette mort soit ici comme celle des autres. Vous pouvez en parler tant qu'il vous plaira sans croire que la dose de votre douleur l'emporte sur la nôtre. Pour son âme, c'est encore un miracle qui vient de l'estime parfaite qu'on avait pour lui; il n'eut tombé dans la tête d'aucun dévot qu'elle ne fût pas en bon état : on ne saurait comprendre que le mal et le péché pussent être dans son cœur; sa conversion si sincère nous a paru comme un baptême; chacun conte l'innocence de ses mœurs, la pureté de ses intentions, son humilité éloignée de toute sorte d'affectation, la solide gloire dont il était plein, sans faste et sans ostentation, aimant la vertu pour elle-même, sans se soucier de l'approbation des hommes, sa charité généreuse et chrétienne. Vous ai-je dit comme il rhabilla ce régiment anglais ? il lui en coûta quatorze mille francs et il resta sans argent. Les Anglais ont dit à M. de Lorges qu'ils achèveraient de servir cette campagne pour venger la mort de M. de Turenne; mais qu'après cela ils se retireraient, ne pouvant obéir à d'autres qu'à lui. Il y avait de jeunes soldats qui s'impatientaient un peu dans les marais, où ils étaient dans l'eau jusqu'aux genoux; et les vieux soldats leur disaient :

« Quoi ! vous vous plaignez ? on voit bien que vous ne » connaissez pas M. de Turenne; il est plus fâché que » nous quand nous sommes mal; il ne songe, à l'heure » qu'il est, qu'à nous tirer d'ici; il veille quand nous dor» mons; c'est notre père : on voit bien que vous êtes » jeunes » et ils les rassuraient ainsi.

« Tout ce que je vous mande est vrai; je ne me harge point des fadaises dont on croit faire plaisir aux gens éloignés ; c'est abuser d'eux, et je choisis bien plus ce que je vous écris, que ce que je vous dirais si vous étiez ici. Je reviens à son âme ; c'est donc une chose à remarquer que nul dévot ne s'est avisé de douter que Dieu ne l'eût reçue à bras ouverts, comme une des plus belles et des meilleures qui soient jamais sorties de ses mains ; méditez sur cette confiance générale de son salut, et vous trouverez que c'est une espèce de miracle qui n'est que pour lui. Vous verrez dans les nouvelles les effets de cette grande perte. » (Sévigné).

« La vie de Turenne, a dit quelque part Montesquieu, est un hymne à la louange de l'humanité. » (Voir pour les détails la (*France héroïque*).

U

Ulrich : Avenue, ci-devant, de l'*Impératrice*. Le nom du général Ulrich sera désormais légendaire. Il mérite d'être inscrit en lettres d'or dans nos annales le nom du vaillant soldat qui commandait à cette population héroïque, ne se résignant qu'à regret, et faute de munitions et de vivres, à capituler, alors qu'elle eut préféré s'ensevelir sous les ruines de la cité glorieuse et si opiniâtrement défendue. Le siége de Strasbourg est à jamais mémorable, et qui n'eut pas applaudi, avec tout Paris ou mieux toute la France, à cet effort du patriotisme qui, dans la défaite même, apparaît sublime et nous offre un si magnifique exemple !

Université (rue de l') : En 1639, l'Université, ayant aliéné le terrain dit le *Pré aux Clercs*, des constructions s'élevèrent le long de l'ancien *chemin des Treilles*, qui prit le nom de rue de l'*Université*.

Ursins (rue des) : Elle doit son nom à Jean Juvénal des Ursins, le célèbre prévôt des marchands sous Charles VI.

Ursulines (rue des) : Nom qui vient des religieuses de cette observance établies autrefois dans le faubourg Saint-Jacques, et dont la fondation offre d'intéressants détails. En 1608, Françoise de Bermont et Lucrèce de Monte, appartenant à la congrégation des Ursulines d'Aix, vinrent à Paris. D'abord logées à l'hôtel Saint-Jacques, et assez à l'étroit, elles s'occupaient de l'éducation des jeunes filles. Une dame de la paroisse, Madeleine Leullier, veuve du président Sainte-Beuve, personne d'une grande piété et dont l'intelligence égalait le cœur, les ayant connues, fut touchée de leur zèle et songea aux moyens de leur assurer un établissement stable. Elle acheta un terrain près de l'hôtel Saint-André, et fit bâtir une maison vaste et commode qu'elle donna aux Ursulines « à la condition, disent les historiens, que ces filles, qui, jusque-là étaient séculières et sans clôture, fussent désormais religieuses et cloîtrées, et qu'outre les trois vœux ordinaires de religion, elles en fissent un quatrième particulier de vaquer à l'instruction des jeunes filles. » Elle passa, en outre, un contrat de 2,000 livres de rente perpétuelle pour l'entretien de douze religieuses.

La chapelle attenant au couvent par la suite devint trop petite et la présidente Sainte-Beuve fit construire une nouvelle église terminée en 1627. Elle y fut enterrée l'année suivante et jusqu'à la Révolution qui détruisit l'église, on y vit son tombeau, objet de vénération pour les Ursulines reconnaissantes comme pour leurs élèves.

V

Val-de-Grâce (église du) : Cette église fut construite ou reconstruite par les ordres d'Anne d'Autriche qui avait fait vœu, si Dieu mettait un terme à sa longue stérilité, de lui bâtir un temple magnifique. Après vingt-deux ans d'attente, la reine eut un fils qui fut Louis XIV. L'église, commencée en 1645, ne put, à cause des troubles de la Fronde, être terminée qu'en 1665. Les architectes du monument furent François Mansard, Jacques Lemercier, Pierre Lemrut et Gabriel Leduc. Les peintures de la coupole sont dues à Mignard.

La communauté des religieuses du *Val-de-Grâce* de *Notre-Dame de la Crèche*, qui avait donné son nom à l'église, fut supprimée en 1790. Les bâtiments, que les sœurs occupaient, près de l'église, d'abord transformés en vastes magasins, devinrent, sous l'Empire, l'hôpital spécial des malades de la garnison.

Valhubert (place) : Le général Valhubert, dont le nom est inscrit sur l'Arc-de-Triomphe de l'Étoile, fut tué à Austerlitz. Ayant eu la jambe emportée par un boulet, il tomba de cheval. Des soldats aussitôt s'empressent pour le relever et le porter à l'ambulance.

« Laissez, mes amis, laissez, leur dit ce martyr de la » discipline ; souvenez-vous de l'ordre du jour qui

» défend de quitter les rangs quoi qu'il arrive. Si vous » êtes vainqueurs, vous m'enlèverez du champ de ba- » taille ; si vous êtes vaincus, que m'importe un reste » d'existence ! » Puis il ajoute après quelques ins- » tants : « Que n'ai-je perdu plutôt un bras, je pourrais » combattre encore avec vous et mourir pour mon » pays. »

Valhubert succomba le lendemain à ses blessures. L'empereur, par un décret, ordonna qu'une des rues nouvelles de Paris porterait son nom.

Vanneau (rue) : Ainsi nommée, en souvenir de l'élève de l'École Polytechnique, tué à l'attaque de la caserne de Babylone (29 juillet).

Vaugirard (rue de) : Signifie *vallée* de Girard. Girard de Moret, abbé de St-Germain des Prés, avait fait bâtir dans cette rue une maison de convalescence pour les malades.

Vendôme (place) : Ouverte, par suite d'un arrêt du conseil de l'année 1686 et de lettres patentes du roi (1699), sur l'emplacement qu'occupait l'hôtel Vendôme démoli à cet effet. Mansart, le célèbre architecte, fut chargé des nouvelles constructions. Au milieu de la place s'élevait, dès l'année 1799, une statue équestre en bronze de Louis XIV, qui fut renversée en 1792. Elle se voyait à l'endroit où maintenant se dresse la Colonne en l'honneur de la Grande Armée.

Ventadour (rue) : Nom d'une famille qui y avait un hôtel.

Verdelet (rue) : Cette rue se nommait autrefois rue *Merderiau*, *Merderai* ou *Merderet*, expressions tant soit peu rabelaisiennes, mais que nos pères eux-mêmes trouvaient assez mal sonnantes. Le mot fut adouci par le changement de deux lettres et, dès le commencement du XVIIe siècle, la rue s'appelait comme aujourd'hui : *Verdelet*.

Vertbois (rue) : Comme cet endroit était, au XVIe siècle, tout en marais et en jardins, il est assez vraisemble que le nom de *Vertbois* lui vient des arbres qui environnaient de ce côté l'enclos du prieuré St-Martin avant qu'on eût percé la rue.

Verrerie (rue de la) : Primitivement (1386) de la Voisie, puis de la Verrerie sans doute à cause de plusieurs verreries qui s'y trouvaient.

Verneuil (rue de) : Doit son nom à Henri de Bourbon, duc de Verneuil, abbé de Saint-Germain des Prés, qui la fit ouvrir en 1640.

Vertus (rue des) : Ce nom lui fut donné par antiphrase à cause de certaines dames ou demoiselles qui l'habitaient et dont la conduite ne faisait point honneur au sexe.

Vero-Dodat (passage) : L'un des premiers construits à Paris, ce passage doit son nom au propriétaire qui avait fait une grande fortune dans la boutique de charcuterie établie à l'angle de la rue Croix-des-Petits-Champs et de la rue Montesquieu.

Victoires (place des) : Elle fut construite par François, vicomte d'Aubusson, de la Feuillade, maréchal de France, qui fit, dans ce but, abattre, en 1684, une partie de l'hôtel de la Ferté qu'il avait acheté. « Ayant reçu de la cour des bienfaits extraordinaires, il a voulu laisser à la postérité une marque éclatante de sa reconnaissance » dit G. Brice.

Pour ce motif, il fit ériger au milieu de la place une statue de Louis XIV, renversée pendant la Révolution et dont voici la description faite par un contemporain :

« La statue est élevée sur un grand piédestal de marbre blanc veiné, de vingt-deux pieds de hauteur en y comprenant un soubassement de marbre bleuâtre, avec des corps avancés du même profil. Sur ce piédestal, le Roi est représenté dans les habits dont on se sert aux cérémonies du sacre à Reims, et que l'on conserve dans le trésor de Saint-Denis. Il a un Cerbère à ses pieds, et la Victoire derrière lui, montée sur un globe, qui semble d'une main lui mettre une couronne de laurier sur la tête, et de l'autre, elle tient un faisceau de palmes et de branches d'olivier dans une attitude noble et hardie. Toutes ces choses ensemble font un groupe de treize pieds de hauteur, d'un seul jet, où l'on a employé près de trente milliers de métal. Et ce qui rend encore ce monument d'une apparence plus magnifique, quoique bien des gens de bon goût n'en soient pas contents, c'est qu'on l'a doré entièrement pour le faire paraître et briller plus loin. »

Sur le piédestal de la statue on lisait cette inscription :

VIRO IMMORTALI.

Notre-Dame-des-Victoires, (rue) : Elle s'appelait anciennement le *chemin Herbu* « mais, depuis qu'une enseigne haute en couleur eût été pendue à l'une de ses maisons, enseigne où, sous le nom de Notre-Dame-des Victoires, la Vierge est représentée, aussitôt elle quitta son premier nom pour celui-ci », dit un historien. On la nomme aussi des *Petits Pères* ou des *Petits Augustins* à cause des Augustins déchaussés qui y avaient un couvent.

On sait que, depuis vingt ou vingt-cinq ans, ce sanctuaire est devenu un lieu de pèlerinage des plus célèbres. Qui de nous n'y va pas de temps en temps prier?

Victoire (rue de la) : S'appelait d'abord *Chantereine*, nom qu'elle échangea contre celui de la *Victoire* quand le général Bonaparte, au retour de la première campagne d'Italie, vint l'habiter.

Vierge, (rue de la) : Ce nom vient d'une statue de la sainte Vierge qui se voyait à l'une des extrémités de la rue.

Vignes (impasse des) : Ce nom lui fut donné parce que les maisons s'élevèrent dans un grand clos de vignes appartenant aux religieuses de Sainte-Geneviève.

Hôtel-de-Ville (l') : En 1357, le Prévôt des marchands et les Échevins de la Ville de Paris achetèrent, au prix de 2,880 livres, la *Maison de Grève*, autrement la *maison aux piliers*, parce qu'elle était soutenue par devant sur des piliers. Elle avait appartenu aux deux derniers dauphins du Viennois ; Charles V, n'étant que dauphin, y avait demeuré, et l'avait donnée à Jean d'Auxerre, receveur des gabelles, en considération des services que le dit Jean lui avait rendus. Ce fut sur l'emplacement de cette maison et de plusieurs autres qui l'environnaient que l'on commença à bâtir l'Hôtel-de-Ville en 1553 ; il ne put être achevé qu'en 1605. Dans ces derniers temps, il a été fort augmenté et en partie reconstruit.

Pourquoi maintenant nous faut-il ajouter : ce monument si superbe, ce palais splendide, il y a si peu de mois encore, incendié comme tant d'autres par les sectaires de la Commune et les séides de l'Internationale, n'est plus qu'une ruine, ruine imposante d'ailleurs et que nous serions assez d'avis (comme on l'a proposé) de laisser dans cet état pour l'enseignement des générations à venir. Mais de cet enseignement, de ces leçons si formidables, profiteront-elles quand sur les contemporains il semble que l'impression en ait été trop fugitive? Quel miracle de la Providence faudrait-il pour guérir ce malheureux peuple de la cécité comme de la surdité ?

Ville-l'Évêque (rue de la) : Son nom lui vient du territoire sur lequel elle est située et qui appartenait à l'Évêque et au chapitre.

Léonard de Vinci (rue) : Peintre, poète, écrivain, cet illustre Italien (1459-1519) est connu de nous surtout par ses tableaux et ses dessins et aussi par une précieuse et ancienne copie de la *Cène*, cette fresque célèbre, hélas ! aujourd'hui presque entièrement effacée. Le portrait de la *Joconde* (Monna Lisa) une des merveilles de l'art, suffirait, seul, à la gloire du maître. Dans cette figure étrange on ne sait ce qu'il faut admirer davantage ou la finesse prodigieuse et l'intensité de l'expression, ou la touche si savamment dissimulée et le modelé qui tient du miracle. Quel étonnant visage ! et la main donc, la main !

Vivienne (rue) : Elle a pris ce nom d'une famille connue au XVIe siècle et qui fit bâtir les premières maisons de la rue. Louis Vivien, seigneur de Saint-Marc, était échevin de la ville de Paris en 1599, sous la prévôté de Jacques Danès.

Trois-Visages (rue des) : « Le nom qu'elle a maintenant, dit Sauval, vient de *trois têtes* ou *trois visages* de pierre et tous trois de relief que j'ai vus autrefois à l'une de ses maisons. Présentement il en reste encore une. »

Volta (rue) : Volta, physicien célèbre par la découverte de l'électro-moteur, naquit à Côme en 1745. Appelé à Paris en 1801 par Bonaparte qui l'avait connu en Italie, il répéta devant l'Académie des Sciences ses curieuses expériences sur l'électricité. Comblé d'honneur par Napoléon Ier, fait sénateur et comte, Volta jouit paisiblement de sa gloire à laquelle, dès lors, il parut peu soucieux d'ajouter. Il mourut, octogénaire, le 6 mars 1826.

Voltaire (rue et quai) : Joubert, dont feu Ste-Beuve faisait si grand cas et qu'il a loué pour son goût exquis comme pour sa modération, n'hésite pas à dire de Voltaire : « Voltaire avait le jugement droit, l'imagination riche, l'esprit agile, le goût vif et *le sens moral détruit.* .... Voltaire est l'esprit le plus débauché, et ce qu'il y a de pire, c'est qu'on se débauche avec lui. La sagesse, en contraignant son humeur, lui aurait incontestablement ôté la moitié de son esprit. Sa verve avait besoin de licence pour circuler en liberté. Et cependant jamais homme n'eut l'âme moins indépendante. Triste condition, alternative déplorable, de n'être, en observant les bienséances, qu'un écrivain élégant et utile, ou d'être, en ne respectant rien, un auteur charmant et funeste. Ceux qui le lisent tous les jours s'imposent à eux-mêmes, et d'une invincible manière, la nécessité de l'aimer. Mais ceux qui, ne le lisant plus, observent de haut les influences que son esprit a répandues, se *font un acte d'équité, une obligation rigoureuse et un devoir de le haïr.*

.... Voltaire a, comme le singe, les mouvements charmants et les traits hideux. On voit toujours en lui, au bout d'une habile main, un laid visage. »

Quand le sage critique parle ainsi, faut-il s'étonner d'entendre le poète satirique qu'on vit :

Fouetter d'un vers sanglant les grands hommes du jour,

faire tonner, lui victime infortunée de la secte, contre l'Idole son alexandrin énergique ?

Sous peine d'être un sot, nul plaisant téméraire
Ne rit de nos amis et surtout de Voltaire.
On aurait beau montrer ses vers tournés sans art,
D'une moitié de rime habillés au hasard,
Seuls et jetés par ligne exactement pareille;
De leur chute uniforme importunant l'oreille,
Ou, bouffis de grands mots qui se choquent entre eux,
L'un sur l'autre appuyés, se traînant deux à deux;
Et sa prose frivole, en pointes aiguisée,
Pour braver l'harmonie incessamment brisée;
Sa prose, sans mentir, et ses vers sont parfaits;
Le *Mercure*, trente ans, l'a juré par extraits;
Qui pourrait en douter ? Moi, cependant j'avoue
Que d'un rare savoir à bon droit on le loue;
Que ses chefs-d'œuvre faux, trompeuses nouveautés,
Etonnent quelquefois par d'antiques beautés;
Que par ses défauts même il peut encore séduire.
Talent que peut absoudre un siècle qui l'admire [1]. »

A propos du vers souligné par nous, on peut rappeler ce passage de l'éminent critique déjà cité : « Mépriser et décrier, comme Voltaire, les temps dont on parle, c'est ôter tout intérêt à l'histoire qu'on écrit. »

[1] Gilbert : *Mon Apologie.*

Vosges (place des) : Autrefois *Place Royale*, commencée en 1604 par l'ordre de Henri IV, et terminée en 1612. Au milieu de la place ou plutôt du jardin, se voit une statue équestre de Louis XIII qui rappelle en partie celle que le cardinal de Richelieu fit ériger, le 27 septembre 1639, en l'honneur du roi. « Elle était élevée sur un piédestal de marbre blanc, dit Saint-Victor. Le prince y était représenté le casque en tête, vêtu à la romaine, retenant d'une main la bride de son cheval et étendant l'autre en signe de commandement. »

Sur les diverses faces du piédestal on lisait de longues inscriptions en français et en latin, et entre autres un curieux sonnet de Desmarets de Saint-Sorlin qui n'y fut gravé, il est juste de le dire, qu'après la mort du roi et de son ministre.

Que ne peut la vertu ? Que ne peut le courage ?
J'ai dompté pour jamais l'hérésie et son fort ;
Du Tage impérieux j'ai fait trembler le bord,
Et du Rhin jusqu'à l'Ebre accru son héritage.

J'ai sauvé par mon bras l'Europe d'Esclavage ;
Et si tant de travaux n'eussent hâté mon sort,
J'eusse attaqué l'Asie, et d'un pieux effort
J'eusse du saint Tombeau vengé le long servage.

Armand, le grand Armand, l'âme de mes exploits,
Porta de toutes parts mes armes et mes lois,
Et donna tout l'éclat aux rayons de ma gloire.

Enfin il m'éleva ce pompeux monument
Où, pour rendre à son nom mémoire pour mémoire,
Je veux qu'avec le mien il vive incessamment.

La grille qui entoure la place ne fut placée qu'en 1685. On la dut à la libéralité des propriétaires des 35 pavillons qui composent ce quadrilatère et qui souscrivirent chacun pour une somme de 1,000 livres. Au commencement de XIXe siècle, Saint-Victor écrivait : « Ces maisons, regardées naguère comme les plus grandes et les plus superbes de Paris, servaient autrefois de demeure à ce qu'il y avait de plus illustre à la cour et à la ville, elles sont aujourd'hui presque abandonnées ainsi qu'une partie de celles qui les environnent, ou du moins elles sont devenues l'asile de la médiocrité ou même de l'indigence. »

Il n'en est plus ainsi maintenant, et il ne faut pas être pauvre pour habiter même l'étage le plus élevé de l'un de ces pavillons.

W

Watt (rue de) : James de Watt, né à Greenock en Écosse, le 19 juin 1736, mourut le 25 août 1819. « On l'a surnommé, dit un biographe, le *Christophe Colomb* de la mécanique. »

Watteau, (rue) : Antoine Watteau, né à Valenciennes, en 1684, mourut à Paris en 1721. Le fameux connaisseur Mariette a dit de ce maître : « Quoique la vie de Watteau ait été fort courte, le grand nombre de ses ouvrages pouvait faire croire qu'elle aurait été très-longue, au lieu qu'il montre seulement qu'il était très-laborieux. En effet, ses heures même de récréation et de promenade ne se passaient point sans qu'ils étudiât la nature et qu'il la dessinât dans les situations où elle lui paraissait plus admirable. »

La nature cependant qu'il nous montre d'habitude est une nature toute de convention ; Taillasson a donc eu raison de dire : « Il a surtout bien saisi l'esprit des hommes qui portaient ces costumes, leur gaîté de comédie, leur finesse recherchée, leur sensibilité de masque ; se revêtant d'habits de bal, ils prenaient aussi une âme de bal ; c'est cette âme que Watteau a parfaitement sentie. »

Waterloo (passage) : Je comprends qu'à Londres, une rue, un passage, un pont, porte ce nom si pénible à des oreilles françaises, je ne le comprends pas à Paris.

X

Xaintrailles (rue) : Bien placée entre la rue de *Domrémy* et la place *Jeanne d'Arc*.

Z

Zacharie (rue) : S'appelait autrefois *sac-à-lie*.

Zouaves (sentier des) : Conduit à Vanves et ... à la gloire.

VARIA

HOSPICE DES ENFANTS TROUVÉS

Nous voyons dans les historiens que, de toute ancienneté « on avait senti la nécessité de créer un asile pour ces pauvres et innocentes victimes. Ce fut encore l'Église qui en donna les premiers exemples : l'Évêque et le chapitre de Notre-Dame destinèrent à cet usage une maison située au bas du port l'Évêque, et l'on mit dans l'église une espèce de berceau où l'on plaçait ces enfants pour exciter la pitié et la libéralité des fidèles, coutume qui s'est conservée jusqu'aux temps qui ont précédé la Révolution.... Par un arrêt du 13 août 1552, le Parlement ordonna que les enfants seraient mis à l'hôpital de la Trinité, et que les seigneurs de Paris contribueraient d'une somme de 960 livres par an, répartie entre eux à proportion de l'étendue de leur justice. » (*Saint-Victor.*)

Malgré ce sage réglement, trop peu observé sans doute, par suite de nouveaux abus, la position des enfants redevint des plus fâcheuses. Le chapitre de Notre-Dame s'en émut et offrit derechef pour les recevoir deux maisons situées au port St-Landry et dans lesquelles ils furent transférés en 1530. Mais cet asile même devint bientôt insuffisant, et le nombre des enfants abandonnés, s'augmentant sans cesse, beaucoup se trouvaient dans un état qui fait frémir l'humanité ; « et le détail qu'en donne l'auteur de la *Vie de St-Vincent de Paul* est si horrible qu'on serait tenté de le soupçonner d'exagération. »

Ce qu'on ne peut révoquer en doute, c'est le zèle admirable que déploya cet homme apostolique pour remédier aux abus et assurer, par un établissement fixe et durable, l'avenir des pauvres orphelins. On ne peut se rappeler, sans un attendrissement profond les paroles si naïvement éloquentes qu'il adressait aux dames dont il sollicitait le zèle et la charité en faveur de ces pauvres petits malheureux.

« Or sus, Mesdames, s'écria-t-il, voyez si vous voulez » délaisser à votre tour ces petits innocents, dont vous » êtes devenues les mères suivant la grâce, après qu'ils » ont été abandonnés par leurs mères suivant la na- » ture. »

« Les nobles et pieuses Françaises, dit St-Victor, ne répondirent à ce discours que par des sanglots ; et le même jour, dans la même église, au même instant, l'hôpital des Enfants-Trouvés fut fondé et doté. »

L'asile fut d'abord établi dans une maison voisine de la porte St-Victor, puis dans le château de Bicêtre cédé à cet effet par la reine Anne d'Autriche. Mais l'air trop vif qu'on respirait dans une situation d'ailleurs assez éloignée de la ville, parut nuisible aux enfants ramenés dans l'intérieur, près de St-Lazare. Puis, leur nombre augmentant toujours, on fit choix, au faubourg St-

Antoine, d'un local plus vaste avec ses dépendances et qui devint l'hôpital définitif. Une succursale avec chapelle fut en outre établie, vers 1672, vis-à-vis de l'Hôtel-Dieu.

Pour suffire aux dépenses de toute nature, la charité privée vint en aide ; puis l'hospice eut des revenus fixes provenant d'une donation de 4,000 livres de rente annuelle faite par le roi Louis XIII et d'une autre donation de 8,000 livres due à Louis XIV. En outre, par un arrêt du parlement, la taxe à payer par les seigneurs haut-justiciers de Paris pour l'entretien des enfants recueillis dans leur ressort fut convertie en une rente annuelle de 15,000 livres réparties en proportion de l'étendue de fiefs. Dans l'hospice comme dans la succursale, les enfants étaient reçus en tout temps, à toutes les heures du jour et de la nuit, sans questions et sans formalité. « Ces pauvres orphelins, dit l'historien déjà cité, confiés aux sœurs de la charité, étaient élevés avec un soin paternel dans l'amour du travail et dans la piété ; et on les y gardait jusqu'à ce qu'ils fussent en âge de faire leur première communion et d'apprendre un métier. »

Cet état de choses subsista jusqu'à la Révolution. On sait que maintenant l'hospice des Enfants-Trouvés, c'est-à-dire *assistés*, comme on l'appelle aujourd'hui, est établi rue d'Enfer, 74. Les bâtiments, occupés jadis par la succursale place du parvis Notre-Dame, servent de pharmacie centrale pour tous les hospices de Paris. Dans une autre aile sont installés les bureaux de l'administration de l'Assistance publique.

Lors des terribles évènements, dont Paris fut le

théâtre, dans les derniers jours de mai dernier (1871), l'hospice des Enfants-Trouvés de la rue d'Enfer faillit lui aussi être la proie des flammes. Ici se place tout naturellement un admirable épisode :

Les insurgés s'étaient établis à l'hospice des Enfants-Trouvés de la rue d'Enfer. Voyant les troupes de Versailles dans Montrouge, les fédérés allaient incendier l'hospice, qui renferme ordinairement cinq cents enfants, et qui contenait en plus une division des Jeunes Aveugles qu'on y avait transportés. Le directeur de l'établissement, M. Morisot, avait dû se dérober par la fuite aux menaces de mort des envahisseurs. Sa noble femme, ayant entendu l'ordre de mettre le feu à l'hospice, se jeta courageusement au-devant du capitaine qui donnait cet ordre aux ambulancières de la Commune ; elle le supplia avec larmes de ne pas commettre une telle barbarie et d'épargner d'innocentes victimes qui n'offraient aucune résistance et n'avaient ni armes ni défenseurs. « Ce sont vos enfants, s'écria-t-elle, les enfants du peuple que vous vouez sans raison à la mort la plus cruelle ! » Ces généreuses paroles émurent le capitaine, qui retira l'ordre d'incendie.

Mais bientôt il paya de sa vie cet acte d'humanité : Mme Morisot le vit fusiller sur la barricade voisine. Effrayée de cet horrible spectacle et voyant d'ailleurs que la flamme qui consumait un couvent placé tout auprès menaçait de les envahir, elle rassembla à la hâte les sœurs et les employés de l'établissement : tous se décidèrent à fuir. Une petite porte du jardin donnait sur le boulevard, encore au pouvoir des troupes de la Commune, et, pour le traverser, il fallait affronter une pluie de balles ! N'importe, l'armée française était de l'autre côté. Toute la colonie se mit en marche pour tenter ce dangereux passage. Mme Morisot marchait en tête, tenant de chaque main un de ses propres enfants ; trois autres de la maison se cramponnaient par derrière aux plis de sa robe ; les bonnes sœurs portaient les infirmes et les malades dont plusieurs étaient atteints de la petite vérole. Venaient ensuite les nourrices avec leurs nourrissons suspendus au sein ; il y avait même un enfant d'un jour, déposé la veille dans cet asile créé par la charité de saint Vincent de Paul. La colonne fugitive, composée de huit cents personnes, traversa lentement le boulevard ; toutefois aucune ne fut atteinte par les projectiles.

Les héroïques soldats de l'ordre pleuraient attendris en recevant ces orphelins, ces aveugles, ces malades et ces religieuses dévouées, qui venaient chercher un refuge dans leurs rangs libérateurs.

BASTILLE (PLACE DE LA)

Ce nom lui vient de la forteresse qui s'y élevait et dont Hugues Aubriot, prévôt de Paris, posa la première pierre, le 22 avril 1370. Elle servit pendant plusieurs siècles de prison d'Etat où furent enfermés beaucoup de personnages considérables et aussi nombre d'inconnus, des écrivains célèbres comme des gazetiers anonymes.

Peu d'années avant la Révolution, l'avocat Linguet fut envoyé à la Bastille où, pour occuper ses loisirs, il se mit à rédiger ses Mémoires. Un matin qu'il était dans le feu de la composition, la porte de la chambre s'ouvre et donne passage à un personnage dont la figure longue, maigre, pâle, n'était rien moins que gaie avec un costume à l'avenant.

— Qui êtes-vous ? Que voulez-vous ? Pourquoi venir me déranger ? demande l'avocat brusquement et avec un accent marqué de mauvaise humeur.

— Pardon, monsieur, répond le nouveau venu du ton le plus poli, je regrette de venir si mal à propos et d'interrompre votre travail. Je ne voulais que vous être agréable et utile en me mettant à votre disposition ; je suis le barbier de la Bastille.

— Alors, c'est différent, reprend Linguet d'un air

moins rogue, mon cher, puisque vous êtes le barbier de la Bastille, *faites-moi le plaisir de la raser.*

Lors de la démolition de la forteresse, qui eut lieu à la suite du 14 juillet 1789, la plus grande partie des matériaux servit à la construction du pont de la Concorde, et ne pouvait recevoir un plus utile emploi.

On a vu, pendant de longues années, au sud-est de la place, le modèle en plâtre d'un éléphant colossal, destiné à orner la fontaine projetée pour la place et qui devait être coulé en bronze avec les canons pris dans la campagne de Friedland. Ce monument n'a point été exécuté, et l'on a fini par démolir l'éléphant où toute une colonie de rats avait élu domicile. La place a pour seul ornement aujourd'hui la colonne en bronze, érigée en souvenir des victimes de juillet 1830. Une statue en bronze doré, de feu Dumont, surmonte cette colonne ; elle représente *le Génie de la Liberté* tenant un flambeau d'une main, des fers brisés de l'autre et agitant ses ailes.

Cette statue dansante est d'un effet médiocre et l'allégorie de tout point fausse et menteuse ; car l'histoire impartiale aujourd'hui sait reconnaître que la Restauration fut une ère de vraie liberté au dedans comme de glorieuse indépendance au dehors. Nul n'ignore, par exemple, la fière attitude de notre diplomatie vis-à-vis de l'Angleterre, lors de l'expédition d'Alger.

L'ÉGLISE DES CARMES

I

CE QUI SE PASSAIT AUX CARMES LE 2 SEPTEMBRE 1792.

Le lendemain du 10 août 1792, commencèrent les arrestations des prêtres qui avaient refusé le serment. Dès le 11, cinquante étaient arrêtés et amenés au comité de la section du Luxembourg; de là, ils furent transférés, vers dix heures du soir, dans le couvent des *Carmes-Déchaux* d'où les religieux avaient été chassés.

Les jours suivants, après des perquisitions faites dans les rues de Vaugirard, Cassette et des Fossoyeurs (Servandoni), principalement habitées par des ecclésiastiques, beaucoup de prêtres encore furent arrêtés et conduits aux Carmes. Entre eux se trouvait Monseigneur Dulau, archevêque d'Arles. Des visites eurent lieu ensuite dans la banlieue, notamment dans les séminaires d'Issy et de Vaugirard, et d'autres prisonniers vinrent rejoindre les premiers. Par suite de ces arrestations successives, au bout d'une semaine, le nombre des prêtres incarcérés s'élevait à plus de *cent cinquante*.

Les premiers jours, ils eurent beaucoup à souffrir, manquant des choses les plus nécessaires, n'ayant pour lit qu'une chaise ou même le pavé nu de l'église, « jusqu'à ce qu'enfin, dit l'abbé Barruel, les fidèles eurent la permission de leur porter les objets de première nécessité... Aussitôt on les vit apporter à l'envi dans l'église des Carmes des lits et du linge et une abondante nourriture.

« ... Dès lors, on eût pris le lieu qui renfermait les prisonniers pour une véritable catacombe des anciens jours. Qu'on se représente une église d'une grandeur très-médiocre et, dans tout son contour, sur le pavé de la nef, même sur celui des chapelles, jusque sur le marchepied des autels, des matelas serrés les uns contre les autres. C'était là qu'ils dormaient plus tranquillement que leurs persécuteurs ne le firent jamais sur le duvet. Quand l'aurore venait leur annoncer un nouveau jour, le cœur élevé vers le ciel, ils fléchissaient ensemble les genoux ! ils adoraient ce Dieu qui les avait choisis pour lui rendre témoignage ; ils le remerciaient de la force céleste dont il les animait ; la seule grâce qu'ils demandaient encore était de le confesser jusqu'à la fin[1]... »

Et cependant voici, d'après le récit d'un prisonnier, ce qu'était cette prison : « L'air était entièrement corrompu... Pendant notre courte absence, on brûlait des herbes fortes et des liqueurs spiritueuses qui rendaient l'air moins contagieux, mais non moins désagréable. Quel moyen de purifier parfaitement un air méphitisé par la respiration de cent vingt personnes, dont une grande partie étaient des vieillards infirmes et couverts de plaies, et qui n'avaient pas même d'endroits assez

[1] Barruel : *Histoire du Clergé pendant la Révolution.*

séparés pour les plus pressants besoins. Cette contagion devint insupportable dans les derniers jours, où notre nombre monta jusqu'à *cent soixante* et *un*. Il n'y avait plus d'espace suffisant pour que chacun pût se placer. Une partie étaient obligés de rester sur les lits des anciens qui restaient toujours tendus autour de la prison. Les jeunes ne plaçaient les leurs que le soir après le dernier rappel. La prison était tellement garnie de matelas qu'il restait à peine une voie étroite pour que les sentinelles pussent se promener parmi nous et remplir leur consigne [1]. »

Les prisonniers avaient aussi beaucoup à souffrir parfois de leurs gardes, soldatesque brutale et fanatiquement révolutionnaire. Monseigneur l'archevêque d'Arles en particulier était l'objet de leurs dérisions et de leurs insultes, à ce point qu'un jour l'un de ces misérables vint s'asseoir auprès du vénérable prélat, et, après l'avoir outragé par les plus grossières invectives, furieux de lui voir toujours la même et radieuse sérénité, il lui lança en plein visage la fumée de sa pipe. Le prélat se contenta de détourner doucement la tête, et sur son visage on ne vit pas d'autre expression que celle de la résignation touchante mêlée de commisération.

Messeigneurs les évêques de Beauvais et de Saintes se trouvaient aussi parmi les prisonniers. « Lorsqu'ils arrivèrent, dit un témoin oculaire, un grand nombre de nous se levèrent pour les recevoir au milieu de la nuit...

[1] Extrait d'une lettre intéressante de l'abbé Frontault, l'un des prêtres échappés au massacre, et publiée tout récemment dans les *Études religieuses. historiques et littéraires* (Décembre 1867).

Il y eut un combat entre notre dévouement à leurs Grandeurs et leur zèle à refuser toute distinction. Ils voulaient être parmi nous comme nos frères et nos égaux, nous voulûmes les honorer comme nos pères et nos modèles ! »

Cependant au dehors l'agitation allait grandissant et prenait pour les prisonniers un caractère de plus en plus menaçant. On savait que les Prussiens avaient investi Verdun et des rumeurs sinistres commençaient à circuler à cette occasion dans le peuple, ou mieux la populace abusée par d'odieux calculs, fanatisée par de détestables menées la surexcitant dans le sens de ses mauvaises passions. Le 1er septembre, au comité de défense générale, on entendait Danton s'écrier : « Mon » avis est que, pour déconcerter les mesures de nos ad» versaires et arrêter l'ennemi, il faut *faire peur aux* » *royalistes* (ou alliés). Oui, vous dis-je, *leur faire peur.* »

Il tint le même langage à la Commune, et ce fut comme le mot d'ordre auquel d'autres firent écho, et qui fut répété partout ailleurs, avec ou sans commentaires. Maintenant, laissons la parole à l'historien le plus récent et le mieux informé, à ce qu'il semble, de cette terrible époque. Nous nous réservons d'ailleurs de compléter par quelques épisodes le récit dramatique et rapide de M. Mortimer-Ternaux, forcé d'être court et de résumer.

« ... A peine le massacre des prêtres amenés de la mairie est-il achevé qu'une voix se fait entendre : — Il n'y a plus rien à faire ici, allons aux Carmes ! C'était là qu'étaient enfermés les principaux ecclésiastiques mis en arrestation par le comité de surveillance.

» Le matin, le démagogue Joachim Ceyrat, depuis le 10 août, juge de paix et président de la section du Luxembourg, était venu faire l'appel nominal des prisonniers, renfermés au nombre de 150 environ aux Carmes de la rue de Vaugirard. Après cet appel, ils avaient été tous réunis dans le jardin de l'ancien couvent. C'est là que les trouvent les assassins.

« Le premier qu'ils rencontrent est l'abbé Girault, si profondément occupé à lire qu'il ne les a pas entendus entrer. Ils l'écharpent à coups de sabre. Puis, frappant de droite et de gauche tous ceux qui se trouvent à leur portée, ils se précipitent vers l'oratoire placé au fond du jardin, demandant à grands cris l'archevêque d'Arles. Celui-ci s'avance à leur rencontre, écartant ceux de ses compagnons qui veulent le retenir.

« — Laissez-moi passer, leur dit-il ; puisse mon sang les apaiser !

« — C'est donc toi, vieux coquin, qui es l'archevêque d'Arles ? dit l'un des chefs des assassins.

« — Oui, messieurs, c'est moi, répond le prélat.

« — C'est toi qui as fait verser le sang de tant de patriotes à Arles ?

« — Je n'ai jamais fait de mal à qui que ce soit.

« — Eh bien ! moi, je vais t'en faire, réplique le misérable ; et il assène un coup de sabre sur le front de l'archevêque. L'infortuné en reçoit un second sur le visage, puis un troisième et un quatrième. Étendu sur le sol, il est achevé d'un coup de pique.

« Des coups de fusil, tirés à bout portant sur les groupes voisins, abattent un grand nombre de prêtres. Une poursuite furieuse commence dans le jardin, d'arbre en arbre, de buisson en buisson. Traqués comme des bêtes fauves, un grand nombre d'ecclésiastiques tombent sous les balles des assassins. Quelques-uns cependant parviennent à s'échapper en escaladant les murs, et trouvent un refuge dans les cours et maisons du voisinage.

« Mais bientôt les assassins voient que *cette chasse au prêtre* n'est pas le meilleur moyen d'avancer la besogne dont ils sont chargés. Les chefs donnent l'ordre de rassembler tous les prisonniers dans l'église ; on y apporte jusqu'aux blessés. Un commissaire de la section du Luxembourg, porteur de la liste dressée quelques heures auparavant par Ceyrat, procède à l'appel nominal. On force chaque prêtre dont le nom est prononcé, à descendre l'escalier qui conduit au jardin : sur les dernières marches, les assassins les attendent et les tuent.

« Après l'archevêque d'Arles, les principaux ecclésiastiques renfermées aux Carmes étaient deux frères du nom de Larochefoucauld, l'un évêque de Saintes, l'autre évêque de Beauvais. Ce dernier avait eu la cuisse cassée par une balle à la première décharge faite dans le jardin et avait été transporté dans l'église où il gisait sur un mauvais matelas. L'évêque de Saintes n'avait pas quitté son frère ; on l'appelle, il donne un dernier baiser au blessé et va courageusement à une mort qui rachètera, il l'espère du moins, la vie de celui qu'il laisse mourant.

« Mais à peine l'évêque de Saintes a-t-il succombé sous le fer des assassins qu'on appelle l'évêque de Beauvais. Le malheureux prélat se soulève sur son lit de douleur et dit aux sicaires qui l'entourent :

« — Je ne refuse pas d'aller mourir comme les

autres, mais, vous voyez, je ne puis marcher ; ayez, je vous prie, la charité de me soutenir et d'aider vous-mêmes à me porter où vous voulez que j'aille.

« On satisfait à son désir, on le porte à la place même où vient d'être assassiné l'évêque de Saintes ; on le jette tout sanglant sur le cadavre de son frère qu'il étreint en expirant.

« A quelques pas de là, dans l'église de Saint-Sulpice, siégeait l'assemblée de la section du Luxembourg, sous la présidence de Joachim Ceyrat. L'égorgement durait encore, quand plusieurs citoyens viennent demander aide et assistance pour les victimes et s'offrent à arrêter l'effusion du sang.

« Mais Ceyrat répond : — Nous avons bien d'autres choses à penser, *il faut laisser faire ;* d'ailleurs, tous ceux qui sont aux Carmes sont coupables. (Coupables ! et de quoi !) Un des commandants de la force armée de la section [1] ne se paie cependant pas de cette réponse, rassemble une centaine de gardes nationaux et se dirige avec eux vers la rue de Vaugirard. Mais il était trop tard ; quand ils arrivèrent tout était consommé [2]. »

Maintenant, quelques épisodes. Dans l'oratoire, où plusieurs de ses confrères s'étaient réfugiés, un prêtre se précipite en criant :

— Voici les Marseillais !

— Messieurs, dit alors l'abbé Després, nous ne pouvons être mieux qu'au pied de la croix pour faire à Dieu le sacrifice de notre vie.

[1] Il se nommait Tanche.

[2] Mortimer-Ternaux. — *Histoire de la Terreur*, t. III.

A ces mots tous se mettent à genoux et se donnent mutuellement l'absolution. « Ce fut dans cette position que les assassins les trouvèrent, dit M. Sorel. Que se passa-t-il alors ? Dieu seul le sait ! Mais le nombre des cadavres qui jonchèrent le sol, le sang qui ruissela partout le long des murs, prouvèrent suffisamment avec quelle rage ces malheureux sans défense avaient été assaillis [1]. »

.... Quand vint le tour de l'abbé Galais (lors du massacre dans l'église), celui qui, depuis deux jours, s'était fait l'économe des autres détenus et n'avait pas eu le temps de régler ses comptes, il prit son portefeuille et s'adressant au commissaire Violette :

— Monsieur, lui dit-il, je n'ai pu voir le traiteur pour lui solder notre dépense. Je ne crois pas pouvoir déposer en des mains plus sûres ce que nous lui devons. Je vous prie donc de lui remettre ces 325 livres [2].

Puis il ajouta : — Je suis trop éloigné de ma famille, et d'ailleurs elle n'a pas besoin de moi. Voici mon portefeuille et ma montre, veuillez en consacrer la valeur au soulagement des pauvres.

Le *seul* laïque, avait-on écrit, qui se trouvât parmi les prêtres, était M. Régis de Valfons, arrêté avec l'abbé Guillaume, prêtre de St-Roch, son confesseur et son ami. On l'engageait à décliner ses qualités qui pouvaient le sauver peut-être ; il s'y refusa, répondant aux bourreaux qu'il n'avait d'autre profession que celle de

[1] SOREL. — *Le Couvent des Carmes et l'ancien séminaire de St-Sulpice.*

[2] Le sieur Violette, paraît-il, peu digne de cette confiance, ne remit rien au pauvre traiteur.

catholique romain, et demandant pour toute grâce de mourir à côté du saint prêtre auquel il devait les sentiments dont il était pénétré.

Mais M. de Valfons n'était pas le *seul* laïque mêlé aux prisonniers. Le document dont nous avons déjà parlé nous en fait connaître un autre plus intéressant encore peut-être, le jeune Dereste. « Furieux que le père, écrivain royaliste, leur eût échappé, les factieux firent tomber sur le fils, âgé de quinze ans, les coups qu'ils voulaient lui porter. Mais le fils se montra digne du père... En proscrivant la vertu, les impies en firent paraître une nouvelle. — Je suis bien aise d'être ici, répétait le généreux enfant, puisque j'y suis dans la place de mon papa. »

La mort de l'évêque de Beauvais mit fin au massacre général, après lequel la plupart des meurtriers, Maillard à leur tête, retournèrent à l'Abbaye, en chantant ou plutôt hurlant des refrains révolutionnaires. Les autres assassins restèrent dans l'église ou dans les salles à boire, avec les individus du poste, le vin que le traiteur voisin avait été forcé de livrer pendant le massacre, et qui probablement ne lui fut jamais payé.

Vers neuf heures, ceux qui se trouvaient dans l'église entendirent un léger bruit venant d'une chapelle latérale. Aussitôt, comme les bêtes de proie quand elles flairent une piste, ils dressent l'oreille, et, armés de flambeaux, se hâtent d'accourir. Là, ils aperçoivent le pauvre abbé Dubray qui, caché jusqu'alors entre deux matelas, mais près de suffoquer, s'était vu forcé de faire un mouvement pour respirer. Des hurlements de joie saluent cette découverte. On arrache l'infortuné prêtre de son asile et on le traîne au milieu du sanctuaire où un coup de sabre lui fend le crâne. Ce fut la dernière victime.

Le nombre total des prêtres, massacrés aux Carmes seulement, est évalué à 115 ou 120. Il n'a pu être absolument fixé, parce qu'un certain nombre de prisonniers échappèrent, les uns, grâce à l'intervention d'amis puissants, qui les avaient fait sortir à l'avance ; d'autres moins nombreux se sauvèrent en escaladant les murs du jardin. De ces derniers fut l'abbé Frontault, comme lui-même le raconte : « Les tambours qui battaient la générale, le son du tocsin, le bruit du canon d'alarme, nous annoncèrent bientôt que le peuple était en fureur, qu'il demandait des victimes, et que nous étions celles qu'on lui destinait. La tranquillité de la prison n'en fut pas troublée un moment. Chacun rentra dans son cœur, rappela sa foi, demanda la grâce de Dieu, lui offrit sa vie et continua en paix ses exercices. La récréation après le repas ne se ressentit pas de la froideur de la mort qui s'avançait. La même gaieté et la même sérénité régnèrent dans la conversation.

« .... Vers quatre heures du soir, un bruit épouvantable, des hurlements furieux, tels que les pousseraient des tigres affamés, pénétrèrent tout à coup dans notre enceinte. La nature parla un moment : des cris de : *nous allons périr !* se font entendre. Mais la grâce triomphe bientôt : le plus morne silence annonce que chacun se prépare et se dépouille pour aller au bûcher ou monter à l'échafaud. Je me réunis à plusieurs qui, les yeux fixés sur une image de la sainte Vierge, attendaient de son intercession la force et le courage de verser leur sang en esprit de foi et de religion. Au même instant, nous jugeons par les cris redoublés des cannibales que la garde est forcée. Leurs blasphèmes affreux nous rappellent que c'est en haine de Dieu et de sa religion que nous allons être immolés. Je cours au devant des bourreaux ; je les vois, la rage les transporte ; la soif du sang les précipite sur nous ; un d'eux me touche déjà de son arme tranchante ; j'allais périr ; mais le mouvement qu'il fait pour frapper son coup plus vigoureusement m'en laisse faire un autre, qui met entre lui et moi un mur de séparation. Il lui importait peu quelle victime frapper. Il m'abandonne et je franchis précipitamment le jardin où j'étais tombé. »

Quelques-unes des victimes durent la vie aux septembriseurs eux-mêmes, pris tout à coup d'un sentiment d'humanité qui ressemblait à un remords. Une dizaine de prêtres à peine restaient à égorger ; parmi eux un ecclésiastique tout jeune encore, à la figure noble et sympathique.

Un des assassins s'approche :

— Tiens-tu beaucoup à la vie ? lui dit-il.

— Sans craindre la mort, s'il dépendait de moi, je l'éviterais volontiers, pourvu....

— C'est bien, suis-moi !

Et l'égorgeur, subitement attendri, l'entraîne dans un endroit connu de lui seul, où il le fait cacher et où déjà se trouvaient deux autres pauvres prêtres, épargnés par lui. Le soir, il revint avec des habits de gardes nationaux qui permirent à tous d'échapper.

Mais ces traits d'humanité si inattendus furent rares, et les monstres ne faisaient pas grâce aisément. Au reste, il faut dire que les affidés de Maillard, quoique d'affreux scélérats, n'étaient que des meurtriers en sous-ordre, payés pour le crime, de misérables instruments. Les vrais coupables, dit M. Mortimer-Ternaux, ce furent Marat, Danton, Robespierre, Manuel, Hébert, Billaud-Varennes, Panis, Sergent, Fabre d'Églantine, Camille Desmoulins et une douzaine d'autres individus plus obscurs, membres du Comité de surveillance ou seulement du Conseil général de la Commune. Quant aux mobiles qui les poussèrent à ces horribles attentats, pour les uns, ce fut le désir de se perpétuer dans la dictature, pour les autres, un moyen de ne pas rendre certains comptes, en imposant à tous silence par la terreur.

L'heure des justices d'ailleurs ne se fit pas attendre ; l'année n'était pas écoulée, que tous ou presque tous, ils avaient été rendre compte au Juge infaillible, guillotinés les uns par les autres, comme a dit un vigoureux poète, dans sa langue originale :

> Qui donc nierait l'Être qui venge
> Le droit et punit le méchant,
> En voyant tous ces cœurs de fange
> S'entr'accusant, s'entr'égorgeant,
> Jusqu'au jour fatal et suprême,
> Où tombe enfin, frappé lui-même,
> Cet homme à l'œil terne, au teint blême,
> Qui, trônant en roi dans ce lieu,
> Comme un joueur qui longtemps gagne,
> Avec la terreur pour compagne,
> Légiférait sur la *Montagne*,
> Sinaï digne d'un tel dieu ?

II

LA CHAPELLE DES MARTYRS.

L'oratoire, dont il a été parlé plus haut, fermé pendant la Révolution ou peut-être converti en orangerie, devint plus tard, grâce à une pieuse initiative, un sanctuaire qui prit le nom de : *Chapelle des Martyrs*. Le 22 août 1807, madame de Soyecourt, s'étant rendue acquéreur du terrain où s'élevait le petit édifice, songea tout d'abord à restituer à celui-ci son caractère sacré. Elle ordonna les réparations nécessaires, tout en veillant avec sollicitude à ce qu'on conservât religieusement les traces sanglantes visibles encore sur les murs et même les bancs. Puis, au mois de mai 1815, la chapelle fut bénite, sous l'invocation de saint Maurice et ses compagnons, par M. l'abbé d'Astros, grand vicaire de Paris, depuis archevêque de Toulouse.

En 1851, les R. PP. Dominicains étant venus occuper les bâtiments de l'ancien couvent des Carmes, l'église leur fut réservée exclusivement. M. Cruise, directeur de l'École des hautes Études, fit alors célébrer l'office divin dans la chapelle des Martyrs ; mais, pour la rendre plus accessible aux fidèles du dehors comme aux élèves, on construisit un bâtiment d'environ 15 mètres de profondeur qui se relia à la chapelle et dont l'entrée fut ménagée du côté de l'allée d'acacias où l'archevêque d'Arles avait été massacré. Par suite d'un testament de la pieuse madame de Soyecourt, le terrain avec ses dépendances était devenu propriété diocésaine.

Tel était l'état des choses, lorsque, quelques années après, tout à coup on apprit que, par suite du tracé adopté pour la continuation de la rue de Rennes, la chapelle des Martyrs et tout l'entourage devaient disparaître. Grande émotion parmi les fidèles et tous ceux qui ont à cœur le culte des souvenirs ! Des protestations et des réclamations s'élevèrent, et le premier pasteur du diocèse, en particulier, se faisant l'écho de ces généreux sentiments qu'il partageait, fut prompt à élever la voix et insista avec force pour que, le sanctuaire des Martyrs épargné, le tracé se modifiât. Après de nouvelles études, les ingénieurs, à tort ou à raison, déclarèrent la chose impossible. Il fallut se résigner, quelque regret qu'on en eût ; du moins, Monseigneur l'Archevêque voulut que tout ce qui pouvait être sauvé fût sauvé, et, après avoir consulté les hommes compétents, il décida qu'une chapelle souterraine serait édifiée dans les caveaux de l'église des Carmes et que là seraient recueillis et réunis, avec les dalles tachées de sang, tous les débris, toutes les reliques ayant appartenu aux Martyrs. Or, ce pieux trésor des reliques, il allait singulièrement s'enrichir par suite d'une découverte des plus inattendues dont les travaux furent l'occasion.

M. Sorel et d'autres, après comme avant lui, avaient déclaré, en s'appuyant de documents officiels, que les corps des victimes entassés sur trois grands chariots, dès le lendemain ou le surlendemain du crime, avaient été conduits dans l'ancien cimetière de Vaugirard et enterrés dans une fosse profonde creusée à l'avance en face de la petite porte. Cependant il existait une tradition d'après laquelle un puits voisin de l'enclos, dans la direction de la rue d'Assas, avait servi de sépulture au plus grand nombre des morts dont les chariots en question ne pouvaient contenir que la moindre partie. Pour en finir plus vite et crainte aussi peut-être d'attirer trop l'attention par un second et un troisième voyage, les individus, chargés de la triste besogne, n'avaient trouvé rien de mieux que de combler le puits voisin très-profond avec les cadavres, en fermant l'orifice avec des pierres, des tessons, de la terre. Malgré les doutes exprimés à ce sujet par M. Sorel, la tradition persistait.

Les architectes, choisis par Monseigneur l'Archevêque de Paris, qui n'eut qu'à s'en applaudir, MM. Douillard frères, convaincus que cette tradition persévérante ne pouvait être sans quelque fondement, firent des recherches en ce sens bientôt couronnées d'un plein succès. Le puits en question fut retrouvé, et l'on reconnut qu'en effet l'orifice était fermé avec de la terre, des pierres, des fragments de bouteille, mais seulement à la surface. Ces débris enlevés non sans une certaine anxiété, on aperçut serrés, entassés, des crânes, des ossements retirés successivement, et, le puits vidé entièrement, on compta, nous a-t-on dit, près de quatre-vingts squelettes ou tronçons de squelettes. On ne pouvait douter qu'ils ne fussent, au moins pour la plupart, les restes des victimes du 2 septembre, puisque beaucoup des crânes et des os portaient encore la marque des entailles faites par le sabre ou des trous résultant des balles. Aussi ces restes vénérables pour lesquels, par ce motif, le doute n'était pas possible, furent mis à part ; ce sont ceux qu'on voit exposés sous les deux grandes vitrines, à droite et à gauche, dans la seconde pièce de la crypte qui forme à proprement parler le sanctuaire, puisque dans le fond s'élève l'autel dont la simplicité étonnerait, choquerait même le visiteur, s'il n'était prévenu que c'est l'autel même de l'ancienne chapelle qu'on a tenu avec raison à conserver. Au-dessus des vitrines, on voit, pour achever la décoration générale, une ornementation symbolique surmontée d'une large croix soutenue par deux enfants, ou mieux des anges dus au ciseau intelligent de M. E. Cabuchet, l'auteur de cette remarquable statue du *Curé d'Ars* qui fit tant de sensation au salon de 1867. Ces figures savamment composées et modelées ne sont pas un des moindres ornements du sanctuaire. Sur les parois de la muraille, de tous les côtés, et sur des plaques de marbre noir, se lisent diverses inscriptions et les noms des martyrs.

Aux quatre angles se voient de grandes urnes funéraires, voilées en partie, et au milieu de la chapelle, suspendu à la voûte, un superbe luminaire, d'un style sévère et composé de sept grandes lampes se retenant l'une à l'autre par des chaînettes.

A gauche, dans une espèce de caveau fermé par une grille, mais éclairé pareillement par la lumière des lampes, se trouvent les débris d'ossements qui n'ont pas pris place dans les vitrines, comme aussi les débris ayant servi à combler le puits et qu'on regarde comme sanctifiés par le contact et le sang des victimes.

A droite, un escalier de quelques marches conduit dans une pièce carrée, d'une décoration noble et sévère et dont les murs sont recouverts avec les dalles enlevées à l'ancienne chapelle et qu'avait tachées le sang des martyrs égorgés dans l'oratoire.

On revient par un autre escalier dans le sanctuaire, en face de l'autel derrière lequel s'ouvre une porte qui conduit dans une salle plus grande, jusqu'ici à peu près vide, où du moins se trouvent seulement, dressées contre la muraille, les pierres tumulaires renfermées antérieurement dans les caveaux. Dans les inscriptions un nom surtout nous a frappé, celui de madame de Soyecourt.

On descend dans la crypte, ce que nous aurions dû dire d'abord, par un grand et bel escalier creusé dans l'église même, non loin de la porte d'entrée, et qui aboutit à une première salle précédant le sanctuaire. Dans cette pièce, les yeux tout d'abord sont attirés par une reproduction ou mieux une réduction de l'ancienne chapelle, éclairée à l'intérieur, ce qui permet d'en saisir du premier coup d'œil l'ensemble et les détails, et dispose aux impressions solennelles qui vous attendent dans le sanctuaire à la vue des vénérables reliques, et au souvenir de la tragique scène, « digne, comme l'a » dit un grand écrivain, des plus beaux siècles de l'É» glise. »

Nous ne serons que juste en disant que l'exécution de cet important travail fait le plus grand honneur aux architectes, MM. Douillard frères, qui, dans la constructions de la crypte, comme dans l'arrangement et l'ornementation, ont prouvé non moins d'intelligence et de goût que de piété. Ils ont répondu pleinement à la mission de confiance dont les avait honorés Monseigneur Darboy, et l'impression est telle, qu'après une visite à la nouvelle chapelle, ceux-là mêmes que le changement proposé ou plutôt obligé avait le plus désolés d'abord, sentent diminuer leur regret. Disons mieux, ils sont heureux de s'avouer qu'on n'a maintenant qu'à s'en applaudir et que le nouveau sanctuaire, si riche des récentes découvertes, témoigne d'autant d'admiration que de respect pour la gloire des Martyrs. Nul doute qu'on y verra le même concours empressé des fidèles. Plus d'un lecteur, plus d'une lectrice peut-être, après avoir lu notre article, voudra juger par ses yeux et n'attendra pas sans quelque impatience le matin ou l'après-midi du vendredi, car la crypte n'est ouverte que ce jour-là, sans doute par la nécessité de la surveillance, comme aussi à cause de la dépense occasionnée par le luminaire.

LES CATACOMBES

Les Catacombes sont d'anciennes carrières dans lesquelles sont déposés les ossements extraits des cimetières supprimés successivement à Paris. M. Guillaumot, premier inspecteur général, fit exécuter, au commencement de l'année 1786, les travaux nécessaires pour la consolidation des galeries et la disposition des lieux destinés à recevoir les ossements exhumés du cimetière des Innocents, le premier supprimé. Les travaux continués constamment depuis firent des Catacombes ce qu'elles sont aujourd'hui. On y descend par trois escaliers, le premier creusé rue d'Enfer, le second situé à la Tombe Isoard, le troisième dans la plaine Mont-Souris.

Avant les travaux dont nous parlons plus haut, beaucoup de monuments, l'Observatoire le Luxembourg, l'Odéon, le Val-de-Grâce, le Panthéon, l'église Saint-Sulpice, etc., se trouvaient comme suspendus dans le vide au-dessus de vastes abîmes où d'un instant à l'autre, ils pouvaient s'engloutir : « Dans nos recherches et nos travaux, dit M. Héricart de Thury, nous nous sommes particulièrement attachés à établir le rapport le plus rigoureux, ou si l'on veut me permettre l'emploi de ce mot, la corrélation la plus intime et la plus réciproque des détails de la surface et de l'état des vides.

C'est en suivant ce plan d'une manière uniforme que nous avons tracé, ouvert et conservé au-dessous et à l'aplomb de chaque rue, une ou deux galeries suivant la largeur de la voie, de manière à diviser respectivement les quartiers, à isoler les massifs, à préparer la reconnaissance des propriétés, à déterminer leur étendue, à fixer leurs limites au-dessous de celles de la surface, à tracer, à plus de *quatre-vingts* pieds de profondeur, le milieu des murs mitoyens sous le milieu même de leur épaisseur, à rappeler le numéro de chaque maison exactement au-dessous de celui de la propriété ; enfin, je le répète, à établir un tel rapport entre le dessus et le dessous qu'on peut en voir et en vérifier la rigoureuse correspondance sur les plans de l'inspection. »

On doit à M. Frochot, préfet de la Seine sous le premier Empire, d'importantes améliorations dans la disposition et l'arrangement des galeries et ossuaires qui ajoutent beaucoup à l'intérêt pour le visiteur. Nous citerons, après la chapelle, une curieuse collection *pathologique* où sont classés avec méthode toutes les espèces d'ossements déformés par quelque maladie. Une autre collection, dite *minéralogique*, nous offre la série complète des bancs de terre et de pierre qui constituent le sol et les parois des Catacombes.

On évalue à peut-être sept ou huit fois le nombre des vivants de la grande cité le total des individus dont les ossements reposent dans la ville souterraine. Le cimetière des Innocents, à lui seul, d'après ce qu'on calcule, dans une période de sept siècles, aura dû dévorer tout au moins douze cent mille cadavres. En 1780, un rapport constatait que « le nombre des corps déposés dans une fosse commune voisine de la rue de la *Lingerie*, excédant toute mesure et ne pouvant se calculer, en avait exhaussé le sol de plus de huit pieds au-dessous des rues et habitations voisines. »

La nécessité de supprimer le cimetière parut donc évidente à M. Lenoir lieutenant-général de police, a qui est due la première idée des Catacombes, réalisée en 1786 seulement. Tous les ossements recueillis dans les chapelles sépulcrales ou cimetières détruits depuis cette époque, ont trouvé place dans cette immense Nécropole où pareillement ont été déposés les restes d'un grand nombre des victimes de la Terreur.

CIMETIÈRE DU PÈRE LA CHAISE

Ce cimetière, le plus vaste de Paris, a été formé dans l'enclos de la maison du Mont-Louis [1], dite du Père La Chaise ; puis successivement il s'est agrandi de tous les terrains environnants. Dans cette immense nécropole, qui ne remonte guère qu'aux premières années du siècle, se voient les tombeaux de presque tous les contemporains illustres et aussi d'innombrables inconnus. On ne peut nier qu'il n'y ait du vrai dans ces réflexions mélancoliques de Saint-Victor qui disait, en 1822, dans le tome quatrième de la 2e édition de son grand ouvrage:

« C'est à notre avis le spectacle le plus curieux et en même temps le plus déplorable que présente cette grande ville et nulle description n'en pourrait donner une juste idée.... Au milieu du silence des tombeaux, les pierres élèvent la voix et retracent toutes les passions qui fermentent dans la société et ce désordre effrayant des esprits qui, pour la première fois depuis l'existence du monde, la menace d'une entière dissolution. Là s'élève comme une ville composée de monuments funèbres où les rangs sont confondus, non pas seulement dans la même poussière, mais dans le même orgueil ; le dernier artisan y a les honneurs de l'épitaphe ; des marchands y bâtissent des mausolées qui le

[1] Maison de campagne des Pères Jésuites.

disputent à ceux des ducs et des princes ; les familles des banquiers s'y font faire des caveaux comme faisaient autrefois les Châtillon et les Montmorency ; à côté du médaillon d'un magistrat s'élève la statue d'une courtisane ou d'un histrion dont le marbre raconte les talents et les vertus. Dans ce nombre infini d'inscriptions funéraires, dont cette enceinte est comme pavée, reparaissent les attachements terrestres dans toute leur misère, c'est-à-dire *sans espérance et sans résignation ;* elles présentent quelquefois des diffamations et des confidences scandaleuses ; de toutes parts des éloges qui ressemblent à des apothéoses. Ces inscriptions nous apprennent que là sont confondues toutes les religions ; souvent même elles expriment l'indifférence religieuse dans ce qu'elle a de plus révoltant, et en cherchant bien, on y trouverait jusqu'à la profession de foi du matérialiste et de l'athée [1]. On rencontre presque à chaque pas de ces pierres sépulcrales couvertes de fleurs sans cesse renouvelées, sans que cette offrande puérile, faite à de froids débris, soit accompagnée de la prière que demandent les âmes des trépassés : ainsi faisaient les païens, il n'y manque plus que leurs libations...

« Enfin, d'espace en espace, la croix y distingue les tombes des chrétiens qui y ont fait bénir les places qu'ils occupent ; et bientôt sans doute il n'y en aura plus pour eux parce qu'il ne restera pas un seul coin de cette terre qui n'ait été profané. »

Le sceptique Docteur Noir, dans le *Stello* de Vigny,

[1] Le scandale de ces inscriptions a été porté si loin que, depuis quelque temps, dit-on, il a été nommé des inspecteurs chargés d'examiner, d'admettre ou de rejeter les épitaphes. (St-V.)

dira, bien des années après, avec plus d'exagération et l'accent de la raillerie amère : « Quand la foi est morte au cœur d'une nation vieillie, ses cimetières (et ceci en était un) ont l'aspect d'une décoration païenne. Tel est votre *Père La Chaise*. Amenez-y un Indou de Calcutta, et demandez-lui :

« — Quel est ce peuple dont les morts ont sur leur poussière des petits jardins remplis de petites urnes, de colonnes d'ordre dorique ou corinthien, de petites arcades de fantaisie à mettre sur sa cheminée comme pendules curieuses ; le tout bien badigeonné, marbré, enjolivé, vernissé ; avec des grillages tout autour, pareils aux cages des serins et des perroquets ; et sur la pierre des phrases semi-françaises de sensiblerie *Riccobonienne*, tirées des romans qui font sangloter les portières et dépérir toutes les brodeuses ? »

« L'Indou sera embarrassé ; il ne verra ni pagode de Brahma, ni statues de Wichnou aux trois têtes, aux jambes croisées et aux sept bras ; il cherchera le turban de Mahomet et ne le trouvera pas ; il cherchera la Junon des morts et ne la trouvera pas ; il cherchera la croix et ne la trouvera pas, ou la démêlant avec peine, à quelques détours d'allée, enfouie dans des bosquets et honteuse comme une violette, il comprendra bien que les chrétiens font exception dans ce grand peuple ; il se grattera la tête en la balançant et jouant avec ses boucles d'oreilles en les faisant tourner rapidement comme un jongleur. Et voyant des noces bourgeoises courir, en riant, dans les chemins sablés et danser sous les fleurs et sur des fleurs des morts ; remarquant l'urne qui domine les tombeaux ; n'ayant vu que rarement ;

Priez pour lui, priez pour son âme. Il vous répondra : « Très-certainement ce peuple brûle ses morts et enferme leurs cendres dans ces urnes. Ce peuple croit qu'après la mort du corps tout est dit pour l'homme. Ce peuple a coutume de se réjouir de la mort de ses pères, et de rire sur leurs cadavres parce qu'il hérite enfin de leurs biens ou parce qu'il les félicite d'être délivrés du travail et de la souffrance.

« Puisse Siwa aux boules dorées et au col d'azur, adoré de tous les lecteurs du Véda, me préserver de vivre parmi ce peuple qui, pareil à la fleur *dou-rouy*, a, comme elle, deux faces trompeuses ! »

Comme nous l'avons dit d'abord, il y a du vrai dans ces réflexions d'ailleurs trop chagrines ; mais pourtant, tout en regrettant que le tendre ressouvenir des défunts s'exalte ainsi jusqu'au culte presque idolâtrique, qu'on sacrifie de nouveau en quelque sorte aux dieux Mânes ; d'autre part, ne faut-il se féliciter que dans l'ébranlement de tous les pouvoirs, dans notre société secouée par de continuels bouleversements, malgré notre tendance à tout railler comme à tout détruire, quelque chose surnage, un sentiment persiste, énergique au point de s'exagérer, le respect pour les morts, la vénération pour les tombeaux dont la vue rappelle, ne fut-ce qu'un instant, aux sérieuses pensées les plus distraits, les plus enivrés des vanités de la terre et des folles illusions. Puis dans ce culte excessif de la tombe, qui semble aux deux écrivains cités la preuve d'une complète indifférence religieuse, nous serions porté tout au contraire à reconnaître, à saluer le témoignage consolant de la croyance instinctive à l'immortalité.

SAINTE GENEVIÈVE (ÉGLISE)

L'église *Sainte-Geneviève* est, comme on sait, une basilique dont la construction, au moins quant à l'achèvement, est moderne. L'édifice, après avoir, suivant les vicissitudes des temps, changé plusieurs fois de destination, fut enfin, par un décret du Prince-Président, depuis l'Empereur Napoléon III, consacré sous l'invocation de sainte Genevière, la glorieuse patronne de Paris, à laquelle dans cet ouvrage nous ne saurions refuser quelques pages. Mais les travaux d'hagiographie n'ont guère été qu'occasionnellement le but de nos études; aussi nous sommes heureux de trouver, dans le savant ouvrage de Félibien et Lobineau, une Notice sur la Sainte écrite avec un singulier charme et qui, par ce qu'un écrivain illustre appelait « la candeur de la narration, » nous a ravi. Il nous sera permis d'en détacher quelques feuillets.

« Il y avait pour lors (451), à Paris, une sainte vierge nommée Geneviève, dont le père s'appelait Sévère et la mère Géronce. Sa sainteté avait été prédite dès son enfance par saint Germain, évêque d'Auxerre, lorsqu'allant combattre l'hérésie des Pélagiens dans l'île de Bretagne, il passa par Nanterre, village à deux lieues de Paris. Un témoignage d'un tel poids, joint au genre de vie que cette sainte fille pratiquait depuis plusieurs années, l'avait mise en grande réputation dans le public. Elle ne voulut toutefois user de son crédit que pour le bien des autres. Voyant toute la ville en émeute sur la nouvelle des ravages d'Attila, elle essaya de calmer les esprits de ses concitoyens. Elle les exhorta à mettre leur confiance en Dieu, à fléchir sa miséricorde par la prière et par le jeûne, à ne point quitter la ville, en les assurant qu'ils n'auraient rien à craindre et que Paris ne recevrait aucun mal. Plusieurs déférèrent aux paroles de la Sainte, mais il y en eut d'autres qui prirent occasion de sa prophétie pour conspirer contre elle et la faire passer pour une magicienne tandis que l'ennemi était prêt à fondre sur eux. La rage et l'animosité allèrent jusqu'à délibérer de quel genre de mort ils la feraient périr : si elle serait lapidée ou jetée à la rivière; lorsque l'archidiacre d'Auxerre arriva à Paris et dissipa ce complot. « Gardez-vous bien, dit-il, d'exécuter un » dessein si criminel ; j'ai souvent ouï le saint évêque » Germain louer la vertu de cette fille devant tout le » monde. »

« La suite justifia la prédiction de la Sainte ; Attila changea sa marche et n'approcha pas de Paris. » Cette ville, quelques années après, fut assiégée par les Francs que commandait Chilpéric. Bientôt les vivres manquèrent et la famine se faisait vivement sentir lorsque sainte Geneviève, s'étant rendue à Arcis-sur-Aube et à Troyes, en ramena plusieurs grands bateaux chargés de blé qu'elle fit entrer dans la ville à la vue des ennemis qui vainement tentèrent de s'y opposer. Chilpéric néanmoins s'empara de Paris dont il fit sa capitale et, quoique païen, ce prince témoigna pour la Sainte d'une vénération singulière au point de ne jamais rien lui refuser. Certain jour cependant « résolu à employer la dernière sévérité contre des criminels condamnés à mort, il sortit de la ville dont il fit fermer les portes, pour se mettre à couvert des sollicitations de la Sainte.» Mais celle-ci, parvenue à s'échapper de la ville dont les portes s'ouvrirent d'elles-mêmes pour lui donner passage, arriva jusqu'au roi qui ne put lui refuser la grâce des condamnés.

C'est au zèle de sainte Geneviève qu'on dut, sous le règne du même Chilpéric, la construction d'une église ; « la première que l'on sache avoir été élevée sur la sépulture de saint Denis et de ses compagnons. » D'après d'autres historiens cependant, une chapelle existait en cet endroit avant l'invasion des Francs.

« Sainte Geneviève, quoique très âgée et usée d'austérités, vécut encore plusieurs années pendant lesquelles elle eut la joie de voir le grand Clovis, fils de Chilpéric, renoncer au culte des idoles pour embrasser la religion chrétienne.... Enfin, comblée d'années et de mérites, elle mourut à Paris le 3 janvier de l'an 509. » Clovis, qui avait eu toujours pour la Sainte une profonde vénération, voulut qu'une grande église ou basilique s'élevât sur le lieu même de sa sépulture où déjà les fidèles s'étaient empressés d'ériger un petit oratoire en bois. Cette église fut dédiée sous l'invocation des apôtres St-Pierre et St-Paul.

L'église de *Sainte-Geneviève,* qui la remplace, commencée en 1757, d'après les dessins de Soufflot, ne fut terminée que vers 1789 ou 1790, et, l'année suivante, un décret de la Convention décida qu'elle servirait, sous le nom de *Panthéon*, à la sépulture des grands hommes. En 1806, un décret de Napoléon Ier rendit l'édifice au culte catholique, et pendant la Restauration, des travaux considérables furent exécutés à l'intérieur pour la décoration de l'église qui n'en fut pas moins, après les évènements de 1830, de nouveau transformée en Panthéon. Ce scandale heureusement a cessé.

Dans la basilique, au-dessus d'un autel à droite, se voit la châsse renfermant les reliques de la Sainte. « Cette châsse, dit le chanoine Godescard, se portait en procession dans les calamités publiques, et on a plusieurs fois éprouvé les effets sensibles de la puissante protection de la servante de Dieu auprès du Seigneur. On lui dut surtout la cessation de la cruelle maladie, connue sous le nom de *Mal des Ardents*, parce qu'elle consumait ceux qui en étaient attaqués par un feu secret et meurtrier. »

Le village de Nanterre où la Sainte naquit, vers l'an 422, reste le lieu d'un pèlerinage célèbre qui, chaque année, à l'époque de la fête, attire un grand concours de fidèles comme plus tard de curieux pour le couronnement de la Rosière. Près de l'église on montre encore le puits témoin d'un miracle que racontent tous les hagiographes. Geneviève qui, âgée de sept ans à peine, déclarait à saint Germain ne vouloir pas d'autre époux que Jésus-Christ, ne s'estimait jamais plus heureuse que quand elle pouvait aller à l'église. Sa mère un jour refusant de l'y conduire, elle ne put retenir ses larmes, et la supplia de la façon la plus pressante de ne pas lui refuser cette grâce. La mère, obstinée à dire non, voyant que l'enfant insistait, perdit patience, et emportée par la colère, elle donna à Geneviève un soufflet. La punition fut prompte, car à peine le coup était porté, que Géronce sentit un voile s'étendre sur ses yeux ; la clarté du jour devint pour elle comme les plus profondes ténèbres de la nuit ; et maintenant c'était elle qui devait emprunter la main de l'enfant pour la conduire non pas seulement à l'église ou au village, mais même au jardin. « Ce ne fut que près de deux ans après, dit Godescard, qu'elle recouvra la vue en se frottant les yeux avec de l'eau que sa fille avait tirée du puits et sur laquelle elle avait fait le signe de la croix[1] ».

[1] *Vies des Saints*, T. Ier.

St-GERMAIN-DES-PRÉS (ÉGLISE DE)

Cette église est sans contredit une des plus anciennes de Paris, puisqu'elle fut construite par le roi Childebert au retour de son expédition en Espagne. Quoique pas très-heureux dans cette campagne, le roi des Francs en avait rapporté de grands trésors enlevés aux Visigoths de l'Ebre, et, ce qu'il regardait comme plus précieux, la tunique de saint Vincent, à lui donnée par les habitants de Sarragosse. L'église, destinée à recevoir la sainte relique, fut élevée, vers la fin de son règne, par Childebert, et consacrée sous la vocable du saint. « L'édifice était magnifique, dit un docte écrivain moderne ; il avait la forme d'une croix latine ; il était soutenu par de grandes colonnes de marbre, percé de nombreuses fenêtres, et couvert d'un lambris doré. Des peintures à fond d'or embellissaient les murs ; une riche mosaïque formait le pavé, et des lames de cuivre doré, qui formaient la toiture, jetaient un si vif éclat que le peuple ne tarda pas à surnommer cette basilique Saint-Germain le Doré [1]. »

Le nom de Germain lui était donné, concurremment avec celui de Vincent, à cause de Germain, le saint

[1] Gabourg : *Histoire de Paris,* t. 1er.

évêque de Paris, enterré dans cette église près de laquelle s'éleva un monastère qui, par diverses donations des rois et des particuliers, devint une des abbayes les plus considérables de France. Les religieux qui l'habitaient et que saint Germain avait fait venir d'Autun, suivaient d'abord la règle de saint Antoine et de saint Basile, à laquelle fut substituée celle de saint Benoît le grand réformateur de la vie monastique en Occident.

Dans cette église fut enterré Childebert et jusqu'à la fondation de l'abbaye de Saint-Denis au septième siècle, elle servit de sépulture aux rois et reines de la dynastie mérovingienne.

Lors des grandes invasions des pirates normands, l'église de Saint-Germain et Saint-Vincent fut, en 853, le jour même de Pâques, pillée par les barbares qui, de plus, avant de s'éloigner, y mirent le feu ; mais il put être éteint par les religieux cachés dans les environs, et qui promptement accoururent. En 886, l'église fut de nouveau envahie et pillée par les Normands, « et, dit un vieil historien, mise quasi rès pied rès terre. » Elle se releva cependant grâce au zèle et à la piété des religieux, aidés par le roi de France, mais s'appela dès lors du nom de saint Germain seul « Saint-Germain-des-Prés, à cause qu'elle est située proche des prés que l'on nommait des Prés-aux-Clercs. »

Au neuvième siècle, d'après un inventaire laissé par Irmion, abbé de Saint-Germain-des-Prés, l'abbaye comptait dans ses domaines ou *manses* plus de 10,000 personnes qui relevaient d'elle, hommes libres, colons, lides (demi-serfs), serfs et esclaves, ces derniers au nombre de six cents seulement. Les sujets de l'abbaye n'avaient pas à se plaindre de leur condition, relativement très-heureuse, car comme le dit très-bien l'écrivain déjà cité : « Alors que l'Église exerçait sur le pauvre une autorité pleine de mansuétude et disputait le terrain aux envahissements de la force brutale et du sabre, cette grande puissance territoriale attestait, quoiqu'on puisse dire, un incontestable progrès social. L'Église, en effet, assurait seule aux masses un peu de sécurité et de paix ; elle stipulait pour le faible et pour l'opprimé, et ne cessait de transformer l'esclavage en servage, le servage en colonat. »

L'église Saint-Germain-des-Prés, restaurée assez récemment à l'intérieur, est ornée de remarquables peintures d'Hippolyte Flandrin à qui, par reconnaissance, un petit monument commémoratif, orné du buste de l'artiste, a été érigé dans une travée latérale (celle de gauche).

Disons un mot, avant de terminer, du fameux *Pré-aux-Clercs*, dont il est fort parlé dans les vieilles histoire et qui a donné son nom à l'une de nos rues. Le Pré-aux-Clercs était un grand terrain appartenant à l'abbaye Saint-Germain-des-Prés et qui d'abord, se déroulant en forme de plaine, occupait tout l'espace compris entre la rue Mazarine et les Invalides. Il fut réduit peu à peu par les contructions qui s'élevèrent de divers côtés ; dans le champ qui restait, très-vaste encore, les étudiants de l'Université avaient pris l'habitnde de se donner rendez-vous « pour s'esbattre » et par le long temps, une sorte de prescription s'établit en leur faveur. Ce qui n'était qu'une tolérance devint un droit que l'abbaye Saint-Germain-des-Prés volontairement et gracieusement leur reconnut.

SAINT EUSTACHE (ÉGLISE)

« C'était, dit Sauval, une chapelle dédiée à Sainte-Agnès et qu'avait fait édifier Jean Alais à qui la conscience reprochait d'avoir mis un impôt d'un denier sur chaque panier de poisson. »

Cette chapelle existait avant le XIIe siècle, puisque, sous Philippe-Auguste, elle devint une annexe de St-Germain l'Auxerrois ; ce ne fut que longtemps après, au XVIe siècle, qu'on l'érigea en paroisse sous le vocable de St-Eustache. Mais la chapelle, tombant en ruines, avait fait place à la magnifique église que nous admirons encore aujourd'hui, et qui fut rebâtie en 1532, « d'une architecture gothique mais délicate et fort exhaussée. Il semble que David n'en était pas le premier architecte et ait voulu faire revivre l'architecture gothique que nous avons vue mourir en France » dit Sauval, ayant contre ces merveilles du moyen-âge tous les préjugés de son temps. Car il ne parle pas autrement que La Bruyère, et chose plus inconcevable que Fénelon, dont le savoir égalait la piété, doué au plus haut degré du sens artistique, et qui pourtant, tout à fait aveugle relativement à cet admirable art gothique, écrivit sur ce sujet des énormités.

Faut-il s'étonner après cela d'entendre Sauval nous

dire sentencieusement : « Du Breul, Corrozet et les *bonnes gens* disent merveilles tant de son architecture que des piliers grêles et chargés de colonnes en l'air. Cette grande élévation de colonnes et un tas de moulures qu'ils ne voient point ailleurs, cette prodigieuse longueur de pilastres et exhaussement des voûtes, *qui sont toutes les parties vicieuses de l'architecture* (*sic*), les ont surpris. Véritablement il y a quelques chapiteaux de colonnes au portail de l'aile droite dont les feuilles sont fort tendres et qui seraient des plus beaux de Paris et des meilleurs, s'ils n'étaient un peu gothiques par en haut. Il y en a de pareille manière et aussi bonne au côté gauche ; et c'est *la seule bonne chose* qui se trouve dans cette église. »

Voilà ! et ces sottises, l'honnête Sauval, qui n'était point un *sot* certes, les débite en toute sûreté de conscience et de l'air le plus content du monde. A quel point le préjugé, sucé dès l'enfance, peut-il épaissir ce bandeau que la cécité nous met sur les yeux, puisque Sauval les fermait complètement alors à ce qui nous semble aujourd'hui « niais d'évidence » comme eût dit Toppffer ! Qui de nous, maintenant, en entrant dans cette magnifique basilique, n'est saisi d'une émotion religieuse mêlée d'admiration et presque de stupeur, devant cette immensité, j'allais dire cette *vastitude* de l'édifice, ces colonnes qui montent à une si prodigieuse hauteur, soutenant des voûtes qui semblent plus près du ciel que de la terre? Dirai-je la majestueuse simplicité du style et ce je ne sais quoi de mystérieux, qu'on sent partout dans l'enceinte et que favorise la lumière vague et voilée tamisée par les vitraux. Cette impression profonde que de fois ne l'ai-je pas ressentie dans cette église qui fut longtemps ma paroisse, impression de recueillement et de piété qu'on ne s'attend pas à éprouver à la vue de cette déplorable façade d'un style si différent et qui jure tellement avec tout le reste. Il avait été question naguère de faire disparaître cet anachronisme grossier et de mettre la façade en harmonie avec le style de l'édifice. Combien n'est-il pas à regretter que, par des motifs d'économie sans doute, ce projet si raisonnable n'ait pu être réalisé.

Il paraît qu'anciennement dans l'église on voyait le tombeau du fondateur de la chapelle et que sur la pierre sépulcrale on lisait cette curieuse épitaphe que nous n'avons pas retrouvée :

Ci gist Alain de la rue de Grenelle,
A qui Dieu doint (donne) vie sempiternelle
En paradis, où sont harpes et luts,
Non en enfer où damnés sont bouluts.
Que dirons-nous de ce grand purgatoire?
Il en est un, ouy dà, tredame voire (vraiment)!

On remarque, dans cette église, le grand autel du chœur en marbre blanc artistement travaillé, et la chapelle de la Sainte-Vierge, une des plus belles qu'on voit à Paris, même en dépit de peintures assez étranges, faites, à ce qu'on prétend, pour l'orner.

NOTRE DAME ET L'HOTEL-DIEU

I

NOTRE DAME.

« Ce chef-d'œuvre d'architecture gothique, dit un judicieux historien, est situé dans l'île de la Cité, à la place d'une chapelle consacrée à la Vierge, à St-Denis et à St-Etienne, mais dont l'origine est inconnue. Un second temple, qui y avait été élevé au VIe siècle par les soins de Childebert, fut réduit en cendres par les Normands en 867. Robert dit le Pieux résolut la reconstruction de Notre-Dame; son fils, Henri, commença l'exécution de ce projet, et, en 1661, Maurice de Sully, évêque de Paris, aidé des fidèles, fit poursuivre les travaux avec diligence. Continuée par ses successeurs, l'église arriva enfin à son achèvement vers 1257 ou 1259 : les constructions en étaient alors dirigées par l'architecte Jean de Chelles. On croit que le pape Alexandre III en a posé la première pierre. Bâtie en forme de croix latine, l'église Notre-Dame a 390 pieds de long dans œuvre, 144 pieds de large et 104 pieds de haut ; 120 gros piliers soutiennent les voûtes principales. La nef et le chœur sont accompagnés de doubles bas-côtés écrasés par de spacieuses galeries qui règnent tout autour de l'édifice. La façade principale se fait remarquer par son imposante architecture, son élévation, sa sculpture pleine de détails. Elle est terminée par deux grosses tours carrées ayant 280 pieds de haut : on y monte par 380 degrés, et les deux tours sont liées entre elles par deux galeries hors d'œuvre que soutiennent des colonnes gothiques d'une délicatesse surprenante. Dans la tour du sud est la fameuse cloche nommée *bourdon* qui pèse près de 32 milliers. Fondue en 1682 et refondue en 1685, elle eut Louis XIV et la reine pour parrain et marraine. Son battant pèse 976 livres. Il faut 16 hommes pour la mettre en branle. La façade de l'église est percée de trois portes, pratiquées sous des voussures en ogives et chargées de sculptures [1] ».

Quelques passages de cet article tendraient à faire croire que Maurice de Sully ne fit que donner une impulsion plus vive aux travaux tandis qu'en réalité c'est à lui que Paris doit sa cathédrale ; car, pendant les 33 années de son épiscopat, il ne cessa de consacrer tous ses soins à cette grande entreprise. L'édifice sans doute ne s'acheva que sous Eudes ou Odon, son successeur, et même certaines parties ne furent construites que plus tard, mais ce qui ne paraît pas moins certain, c'est que déjà l'on couvrait le chœur lorsque Maurice de Sully mourut dans l'abbaye Saint-Victor qu'il habitait depuis quelques mois seulement.

Ce prélat se distinguait entre les plus pieux et les plus savants de son temps, et ses contemporains avaient en très grande estime ses vertus, encore qu'il n'ait pas

[1] Louvet.

joué un rôle important dans les affaires de l'époque et que la construction de la cathédrale ait surtout donné l'illustration à son nom. Voici un trait de sa vie qu'on nous saura gré de rappeler et qui est tiré d'un sermon attribué par quelques-uns à saint Bonaventure et par d'autres à un théologien du XVe siècle nommé Godescal Hollen :

Maurice était né de parents très pauvres dans le village de Sully (*Solliaco*) sur les bords de la Loire. Réduit dans son enfance et sa jeunesse à vivre d'aumônes, il trouva moyen, en mendiant, de gagner Paris où, d'abord étudiant émérite, il ne tarda pas à monter lui-même dans l'une des chaires comme professeur et ses éclatants succès dans l'enseignement lui valurent un canonicat à Bourges, puis à Paris même, où il fut promu également à la dignité d'archidiacre. C'est alors qu'eut lieu l'évènement auquel il est fait allusion plus haut.

Un matin, une femme âgée, vêtue d'une robe de bure usée et rapiécée, un bâton blanc à la main, arrive dans la capitale et s'informe où demeurait le docteur Maurice dont elle se déclare la mère. Sans doute elle en fournit la preuve ; car de pieuses dames s'empressèrent de lui donner l'hospitalité, et, craignant que l'archidiacre ne fût humilié s'il voyait sa mère dans un si pauvre costume, ils habillèrent la voyageuse de vêtements neufs couverts d'un manteau également neuf, puis, dans cet état, la conduisirent à son fils. Mais à leur grande stupéfaction, celui-ci, quoiqu'il eût paru vivement ému d'abord, se remit vite et froidement il répondit :

— Que me voulez-vous et que prétend-on? Je ne connais point cette femme et je ne saurais l'avouer pour ma mère; car ma mère, qui se fait gloire de la pauvreté si chère à Notre-Seigneur, ne porta jamais que des vêtements grossiers et dédaigne tous les vains ornements du siècle.

Puis, non sans qu'il parût lui en coûter, baissant les yeux et détournant la tête, il s'éloigna pendant que l'étrangère, interdite, le regardait avec une stupeur douloureuse ; bientôt de ses yeux on vit couler des larmes et les sanglots gonflaient sa poitrine.

— Ne pleurez pas ainsi, bonne et digne femme, reprit l'une des dames qui l'accompagnaient. Ne croyez pas surtout que le docteur rougit de vous, non, pas plus qu'il ne vous méconnaît. Son émotion d'abord en vous voyant a trahi son cœur de fils. Mais, par sa grande vertu et sa haute sagesse, dominant même les mouvements les plus vifs de la nature, il a voulu sans doute nous donner une leçon, à nous, mais non pas à vous, sa mère. Venez, nous lui prouverons que nous avons compris. »

La voyageuse suivit ses protectrices qui, après lui avoir fait reprendre ses premiers et humbles vêtements, en lui rendant son bâton, la ramenèrent vers Maurice qu'elles trouvèrent au milieu d'une nombreuse et brillante assemblée. La pauvre femme tremblait plus que jamais en approchant de ce cercle composé de personnages les plus importants de la ville; mais du plus loin que Maurice l'aperçut, quittant sa place et courant à elle à travers la foule, il la serra tendrement dans ses bras et s'écria avec l'accent d'une émotion profonde :

— Oh ! cette fois, je la reconnais, c'est bien ma mère, ma chère bonne et vénérable mère !

D'après les auteurs qui croient authentique cette anecdote, elle contribua tout particulièrement à rendre populaire l'archidiacre et à lui mériter le plus grand nombre des suffrages lorsque le siége de Paris devint vacant par la mort de l'évêque Pierre Lombard (1160).

Un mot encore avant de terminer relatif aux constructions de l'église Notre-Dame. « L'évêque Maurice, dit Sauval, la rehaussa sur treize grandes marches qu'on fut contraint d'enterrer sous Louis XII et tout de même de rehausser la rue de la Juiverie sitôt que le Petit-Pont et le pont Notre-Dame qu'on rebâtissait eurent été achevés. Jusque-là Paris n'avait été qu'une ville fort basse et sujette en hiver à souffrir beaucoup de l'eau quand la rivière était haute. »

Corrozet, le bon vieil auteur, avait sans doute fourni ce renseignement à Sauval, car on lit dans sa *Fleur des antiquités et singularités* de la ville de Paris (1552) : « On montait jadis treize degrés pour entrer dans cette église, lesquels sont sous le pavé à cause que les rues de la cité ont été haussées pour obvier à l'inondation de la Seine. »

Il nous dit de l'église : « Ce temple est la merveille de France pour sa grandeur et sa forme.... Au plus haut se présentent en vue deux hautes tours carrées, de grandeur merveilleuse, mieux ressemblantes à deux forteresses de défense sur un rocher qu'à des clochers lesquelles ont trente-quatre toises de hauteur. Les cloches sont si grosses qu'il faut dix-huit ou vingt hommes pour ébranler la plus matérielle appelée *Marie*, le son de laquelle en temps coi et de nuit se peut entendre de sept lieues loin de la ville.

« A l'entour des deux tours sont doubles galeries à deux étages dont la plus haute est soutenue de colonnes ayant leur piédestal dessus la première ; tout au plus haut il y a une plate-forme le regard de laquelle en bas fait sembler les hommes aussi petits qu'un oiseau... Brief, c'est le spectacle le plus grand et le mieux bâti de la chrétienté. » Est-il besoin de rappeler, que pendant la Commune, ce monument des vieux âges n'a échappé que par miracle et grâce au dévoûment des internes de l'Hôtel-Dieu, à l'incendie allumé par des mains sacriléges.

II

L'HOTEL-DIEU.

La fondation de cet hospice est attribuée à saint Landry d'après une légende insérée au Bréviaire de 1492, mais qui, paraît-il, ne s'appuie sur aucun document très-certain. Il y a plus.

« Saint Landry est mort vers l'an 656, et tout porte à croire, dit le judicieux Saint-Victor [1], qu'à cette époque l'Hôtel-Dieu n'existait point encore. On trouve même qu'en 690, il y avait sur l'emplacement où il est situé un monastère de filles dont Landetrude était abbesse. Alors c'était la maison de l'évêque qui était l'asile des mal-

[1] Tableau historique et pittoresque de Paris.

heureux, de la veuve et de l'orphelin. Le pauvre et le malade y trouvaient des secours et des consolations; elle servait encore de retraite aux pèlerins et aux voyageurs ; et les annales de l'église, celles de la monarchie, les actes, les récits les plus authentiques nous représentent les évêques de Paris, dignes successeurs des apôtres, livrés par dessus tout à ces pieux devoirs. On les voyait, excitant le clergé par l'ardeur de leur zèle et de leur charité, se faire un plaisir et une gloire de recevoir tous ceux que leur affliction ou leurs besoins conduisaient vers eux, leur laver les pieds, les servir eux-mêmes à table, leur administrer les sacrements et leur prodiguer ainsi tous les secours de l'âme et du corps.»

Tel était saint Landry, qu'il ait ou non fondé l'hospice connu depuis sous le nom de l'Hôtel-Dieu qui certainement existait déjà sous le règne de Charlemagne puisque nous voyons, par un acte de l'an de grâce 829, que l'évêque Inchade assigne à cette maison les dîmes des biens dont il avait gratifié son chapitre, ce qui prouve que l'Hôtel-Dieu existait antérieurement et que l'évêque et son chapitre y avaient certains droits soit pour l'avoir fondé, soit pour avoir contribué à le doter.

Le nombre des pauvres et des malades allant en augmentant avec la population, l'établissement dut s'accroître en proportion. Nous voyons qu'en 1217, d'après les nouveaux statuts dressés par Étienne, doyen de Paris, de concert avec le chapitre, il est établi, pour l'administration de cette maison, quatre prêtres, quatre clercs laïques, et vingt-cinq sœurs ; tous doivent garder la chasteté, vivre dans la pauvreté et en commun, soumis au Chapitre, aux proviseurs et à celui des prêtres que l'on qualifiait du titre de *Maître de la maison de Dieu.*

Au commencement du seizième siècle, l'hôpital ou l'hospice (car il fut longtemps l'un et l'autre) fut mis sous la direction des chanoines réguliers de saint Augustin et dès lors desservi par des sœurs dites *augustines* dont le nombre, dans le siècle suivant, s'élevait à plus de *cent* « occupées à soigner les malades de tout âge, de » toute condition, de tout pays, de toute religion qui y » étaient admis » dit un écrivain du temps ; il s'en trouvait d'ordinaire plus de 3,000 sans les pauvres. Voici l'admirable portrait qu'un témoin oculaire (Helyot) nous fait de ces saintes filles :

« Le cardinal de Vitry a sans doute voulu parler des religieuses de l'Hôtel-Dieu lorsqu'il dit qu'il y en avait qui se faisaient violence, souffraient avec joie et sans répugnance l'aspect hideux de toutes les misères humaines et qu'il lui semblait qu'aucun genre de pénitence ne pouvait être comparé à cette espèce de martyre.

« Il n'y a personne qui, en voyant les religieuses de l'Hôtel-Dieu, non-seulement panser, nettoyer les malades, faire leurs lits, mais encore, au plus fort de l'hiver, casser la glace de la rivière qui passe au milieu de cet hôpital, et y entrer jusqu'à la moitié du corps pour laver leurs linges pleins d'ordures et de vilenies, ne les regarde comme autant de saintes victimes qui, par un excès d'amour et de charité pour secourir leur prochain, courent volontiers à la mort qu'elles affrontent, pour ainsi dire, au milieu de tant de puanteur et d'infection, causées par le grand nombre des malades. »

Grâce au ciel et à de continuelles améliorations, ce tableau dans certaines parties n'est plus exact et l'on ne respire aujourd'hui ni puanteur ni infection dans ces vastes salles de l'Hôtel de Dieu dont le visiteur ne se lasse pas d'admirer la merveilleuse propreté. Comme au siècle d'Helyot d'ailleurs, il voit au chevet des malades les bonnes religieuses *augustines*, vigilantes, empressées, souriantes, donner l'exemple de l'abnégation et du zèle, et, s'il le faut, comme dans les temps d'épidémie, l'exemple du plus héroïque dévoûment.

LES BOUES DE PARIS

« Tous les ans, il se lève *cent mille francs,* pour charrier les boues de Paris, cependant il n'y a point de ville au monde plus boueuse et plus sale ; et quoique on ait assez fait de propositions pour le rendre net, jamais elles n'ont été écoutées, ou parce que la chose passait pour impossible, ou parce que c'est un revenu considérable pour quelques grands qui en profitent.

« Ces boues au reste sont noires, puantes, d'une odeur insupportable aux étrangers, qui pique et se fait sentir trois ou quatre lieues à la ronde. De plus cette boue, outre sa mauvaise odeur, quand on la laisse sécher sur de l'étoffe, y laisse de si fortes taches qu'on ne saurait les ôter sans emporter la pièce, et ce que je dis des étoffes doit s'entendre de tout le reste, parce qu'elle brûle tout ce qu'elle touche ; ce qui a donné lieu au proverbe : *Il tient comme boue de Paris.*

« Pour découvrir la cause de cette tenacité et puanteur, il faut savoir que les salpêtriers, d'une part, y trouvent du soufre, ou du salpêtre et du sel fixé et que les hermétiques, d'autre part, y séparent beaucoup de sel volatil et nitreux ; tellement qui si elle tache et brûle, c'est par le moyen du soufre qui est plein de feu, et sa grande puanteur lui vient du sel volatil qui est subtil et sent fort mauvais, et peut-être est-ce lui qui corrompt l'eau des puits : on l'appelle volatil à cause qu'il s'évapore, et se répand au loin : et de là vient aussi qu'on sent de si loin les boues de Paris.... Après tout, Paris serait moins sale si les rues avaient plus d'air, de largeur et de pente. »

Sauval, s'il revenait au monde aujourd'hui, aurait lieu de se montrer satisfait ; car ce n'est ni l'air ni la largeur qui manquent à nos rues, non plus que le soleil, soit dit en passant. Quant aux boues, dont il se plaignait si fort, et avec raison, elles n'existent plus, sauf dans quelques rues étroites en petit nombre, que pour mémoire, alors que chaque matin, des voitures spéciales enlèvent les immondices déposées devant les maisons. Les eaux des ruisseaux entraînent le reste avec elles dans les égouts ; ceux-ci, comme on sait, par de récents et immenses travaux, forment sous la ville elle-même une autre cité souterraine sillonnée en tous sens par des canaux qui ne se jettent plus comme autrefois çà et là dans la Seine souillée de leurs impuretés, mais vont se perdre dans le grand égout collecteur, situé au-dessous de Paris.

Combien cet état de choses est-il différent de celui que déplorait Sauval, et auquel il ne fut remédié d'abord que très-insuffisamment. Pendant longtemps, ce qu'on appelait à Paris le *grand égout,* n'était que le lit d'un grand ruisseau descendant de Ménilmontant, qui avec le temps n'avait plus fait qu'un fossé boueux et profond, serpentant à travers la ville, du faubourg du Temple jusqu'au Roule et à Chaillot, et recevant dans ce long parcours tous les embranchements d'égouts venant des autres quartiers, le tout à ciel ouvert. On imagine, dans la saison d'été, quelles odeurs répandait sur son passage ce fleuve immonde, pire que l'Achéron ou le Cocyte. Cet état de choses dura pourtant jusqu'au commencement du XVIIIe siècle où l'on chercha par des améliorations successives à remédier au mal. Les plus importantes furent dues à Turgot, prévôt des marchands en 1737 ; il conçut le projet de changer le cours du grand égout qui irait en ligne droite d'un point à un autre, ce qui fut exécuté sous la direction de l'architecte Beausire. Le nouvel égout fut creusé plus profondément, dallé en pierres taillées en caniveaux, avec des berges maçonnées. De plus, rue des Fossés du Temple, un vaste réservoir, solidement construit et alimenté par deux grandes machines hydrauliques, fournissant une masse d'eaux considérable, en quelques heures, permettait de laver le grand égout. Tout était terminé en 1740.

Vingt ans après seulement (1760), les propriétaires des terrains longeant le canal avisèrent à le faire couvrir d'une voûte en établissant partout des ventilateurs. Mais alors comme longtemps après, il n'existait pas d'autres égouts souterrains, et les ruisseaux continuaient de charrier à travers la ville, jusqu'au grand réceptacle, tout ce que les eaux d'évier et autres leur amenaient. Les immenses travaux dont nous avons parlé plus haut, et qui ont contribué si fort à l'assainissement de Paris, ne datent que du commencement du siècle, et les plus importants remontent seulement à quelques années. Il semble qu'il y ait peu de chose à faire pour que la capitale de la France soit, au point de vue de la propreté, la cité modèle. Elle a déjà tout à fait cessé de mériter son nom de *Lutetia,* ville de Boue.

LA COLONNE DE LA GRANDE ARMÉE

Dans la rue de la Paix, au milieu de la place Vendôme qui la sépare en deux parties, s'élève la *Colonne* dite de la Grande Armée, érigée en l'honneur de celle-ci par l'ordre de Napoléon Ier. Elle n'est pas seulement une Colonne triomphale, mais un véritable trophée. puisque, de la basse au sommet, le bronze qui servit pour les nombreux bas-reliefs, est le bronze même des canons enlevés à l'ennemi : ce qui fait, comme on l'a dit, de cette colonne un monument tout à fait original encore que la forme soit imitée des colonnes triomphales antiques.

« On sait que la Colonne, écrit M. Miel, commencée en 1806 et achevée en 1810, fut un hommage de Napoléon à la Grande Armée. L'histoire de la campagne d'Allemagne en 1805, terminée par la bataille d'Austerlitz et la paix de Presbourg, au bout de deux mois, est écrite en bronze dans la série des bas-reliefs qui forment le revêtement du fût. Nous n'insisterons ni sur la grandeur homérique des images, ni sur le mérite de la statuaire confiée à l'élite de nos sculpteurs, ni sur l'art et l'habileté avec laquelle cette spirale se développe, ni sur l'intelligence qui en a combiné l'exécution de manière que les saillies et les renfoncements de la sculpture altérassent le moins possible la pureté du galbe, la première recommandation d'une colonne. Toutes ces qualités sont appréciées depuis longtemps. Nous nous bornerons à quelques détails relatifs à la construction. »

L'architecte du monument fut M. Le Père. Ce n'est pas lui qu'on avait choisi tout d'abord, mais M. Gondoin, qui, quoique homme de talent, hésitant devant les difficultés d'exécution, proposa l'essai d'une colonne provisoire sur laquelle on appliquerait les modèles devant servir au moulage des bronzes. Cette idée fut peu goûtée par M. Denon qui, se rappelant l'esprit inventif de M. Le Père, son collègue à l'Institut d'Egypte, voulut après l'avoir consulté, qu'il fût associé à l'entreprise. Le Père, repoussant vivement le projet d'une colonne provisoire, fit des dessins et des plans pour un monument définitif. « Il démontra, par des calculs rigoureux, la manière de placer les bronzes, sans aucun scellement dans la pierre ; il détermina le nombre et la forme de toutes les pièces en tenant compte de la dilatation et de la condensation du métal. »

Le projet fut adopté, et ce qui fait le plus grand honneur à M. Gondoin, c'est qu'après l'avoir examiné dans tous ses détails, il dit à son collègue.

« Mon ami, votre travail est parfait ; je ne vois rien à y ajouter : demeurez-en chargé ; je m'en rapporte à vous. »

L'exécution réussit à souhait et à la complète satisfaction de l'Empereur qui, déjà préoccupé de la pensée d'un autre monument à ériger sur le terre-plein du Pont-Neuf, dit à plusieurs reprises :

« C'est Le Père qui fera l'obélisque. »

Mais de ce dernier monument le soubassement seul fut exécuté et même pas entièrement. Pour en revenir à la Colonne, la figure de l'Empereur se trouvant dans presque tous les bas-reliefs, Le Père n'était point d'avis que la statue du grand capitaine surmontât le monument, et il déclara qu'une figure de la Victoire serait préférable. Mais cette opinion ne prévalut point et M. Denon, qui sans doute recevait de haut ses inspirations, fit couler en bronze la statue de Napoléon, renversée en 1814 par les ennemis triomphants et dont le bronze servit ensuite pour la statue de Henri IV.

Aujourd'hui, une statue, faite sur le même modèle et drapée à l'antique par M. Dumont, surmonte de nouveau la colonne en remplacement du Napoléon moins académique, avec le petit chapeau et la redingote légendaires, qui s'y voyait depuis les premiers temps du règne de Louis-Philippe. A vrai dire, on peut douter que le changement soit heureux, et que le peuple reconnaisse aussi facilement le héros des temps modernes, dans ce personnage dont les traits à cette hauteur ne peuvent se distinguer, et qui nous apparaît affublé de son banal costume d'empereur romain. Je ne puis être sous ce rapport de l'avis de feu M. Hittorf, l'éminent architecte, qui écrivait, en 1836, dans l'*Encyclopédie des gens du monde :*

« En fait d'art, le costume consacré des héros convenait mieux que le vêtement ingrat de l'époque.... C'est surtout en voyant la belle tête de Napoléon, telle qu'elle existe sur nos monnaies, telle qu'elle est gravée dans la mémoire de ses contemporains, avec son front tout puissant disparaître sous ce chapeau à trois pointes. la coiffure la plus laide, comme elle est la plus insensée (oh ! oh !) ; c'est surtout à cette vue que tout homme de goût s'afflige et regrette que l'application des principes les plus faux ait ainsi *déparé* le monument le plus populaire de la capitale. »

L'élévation totale du monument, compris la statue et le piédestal, est de 136 pieds. L'escalier intérieur compte 180 marches. Le poids total du bronze employé pour la construction et les différentes pièces au nombre de 378, est de 513,920 livres.

Victor Hugo a fait une *Ode à la Colonne* qui est assurément une de ses meilleures poésies lyriques[1]. Il était poète alors et poète national :

> O monument vengeur ! trophée indélébile !
> Bronze qui, tournoyant sur ta base immobile,
> Sembles porter au ciel ta gloire et ton néant,
>
> . . . .
>
> Débris du grand Empire et de la Grande Armée,
> Colonne d'où si haut parle la renommée,
> Je t'aime : l'étranger t'admire avec effroi.
> J'aime les vieux héros sculptés par la Victoire,
> Et tous ces fantômes de gloire
> Qui se pressent autour de toi.

Bravo ! Et les autres vingt-sept strophes valent celle-ci.

Le poète n'avait que vingt-cinq ans ! Oh ! s'il fut resté fidèle à ses premières croyances religieuses et patriotiques, à quelles hauteurs il planerait aujourd'hui !

[1] *Odes et Ballades*, Livre VII.

Voilà ce que nous écrivions en 1869 ou 1870, bien éloigné de prévoir ce que personne alors n'eut imaginé possible, ce crime de lèse-patriotisme qui souleva naguère d'indignation la France presque entière, trop tôt, faut-il le dire? trop tôt calmée, trop vite oublieuse!...

On sait pourtant comment, dans quelles circonstances, par quelles mains, des mains françaises! hélas! est tombé ce monument entre tous glorieux et qui, grâce au vote de l'Assemblée nationale, ne tardera pas à se relever. Seulement, d'après le décret, la statue de la France doit remplacer au sommet celle de Napoléon Ier.

COUR DES MIRACLES

« De tant de *Cour des Miracles*, il n'y en a point de plus célèbre que celle qui conserve encore, comme par excellence, ce nom. Elle consiste en une place d'une grandeur très-considérable, et en un très-grand cul-de-sac puant, boueux, irrégulier, qui n'est point pavé ; elle se trouve entre la rue Montorgueil, le couvent des Filles-Dieu et la rue Neuve Saint-Sauveur, comme dans un autre monde. Pour y venir, il se faut souvent égarer dans de petites rues, vilaines, puantes, détournées ; pour y entrer, il faut descendre une assez longue pente de terre, tortueuse, raboteuse, inégale. J'y ai vu une maison de boue à demi-enterrée, toute chancelante de vieillesse et de pourriture, qui n'a pas quatre toises en carré, et où logent néanmoins plus de cinquante ménages chargés d'une infinité de petits enfants, légitimes, naturels et dérobés. On m'assura que, dans ce petit logis et dans les autres, vivaient plus de cinq cents grosses familles entassées les unes sur les autres. Quelque grande que soit cette *cour*, elle l'était autrefois bien davantage, bordée d'un côté par exemple aujourd'hui de jardins qui autrefois étaient des logis bas, enfoncés, obscurs, difformes, faits de terre et de boue et tout pleins de mauvais pauvres.

« .... Comme en la rue des Francs-Bourgeois, on ne savait ce que c'était en ce lieu que de payer taxes et impositions civiles ; les commissaires et sergents n'y venaient que pour y recevoir des injures et des coups. On s'y nourrissait de brigandages, on s'y engraissait dans l'oisiveté, dans la gourmandise, et dans toutes sortes de vices et de crimes ; là, sans aucun soin de l'avenir, chacun jouissait à son aise du présent, et mangeait le soir avec plaisir ce qu'avec bien de la peine, et souvent avec bien des coups, il avait gagné tout le jour; car on y appelait gagner ce qu'ailleurs on appelle dérober ; et c'était une des lois fondamentales de la cour des miracles de ne rien garder pour le lendemain. Chacun y vivait, dans une grande licence ; personne n'y avait ni foi ni loi ; on n'y connaissait ni baptême, ni mariage, ni sacrements. Il est vrai qu'en apparence ils semblaient reconnaître un Dieu ; pour cet effet, au bout de leur cour, ils avaient dressé, dans une grande niche, une image de Dieu le Père, qu'ils avaient volée dans quelque église, et où tous les jours, ils venaient adresser quelques prières ; mais ce n'était en vérité qu'à cause que superstitieusement ils s'imaginaient que par là ils étaient dispensés des devoirs dus par les chrétiens à leur Pasteur et à leur Paroisse, même d'entrer dans l'église que pour gueuser (mendier) et couper les bourses. » (SAUVAL).

Les gueux se nommaient *Argotiers* de leur langage appelé Argot : « Ils sont tant qu'ils composent un gros royaume : ils ont un roi, des lois, des officiers, des états et un langage tout particulier.... Leurs officiers se nommaient Cagoux, Archisuppôts de l'Argot, Orphelins, Marcandiers, Rifodés, Malingreux, et Capons, Piètres,

Francs-mitoux, Narquois, Calots, Sabouleux, Hubins, Coquillarts, Courteaux de Boutanche. » Tous ces noms leur venaient des différentes manières d'exercer la gueuserie. Les *Narquois* par exemple étaient des misérables qui, l'épée au côté, et vêtus de guenilles, contrefaisaient les soldats estropiés. Les *Marcandiers* « grands pendards qui d'ordinaire allaient deux à deux vêtus d'un bon pourpoint et de méchantes chausses », se disaient de pauvres marchands ruinés par la guerre, le feu ou tels autres accidents. De petits coquins, qu'on voyait mendier par troupes de trois ou quatre, s'appelaient les *Orphelins*. Les *Rifodés* accompagnés de femmes et d'enfants, exhibaient un certificat attestant qu'ils étaient des infortunés « brûlés avec tout leur bien du feu du ciel ou par fortune. » Les *Malingreux* contrefaisaient les hydropiques ou montraient leurs bras, leurs jambes couverts de faux ulcères ; les *Piètres*, ne marchant qu'avec des potences (béquilles), simulaient d'autres infirmités, de même que les *Francs-mitoux* et les *Sabouleux ;* ceux-ci contrefaisaient les épileptiques, etc.

Tous ils avaient pour roi un gueux nommé le *Grand Coësre*, quelquefois le *roi de Thumes*, « à cause d'un scélérat appelé de la sorte qui fut roi trois ans de suite, et qui se faisait traîner par deux grands chiens dans une petite charrette et mourut à Bordeaux sur une roue.»

N'est-il pas étrange de voir un pareil état de choses florissant encore en plein XVIIe siècle et qu'il ait pu se perpétuer si longtemps par la tolérance ou l'impuissance de l'administration ? En 1630, les édiles du temps avaient imaginé de faire passer une rue tout au travers de la *Cour des Miracles*, ce qui eût forcé beaucoup de ses locataires à déloger et détruit en tout ou partie le quartier général de la gueuserie. Mais, quand les ouvriers arrivèrent armés de la pioche et du marteau, ils furent reçus de telle façon, à coups de pierre et de bâton, sans compter les injures, qu'ils prirent la fuite et ne revinrent plus. Les choses en restèrent là pour la plus grande gloire du roi de Thumes et de ses vassaux.

Certes il n'en pourrait plus être ainsi aujourd'hui et il faut bien convenir que la police est autrement faite. La *Cour des Miracles* en particulier n'abrite plus un peuple à part, pour qui toutes les lois divines et humaines sont lettre morte. On y paie la cote personnelle, comme l'impôt des portes et fenêtres et aussi les autres. Pas plus de vacarme là qu'ailleurs ; le commissaire de police comme le sergent de ville et le gendarme peuvent s'y promener tranquillement sans le moindre risque d'être assommés. Plus d'un même leur tire en passant sa casquette.

Faut-il ajouter en terminant que le socialisme dont il se fait aujourd'hui tant et trop de bruit, est un mot, un grand mot, nouveau pour une chose qui ne l'est guère, vieille comme le monde et la paresse laquelle est née avec l'homme. Les braves *Argotiers* avaient résolu le problème dont force gens se tracassent la cervelle aujourd'hui : vivre et vivre joyeusement en travaillant le moins possible ou même pas du tout. Tous ces drôles, avec leurs industries si diverses et peu fatigantes, faisaient du *socialisme pratique*, comme M. Jourdain de la prose sans le savoir. Présentement au contraire, nos gens les uns charlatans et les autres dupes, prenant la chose au sérieux, font des programmes et des coalitions qui ruinent patrons et ouvriers; ils rédigent des journaux, s'enrôlent dans les sociétés secrètes, exploitent leurs adhérents au profit d'ambitions et de convoitises sournoises, qui, pour arriver à leurs fins et réaliser leurs chimères, s'inquiètent peu de bouleverser le monde. Et tout cela se fait avec des airs solennels de Carême-Prenant en deuil de Mardi-Gras, et des mots longs d'une aune, et des phrases qui sonnent creux pour le bon sens, mais font dresser des milliers d'oreilles d'autant plus charmées que la langue est plus inconnue. C'est une musique avec variations à laquelle chaque auditeur fait dire ce qui lui plaît.

Franchement l'autre système valait mieux, il semble plus gai et la langue des Argotiers plus intelligible et plus plaisante que celle de MM. les humanitaires. Mais les *Argotiers*, au dire des nouveaux adeptes, étaient des *feignants*, tandis qu'aujourd'hui les confrères, qui veulent au fond les mêmes choses, *ne rien faire et joyeusement vivre*, invoquent leurs droits et se qualifient *travailleurs*.

Je doute qu'entre ceux qu'en voit les plus zélés il soit beaucoup de millionnaires.

LE PRÉVOT DES MARCHANDS

I

Dans les circonstances actuelles, il nous a paru qu'il était intéressant de rechercher et de montrer ce qu'était autrefois, et ce que fut pendant toute une longue suite de siècles, la Municipalité de Paris. Car, d'après la manière dont s'écrit l'histoire dans les journaux comme dans les livres d'un certain parti, que de gens aujourd'hui ne se doutent pas de ce qu'était l'institution sous cet *ancien Régime* trop calomnié ainsi que l'a prouvé éloquemment et victorieusement feu M. de Tocqueville dans un livre remarquable qui emprunte aux antécédents de l'auteur une singulière autorité ! Combien d'autres, en plus grand nombre peut-être, dans leur naïve ignorance ne soupçonnent pas même qu'il existât, avant 89, une institution analogue à celle dont Paris vient d'être doté de nouveau récemment. Mais l'ancienne, sous plus d'un rapport préférable, s'appuyait sur des bases autrement solides et offrait à la cité comme au gouvernement de bien plus sérieuses garanties. En dépit des flagorneries à l'adresse des contemporains et de leurs prétentions au progrès, nous croyons, nous, fort de l'expérience du passé, que les deux organisations mises en présence et dans la balance, la comparaison ne serait pas toute à l'avantage du présent. Le lecteur en jugera.

« Lorsque Paris eut enfin été subjugué par les Romains et réduit au rang des villes tribulaires, dit un historien[1], on voit, sous la protection immédiate du proconsul, qui était seul chargé du gouvernement de la Gaule celtique, s'élever dans ses murs un corps d'officiers subalternes chargé de rendre la justice en son nom, et dans des cas peu importants, dont on pouvait même appeler encore devant ce magistrat suprême. Ces officiers, qui prenaient le nom de *Défenseurs de la Cité*, étaient tirés d'une société de *Nautes* ou commerçants par eaux, laquelle était elle-même composée des premiers citoyens de la ville. Ces *nautes* jouissaient d'une grande considération ; on les retrouve dans toutes les principales villes de l'empire, et plusieurs étaient même décorés du titre de chevaliers romains. »

Ces *nautes* devinrent, dans les premiers siècles de la monarchie, les marchands d'eau, composés pareillement de notables de la cité et constituèrent une sorte d'organisation municipale ayant un chef qui prit le nom de Prévôt[2] des marchands. Philippe-Auguste, ainsi que nous l'apprend le savant Duchesne, contribua beaucoup à développer l'institution en lui accordant de grands priviléges et précisant les attributions du Prévôt : « Philippe-Auguste éleva cette dignité au plus haut étage de grandeur, et comme s'il l'eut nouvellement érigée, lui

[1] Saint-Victor. *Tableau historique et pittoresque de Paris.*

[2] Prévôt, de *præpositus,* préposé.

donna tant d'autorité que nulle autre, quoique grande et élevée, n'égale point aujourd'hui la grandeur de son lustre. Il enrichit ces magistrats de glorieux titres, le Président de celui de Prévôt des marchands, à la différence du Prévôt de justice qu'on qualifie simplement Prévôt de Paris, et ses quatre assesseurs s'appelèrent les Echevins. »

De son côté, Jaillot nous dit [1] : « Nos historiens font mention de quatre endroits où les officiers municipaux ont tenu leurs assemblées. Le premier était situé à la Vallée de Misère, et connu sous le nom de *Maison de la Marchandise*. Le second a été placé près de l'église St-Leufroi et du Grand-Châtelet, et était nommé le *Parlouer aux Bourgeois*. Le troisième, sous le même nom, était à la porte St-Michel. Enfin, en 1357, la ville acheta une grande maison située à la place de Grève. Elle s'appelait la *Maison de Grève*, lorsque, en 1212, Philippe-Auguste l'acquit de Philippe Cluin, chanoine de Notre-Dame. On la nomma ensuite la *Maison aux piliers* parce qu'elle était portée sur une suite de piliers. Enfin elle prit le nom de *Maison aux Dauphins*, parce qu'elle avait été donnée aux deux derniers Dauphins du Viennois. Charles de France, à qui elle appartenait en cette qualité, la donna à Jean d'Auxerre, receveur des gabelles de la prévôté de Paris, qui la vendit à la Ville par contrat du 7 juillet 1357, moyennant 2880 livres parisis. Cette maison n'était pas alors aussi considérable qu'elle l'est aujourd'hui ; différentes acquisitions successives des maisons voisines mirent la ville en état de la

[1] *Recherches sur Paris.*

faire rebâtir. La première pierre du nouvel édifice fut posée le 15 juillet 1533. Terminé sous le règne de Henri IV, l'Hôtel-de-Ville, par suite d'agrandissements récents et de plus en plus considérables, était devenu le magnifique palais que l'on sait, étonnant de ses splendeurs les nombreux visiteurs qui ne s'étonnent pas moins aujourd'hui devant l'immense ruine et les pans de murs noircis attestant les ravages de l'incendie allumé par les séides de la Commune. Revenons :

Les fonctions de Prévôt des marchands, d'Echevin et de Conseiller s'obtenaient par l'élection. Le Prévôt des marchands, les Echevins, au nombre de quatre, les Conseillers, étaient tous élus pour *deux* ans, et tous aussi rééligibles trois fois de suite, mais non plus. Pour prétendre à cet honneur, il fallait (notez ces conditions) qu'ils *fussent nés à Paris*, bourgeois de la ville, et membres d'une des confréries des marchands. Ajoutons que le père et le fils, les deux frères, l'oncle et le neveu, les deux cousins germains, soit par alliance, soit par consanguinité, ne pouvaient être élus ensemble, et siéger simultanément dans le *Parloir aux Bourgeois*.

Maintenant voici comment il était procédé à l'élection pour le Prévôt des marchands et les Echevins. Le scrutin avait lieu le lendemain de la Notre-Dame d'août. Quelques jours auparavant, le Prévôt des marchands et les Echevins enjoignaient aux Quartiniers[1] de réunir les Cinquanteniers[2] et Dizainiers[3] sous leurs ordres,

[1] Commandant un quartier de la ville.

[2] Cinquantenier : qui commandait à 50 hommes.

[3] Dizainier : qui commandait à 10 hommes.

avec *six* bourgeois notables du quartier. Ces électeurs désignaient parmi eux *quatre* personnes au scrutin secret, et les noms de ces quatre élus étaient remis par chaque Quartinier au Prévôt des marchands. Ce dernier choisissait, avec l'aide des Echevins et des *vingt-quatre* Conseillers, *deux* de ces élus ; puis le Prévôt des marchands, les Echevins, les Conseillers de ville, les Quartiniers et les Bourgeois élus, formant un nombre total de *soixante dix-sept* personnes, procédaient à la nomination des nouveaux magistrats après avoir prêté serment d'agir dans l'intérêt de l'Etat et de la municipalité. Tous, aussi, avant de se rendre au bureau de l'Hôtel-de-Ville, assistaient à une messe solennelle du St-Esprit. Pour le dépouillement du scrutin secret, on choisissait, avant le vote, quatre scrutateurs, mais ceux-ci nommés de vive voix.

Les vingt-quatre conseillers étaient pareillement nommés à l'élection, entourée, comme la précédente, de toutes les garanties désidérables. Les Quartiniers étaient nommés par les Cinquanteniers et Dizainiers, eux-mêmes élus par les Bourgeois. Ne pouvaient prendre part aux élections que les *Parisiens de naissance* et jouissant depuis trois années du droit de bourgeoisie.

Ce droit, d'après un édit de l'an 1286, s'acquérait de la manière suivante : « Si quelqu'un veut entrer en une » bourgeoisie ou commune, il doit aller trouver le Prévôt » en se faisant assister de deux ou trois bourgeois et » s'engager à bâtir ou acheter, dans l'espace d'un an, » une maison de la valeur de soixante sous parisis. »

Le Prévôt des marchands, dont les attributions se rapprochaient beaucoup de celles du préfet d'aujourd'hui, devenait noble (s'il ne l'était déjà) par le fait même de son élection et jouissait d'autres singulières et très-honorables prérogatives. Aussi l'on ne s'étonne pas qu'un illustre magistrat ait pu dire : « Que le plus beau » rêve que puisse faire un enfant de Paris, c'est de son- » ger qu'il est Prévôt des marchands. »

Il faut se garder de confondre, comme l'ont fait quelques historiens, le Prévôt de Paris avec le Prévôt des marchands élu par les notables, tandis que le premier (sorte de préfet de police), tenait du Roi seul toute son autorité.

II

Il nous est tombé récemment sous la main, à propos de nos anciennes institutions municipales, un document des plus curieux et très intéressant comme très utile à reproduire: « Car, dit très bien un judicieux historien[1], dans ce discours si honnête, si habile sont exposés des principes qui ont le privilége de ne pas vieillir. »

Sa date pourtant n'est pas récente ; il y a tantôt un siècle et demi (146 ans) que ce discours fut prononcé par le Prévôt des marchands, messire de Castagnère qui, presque octogénaire, croyait devoir en conscience se démettre d'une fontion « qu'il sentait, vu son grand âge, ne pouvoir remplir dans toute la sincérité du devoir. »

On ne peut assez admirer l'indépendance et la noble fierté de ce langage, à une époque qui ne passe point

[1] M. Louis Lazare.

précisément pour *libérale*, comme on dit à présent. Nous croyons cependant que bien des gens aujourd'hui pourraient faire leur profit des conseils de ce magistrat d'autrefois, qui comptait *quarante-cinq* années d'études administratives. Voici donc comment s'exprimait messire de Castagnère, le 27 août 1725, en assemblée générale des échevins, conseillers, quartiniers et dizainiers de la ville de Paris :

« Assez parlé de moi, c'est chose plus utile de vous entretenir de cette noble et belle institution municipale que l'Europe vous envie.

« Or donc, écoutez, mes enfants, et faites profit des conseils d'un vieillard. Dieu, croyez-moi, accorde à ceux qui vont mourir un dernier rayon de sagesse qui fait que le jugement s'éclaire et que l'âme s'épure.

« Voilà plus de cinq siècles que la Prévôté existe sans avoir subi de grave altération. Comme à ses premiers jours, elle est pleine de sève ; à quoi cela tient-il ?

« A la stricte observance de nos devoirs.

« Nos devanciers ont tous compris qu'ils devaient se renfermer dans leurs attributions.

« Chercher à les étendre, ce *serait nous briser et nous perdre*.

« Quand vous entrez dans ce palais, n'oubliez jamais, alors que vous endossez vos costumes d'échevins ou de conseillers, de *laisser au vestiaire*, avec vos habits de ville, *toutes vos opinions politiques et philosophiques*. En mettant le pied dans ce palais, vous êtes les magistrats, les tuteurs de la ville. Ces titres sont assez beaux pour contenter une honnête ambition.

« Aimez et respectez vos rois, *sans être les courtisans*

du pouvoir ; faites du bien aux pauvres, *sans être les flatteurs du peuple.*

« En améliorant d'abord, comme c'est votre devoir, les quartiers malsains ; en augmentant ensuite la prospérité des quartiers riches, ne sollicitez pas, ne briguez pas la reconnaissance de vos administrés ; laissez-la monter plus haut, jusqu'à Celui qui a consacré vos décisions, afin que l'amour de son peuple rende sa tâche plus facile et, conséquemment, plus heureuse.

« Sous peu de jours, vous allez procéder à l'élection de mon successeur. Portez vos voix, non sur le plus habile, mais avant tout sur le plus honnête.

« Que le prévôt que vous allez choisir soit d'humeur conciliante et de manières distinguées et polies.

« Si cette robe de satin et ce manteau de velours couvraient des formes vulgaires, on rirait d'abord du magistrat, puis on se moquerait de l'institution. En France, ne l'oubliez pas, le ridicule tue plus sûrement que le glaive.

» Lorsque la ville donne des fêtes, comme ce n'est pas le Prévôt qui paye les violons, mais bien ses administrés, faites que le premier magistrat honore la cité en conviant ses enfants les plus dignes.

» Comme dernière recommandation du plus grand intérêt, évitez, mes enfants, de choisir pour magistrat un homme qui aurait figuré dans nos discordes civiles. L'homme politique nuirait au magistrat, et puis *les gens de désordre sont incapables d'administrer.* Finalement, en ce qui concerne le Prévôt, tâchez qu'il réunisse trois qualités, qui sont : *honnêteté, talent* et *courtoisie.*

» Passons maintenant aux *conseillers de ville*, qui doivent être les *contrôleurs* des actes du Prévôt.

» Bien que les conseillers susdits tiennent les cordons de la bourse, il ne faut pas qu'ils soient les cerbères hargneux du trésor de la ville, mais bien les *dispensateurs éclairés de ses finances*.

» Pour remplir ces fonctions, il faut, non des hommes à petites idées étroites et mesquines, mais des magistrats à vues larges et élevées. On n'administre pas une ville comme Paris de la même façon qu'un marchand de la rue aux Lombards gère son commerce de pruneaux ou de pistaches. Quand on a l'honneur d'être conseiller, il faut élever son âme à l'unisson de la grandeur et de l'importance d'une ville qui a son poids dans les destinées du monde...

» Or, quels sont les hommes qu'il faut que vous choisissiez de l'œil ou touchiez de la main ?

» Il m'est de science certaine que les hommes de loisir et *indépendants de fortune et de position* sont ce qu'il y a de mieux. Des preuves, j'en ai les mains pleines.

» Si l'on prend un conseiller faisant le commerce, par exemple, dans le cœur du magistrat il y aura deux affections : ses chers intérêts et ceux de la ville. Dans cette position, il y a toujours lutte, et souvent le marchand, trop occupé, sacrifie l'administrateur.

» Si l'on choisit un médecin en exercice, qu'un de ses clients tombe subitement malade, par devoir il appartient à l'administration. Placer un magistrat entre deux obligations aussi saintes, c'est l'exposer à n'en remplir aucune.

» Si vous jetez les yeux sur des financiers, tamisez

leurs antécédents ; il y a un vieux proverbe qui dit : *Quand la main touche trop à l'argent, le cœur devient métal.* »

» Mes enfants, les malheurs causés par le déplorable système de Law ne sont pas si éloignés que vous n'en ayez souvenance.

» Je le rappelle avec douleur : deux conseillers de ville, hommes de finance, eurent des accointances avec l'Écossais.

. . . .

» Loin de moi la pensée de jeter une défaveur quelconque sur ces professions qui, loyalement exercées, concourent à la prospérité de l'État. Ces principes administratifs, je les applique d'ailleurs à toutes les professions, sans en excepter aucune.

» Et puis, il est une vérité devant laquelle nous devons tous nous incliner chapeau bas ; cette vérité, la voici : *Pour faire un conseiller, il faut dix années d'études en travaillant pour la ville six heures par jour.* C'est par un tel labeur qu'on acquiert son prix.

» Impossible, à mon avis, à un magistrat d'accommoder les intérêts de sa profession avec ceux de la ville et de les *dorloter* sur le même oreiller.

» Mais, me direz-vous, je suis bien pointilleux, et il faudrait une lanterne de Diogène pour trouver des conseillers. Mon Dieu ! Paris est assez riche en hommes de loisir et de cœur pour ne pas être embarrassé. Choisissez, si vous voulez, pour conseillers d'anciens marchands, d'anciens médecins et d'anciens banquiers, devenus libres ; mais n'enlevez pas le marchand à son comptoir, le médecin à ses malades et le banquier à ses écus.

» Adieu, mes chers enfants ; en vous quittant votre magistrat vous fait une dernière recommandation : « Vivez dans la crainte de Dieu et le respect du roi. »
» — J'ai dit. »

D'après tout ce qu'on vient de lire, on comprend le langage du vieil auteur (Corrozet) au sujet de la Prévôté et de l'Echevinage : « Je ne veux passer sans vous déclarer la manière et quels sont les échevins de cette notable ville ; je dis que nul ne peut parvenir à la dignité de Prévôt des marchands, ni d'échevin, qui ne soit enfant des habitants et né en icelle ville, afin que les étrangers ne soyent instruits aux secrets de la ville, et que la communication d'iceux ne soit préjudiciable à la communauté et de mauvais exemple à la postérité. Mais encore y a-t-il une autre observation qui est qu'on épluche de si près la vie de ceux qui aspirent à ces dignités qu'il est impossible qu'homme y puisse parvenir qui soit le moins du monde marqué de quelque note d'infamie, ressentant dénigrement de renommée, ou qui, pour quelque méfait, et fût-il léger, aurait été mis en prison, tant est sainte cette autorité et honneur de l'Echevinage, que la seule opinion de vice lui peut donner empêchement. »

A PROPOS DE LA RUE DES ROSIERS

Il a été beaucoup question, récemment de cette rue des *Rosiers*, à Montmartre où, le 18 mars 1871, furent assassinés, de la façon que l'on sait, les généraux Lecomte et Clément Thomas. Détachons du rapport si remarquable de M. le commandant Rustant, un passage relatif à la mort des deux nobles victimes. « Car de cette catastrophe comme de plusieurs autres, écrivait naguère un journaliste, une haute moralité, une grande leçon se dégageront, espérons-nous, et dont pourront faire leur profit ceux qui, dans leur présomption insensée, pensent qu'on peut impunément agiter et déchaîner les multitudes et qu'il est toujours facile de faire rentrer dans son lit le torrent dont on a rompu les digues. »

Maintenant laissons la parole au commandant : « ... Vers cinq heures, dit-il, une poussée du dehors fit envahir la chambre des prisonniers par les portes et par les fenêtres en même temps.... Un caporal du 3e bataillon des chasseurs, et quelques autres soldats ont remarqué plus spécialement que les gardes nationaux crièrent : « A mort ! qu'on les fusille, sinon ils nous » feront fusiller demain ! »

» A ces mots, le général Clément Thomas fut saisi, expulsé de la chambre et poussé à coups de crosse et à coups de poing dans le jardin. Pendant le trajet, quelques coups de fusils tirés à bout portant l'atteignirent et le couvrirent de sang ; il ne tomba cependant pas. Il put se tenir debout jusqu'à ce qu'on l'eût acculé le dos au mur. Le général était debout, tenant son chapeau de la main droite et essayant de garantir son visage avec le bras gauche.

» De nouveaux coups de fusil, tirés de toutes parts, finirent par l'abattre sur le côté droit, la tête au mur et le corps plié en deux. Des scélérats s'approchèrent encore et tiraient toujours à bout portant ou frappaient sur le cadavre à coups de pied ou à coups de crosse.

» Pendant ce temps, le général Lecomte était encore dans la chambre ; il entendait les coups de feu et comprenait que lui aussi allait mourir de cet horrible mort. Il conserva tout son calme ; il remit son argent au commandant de Poussargues, lui fit des recommandations pour sa famille et marcha devant ses assassins avec une dignité si ferme que plusieurs officiers le saluèrent ; il leur rendit leur salut. Une résignation aussi sublime aurait trouvé grâce devant des barbares ; elle ne toucha pas les modernes civilisés de Montmartre.

» A peine avait-il fait une dizaine de pas dans le jardin qu'un de ses bourreaux lui tira par derrière un coup de fusil qui le fit tomber sur les genoux. Aussitôt un groupe le releva à moitié et le fit approcher du cadavre de Clément Thomas. Ce fut là qu'il fut achevé par une dizaine de coups tirés à bout portant et que son cadavre fut mutilé, fouillé, et que deux soldats — l'exécration de l'armée — vinrent décharger leurs armes sur lui. »

Ce récit n'a pas besoin de commentaires.

La rue *des Rosiers*, à Montmartre est de création récente tellement qu'elle ne se trouve pas mentionnée, dans le *Livret-Chaix des Rues de Paris*, de l'année 1869. La seule qui soit indiquée dans ce recueil, d'ailleurs assez exact, est l'ancienne rue des *Rosiers* du quartier du Temple dont *Jaillot* nous dit :

« Elle aboutit d'un côté à la vieille rue du Temple et de l'autre à celle des Juifs : elle portait ce nom dès l'année 1233. Nos historiens nous ont conservé le souvenir de l'attentat commis sur une statue de la Sainte-Vierge qui fut mutilée, la nuit du 31 mai au 1er juin 1528 : elle était placée *en la rue des Rosiers*. François Ier fit faire une autre statue d'argent qu'il plaça *au lieu même où était l'ancienne de pierre*. Cette cérémonie se fit, le 12 du dit mois, à la fin d'une procession générale ordonnée à cet effet. Cette statue ayant été volée en 1545, on en substitua une autre de bois qui fut brisée par les Hérétiques, la nuit du 13 au 14 décembre 1551. On fit une semblable procession et on remit une statue de marbre. Les actes qui constatent ces différents faits indiquent que ces réparations furent faites *rue des Rosiers* devant l'huis de derrière du petit Saint-Antoine. »

Il existait naguère aussi dans le faubourg St-Germain une rue *des Rosiers*, maintenant disparue : « Elle traverse, dit Saint-Victor, de la rue Saint-Dominique à celle de Grenelle. Il paraît qu'elle fut ouverte au commencement du XVIIe siècle. On la nommait alors rue *Neuve-des-Rosiers*. Il est probable qu'elle fut percée sur un terrain où les roses étaient abondantes, ce qui lui aura fait donner ce nom. »

Puisque nous tenons la plume et que l'occasion ne

s'en est pas offerte ailleurs, donnons un souvenir, souvenir d'admiration et de sympathie, à d'autres nobles victimes ou plutôt martyrs de la Commune. Car, comme le disait l'un d'eux, l'héroïque père Captier, en tombant sous les balles des fédérés : « *Mes amis, c'est pour le bon Dieu !*

Et cependant n'auraient-ils pas dû être sacrés entre tous pour les bourreaux ces généreux prêtres, ces dignes frères qui, pendant tant de mois, infatigables, s'étaient dévoués pour soigner dans leur ambulance d'Arcueil les gardes nationaux blessés comme plus tard les fédérés. Chez ce pauvre peuple qui, livré à lui-même, serait si différent, c'est un prodige que cette haine sauvage du prêtre, et cette monstrueuse ingratitude qui ne s'expliquent que par sa malheureuse crédulité aux prédications scélérates des meneurs, journalistes et autres. Comment, après tant d'expériences, en est-il encore à comprendre qu'il n'a pas de pires ennemis que ces détestables flagorneurs?

Il n'avait que trop raison ce ministre d'une République qui disait en 1798, à l'ambassadeur de France, Lombard : « Que les grands mots de progrès, de liberté ne vous fas- » sent pas illusion ; de tout temps les jongleurs politiques » ont mis les mots à la place des choses. Ils fourvoient » la multitude, trompent les cœurs généreux, renver- » sent l'idole pour s'aproprier l'offrande et l'encens. Le » peuple sera toujours peuple : il lui faut un fétiche, il » y aura donc toujours des charlatans. »

ANGLAIS ET PRUSSIEN

Dans le Prologue de son livre, le bon Corrozet, avant de venir « aux raretés de ce qui se voit de grand et remarquable à Paris, » nous donne, à la louange de cette grande et illustre cité, deux pièces de vers des plus curieuses, encore qu'elles laissent un peu à désirer au point de vue de la poésie et même de la prosodie. Mais elles ont ceci de particulier, surtout pour l'époque, que les deux auteurs « qui se sont employés à singulariser cette ville mère et nourrice des bonnes lettres, » sont *deux étrangers*, d'abord un Anglais, nommé *Architen,* » homme de singulière érudition et poète fort ingénieux, lequel, décrivant Paris, l'effigie avec ses vers en telle sorte :

. . . . . . C'est Paris, la rose de la terre,
Où le baume flairant de l'univers s'enserre :
Qui en son ornement imite la grandeur
Des Sidons, et l'apprêt des banquets pleins d'honneur.
Paris riche en ses champs et en vins abondante,
Courtoise au laboureur, les moissons recueillante
A foison, où les champs ne sont point offensés
De halliers épineux : là, l'on voit entassés
Ses raisins, comme ès-bois les feuilles épandues :
Tu y vois les forêts de verdeur revêtues
Fourmiller en gibier et toute venaison ;

Elle a un puissant roi et fort en sa maison,
Auquel elle obéit, qu'elle sert et caresse.
Là est l'air bon et doux, et l'assiette sans cesse
Pleine de tout bonheur : car tout y est plaisant,
Tout est joyeux et beau, si l'heur n'était nuisant
Aux bons qui sont pressés d'une faute commune,
Ayant toujours au dos les rigueurs de fortune.

Les deux derniers vers ne manquent pas d'à-propos si, pour une bonne partie, on n'en peut dire autant de la description ; car le Paris d'aujourd'hui ne ressemble guère à la cité champêtre que nous dépeint Corrozet et dans laquelle le paysage tient une si large place.

Moins plaisante sous ce rapport semble la seconde pièce de vers quoique beaucoup plus longue. Ni gazons ni verdure, ni vignes ni raisins ! L'auteur prend plaisir surtout à décrire ce qu'un peintre appellerait « les fabriques », c'est-à-dire les constructions et monuments de la ville, par exemple les Ponts, et il le fait avec un certain bonheur d'expression :

Hé ! Dieu ! que de maisons, que de beaux bâtiments !
A peine dois-tu rien, Paris, aux ornements
De celle qui jadis commanda sur l'empire
De tout cet univers : et ce que plus j'admire
Sont les Ponts, cinq en nombre et tellement dressés
Qu'on y voit des maisons les fondements haussés,
Et le tout si bien fait qu'on jugerait à peine
Que ce fussent des ponts, que dessous fût la Seine,
N'était que l'on le sait, car les rangs des logis,
Les places, les cantons se voient vis-à-vis,
Tout ainsi disposés, en même rang et terme
Qu'on bâtit les maisons en pleine terre ferme.

Le coup de crayon, dans ce fragment, ne manque ni de précision ni d'agrément. L'auteur ensuite ne marchande pas les compliments à la cité, près de laquelle Ephèse, Corinthe, Athènes seraient des bourgades.

Je ne sais qui premier fonda le plant (plan) aimable
De Paris, la cité sur toute autre admirable.
Il s'en faut rapporter au recteur des hauts cieux,
Qui de nous, plus que nous, est ami et soigneux.
. . . .
Rien ne désire l'œil, et rien ne veut le cœur
Qu'acheter on n'y puisse, car ce que le labeur,
Ce que la terre et l'air produisent, on en fine (trouve)
En cette cité grande et province divine,
Seule, la France on voit si riche et de tel heur
Qu'elle-même ne sait sa force ou sa valeur.

Passons sur les hiatus et autres menues fautes en faveur de la bonne intention, et de l'accent si sympathique qui se trahit même dans les incorrections de la langue. D'ailleurs, pour être indulgent à cet égard, il suffit de nous rappeler que le poète est un étranger, et que cet étranger est... un Allemand, bien plus un Prussien, oui, vraiment, un Prussien, lequel, en 1561, Corrozet nous l'affirme : « a composé ces vers pour loz et recommandation de cette notre ville, afin que ses louanges se voient épandues et au chaud midi et à l'humide occident, au levant tempéré et au gelé et froidureux septentrion. »

Il faut avouer, hélas ! que les temps sont bien changés ; nous n'avons pas à nous louer aujourd'hui de messieurs les Prussiens autant que nos aïeux de cet excellent seigneur *Eustache de Knobelstorff*, qui sut si bien, lui, reconnaître l'hospitalité de la bonne ville de Paris.

FIN DU TROISIÈME ET DERNIER VOLUME.

TABLE

FIN DE LA TABLE DU TROISIÈME ET DERNIER VOLUME.

CAMBRAI. — IMPRIMERIE DE A. RÉGNIER-FAREZ, PLACE-AU-BOIS, 28.

THEOLOGIA DOGMATICO-MORALIS

POLEMICA ET SCHOLASTICA

AUCTORE MICHAELE-ROSSET

S. THEOLOGIAE PROFESSORE IN SEMINARIO CAMBERIENSI; NUNC EPISCOPO PARIENS I. P. I. ECCLESIAE MAURIAN. ADMINISTRATORE APOSTOL.

DE SANCTISSIMO AC DIVINISSIMO EUCHARISTIAE MYSTERIO;

Un très-fort volume in-8°, 7 fr. 50.

Cet ouvrage a reçu plusieurs approbations épiscopales, notamment celles de Mgr l'archevêque de Chambéry et de N. SS. de Poitiers, d'Hébron et de Tarentaise. Quelques extraits de la lettre de Mgr Turrinaz feront connaître exactement le mérite de l'ouvrage.

« Ce qui frappe tout d'abord dans cette savante étude du plus auguste des mystères, « c'est l'ensemble admirable de la doctrine. Rien de ce qui a été écrit par les Pères « et les Docteurs sur le sacrement et le sacrifice de nos autels, n'a échappé à la puis- « sance de votre infatigable travail et au regard si exercé de votre science. Toutes « les questions dogmatiques et morales sont exposées et résolues avec une clarté et « une force qui ne laissent rien à désirer. Et ici, comme toujours, saint Thomas d'Aquin « est resté votre premier maître. Votre méthode est la méthode didactique dans toute « sa perfection. On reconnaît à première vue, en parcourant ces pages, non-seulement « le théologien qui a travaillé dans la solitude et le silence, mais le professeur qui a « apprécié toutes les difficultés et toutes les ressources de l'enseignement... Je ne « finirais pas si je voulais louer tout ce qui est digne d'éloge dans ce magnifique tra- « vail. »

Nous n'avons rien à ajouter à cette appréciation d'un si bon juge en pareille matière.

Doctrines positivistes en France (les), par M. l'abbé Guthlin, professeur de philosophie au gymnase catholique de Colmar. 1 beau vol. in-8°..... 6 fr.

Le même ouvrage. 1 v. in-18 jésus. 3 fr. 50

Les Études religieuses des RR. PP. Jésuites ont signalé à trois reprises différentes « ce très-remarquable écrit, lequel révèle des qualités que l'on trouve rarement réunies au même degré, » et le R. P. Toulemont le recommandait comme « la meilleure réfutation qui ait paru depuis quelques années, contre les systèmes matérialistes. »

Œuvres du comte J. de Maistre comprenant : Considérations sur la France et Essai sur le principe générateur des constitutions politiques ; de l'Eglise gallicane dans son rapport avec le Saint-Siége; du Pape. 3 v. in-8°. 10 fr.

Art de croire (l'), ou préparation philosophique à la foi chrétienne, par M. Auguste Nicolas. 5e édit., revue et corrigée. 2 vol. in-8°............ 12 fr.

Le même ouvrage. 2 vol. in-12.. 7 fr.

Voici le plan et la division de l'ouvrage : *Livre 1er* : BESOIN DE CROIRE. — *Livre II* : RAISON DE CROIRE. — *Livre III* : MOYEN DE CROIRE. — *Livre IV* : BONHEUR DE CROIRE.

ŒUVRES DE JACQUES BALMÈS.

Art d'arriver au vrai (l'), philosophie pratique. 1 vol. in-8°........... 5 fr.

Le même ouvrage. 1 v. in-18 jésus. 3 fr.

Philosophie fondamentale. 3 vol. in-18 jésus.......................10 fr. 50

Protestantisme (le) comparé au Catholicisme dans ses rapports avec la civilisation européenne. 3 volumes in-18 jésus.......................10 fr. 50

ADOREMUS

RECUEIL DE 30 MOTETS ET CANTIQUES AU TRÈS-SAINT SACREMENT ET AU SACRÉ-CŒUR;

PAROLES NOUVELLES,

MUSIQUE DE L'ABBÉ A. S. NEYRAT,

Maître de Chapelle de la Primatiale, Membre de l'Académie de Lyon.

Un beau vol. gr. in-8°, 8 fr.

L'auteur de ce remarquable recueil, musicien distingué, a passé trente années de sa vie, à Saint-Bonaventure et à la Primatiale de Lyon, dans l'enseignement de la musique et dans l'art si difficile de faire chanter les masses, avec un succès auquel Fétis rendait déjà hommage dans sa *Biographie des musiciens*.

Dans l'œuvre que nous présentons au public, M. l'abbé Neyrat a travaillé, non plus pour les grands chœurs à voix mêlées de nos maîtrises et séminaires, mais pour les chœurs à voix égales de nos paroisses et des pensionnats de jeunes personnes. Il s'est appliqué à ne pas dépasser les limites de la science musicale et de la portée de voix ordinaires des chanteuses.

Sa musique, d'une incontestable valeur artistique, échappe aux deux écueils des œuvres de ce genre : la banalité et l'affectation; la mélodie, simple et facile, revêt un caractère de piété, d'onction douce et pathétique, relevée par une harmonie correcte et distinguée. Cette musique va au cœur et émeut comme savent émouvoir certains passages des œuvres des grands maîtres. Le cœur du prêtre a inspiré l'âme de l'artiste.

Les paroles (sauf une cantate latine dont le texte est emprunté au *jubilus rythmicus* de saint Bernard) ont été écrites spécialement pour ce recueil; elles sont dues à divers poëtes, noblement inspirés par la foi et l'amour de Notre-Seigneur, et dont plusieurs portent des noms déjà connus et justement estimés.

Le mérite de ce recueil lui assure une place d'honneur entre les meilleures compositions.

Purgatoire et Ciel, par M. l'abbé Sanson, chanoine honoraire de Saint-Brieuc, etc. 1 vol. in-18 jésus............. 3 fr.

« Votre ouvrage sur *le Purgatoire et le Ciel*, a dit Mgr de Saint-Brieuc, ne sera lu sans fruit par personne. Il y a des pages émues, écrites avec le cœur. L'ensemble de la doctrine est puisé aux meilleures sources. Plus que jamais, le chrétien a besoin de vivre en communion intime avec le monde invisible. C'était la vie des premiers chrétiens : *Quorum conversatio in cœlis*. Plus que jamais, il faut rappeler à ceux qui pleurent, que la mort ne brise pas les liens qui unissent les âmes, et que bientôt dans le sein de Dieu, nous retrouverons celles que nous avons aimées en lui. En attendant, par nos prières, par nos sacrifices, par nos larmes, obtenons que celles qui achèvent de se purifier dans les souffrances du Purgatoire soient admises au séjour *du rafraîchissement, de la lumière et de la Paix*. Ces vérités, votre livre les proclame avec autant de talent que d'onction pieuse. Au moment où il va se répandre au dehors, je le bénis de cœur ainsi que son vénérable auteur. »

Croix et l'Autel (la), par M. l'abbé Pauvert, curé archiprêtre de Châtellerault, auteur de la *Vallée des Larmes*, de la *Vie de N.-S. Jésus-Christ*, etc. 1 beau vol. in-18 jésus................ 3 fr.

Nous ne craignons pas de dire tout de suite que voilà l'un des livres les plus remarquables qui aient paru dans ces dernières années sur le mystère de la Rédemption et sur l'Eucharistie.

Ce n'est pas l'esprit seulement qui éprouvera de sérieuses jouissances à étudier le livre de M. l'abbé Pauvert, c'est le cœur aussi; car si ce livre est une œuvre de science et de théologie, il est en même temps une œuvre de spiritualité. Le chrétien croyant le lira avec le bonheur qu'on éprouve à voir sa foi justifiée, ses doutes éclairés; l'incroyant sincère y trouvera des lumières qui l'amèneront à cette source de vie et de vérité qui est Jésus-Christ dans le Saint-Sacrement.

(Bulletin Bibliographique.)

ŒUVRES DE MGR BESSON

ÉVÊQUE DE NIMES.

Conférences prêchées dans l'église métropolitaine de Besançon pendant les années 1864 à 1874. 7 vol. in-8°.......... 35 fr.

Le même ouvrage. 7 vol. in-18 jésus.......... 21 fr.

On vend séparément :

Homme-Dieu (l'). 11e édit. 1 vol. in-18 jésus.......... 3 fr.

Le même ouvrage. 1 vol. in-8.......... 5 fr.

Église (l'), œuvre de l'Homme-Dieu. 8e édit. 1 vol. in-18.......... 3 fr.

Le même ouvrage. 1 vol. in-8.......... 5 fr.

Décalogue (le) ou la Loi de l'Homme-Dieu. 7e édit. 2 vol. in-18 jésus.......... 6 fr.

Le même ouvrage. 2 vol. in-8.......... 10 fr.

Sacrements (les) ou la Grâce de l'Homme-Dieu. 4e édit. 2 vol. in-18 jésus.......... 6 fr.

Le même ouvrage. 2 vol. in-8.......... 10 fr.

Mystères (les) de la vie future ou la Gloire de l'Homme-Dieu. 1 vol. in-8°.......... 5 fr.

Le même ouvrage. 1 vol. in-18 jésus.......... 3 fr.

Ce qui caractérise la conférence de Besançon, a dit le R. P. Cochard, dans les *Études Religieuses*, ce qui donne à l'œuvre de M. l'abbé Besson cette originalité de bon goût qui est le cachet d'une création nouvelle, c'est que le catéchisme, le sermon et l'apologie s'y sont fondus ensemble dans une admirable unité. Du catéchisme, nous avons l'explication de la doctrine, simple, franche, jusqu'à un certain point didactique; du sermon, certaines spéculations sur les vérités de la foi, certains aperçus qui, en achevant de porter la lumière dans l'esprit, s'en vont saisir la volonté, la secouer et la contraindre à se réformer elle-même; de l'apologie enfin, les accents émus du vengeur de nos dogmes qui, se tenant aux abords du temple, vante aux multitudes égarées les splendeurs renfermées à l'intérieur et les invite à y entrer.

Après avoir analysé avec une sagacité admirable les différents sujets traités par M. l'abbé Besson, l'éminent critique conclut ainsi. Hâtons-nous de dire que les conférences sur la pénitence et l'Eucharistie peuvent être offertes comme des modèles de sermons, de même que les discours sur l'institution du sacerdoce, sur ses pouvoirs et sur sa passion, sur son action dans l'ordre politique et social, semblent réaliser l'idéal de l'apologie chrétienne... Nous ne saurions assez recommander à nos lecteurs, ajoute-t-il, d'étudier les conférences de Besançon; pour peu qu'ils aient le don d'observer les choses, ils ne tarderont pas à reconnaître ce qui a tant contribué au succès du nouveau conférencier, ce qui a donné à sa parole tant d'auditeurs attentifs, recueillis, émerveillés, à ses livres tant de lecteurs que des discours écrits savent encore émouvoir. Eux aussi seront emportés par les accents de cette parole ardente et convaincue; ils ne résisteront pas à la force qui se saisira d'eux, et leur âme sera contrainte de vibrer à l'unisson. C'est en effet un trait saillant de cette éloquence d'unir l'élégance, la noblesse et la dignité à la splendeur et à la magnificence, au nerf et à la vivacité, à la chaleur et au mouvement...

PANÉGYRIQUES, ORAISONS FUNÈBRES, ÉLOGE ACADÉMIQUE.

PAR Mgr BESSON,
Évêque de Nîmes.

TROISIÈME SÉRIE

1 vol. in-8°, 5 francs, ou un vol. in-18 jésus, 3 francs.

Année (l') d'expiation et de grâce (1870-1871). Sermons et oraisons funèbres. 1 vol. in-8° .... 4 fr.

Le même ouvrage. 1 vol. in-18 jésus .... 3 fr.

Année (l') des pèlerinages (1872-1873). Sermons. 1 vol. in-8° .... 5 fr.

Le même ouvrage. 1 vol. in-18 jésus .... 3 fr.

Sacré-Cœur (le) de l'Homme-Dieu. Sermons prêchés à Besançon et à Paray-le-Monial en juin 1873. 1 vol. in-18 jésus .... 3 fr.

Panégyriques et oraisons funèbres. 2 vol. in-8° .... 10 fr.

Le même ouvrage. 2 vol. in-18 jésus .... 6 fr.

Panégyriques, oraisons funèbres, éloge académique. Nouvelle série. 1 vol. in-8° .... 5 fr.

Le même ouvrage. 1 vol. in-18 jésus .... 3 fr.

Propagation du Sacerdoce (la), *ou la principale intention de l'Église dans la prière et le jeûne des Quatre-Temps*, par le R. P. Marc Ramus, de la Compagnie de Jésus. 4e édit., considérablement augmentée. In-18 .... 30 c.

Remises exceptionnelles : 12/10, 25/20, 65/50, 140/100.

« C'est un petit livre d'or, a dit Mgr de Mende. Puisse-t-il éclairer les fidèles sur la part qu'ils doivent prendre à la formation du sacerdoce catholique, et apprendre aux parents à cultiver les vocations naissantes ! »

OUVRAGES DU R. P. PETITALOT.

Vierge (la) Mère d'après la théologie, 2 vol. in-18 jésus, 3e édit. revue et considérablement augmentee .... 5 fr.

Prière (la). Sa nécessité, son pouvoir, ses différentes formes. 1 volume in-18 jésus .... 3 fr.

Oraison (l') mentale, d'après sainte Thérèse, saint Liguori, saint François de Sales Suarez, Rodriguez et autres maîtres spirituels. 1 vol. in-32 .... 75 c.

HISTOIRE POLITIQUE ET RELIGIEUSE
DE LA FRANCE

Par M. l'abbé P. MURY,

Ancien Supérieur du Petit-Séminaire de Strasbourg.

DEUXIÈME ÉDITION ENTIÈREMENT REFONDUE ET CONSIDÉRABLEMENT AUGMENTÉE;

4 beaux volumes in-18 jésus renfermant un grand nombre de tableaux généalogiques.

Prix..... 14 fr.

La première édition, simple *précis d'histoire*, a paru, il y a quinze ans, et les *Études religieuses* n'ont pas hésité à dire que c'était un des meilleurs ouvrages de ce genre à mettre entre les mains de la jeunesse (2e série, t. III, p. 173). L'auteur a écrit son livre au seul point de vue catholique, prenant pour guide l'enseignement de l'Église. Se préoccupant exclusivement de la vérité historique, il ne sacrifie à aucun système préconçu et n'épargne aucune des erreurs qui fourmillent souvent dans les ouvrages des plus illustres écrivains. Nous signalerons en particulier toute la partie qui comprend l'histoire du moyen âge : grâce à sa parfaite connaissance de la langue allemande, M. l'abbé Mury a pu mettre à profit les recherches des savants d'Outre-Rhin. Le récit des événements s'arrête à l'année 1852. Nous recommandons vivement cet ouvrage, qui est de plus, comme un écho du patriotisme alsacien.

(*Études religieuses des Pères de la Compagnie de Jésus.*)

Les principaux organes de la presse catholique ont loué presque sans réserve cette nouvelle histoire de France. Un critique éminent, M. Léon Gautier, professeur à l'Ecole des Chartes, écrivait naguère dans un feuilleton du *Monde* « *une des histoires de France les plus dignes de prendre rang dans nos bibliothèques, est celle de M. l'abbé Mury.* »

VOLTAIRE,
SES HONTES, SES CRIMES, SES ŒUVRES
ET LEURS CONSÉQUENCES SOCIALES

PAR ARMEL DE KERVAN;

Un beau vol. in-18 jésus, 2 fr.

Ce volume renferme en substance les publications diverses qui ont à bon droit flétri Voltaire et démasqué sa vie maudite.

Pour cette analyse succincte, qu'il fallait néanmoins compléter autant que possible, nous avons puisé surtout dans l'œuvre si remarquablement étudiée de l'abbé Maynard : œuvre que les âmes loyales et pures considèrent comme un impérissable monument de vérité et de justice, « devant lequel, a dit avec raison l'*Univers*, tout libre penseur n'a plus qu'à s'incliner respectueusement. »

Il nous a paru que c'était une chose utile et louable d'écrire un résumé de ces livres, comme aussi de montrer les résultats produits, de nos jours, par la plume infernale du philosophe, et de mettre le tout à la portée de chacun.

Nous pouvons même dire que cela devenait nécessaire, en ce moment où les ennemis de la religion menacent d'outrager la France chrétienne, et d'imposer à notre malheureuse patrie le spectacle d'une fête odieuse et déshonorante : on comprend qu'il s'agit du centenaire projeté, pour l'an 1878, en l'honneur du héros de l'impudicité et du blasphème.

La France protestera, nous en sommes sûr, et répétera bien haut avec nous : « A qui mérite les gémonies décerne-t-on l'apothéose? » (*Extrait de la Préface.*)

VIES DES SAINTS,

DES CONFESSEURS DE LA FOI

ET DES HOMMES ILLUSTRES DANS L'ÉGLISE

PAR LEURS ŒUVRES ET LA SAINTETÉ DE LEUR VIE

D'après GIRY et les plus célèbres hagiographes,

PAR UNE SOCIÉTÉ D'ECCLÉSIASTIQUES;

4 vol. grand in-8° formant ensemble environ 2700 pages, tirés sur papier vergé, 20 fr.

Plusieurs hagiographes ont réédité le P. Giry ; quelques-uns l'ont défiguré; d'autres ont négligé des retouches indispensables. Nous avons essayé de lui laisser son mérite original en supprimant dans son style des tournures vieillies, dans son récit des digressions trop naïves ou trop longues. Il s'agissait ensuite de compléter notre recueil par la biographie des saints récemment canonisés et des personnages qui ont illustré l'Église depuis le dix-septième siècle. On remarquera avec quel soin cette seconde partie est traitée : la biographie du P. de Ravignan, l'histoire des martyrs de la Commune de Paris, la vie de sainte Germaine Cousin, celle du vénérable Jean-Marie Vianney, de Mme Louise de France, etc., prouveront au lecteur que nous avons voulu donner à notre œuvre même le mérite littéraire.

Nous avons également refait des vies importantes dans le recueil du P. Giry : entre autres celles de saint Ignace de Loyola et de saint Antoine de Padoue.

Enfin, ayant aperçu dans plusieurs grands recueils hagiographiques des inexactitudes dans les dates, dans le texte même, jusqu'à transporter dans un siècle les hommes et les choses d'un autre siècle, nous nous sommes attachés à conserver dans notre ouvrage une rigoureuse vérité historique. Nous n'avons reculé ni devant les longues recherches, ni devant les frais d'une traduction nouvelle des martyrologes, afin de rendre notre édition très-complète. Nous avons recueilli dans les documents spéciaux les noms des religieux et prêtres martyrs de la révolution de 1793. Ainsi, pas un nom, pas un renseignement utile ne manque à cette nouvelle Vie des Saints. La table alphabétique du quatrième volume forme un véritable dictionnaire hagiographique : il n'en existe point de plus complet. *(Les Editeurs.)*

OUVRAGES DE M. DAURIGNAC.

« ... Chacune de ces vies, a dit le P. Ramière, est un drame qui ne le cède en intérêt à aucun roman, tandis qu'il ne le cède en utilité à aucun livre spirituel. Les personnes du monde, les enfants, les jeunes personnes les liront avec grand fruit, les ecclésiastiques et les religieux eux-mêmes y trouveront de quoi s'édifier.

Vie de Maximilien d'Este, archiduc d'Autriche. 1 vol. in-8°........... 6 fr.

— Le même ouvrage. 1 vol. in-12. 3 fr. 50

Vie du R. P. Cathary. S. J. 1 vol. in-12 .... 3 fr. 50

Pensées et Fragments des écrits du P. Cathary. 1 vol. in-12...... 3 fr. 50

Histoire de saint François Régis. 2e édit. 1 vol. in-12................. 3 fr. 50

Histoire de saint François Xavier. 2 vol. in-12, avec portr. et fac-simile. 3e éd. 6 fr.

— Vie abrégée. 1 fort vol. in-12. 2 fr. 50

Histoire de saint François d'Assise. 3e éd. 1 vol. in-12.................. 3 fr.

Histoire de saint François de Borgia. 2e édit. 1 vol. in-12........ 3 fr. 50

Histoire de saint Ignace de Loyola. 2 vol. in-12, avec portr. et fac-simile. 2e édit. 6 fr.

— Vie abrégée. 1 fort vol. in-12. 2 fr. 50

Sainte Jeanne de Chantal, modèle de la jeune fille et de la jeune femme dans le monde. 3e édit. 1 vol. in-12... 3 fr.

Blanche de Castille, mère de saint Louis. 2e édit. 1 vol. in-12.......... 3 fr.

Histoire de saint Louis de Gonzague. 3e édit. 1 vol. in-12........ 3 fr. 50

MARIE, MÈRE DE JÉSUS,

HISTOIRE DE LA TRÈS-SAINTE VIERGE

D'APRÈS LA SAINTE ÉCRITURE, LES MONUMENTS DE L'ANTIQUITÉ, LES ÉCRITS DES PÈRES ET DES THÉOLOGIENS

Par C.-H.-T. JAMAR, Prêtre;

MAGNIFIQUE VOLUME TRÈS-GRAND IN-8° DE XIII-570 PAGES,

Avec une carte de la Palestine et plan de Jérusalem, au temps de la sainte Vierge.

OUVRAGE HONORÉ D'UN BREF DU SAINT-PÈRE.

Prix...... 8 fr.

Le livre de M. l'abbé Jamar a été en France et en Belgique, de la part des critiques les plus compétents, l'objet d'un examen approfondi, et ils ont été unanimes pour le recommander au clergé, aux communautés et aux familles chrétiennes comme le traité le plus complet qui ait été publié sur la Reine du ciel. Tous ont insisté sur le mérite et l'utilité de ce vaste et beau travail et sur le profit qu'on en peut tirer pour la lecture en commun et la prédication.

La Bibliographie catholique a fait une longue analyse de cet ouvrage, équivalant au moins à trois volumes in-8°, œuvre tout à fait remarquable, dit-elle, qui nous paraît être le pendant de la vie de Jésus-Christ, par Ludolphe le Chartreux.

Il y a ici un ensemble de notions, une collection de documents, une série de réflexions et d'instructions qu'on chercherait en vain dans les publications du même genre... *Marie avant la vie temporelle de Jésus. Marie pendant la vie temporelle de Jésus, Marie après la vie temporelle de Jésus*, tel est le plan de ce monument élevé à la gloire de la Très-Sainte-Vierge et dont les matériaux ont été patiemment recueillis, pendant toute une vie sacerdotale, dans les mines inépuisables de l'Ecriture et de la Tradition, de la théologie et de la piété, de la Liturgie et de l'Art chrétien.

OUVRAGES DU R. P. FABER.

Mgr l'évêque de Poitiers dans sa 3e instruction synodale, appelle le R. P. Faber une des plus vives et des plus pures lumières de l'Eglise contemporaine.

Bethléem, ou le Mystère de la Sainte Enfance, 4e édit. 2 vol. in-12.. 6 fr.

Le même ouvrage abrégé. 4e édit. 1 fort vol. in-12.................... 3 fr. 50

Considérations sur saint Joseph, Patron de l'Eglise catholique. (Extrait de Bethléem.) 1 vol. in-32........ 75 c.

Le précieux sang, ou le prix de notre Salut. 6e édit. 1 vol. in-12,.... 3 fr. 50

Conférences spirituelles. 7e édit. 1 fort vol. in-12.................. 3 fr. 50

La Bonté (extrait des *Conférences*). in-18 .... 60 c.

Le Pied de la Croix, ou les Douleurs de Marie. 9e édit. 1 fort vol. in-12. 3 fr. 50

Le Saint Sacrement. 6e édit. 2 volumes in-12.......................... 6 fr.

Le même ouvrage abrégé. 1 v. in-12. 3 fr. 50

Tout pour Jésus, ou voies faciles de l'amour divin, avec portrait de l'auteur. 24e édit. 1 vol. in-12......... 3 fr.

Progrès de l'âme dans la vie spirituelle. 10e édit. 1 vol. in-12......... 3 fr. 50

Le Créateur et la Créature 7e édit. 1 vol. in-12....................... 3 fr. 50

De la Dévotion au Pape. 8e édit. 1 vol. in-18........................ 30 c.

De la Dévotion à l'Eglise. 5e édit. 1 vol. in-18........................ 30 c.

Esprit du P. Faber, extraits de ses œuvres classés méthodiquement et représentant un exposé de sa doctrine, par Léon Gautier, et suivis de tables analytiques de toutes les œuvres du P. Faber, par M. l'abbé P. Raimbaud. 1 vol in-18 jésus.......................... 3 fr. 50

Études sur l'Empire romain, par le comte de Champagny, de l'Académie française. 12 beaux vol. in-8° ou 12 vol. in-18 jésus :

1re PARTIE. — *Les Césars*. Histoire des Césars, jusqu'à Néron, et Tableau du monde romain sous les premiers empereurs. 5e édit. revue et augmentée. 4 vol. in-8°................ 24 fr.

— Le même ouvrage. 4 vol. in-18 jésus..................... 14 fr.

2e PARTIE. — *Rome et la Judée*. 3e édit. revue et augmentée. 2 vol. in-8°, avec plan de Jérusalem.......... 12 fr.

— Le même ouvrage. 2 vol. in-18 jésus 4e édit..................... 7 fr.

3e PARTIE. — *Les Antonins* (ans de Jésus-Christ 69-180), suite des *Césars* et de *Rome et la Judée*. 3e édit. revue et augmentée. 3 vol. in-8°......... 18 fr.

— Le même ouvrage. 3 vol. in-18 jésus. 3e édit.................... 10 fr. 50

4e PARTIE. — *Les Césars du troisième siècle*. 3 beaux vol. in-8°........... 18 fr.

— Le même ouvrage. 3 vol. in-18 jésus..................... 10 fr. 50

Le Chemin de la Vérité, par le comte de Champagny, de l'Académie française, précédé d'une lettre de Mgr Dupanloup. 2e édit. revue et considérablement augmentée. 1 vol. in-18 jésus.... 2 fr. 50

OUVRAGES DE Mgr FREPPEL

Évêque d'Angers.

ÉTUDES SUR LES PÈRES DES TROIS PREMIERS SIÈCLES.

Les Pères apostoliques et leur Époque. 2e édit. 1 vol. in-8°........... 6 fr.

Apologistes chrétiens au IIe siècle.

1re partie : saint Justin. 2e édit. 1 vol. in-8°.................... 6 fr.

2e partie : Tatien, Hermias, etc. 2e édit. 1 vol. in-8°.............. 6 fr.

Saint Irénée. 2e édit. 1 vol. in-8°. 6 fr.

Tertullien. 2e édit. 2 vol. in-8°. 12 fr.

Saint Cyprien. 2e édit. 1 v. in-8°. 6 fr.

Clément d'Alexandrie. 2e édit. 1 vol. in-8°.................... 6 fr.

Origène. 2e édit. 2 vol. in-8°.... 12 fr.

Eglise romaine en face de la Révolution (l'), par J. Crétineau-Joly. Ouvrage composé sur des documents inédits et orné de portraits. 3e édit. 2 volumes in-8°.................... 12 fr.

— Le même ouvrage. 2 vol. in-12. 6 fr.

« Ce livre, a dit M. l'abbé Maynard, c'est une histoire sans doute, mais c'est bien plus encore un livre de terrible polémique, un vigoureux réquisitoire contre la Révolution. Les citations sont d'une richesse et d'un bonheur incroyables... Chateaubriand a dit de Saint-Simon : « Il écrit à la diable pour l'immortalité; » plus correct que Saint-Simon, M. Crétineau-Joly a le même dédain pour les artifices de langage et aussi le même pittoresque; la même originalité, surtout dans les portraits, presque tous admirables. Il a le secret de saisir, d'entraîner le lecteur qu'il peut défier de quitter le volume après l'avoir ouvert. La Révolution est là mise à nu et ses acteurs y sont tous marqués par un mot qui laisse sur leur front le stigmate d'un fer rouge...

Vierges martyres (les) suivies d'un appendice sur la condition matérielle, morale, religieuse et sociale de la femme avant Jésus-Christ, par M. l'abbé F. Martin, chanoine de la cathédrale de Belley, ancien curé de Ferney et de Ceyzériat, auteur des *Moines*, de l'*Avenir du protestantisme*, etc. 2 beaux vol. in-12.................... 7 fr. 50

« ... Votre livre sur les *Vierges Martyres*, a dit Monseigneur Mermillod, est supérieur au beau roman de Fabiola du cardinal Wisemann. Vous ne lui cédez en rien par l'intérêt et la fidélité des peintures que vous faites des âges héroïques de notre foi ; mais ce en quoi vous l'emportez, c'est par la réalité historique de vos récits, tous, appuyés sur des documents et des preuves qui ne permettent plus de les rejeter, comme le faisait naguère encore, une critique prévenue ou bien mal instruite, dans la légende romanesque.

« Aux détails les plus attrayants vous avez su ajouter un intérêt nouveau, en les reliant ensemble par la synthèse philosophique qui fait ressortir, sous votre plume, à la lumière des faits, l'action du christianisme dans la conversion du monde et la réhabilitation de la femme. Votre livre, qui a le plus grand charme littéraire, offre ainsi une vivante apologie de la religion chrétienne, fort appropriée à notre temps.

« Je vous félicite donc de votre livre. Il vient à son heure et je le conseille aux âmes avides de bonne littérature et de salutaires enseignements. Elles y trouveront une des lectures les plus saines et les plus fortifiantes. »

Art chrétien (l'), par M. A.-F. Rio. Nouvelle édition entièrement refondue et considérablement augmentée. 4 beaux vol. in-18 jésus.............. 15 fr.

Le R. P. Toulemont a publié, dans les *Études religieuses des Pères de la Compagnie de Jésus*, une série d'articles sur ces quatre volumes dont voici la conclusion : « Sentiment exquis de l'art et de l'idéal chrétien, érudition solide et puisée aux sources, étude singulièrement consciencieuse des œuvres de chaque artiste, avec tous les détails biographiques qui peuvent servir à les mieux comprendre, aperçus historiques de la plus haute valeur, éclairant parfois d'un jour tout nouveau les annales des villes italiennes et la physionomie de certains personnages trop peu connus : rien ne manque à ce livre pour en faire vraiment une œuvre hors ligne. On aime à sentir dans ces pages un souffle puissant et généreux qui vous domine et vous entraîne; l'âme de l'auteur est là tout entière avec ses convictions robustes et ses émotions contenues, saintement passionnées pour tout ce qui est vrai, pour tout ce qui est sincère et loyal, s'exaltant jusqu'à l'enthousiasme en présence d'un grand et beau caractère de saint, de citoyen et de guerrier. Pour tout dire, en un mot, la lecture de l'*Art chrétien* ne peut être que bonne, salutaire, fortifiante, intéressante et éminemment instructive. »

M. Laurentie apprécie en ces termes l'œuvre de M. Rio :

« Fruit de trente années d'études assidues, de voyages laborieux et de recherches savantes, cet ouvrage offre un tableau complet de l'*Art chrétien* depuis le XIIIe siècle jusqu'à la mort de Raphaël. Riche en aperçus neufs et originaux, écrite avec un enthousiasme qui éclate à chaque instant par des élans de poésie, l'œuvre de M. Rio fera les délices de tous les amis de l'art. »

Vie et les œuvres de Marie Lataste (la), religieuse coadjutrice du Sacré-Cœur, publiées par M. l'abbé Pascal Darbins, avec l'approbation de Mgr l'évêque d'Aire. 5e édit., revue avec soin et collationnée sur les manuscrits, augmentée d'une introduction sur les révélations privées, et de notes théologiques, par deux Pères de la Compagnie de Jésus. 3 fort vol. in-18 jésus........ 10 fr. 50

Les juges les plus éclairés et les plus compétents sont d'accord pour reconnaître dans les écrits de Marie Lataste les caractères d'une origine surnaturelle. Ne pouvant reproduire toutes les appréciations qui en ont été faites, nous nous bornerons à donner celle du Révérend Père Ramière, qui semble résumer toutes les autres. « Les juges les plus compétents ont joint leur suffrage à celui de Mgr l'évêque d'Aire. De savants théologiens ont proclamé qu'il était impossible de renfermer dans un cadre aussi étroit un exposé plus complet, plus lumineux, plus précis, plus élevé et plus accessible tout ensemble de la doctrine chrétienne. Une simple paysanne, sachant à peine lire et écrire, se trouve avoir écrit, en très-peu de temps et dans ses moments perdus, un cours complet de théologie que le docteur le plus versé dans ces matières et l'écrivain le plus exercé aurait à peine pu composer en bien des années et avec bien du travail. Il nous paraît difficile de ne pas voir là une preuve manifeste de l'origine surnaturelle de ces écrits, alors surtout que l'authenticité nous en est garantie par les plus graves témoignages.

OUVRAGES DE M. L'ABBÉ U. MAYNARD.

J. Crétineau-Joly, sa vie politique, religieuse et littéraire, d'après ses mémoires, sa correspondance et autres documents inédits. 1 beau vol. in-8° jésus orné d'un portrait et d'un autographe. .... 7 fr. 50

Saint Vincent de Paul, sa vie, son temps, ses œuvres, son influence. 2e édit. entièrement refondue, suivie d'une table chronologique. 4 vol. in-18 jésus, ornés de portraits et d'autographes sur acier .... 15 fr.

Vie de saint Vincent de Paul (extraite de l'*Histoire complète*, en 4 vol. in-18 jésus. 15 fr.). 1 vol. in-8° avec portrait....................... 5 fr.

Le même ouvrage. 1 volume in-18 jésus......................... 3 fr.

Vertus et doctrine spirituelle de saint Vincent de Paul. 1 vol. in-8°.. 6 fr.

Le même ouvrage. 1 volume in-18 jésus......................... 3 fr. 50

Voltaire, *sa vie et ses Œuvres.* 2 volumes in-8°........................ 15 fr.

Vie de Voltaire. 1 vol. in-8°..... 6 fr.

Le même ouvrage. 1 volume in-18 jésus......................... 3 fr. 50

Pascal, *sa vie et son caractère, ses écrits et son génie.* 2 vol. in-8°...... 10 fr.

ursus scripturæ sacræ seminariorum usui accommodatus eo intuitu ut facilius sanctuarii candidati, juxta regulam SS. Patrum, ad sacri textus intelligentiam solide simul ac practice instituantur; opera Francisci Xaverii Schouppe, S. J. editio altera 2 vol. in-8°, le premier contenant 608 pages et le second 653.... 8 fr.

Sans doute les travaux scripturistiques ne manquent pas; et il en est de premier ordre; mais on désirait un *Manuel*, où l'on trouvât réunis les éléments de la science des Ecritures disséminés dans d'immenses écrits, et que l'on ne pouvait s'approprier que par de longs et pénibles efforts.

C'est ce but éminemment utile que l'auteur s'est proposé; et, nous osons le dire, malgré des difficultés immenses, il a su l'atteindre de la manière la plus heureuse.

Ce *Manuel*, écrit en vue des études du Séminaire par un professeur qu'un long enseignement a parfaitement instruit des besoins de ce genre d'études, joint à la solidité du fond une forme nette et concise qui rend le travail facile, attrayant même.

Mais ce qui en augmente encore l'intérêt et l'utilité, c'est que pour la partie exégétique l'auteur a choisi ses sujets d'explication dans la liturgie : ce sont les Evangiles et Epîtres de la Messe, ce sont les Psaumes que les prêtres récitent chaque jour dans l'office divin, c'est le *Pater*, le *Magnificat*, le *Benedictus*, qu'on y trouve exposés d'une manière à la fois méthodique et pratique.

Un tel ouvrage, on le comprend, pour être spécialement destiné aux séminaristes, n'en sera pas moins utile aux ministres de la parole sainte, qui voudront exposer au peuple les détails trop peu connus des principaux faits bibliques, et les trésors inestimables que renferment les grandes pages de l'Ancien et du Nouveau Testament.

Clef des Epîtres de saint Paul, analyse raisonnée du texte par M. J.-M. Guillemon, prêtre de Saint-Sulpice. 2 fort vol. in-18 jésus.............. 6 fr.

Ce que nous pouvons affirmer surtout par expérience, a écrit M. Arthur Loth dans l'*Univers* du 6 octobre, c'est que M. l'abbé Guillemon avec ses commentaires et ses notes, a rendu possible à tous les fidèles un peu instruits la lecture des épîtres. Tous ceux qui le voudront pourront donc lire saint Paul, non en abrégé ni par fragments, mais dans son texte, dans la suite admirable de ses enseignements, et s'instruire à l'école de ce grand maître, la plus haute école théologique.... Ce livre est nouveau, il mérite vraiment de s'appeler la *Clef des Epîtres de saint Paul* car il ouvre la porte du grand docteur à toutes les intelligences.

De l'Éducation publique en France au XIXe siècle, par l'abbé Bautain. 1 vol. in-8°...................... 5 fr.

M. Bautain, un ancien élève de l'École normale supérieure, ancien professeur de la Faculté des Lettres de Strasbourg, dans un écrit posthume, que vient de publier, fort à propos, M. l'abbé de Régny, nous fait l'histoire de l'université de France.

« Je viens d'achever la lecture de ce livre, « écrivait M. C. Hamel et la satisfaction « qu'elle m'a causée a dépassé mon attente. « C'est à mon sens, une des œuvres les plus « remarquables de ce puissant esprit. Il a « résumé là, en quelques pages, l'histoire « impartiale et fidèle de l'Université; il « décrit en traits ineffaçables, les déviations « de son but et l'oubli de sa vraie mission. »

Vrais principes de l'Éducation chrétienne (les), rappelés aux maîtres et aux familles; dispositions requises pour en faire une heureuse application, et devoirs qui en découlent, par le R. P. Monfat, de la Société de Marie, 1 vol. in-18 jésus............ 3 fr.

Ce livre a, dit le R. P. Souteyran, a été pour moi d'un immense intérêt. Je le caractériserai en disant qu'il est plein de Dieu, d'éloquence et de vérité. L'auteur y développe les plus belles considérations sur la nécessité et l'importance de l'éducation chrétienne, sur la grandeur de l'enfant, sur la mission du prêtre éducateur et les dispositions qu'il doit apporter à son œuvre pour réussir. Ses qualités, ses devoirs y sont retracés avec une haute intelligence et une rare justesse. Rien n'a été oublié, tout y est dit, et bien dit. Certains détails pratiques révèlent dans celui qui a écrit un homme du métier, un homme qui a vécu longtemps au milieu de la jeunesse, qui a vu, observé, médité, et qui lègue à ses confrères, pour le succès de leur mission, les fruits de ses réflexions, de son expérience et de ses travaux.

« Ce livre sera lu avec grand profit, j'en suis convaincu, par tous les hommes sérieux qui s'occupent d'élever la jeunesse. »

Direction morale et religieuse de l'enfance et de la jeunesse. Conseils pratiques aux parents et aux maîtres, par le R. P. Franco, de la Compagnie de Jésus; ouvrage traduit de l'Italien et enrichi de nombreux extraits empruntés aux moralistes et aux écrivains chrétiens, par M. l'abbé Laffineur, chanoine honoraire de Beauvais, 1 fort vol. in-18 anglais. .... 3 fr.

Eucharistie (l'), traité dogmatique, philosophique et moral, par le R. P. Fermé, des Frères Prêcheurs, 1 beau vol. in-18 jésus .... 3 fr.

... Votre livre, mon Père, sera utile au clergé qui trouvera dans ces 400 pages, sans en excepter une seule, une mine abondante pour la prédication et pour sa propre sanctification; il sera aussi utile aux laïques qui ont la foi, pour s'y affermir de plus en plus; il sera enfin utile à ceux qui chancellent ou qui ont perdu la foi, à condition qu'ils aient une instruction suffisante, autre que celle qui se signale par l'insipide et creux bavardage des vaniteux de notre siècle.

Laissez-moi donc vous féliciter cordialement, mon Révérend Père, de votre excellent travail, et vous bénir en notre Seigneur.

EUGÈNE, évêque de Bâle.

Mgr de la Bouillerie, Méditations sur l'Eucharistie, 44e édition, augmentée de quatre nouvelles méditations, de l'office du Saint-Sacrement, d'exercices pour la messe et la communion tirés de Fénelon 1 vol. in-32 jésus. 1, 50

Le même ouvrage :

Magnifique volume in-32 grand jésus de 480 pages, riche encadrement rose ou bistre. broché......... 3, 00

Chagrin, 1er choix, tr. dorée. 6, 50

Maroquin du Levant, poli, La Vallière, bleu, etc., tranche dorée... 12, 00

Maroquin du Levant, poli, La Vallière, bleu, etc., tranche dorée, gardes soie, étui...................... 18, 00

Cuir de Russie, tranche dorée, gardes soie, étui.................. 20 00

Eucharistie (l'), Méditations pour chaque jour de l'année, d'après le R. P. de Machault, S. J. ; par M. l'abbé Sagette, ancien professeur de séminaire. 3e édit. revue et corrigée. 4 forts vol. in-18 anglais, contenant plus de 450 méditations.... 12 fr.

OUVRAGES DU R. P. DALGAIRNS :

Dévotion (de la) au Sacré-Cœur de Jésus, précédée d'une introduction sur le Jansénisme, traduite avec l'autorisation spéciale de l'auteur par M. l'abbé Poulide, suivie d'un discours sur la Dévotion au saint cœur de Marie, par le R. P. de Mac-Carthy, S.J. 1 vol. in-18 jésus. 3 fr. 50

Sainte communion (la) considérée au point de vue philosophique, théologique et pratique, ouvrage traduit de l'anglais, par M. l'abbé Godard, professeur au séminaire de Langres, suivi d'un *Traité sur la fréquente communion*, emprunté aux *Analecta Juris pontificii*. 2 vol. in-18 jésus...................... 6 fr.

Abrégé du même ouvrage. 1 volume in-18 jésus...................... 3 fr. 50

Journée religieuse (la) ou entretiens pratiques pour sanctifier chaque jour par les principaux exercices de la piété (à l'usage des Communautés et du Clergé), par le R. P. Dom Antoine de Saint-Pierre, de l'Ordre de Saint-Benoît. Nouv. édit. revue avec soin par M. J. Gavard, 2 v. in-12. 6 fr.

« La *Journée religieuse*, a dit un ecclésiastique éminent, est un ouvrage parfait de doctrine et d'érudition, un des plus beaux livres de spiritualité que je connaisse. » Le pieux auteur, prend pour ainsi dire par la main le religieux dans son cloître, le prêtre dans son presbytère, et par des conseils pratiques, il les guide dans l'exercice des vertus qui doivent sanctifier la journée. Depuis le réveil jusqu'au coucher, il les accompagne dans l'accomplissement des devoirs de leur état; il sonde les coins et les recoins de la conscience, porte partout la lumière, la force, le courage, et n'abandonne l'âme dont il s'est fait le tuteur qu'entre les bras de la bonté divine.

Journée pieuse (la) ou Instructions pratiques pour sanctifier chaque jour par les exercices de la vie chrétienne, à l'usage des fidèles et des congrégations vouées à la vie active, par le R.P. Antoine de Saint-Pierre. Nouvelle édition revue avec soin par M. J. Gavard. 1 fort vol. in-12. 3 fr. 50

Cet ouvrage est extrait du précédent dont il reproduit le texte, allégé seulement de ce qui s'adresse plus spécialement aux religieuses et au clergé.

Méthode de direction spirituelle, ou l'art de conduire les âmes à la perfection chrétienne par les voies ordinaires de la grâce ; enseigné en quatre traités par le R. P. Scaramelli, S. J. ; suivie de 180 plans de sermons dont la matière est développée dans le cours de l'ouvrage. Traduite en français par M. l'abbé J.-J. Rudeau. 5e édition, revue et corrigée, 4 forts vol. in-18 anglais..12 fr.

Salette, (la) Lourdes, Pont-Main, Voyage d'un croyant, par le comte Edmond Lafond, 2e édit. revue et augmentée. 1 vol. in-18 jésus, orné de gravures...................... 3 fr. 50

L'auteur après avoir décrit ce triple pèlerinage, résume, dans un chapitre final, les significations mystique et patriotique de ces trois apparitions de la sainte Vierge.

COURS COMPLET
D'INSTRUCTION CHRÉTIENNE

OU

EXPOSITION ET PREUVES DE LA DOCTRINE CHRÉTIENNE

A L'USAGE DES MAISONS D'ÉDUCATION, DES CATÉCHISMES DE PERSÉVÉRANCE ET DES FAMILLES CHRÉTIENNES;

Par M. L.-P. MAROTTE, vicaire-général de Verdun.

8e édition, revue, corrigée et augmentée, conformément aux canons du Concile du Vatican,

1 fort vol. in-8°, 4 fr. Carton. 4 fr. 40.

ABRÉGÉ du même ouvrage. 13e édit. 1 vol. in-18, 1 fr. 60. Carton. 1 fr. 75

Cet ouvrage est approuvé par NN. SS. de Strasbourg et de Verdun qui déclarent qu'on ne saurait trop le répandre.

« Connaissance approfondie de la théologie dogmatique et morale, dit Mgr de « Strasbourg, définitions exactes, précises, style clair et facile, telles sont les qualités « qui, selon moi, distinguent cet excellent livre, qui le mettent à la portée de toutes « les intelligences et qui le feront accueillir avec empressement, je n'en doute pas, « dans les maisons d'éducation, dans les familles chrétiennes et par toutes les per- « sonnes qui ont un désir sincère de s'instruire de ce qu'il importe de savoir et de « pratiquer pour mériter le bonheur éternel. »

De son côté Mgr l'évêque de Verdun écrit : « Ce cours porte avec lui son appro- « bation et sa recommandation dans le nom de son auteur, l'un de nos vicaires « généraux bien connu par l'étendue et l'exactitude de sa science théologique. Nous « nous bornons donc à exprimer le désir que cet ouvrage devienne le manuel des « catéchismes de persévérance, des maisons d'éducation et des familles chrétiennes. « Nous ajouterons que MM. les curés y trouveront, dans une doctrine substantielle et « pieuse, un fonds précieux pour la composition de leurs instructions pastorales. »

Les désirs des éminents prélats et les vœux de l'auteur ont été en partie satisfaits. L'ouvrage est arrivé rapidement à la 8e édition; il a été adopté après mûr examen, et de préférence à d'autres livres bien connus, par un grand nombre de petits séminaires, de pensionnats des frères des écoles chrétiennes, de maisons laïques d'éducation et de pensionnats religieux. Rien ne lui a manqué pour être connu des pères de famille. *L'Opinion nationale*, *le National*, *le XIXe Siècle* et une foule d'autres journaux de même nuance ont mis le livre de M. Marotte à l'index des fortes têtes du parti radical et libre penseur. Tout récemment encore il a eu les honneurs d'une vigoureuse attaque en pleine Assemblée nationale; du haut de la tribune un orateur de l'extrême gauche l'a dénoncé comme renfermant un enseignement *néfaste et funeste à l'avenir des générations*, preuve évidente qu'il ne fait pas les affaires de ceux qui veulent la ruine de la religion.

OUVRAGES DE Mgr PICHENOT :

Collectes (les) ou simples homélies sur les premières oraisons de chaque dimanche et des principales fêtes de Notre-Seigneur, de la sainte Vierge et des saints. 1 vol. in-18 jésus ..... 2 fr. 50

Évangile de l'Eucharistie (l'), ou Vie de Notre-Seigneur Jésus-Christ, continuée et reproduite au Saint-Sacrement de l'autel, conférences familières. 1 vol. in-18 jésus................. 3 fr. 50

Pater (le), ou instructions sur l'Oraison dominicale, prêchées à Sens, 1 v. in-18 jésus..................... 3 fr. 50

Psaumes du dimanche (les), instructions sur les vêpres, données au prône de la cathédrale de Sens. 1 volume in-18 jésus..................... 3 fr.

Traité pratique de l'éducation maternelle, précédé d'instructions préliminaires sur l'Archiconfrérie des Mères chrétiennes, son règlement et ses fêtes. 1 vol. in-18 jésus............ 3 fr.

L'ABBÉ
JEAN-MARIE DE LA MENNAIS
FONDATEUR DE L'INSTITUT DE PLOERMEL,
PAR L'AUTEUR DES CONTEMPORAINS;

2e ÉDITION, REVUE ET CONSIDÉRABLEMENT AUGMENTÉE

1 beau vol. in-18 jésus orné d'un portrait et d'un autographe, 2 fr. 50

« Voici un livre réclamé et attendu depuis longtemps. Les matériaux en ont été recueillis par un écrivain très-habile dans les recherches biographiques, et les cinq diocèses de Bretagne ont concouru à l'histoire populaire du saint et vénérable prêtre, dont la vie fut une éclatante réparation des torts de son malheureux frère envers l'Eglise. L'abbé Jean-Marie de La Mennais est le fondateur du célèbre Institut de Ploërmel, qui s'est accru, pendant ces quinze dernières années, d'une façon prodigieuse, et qui rend les plus éminents services, pour l'instruction du pauvre, dans toute la Bretagne, dans beaucoup d'autres provinces de France et dans nos colonies, où les religieux de M. de La Mennais portent jusqu'au sublime l'héroïsme du dévouement chrétien. Ce livre, d'un intérêt saisissant, jette un nouveau jour, comme le lecteur peut déjà le pressentir, sur beaucoup de points où l'histoire des deux frères est connexe. »

(*Journal des Villes et Campagnes.*)

Vie réelle (la), par Mme Bourdon, 20e édition. 1 volume in-18 jésus... 2 fr.

Peu de livres ont reçu un accueil aussi favorable, aussi sympathique que la *Vie réelle;* tous les journaux et recueils qui en ont rendu compte se sont plu à le présenter comme un modèle du genre. Le public a ratifié leur jugement.

« La *Vie réelle* est un livre charmant, c'est la vie active et militante, la vie d'intérieur, la vie de ménage et de société, c'est la vie chrétienne avec ses devoirs, ses joies, ses tristesses, ses épreuves; c'est plus et mieux qu'un livre charmant qui intéresse et qui plaît, c'est un bon livre qui instruit et qui touche... (*Univers.*)

Béatitudes (les), ou la science du bonheur. 9e éd. 1 vol. in-18 jésus.. 2 fr.

Charité (la) légendes. 6e édit. 1 vol. in-18 jésus................ 2 fr.

Droit d'aînesse (le), ou Dévouement filial et fraternel. 8e édit. 1 vol. in-18 jésus..................... 2 fr.

Léontine, histoire d'une jeune femme. 7e édit. 1 vol. in-18 jésus... 2 fr.

Marc de Lheiningen, suivi de l'Histoire d'Yseult. 1 vol. in-18 jésus.. 2 fr.

Matin et le soir (le), journal d'une femme de cinquante ans, suivi de la *Perle précieuse.* 1 vol. in-18 jésus. .... 2 fr.

Ménage d'Henriette (le), suivi du Trait d'union. 2e éd. 1 vol. in-18 jésus 2 fr.

Nouvelles variées. 1 vol. in-18 jésus. .... 2 fr.

Parente pauvre (une). 6e édit. 1 vol. in-18 jésus .... 2 fr.

Souvenirs d'une institutrice. 10e édit. 1 vol. in-18 jésus.......... 2 fr.

La famille Kersanne, par Mme Louise Dorval. 1 vol. in-18 jésus..... 2 fr.

Mademoiselle de Kervallez, par Mme M. Maryan. 1 vol. in-18 jésus.... 2 fr.

Excellent roman de mœurs contemporaines, écrit avec soin par une plume fine et exercée, et que tout le monde peut lire avec intérêt et profit.

La famille Monval, par Lucien Darville. 1 vol. in-18 jésus............ 2 fr.

Les deux Cousines, par le même. 1 beau vol. in-18 jésus .... 3 fr.

Nous ne saurions trop recommander ces deux publications très-attachantes, d'une lecture agréable et facile et d'une morale très-élevée.

L'auteur peut avoir la satisfaction d'avoir fait une œuvre utile et une bonne œuvre.

(*La Défense sociale du 10 octobre 1876*).

Un Hiver à Rome. Portraits et Souvenirs, par M le marquis de Ségur. 1 beau vol. in-18 jésus.................. 3 fr. 50

L'*Univers*, le *Monde*, la *Gazette de France*, le *Français*, le *Correspondant*, le *Contemporain*, etc., ont loué sans réserve ce nouvel ouvrage du marquis de Ségur.

Les quelques lignes suivantes, que nous empruntons au journal l'*Union*, résument leurs éloges :

Peu d'écrivains ont su parler de Rome, parce que bien peu ont allié la foi d'un chrétien, l'âme d'un artiste, et l'imagination d'un poëte. Le marquis de Ségur a merveilleusement compris le triple aspect de la cité romaine, et il vient de rendre ses impressions en un charmant volume où la grâce du style relève encore l'intérêt du sujet. Rome est là tout entière, la Rome des artistes, la Rome des poëtes, la Rome des chrétiens. Il nous la fait visiter en compagnie d'hommes éminents dont le souvenir ne s'effacera pas.

Petits et grands, que tous lisent ce charmant volume. Nos enfants y pourront entrevoir cette Rome où on leur apprend que se sont passées tant de grandes choses. Nous autres hommes, nous y puiserons les uns le charme des souvenirs, les autres un entraînement de plus vers la ville éternelle.

OUVRAGES DU MÊME AUTEUR.

Vie du comte Rostopchine, gouverneur de Moscou en 1812. 2e édit. 1 beau vol. in-18 jésus.................. 3 fr. 50

« Peu de livres contemporains, a dit « M. Louis Veuillot, offrent un intérêt aussi « élevé, aussi instructif et aussi aimable. « L'homme et les choses, quoique célèbres, « ont tout le charme de la nouveauté et « même de la surprise. On voit une autre « Russie, un autre Rostopchine, et le vrai, « qui apparaît à la place du convenu, est bien plus original... »

Sainte Cécile, poëme tragique, 4e édit. 1 beau vol. in-18 raisin....... 2 fr.

Ouvrage couronné par l'Académie française.

Témoignages et Souvenirs. 4e édit. 1 vol. in-18 jésus.................. 2 fr. 50

OUVRAGES DE M. BOUNIOL

France héroïque (la), vies et récits dramatiques d'après les chroniques et les documents originaux, 4e édit. 4 vol. in-18 jésus.................. 10 fr.

Marins français (les), suite et complément de *la France héroïque*, vies et récits dramatiques d'après les documents originaux, 2e éd. 2 v. in-18 jésus. 6 fr.

Rues de Paris (les). Biographies, Portraits, Récits et Légendes. 3 vol. in-8°........................ 15 fr.

Le même ouvrage. 3 vol. in-18 jésus. .... 9 fr.

Rome et Vendée. Scènes, tableaux et récits, par J. Crétineau-Joly. 1 beau vol. in-18 jésus orné d'un portrait. 2 fr. 50

TABLE DES MATIÈRES : Le Vatican. — Le Conclave. — La Saint-Pierre à Rome. — L'Assomption à Sainte-Marie-Majeure. — Les Moines et les Couvents de Rome. — Le Champ d'asile des Grandeurs déchues. — Un Mariage à l'entrepôt de Nantes. — La Révolution en tournée. — La nuit du 15 au 16 janvier 1793 au Raincy. — Quatre cents prêtres et un comédien. — Un président du tribunal révolutionnaire. — La famille de l'officier municipal. — Bleu et blanc. — Un régicide.

Sous presse pour paraître en Janvier prochain.

89
ET SON HISTOIRE

DOCUMENTS AUTHENTIQUES

Par ARMEL DE KERVAN.

Les notes et révélations contenues dans ce volume donneront sérieusement à réfléchir aux hommes qui demandent à Dieu le bonheur de la France et sa véritable gloire.

Ces documents sont tirés d'une gazette française imprimée à Bruxelles en 1789. Le lecteur reconnaîtra dans ces pages l'accent solennel de la vérité. C'est une mine historique, un filon d'une richesse incontestable que personne n'a exploité jusqu'à ce jour.

Imprimerie D. BARDIN, à Saint-Germain.

Les Tuteurs d'Odette, ou la Famille et le Monde, par M. Etienne MARCEL. 1 vol. in-12. . . . . fr. 2 50

Madame Bourdon, l'auteur de la *Vie réelle*, a dit de ce livre : « On y retrouve tout le talent aimable et énergique à la fois d'Etienne Marcel..... Ses livres captivent et l'impression qu'ils laissent est salutaire. »

Les trois Vœux, par le même. 1 vol. in-12 . . . . fr. 2 »»

Un Monsieur, ou la Campagne et la Ville, par le même. 1 vol. in-12. . . . . fr. 2 »»

Un noble cœur, par le même. 1 beau vol. in-12. . . fr. 2 »»

Les scènes retracées dans ce livre, tour à tour terribles et émouvantes, offrent un vif et touchant intérêt.

Beauvallon, ou les devoirs de famille, par M. l'abbé DEBENEY, 3e édit. 1 vol. in-12 . . . . fr. 1 60

« Mgr l'évêque de Belley a approuvé ce livre en ces termes : « Nous recommandons *Beauvallon* comme l'un des meilleurs livres de lecture pour le fond et pour la forme que l'on puisse mettre entre les mains des jeunes gens et des familles chrétiennes... »

Un philosophe (1789-1794), par M. Marin DE LIVONNIÈRE, auteur de *Petits et Grands*. 1 beau vol. in-12. . . . . fr. 2 50

Un critique distingué place ce livre, pour la portée morale et le talent, bien au-dessus de *Petits et Grands*, qui ont mérité à l'auteur les éloges de M. de Falloux.

OUVRAGES DE M. HIPPOLYTE VIOLEAU.

Les Surprises de la Vie, 1 vol. in-12 . . . . fr. 2 »»

Récits du foyer. 2 vol. in-12. 4 fr.—**Un homme de bien, étude biographique et morale.** 1 vol in-12. 2 fr. — **Souvenirs et Nouvelles.** 2 vol. in-12. 4 fr. — **Pèlerinages de Bretagne**, 3e édition. 1 vol. in-12. 2 fr. — **La Maison du Cap.** 3e édition, 1 vol. in-12. 2 fr. — **Amice du Guermeur**, 3e édit. 1 vol. in-12. 2 fr. 50 c. — **Légendes et Paraboles.** 1 fort vol. in-12. 3 fr. — **Livre des Mères et de la Jeunesse.** 3e édit. 1 vol. in-12. 2 fr.

OUVRAGES DE M. LE COMTE ANATOLE DE SÉGUR.

Vie du comte Rostopchine, gouverneur de Mouscou en 1812. 1 beau vol. in-8°. . . . . fr. 6 »»

Sainte Cécile, poème tragique, 3e éd. 1 v. in-18 raisin. fr. 2 »»

Les Martyrs de Castelfidardo. 6e édit. revue et augmentée. 1 beau volume in-18 anglais . . . . fr. 2 25

— Le même ouvrage. 1 vol. in-18 raisin . . . . . fr. 1 25

Ces pages, qui rappellent les *Actes* des premiers martyrs, offrent un vif et douloureux intérêt à tout lecteur catholique et français.

Témoignages et Souvenirs, 4e édit. 1 vol. in-18 angl. fr. 2 50

Imp. L. Toinon et Cie, à Saint-Germain.

www.ingramcontent.com/pod-product-compliance
Lightning Source LLC
LaVergne TN
LVHW010530100826
845148LV00001B/139

* 9 7 8 2 0 1 2 1 8 9 1 8 8 *